知识产权法新编教程（第二版）

主 编◎张 楚 李伟民 郭斯伦

首都经济贸易大学出版社

Capital University of Economics and Business Press

·北 京·

图书在版编目(CIP)数据

知识产权法新编教程 / 张楚,李伟民,郭斯伦主编 . -- 2 版 .
-- 北京:首都经济贸易大学出版社,2023.8
ISBN 978 - 7 - 5638 - 3285 - 9

Ⅰ.①知… Ⅱ.①张… ②李… ③郭… Ⅲ.①知识
产权法 – 中国 – 教材 Ⅳ.①D923.4

中国版本图书馆 CIP 数据核字(2021)第 204189 号

知识产权法新编教程(第二版)
张 楚 李伟民 郭斯伦 主编

责任编辑	王玉荣	
封面设计	砚祥志远·激光照排 TEL: 010-65976003	
出版发行	首都经济贸易大学出版社	
地 址	北京市朝阳区红庙(邮编100026)	
电 话	(010)65976483 65065761 65071505(传真)	
网 址	http://www.sjmcb.com	
E – mail	publish@ cueb.edu.cn	
经 销	全国新华书店	
照 排	北京砚祥志远激光照排技术有限公司	
印 刷	北京九州迅驰传媒文化有限公司	
成品尺寸	170 毫米 × 240 毫米 1/16	
字 数	360 千字	
印 张	20.5	
版 次	2018 年 11 月第 1 版 **2023 年 8 月第 2 版** 2023 年 8 月总第 3 次印刷	
书 号	ISBN 978 – 7 – 5638 – 3285 – 9	
定 价	49.00 元	

第二版前言

　　本教材从 2018 年首次出版以来已经有 3 年多时间。3 年之中，知识产权法律制度发生了巨大变化，相关主要法律都进行了重大修正：第十三届全国人民代表大会常务委员会于 2019 年对《商标法》进行了第四次修正，对《反不正当竞争法》进行了第二次修正；2020 年又先后对《专利法》进行了第四次修正，对《著作权法》进行了第三次修正；2020 年底通过的《刑法修正案（十一）》，对涉及知识产权犯罪的条文也进行了多处修改。

　　作为文化科技发展的主要保障，知识产权法律制度的本轮修正主要是对科学技术和经济社会的发展现状作出即时回应，同时也在一定程度上与 2020 年《民法典》相适应。在此背景下，本轮修正对知识产权法律制度作出的变动令人瞩目。其中，《商标法》修正涉及 6 个条文；《专利法》修正除了文字性调整的条文之外，进行实质性修改的共计 20 多个条文；《著作权法》进行实质性修改的更是多达 30 多个条文；《刑法》中只有 8 个规范侵犯知识产权罪的条文，在最新的修正案中也修改了 7 个，并新增了 1 个。如此大幅度的全面修正，在我国知识产权法律制度发展史上实属罕见，势必对相关文化科技产业乃至整个社会都产生举足轻重的影响。因此，本轮修正从最初着手到最后修正通过，历时较长，中间经过了多次讨论和草案修改。以《著作权法》为例，自国家版权局 2012 年 3 月公布《修改草案》（第一稿）起到 2020 年 11 月修正通过，历时 8 年之久，对外公布了四稿草案，引起社会各界的广泛关注和热烈讨论，各稿草案之间也存在较大差异。

　　鉴于此，此次教材修订主要围绕本轮知识产权法律制度的修正展开。一方面，考虑到虽然各部新法都已开始实施，但在司法实践中必然存在新旧交替的现实问题，因此，各个章节的撰写是在介绍原有法律的基础上增加新法内容，并且对各项内容，按照时间顺序对修改草案的主要中间稿和最终通过的修正案进行了梳理和对比，以从侧面体现有关部门在该问题上的立法考量和态度转变，便于读者进行知识产权法的历史分析并从中探究更深层的立法目的；另一方面,读者通过扫描附录中的二维码,即可获得《著作权法》《商标法》《专利法》的新旧法条对照表,从而清晰地了解各部法律的改动之处,更便捷地进行学习和记忆。

前言

知识产权从其诞生之日起就和人类社会的科技文化发展密切相关。一方面,知识产权制度以其对知识产品创造者的权利保护机制激励着人们的想象力和创造性,促进社会知识产品总量不断增长;另一方面,知识产权制度也总是对社会科技文化发展的进程作出即时回应,根据科技文化发展的最新动态调整具体的制度设计。可以说,知识产权制度既是人类文明进步的成果,也是人类文明进步的重要推动力。从广义上看,知识产权制度的内涵十分丰富,外延不断扩大,涵盖著作权、商标权、专利权、地理标志权、植物新品种权、集成电路布图设计权、反不正当竞争相关权利等多项权利,但在实践中,著作权、商标权、专利权和反不正当竞争相关权利与社会生活的联系更加紧密,也更容易发生各种法律纠纷。因此,在阐述知识产权总论之后,本书主要围绕著作权、商标权、专利权和反不正当竞争相关权利这四项法律制度展开知识产权制度分论的介绍。本书主要阐释各项具体制度的基本法理和现行立法规定,同时考虑到学习和研究的前瞻性,在著作权和专利权部分,本书还逐一介绍了最新的立法动向和修法草案,以供读者学习和研究使用。

本书可以作为普通高等学校教材、职业学校教材,也可以作为研习知识产权法学的资料使用。

2018 年 4 月

目录

第一章　知识产权概论 ……………………………………………… 1

　第一节　知识产权的定义 ………………………………………… 1

　第二节　知识产权的性质 ………………………………………… 3

　第三节　知识产权的范围 ………………………………………… 4

　第四节　知识产权的特征 ………………………………………… 5

　第五节　知识产权法 ……………………………………………… 7

第二章　著作权法 …………………………………………………… 8

　第一节　著作权法概述 …………………………………………… 8

　第二节　著作权的主体 …………………………………………… 12

　第三节　著作权的客体 …………………………………………… 32

　第四节　著作权的内容 …………………………………………… 48

　第五节　邻接权 …………………………………………………… 73

　第六节　著作权的利用和限制 …………………………………… 86

　第七节　著作权的管理 …………………………………………… 105

　第八节　著作权的保护 …………………………………………… 112

　第九节　计算机软件的著作权法律制度 ………………………… 130

第三章　商标法 ……………………………………………………… 142

　第一节　商标和商标法概述 ……………………………………… 142

　第二节　商标权的取得 …………………………………………… 150

　第三节　商标权的内容、利用和限制 …………………………… 167

第四节 商标权的终止 …………………………………… 177

第五节 商标的管理 ……………………………………… 189

第六节 商标权的保护 …………………………………… 194

第四章 专利法 ………………………………………… 215

第一节 专利和专利法概述 ……………………………… 215

第二节 专利权的客体 …………………………………… 223

第三节 专利权的主体 …………………………………… 235

第四节 专利权的取得 …………………………………… 243

第五节 专利权的内容 …………………………………… 265

第六节 专利权的保护 …………………………………… 281

第五章 反不正当竞争法与知识产权保护 ………… 298

第一节 反不正当竞争法概述 …………………………… 298

第二节 与知识产权保护有关的反不正当竞争法律制度 ………… 303

参考文献 ……………………………………………… 319

附录 …………………………………………………… 321

第一章

知识产权概论

第一节　知识产权的定义

知识产权的定义是知识产权的起始概念，是本书首要解决的问题，也是学习和研究知识产权的核心问题。

中国虽然是四大文明古国之一，但不是知识产权制度的起始国。知识产权，是随着西方发达国家工业革命而产生的新事物，对中国来说属于舶来品。在英文语境下，我国的"知识产权"与"Intellectual Property"相对应，对应的中文翻译是"智力财产"或者"智慧财产"。而我国现有语境下，"知识产权"中的"知识"二字只能翻译为"Knowledge"，并不是"Intellectual"；"产权"二字也无法对应"Property"。国内学者的论著中，已经详细地阐述了"Intellectual Property"在法律移植中成为"知识产权"的复杂背景。[①] 看起来是一个小小的错误，但是在理论与实践中造成了很大的影响，使得人们认识知识产权的性质变得更加困难，对知识产权的范围进行界定也更加困难，同时在国际交流中也带来相应的困难。

本书认为，"智力财产"的表述更加符合"Intellectual Property"的本意，有利于追本溯源、回归本质。同时，我们也期望在今后的学术发展中，"智力财产"的概念得以正式确立。

进一步来看，对一个新事物下定义是件非常困难的事情，下定义的方法也是多种多样。如何对"智力财产（知识产权）"下一个完整的定义，需要

---

① 参见孙新强：《人大法律评论》，2016年卷第2辑，第180－211页。

智慧。如果不能进行准确界定，将会造成以后学习和研究的不便。

目前，学界有各种"知识产权"的定义，值得关注和研究。例如，有观点认为，知识产权是指人们对智力创造活动中形成的智力劳动成果，以及在生产经营活动中形成的标识类成果依法享有的权利。前者主要是专利权、著作权、集成电路布图设计权、植物新品种权、技术秘密权等；后者主要是商标权、商号权、反不正当竞争权、产地名称、地理标志等商业标识权。① 还有观点认为，知识产权是人们对于自己智力创造成果的经营标记、信誉所依法享有的专有权利。② 另有观点认为，知识产权是指人们就某些智力活动成果所享有的权利。其中，智力活动成果是指人的大脑与客观物质和其他信息相互作用而产生的信息。而且，知识产权所保护的智力成果，仅仅是"某些"信息或者智力活动成果，而非全部的智力活动成果。③ 也有观点提出，知识产权是指权利主体对于智力创造成果和工商业标记等知识产品依法享有的专有民事权利的总称。④

总结以上定义，本书将"智力财产（知识产权）"界定如下：智力财产（知识产权）是指民事主体依法对其智力成果享有的所有权。采用本定义的理由有三：①智力财产（知识产权）的主体只能是私主体，不可能是公主体，即民事主体；②智力成果是智力财产（知识产权）的客体；③民事主体对智力成果享有的所有权是智力财产（知识产权）的内容，包括占有、使用、收益、处分等权能。

智力财产（知识产权）具有法定性，与物权的法定性一样，但并不是所有智力财产（知识产权）都受法律保护，智力财产（知识产权）的主体、客体、内容、效力等都需要法律的明确规定，只有经过法律明确规定的智力成果才是"智力财产（知识产权）"。随着社会的发展，一些新的财产类型虽然具有智力财产（知识产权）的相同或者近似特征，但并不是"智力财产（知识产权）"，只有经过法律的明确规定，才能成为"智力财产（知识产权）"的客体。例如，数据信息，虽具有智力财产（知识产权）的某些特征，但不

---

① 参见张平：《知识产权法》，北京大学出版社 2015 年版，第 1 页。
② 参见吴汉东：《知识产权法》，法律出版社 2014 年第 5 版，第 3 页。
③ 参见李明德：《知识产权法》，法律出版社 2014 年第 2 版，第 1 页。
④ 参见张楚：《知识产权法》，高等教育出版社 2007 年版，第 4 页。

是智力财产（知识产权）。①

最后需要说明的是，虽然我们更赞同采用"智力财产"这一表述，但是考虑到目前我国社会已经约定俗成地使用"知识产权"一词，而本书的定位是一本教材，以介绍本门课程的基本理论和制度内容为主要任务，因此，本书以下统一采用"知识产权"这一通用术语。

第二节　知识产权的性质

知识产权是一种新型的民事权利，是私权。对此，有人提出不同意见，他们认为，在商标、专利的申请过程中，有国家行政行为的因素，因此知识产权是公权。本书认为，这种观点值得商榷。国家有关机关对商标、专利申请的审查，对商标、专利证书的颁发，均不是行政授权行为，而是行政确权行为，是明确本来就已经存在的权利，如明确未注册商标权的范围和界限，而不是由国家授予原本不存在的权利。据此，认为知识产权是基于国家授权行为而产生，并进而将知识产权认为是公权力的说法明显不能成立。

进一步来看，作为一种新型的民事权利，知识产权具有物权的某些特征，但不能笼统地说知识产权是财产权或者物权，也不能说知识产权是人身权。我国 20 世纪 80 年代的教科书及相关著作将知识产权表述为一体两权，即知识产权具有财产权与人身权的双重属性。20 世纪 90 年代的知识产权学说一般从民事权利体系出发，将知识产权区别于财产所有权，对其做出无形财产权的定性分析。例如，吴汉东教授主张，应当从私权与无形财产这两个方面来把握知识产权的基本属性。② 对此，本书认为，首先，知识产权是具有财产权和人身权双重属性的权利的表述不能成立。著作权具有人身权和财产权的

---

① 《民法典草案》征求意见第一稿第 108 条规定：民事主体依法享有知识产权。知识产权是指权利人依法就下列客体所享有的权利：（一）作品；（二）专利；（三）商标；（四）地理标记；（五）商业秘密；（六）集成电路布图设计；（七）植物新品种；（八）数据信息；（九）法律、行政法规规定的其他内容。在全国人大常委会第二十四次会议《民法典草案》二审公布的最新稿中，原草案中规定的虚拟财产和数据信息条款作了删除处理。最终《民法典》没有把个人信息、数据信息作为知识产权保护的客体，《民法典》第 123 条是对知识产权客体的规定。

② 参见吴汉东：《知识产权法》，法律出版社 2014 年第 5 版，第 6 页。

二分法规定似乎能成立，但是在商标权、商业秘密权等权利中难觅人身权的身影，据此，知识产权是"双重属性的权利"的观点明显不能成立。其次，以无形财产权来定义知识产权也不正确。权利都是无形的，但是权利的客体可能是有形的，也可能是无形的。例如，物权的客体是有形的，但是物权作为权利是无形的，我们却不能据此说物权是无形性的权利。同理，我们也不能说无形性是知识产权的特点，只能说知识产权的客体具有无形性。

《与贸易有关的知识产权协议》（1994年签订，以下简称TRIPs协议）在其序言部分明确规定"知识产权是私权"，这是关于知识产权性质的最权威的表述。随着社会的发展，股权、知识产权作为新的权利类型出现。在发展之初，人们对其性质产生各种各样的解读，但是随着认识的不断深入，知识产权与股权既不是财产权，也不是人身权，其私权性决定了它是一类新型的民事权利。知识产权的原理、知识产权的保护适用民法的基本原理和基本规则，但是不能把知识产权简单归结为物权或者财产权。

第三节　知识产权的范围

知识产权的范围，即哪些客体是"知识产权"保护的对象问题。世界知识产权组织（WIPO）将知识产权保护范围分为"工业产权"和"著作权"两大类。根据《保护工业产权巴黎公约》（1983年签订，以下简称《巴黎公约》），"工业产权"保护的客体有：①发明；②实用新型；③工业品外观设计；④商标；⑤服务标记；⑥厂商名称；⑦货源标记；⑧反不正当竞争。

《建立世界知识产权组织公约》（1967年签订，以下简称《知识产权组织公约》）对知识产权的客体进行了列举。根据该公约第2条，"知识产权"的客体包括：①文学、艺术、科学领域有关的作品；②表演艺术家的表演活动、录音作品及广播者有关的活动；③人类创造活动中一切领域中的发明创造；④科学发现；⑤工业品外观设计；⑥商品商标、服务商标、商号及其他商业标记；⑦反不正当竞争；⑧工业、科学、文学艺术领域的艺术活动。

在TRIPs协议中，受保护的知识产权客体为：①著作权、邻接权；②商标；③地理标志；④工业品外观设计；⑤专利；⑥集成电路布图设计；⑦商业秘密。

上述各国际公约对知识产权客体的规定略有差异，但总体来说，它们对知识产权所保护客体的规定大致是相同的。

随着社会的发展以及数据库、域名、账号等新型客体的出现，知识产权的客体不断丰富起来。其中，将数据库、域名作为新的知识产权客体予以保护，在知识产权领域内已经达成共识。但是对其他一些新的客体，目前尚存在很大争议。例如，对于数据信息是不是知识产权客体，目前尚未达成一致意见。《民法总则草案》征求意见第一稿第108条将数据信息列为一种知识产权的保护客体，在社会上引发热议，因此第二稿将其删除。知识产权具有法定性，知识产权保护的客体也应该遵循"知识产权法定原则"。只有法律明确规定的客体，才能成为知识产权的客体；没有法律明确规定，即使某些新的事物与知识产权客体性质相同或者相当，也不得称之为知识产权的客体。

2017年3月15日通过的《民法总则》对"知识产权"进行了专门规定。《民法总则》第123条明确规定，民事主体依法享有知识产权。知识产权是权利人依法就下列客体享有的专有的权利：①作品；②发明、实用新型、外观设计；③商标；④地理标志；⑤商业秘密；⑥集成电路布图设计；⑦植物新品种；⑧法律规定的其他客体。[①] 2020年颁布的《民法典》全盘采纳了这项规定。

第四节　知识产权的特征

学界通说认为，知识产权具有与其他客体不同的特征，即专有性、地域性和时间性。此外，很多学术著作认为"无形性"也是知识产权的特征。前文已述，无形性并非知识产权的特征，而是知识产权客体的特征。

据此，知识产权的特征有三点，具体如下。

一、专有性

专有性也称垄断性、独占性、排他性，是指知识产权的权利人对自己享有的知识产权具有排他性的控制权，类似物权，是对世权、绝对权、排他权。例如，可口可乐公司对"可口可乐"系列商标享有专属权利，任何企业和个

---

① 2017年3月15日第十二届全国人民代表大会第五次会议通过，2017年10月1日起生效。

人未经允许，不得使用"可口可乐"相关商标。

二、地域性

知识产权具有地域性特征，每一个国家和地区对知识产权保护的制度不一样，知识产权只有依据当地的法律才能获得保护。例如，对于苹果公司的苹果图形商标，苹果公司最初在美国依据美国的知识产权法获得保护，而后根据销售战略在销售国申请商标保护，销售国并不必然保护在美国或者其他国家的商标。

三、时间性

国家为了鼓励创新发展，在授予知识产权垄断性的同时，也对知识产权的垄断性进行了限制。法律规定知识产权只在一定的期限内受法律保护，过了保护期限，知识产品则进入公有领域。例如，现行《著作权法》对著作权的保护期限作了明确规定。其中，公民作品的发表权和著作财产权的保护期为作者终生及其死亡后50年，截至作者死亡后第50年的12月31日；如果是合作作品，截至最后死亡的作者死亡后第50年的12月31日。法人或者其他组织的作品、著作权（署名权除外）由法人或者其他组织享有的职务作品、电影作品和以类似摄制电影的方法创作的作品、摄影作品，其发表权和著作财产权的保护期为50年，截止于作品首次发表后第50年的12月31日，但作品自创作完成后50年内未发表的，法律不再保护。[①] 再如，现行《专利法》规定，发明专利权的期限为20年，实用新型专利权和外观设计专利权的期限为10年，均自申请日起计算。[②] 应当注意，知识产权的时间性存在例外。例如，商业秘密权没有法定的保护期限，其保护时间的长短取决于该信息是否仍处于秘密状态。理论上，只要某信息始终处于秘密状态，则其商业秘密权可以一直存续下去，不受时间限制。

[①] 2020年《著作权法》第三次修正案对此有所改动，法人或者其他组织的作品、著作权（署名权除外）由法人或者其他组织享有的职务作品、视听作品，其发表权的保护期截止于作品创作完成后第50年的12月31日，摄影作品的发表权和著作财产权的保护期不再作特别规定。

[②] 2020年《专利法》第四次修正案将外观设计专利权的保护期延长至15年。

第五节　知识产权法

当前的法学理论界和实务界常常对"法"和"法学"进行混用。本书对此进行了必要区分。"法"一般指规范本身，通过严格程序制定和颁布，是具有法律约束力和强制执行力的规范。"法"具有基本原则。而"法学"是研究"法"的学科和学问，不具有强制约束力，也不具有"法"的基本原则。

知识产权法是调整创造、运用、保护和管理知识产权的过程中所产生的各种社会关系的法律规范的总称。① 知识产权法主要调整以下几个方面的法律关系：①知识产权权利归属的法律关系，例如知识产权的主体、客体、内容、归属等问题；②知识产权流转的法律关系，例如知识产权的许可、转让、合理使用、强制许可等制度；③知识产权保护的法律关系，例如知识产权的行政保护、民事保护、刑事保护，以及知识产权侵权和侵权赔偿等。

我国没有统一的《知识产权法》，教材和学术著作中所称的"知识产权法"实则是"知识产权法学"，是研究"知识产权"的学科。我国目前有部分"知识产权"的单行法律。例如：1982 年 8 月 23 日第五届全国人民代表大会常务委员会第二十四次会议通过的《商标法》，1984 年 3 月 12 日第六届全国人民代表大会常务委员会第四次会议通过的《专利法》，目前都已经过了四次修订；1990 年 9 月 7 日第七届全国人民代表大会常务委员会第十五次会议通过的《著作权法》，已经进行了三次修改；1993 年 9 月 2 日第八届全国人民代表大会常务委员会第三次会议通过的《反不正当竞争法》也分别于 2017 年和 2019 年进行修订。此外，还有《计算机软件保护条例》《植物新品种保护条例》《集成电路布图设计保护条例》等多部单行法律规范。

---

① 参见张楚：《知识产权法》，高等教育出版社 2007 年版，第 7 页。

第二章
著作权法

第一节　著作权法概述

一、著作权与版权之争

版权作为一种新型权利，发端于西方国家。由于各国政治、经济和文化的差异，在法律制度的构建方面，各国也存在较大差异。由于英美法系国家制定版权法的哲学基础是保护作品的财产性权利，鼓励创新和发展，大陆法系著作权法的哲学基础是"劳动价值论""天赋人权"的自然法理论，因此，两大法系关于作品保护的法律制度差异非常大，英美国家在知识产权早期更加偏重财产权的保护，保护作品的法律称为"版权法"，大陆法系国家更加偏重对作者权利的保护，保护作品的法律称为"著作权法"，也称为"作者权法"。

很多人认为，著作权与版权并非完全相同的概念。版权（copyright）是英美法系国家的常用称谓，主体既可以是自然人，也可以是法人。著作权是大陆法系国家常用的称谓，是作者精神权利和财产权利的统一，在许多国家，通常只有自然人能够成为作者。

国外学者之间关于著作权与版权的争论可谓由来已久，二者之间的界限也是泾渭分明。我国早年也存在版权与著作权的争论。为了减少矛盾，在20世纪80年代的《民法通则》中，"著作权"后面标注有"版权"，以表明二者的同一性。《著作权法》第57条也明确规定，"本法所称的著作权即版权"。据此，在我国的语境中，版权与著作权可以混用，都是正确的。但是，学术界关于二者差异的争论一直没有平息。"著作权与版权之间的不同绝不仅限于语言学意义上的差异，它反映的是两大法律传统在保护作品的态度上基本侧重点的不同。"①

二、著作权的概念和特征

（一）著作权的概念

狭义的著作权是指著作权人对文学、艺术和科学领域内的作品依法享有的专有权利。广义的著作权还包括邻接权，如表演者、录音录像制品制作者、广播组织及出版者的权利。现行《著作权法》第1条规定："为保护文学、艺术和科学作品作者的著作权，以及与著作权有关的权益，鼓励有益于社会主义精神文明、物质文明建设的作品的创作和传播，促进社会主义文化和科学事业的发展与繁荣，根据宪法制定本法。"根据该法条的规定来看，著作权法保护的是文学、艺术和科学作品的著作权，同时还保护"与著作权有关的权益"，即邻接权，也称"与著作权有关的权利"。

（二）著作权的特征

著作权是作者享有的民事权利，是知识产权的重要组成部分，具有客体的无形性、垄断性、时间性、地域性等知识产权的共性。同时著作权存在以下几方面特殊性。

1. 权利产生的自动性

根据《著作权法》第2条，中国公民、法人或者其他组织的作品，不论是否发表，依照本法均享有著作权。外国人、无国籍人的作品根据其作者所属国或者经常居住地同中国签订的协议或者共同参加的国际条约享有著作权，受本法保护。外国人、无国籍人的作品首先在中国境内出版的，依照本法享有著作权。未与中国签订协议或者未共同参加国际条约的国家的作者以及无国籍人的作品首次在中国参加的国际条约的成员国出版的，或者在成员国和非成员国同时出版的，受本法保护。著作权是基于作品的创作完成自动取得的，一般不必履行任何形式的登记或注册手续。而专利权、商标权则需

---

① Craig Joyce, WilliamPatry, MarshallLeaffer&PeterJaszi, Copyright Law, 1993.

向有关行政主管部门申请，并需经行政确权、登记及公告。

2. 权利主体的广泛性

根据《著作权法》第9条，著作权人包括作者和其他依照本法享有著作权的公民、法人或者其他组织。《著作权法》第11条规定，著作权属于作者，本法另有规定的除外。创作作品的公民是作者。由法人或者其他组织主持，代表法人或者其他组织意志创作，并由法人或者其他组织承担责任的作品，法人或者其他组织视为作者。如无相反证明，在作品上署名的公民、法人或者其他组织为作者。

据此，在我国，著作权的权利主体可以是自然人、法人、其他组织，国家也可以是著作权的主体。具有民法权利主体资格条件的主体，都可以成为著作权的权利主体，著作权权利主体也不受行为能力和国籍的限制，未成年人和外国人均可以成为著作权的主体。例如，就幼儿园、小学的未成年人创作的图画作品而言，未成年人是作者，享有作品的著作权。

3. 权利客体的多样性

著作权保护的客体是作品，生活中的作品具有多样性的特点。文学、艺术和科学领域内的作品具体包括：文字作品、口述作品、音乐作品、戏剧作品、曲艺作品、舞蹈作品、杂技艺术作品、美术作品、建筑作品、摄影作品、电影作品和类似摄制电影的方法创作的作品、图形和模型作品、计算机软件作品等。相比之下，专利权和商标权客体的表现形式及涉及的领域较为有限，例如专利权客体为工业领域内的有关产品或制造方法的技术方案或设计方案，而商标权的客体是用于商业领域内把商品或者服务区分开来的特定标识。

4. 权利内容的复杂性

《著作权法》第10条共列举了4项著作人身权和12项著作财产权。著作人身权包括：①发表权，即决定作品是否公之于众的权利；②署名权，即表明作者身份，在作品上署名的权利；③修改权，即修改或者授权他人修改作品的权利；④保护作品完整权，即保护作品不受歪曲、篡改的权利。著作财产权包括复制权、发行权、出租权、展览权、表演权、放映权、广播权、信息网络传播权、摄制权、改编权、翻译权、汇编权以及应当由著作权人享有的其他权利。而专利权和商标权等其他知识产权的权利内容相对简单，且主要涉及财产权。

三、著作权法

以"作品"作为保护客体的法律是"著作权法"，生活中常见的作品有文学作品、艺术作品。著作权是以"作品"作为客体的权利，是权利人对独创性表达所具有的权利。我国现行有效的《著作权法》是在 1986 年《民法通则》基础上制定的。《民法通则》第 94 条规定：公民、法人享有著作权（版权），依法有署名、发表、出版、获得报酬等权利。在此基础之上，1990 年 9 月 7 日第七届全国人民代表大会常务委员会第十五次会议审议通过了《著作权法》，并于 1991 年 6 月 1 日起正式生效施行。

2001 年，为适应加入世界贸易组织的需要，《著作权法》进行了第一次修订。此次修订幅度较大，涉及 53 处条文，主要包括：放宽对外国人作品进行著作权保护的要求，扩充新的作品类型和著作权权项，新增法定许可制度的具体适用情形和著作权集体管理制度，完善邻接权制度和著作权侵权救济措施。

2010 年，《著作权法》进行了第二次修订。此次修订幅度较小，主要包括两处内容：一是将违禁作品不受著作权法保护改为国家对作品的出版、传播依法进行监督管理；二是新增了一种著作权利用方式，即以著作权出质。

2011 年，我国开始了《著作权法》的第三次修订工作。2012 年 3 月，国家版权局公布了《著作权法修改草案》并公开征求意见，引起了社会的广泛关注和热议，公众和学者各抒己见，观点不一而足。国家版权局随之又于同年出台了《修改草案》的第二稿和第三稿。2014 年，国务院法制办公室公布了《修订草案送审稿》并向社会各界征求意见。相比于 2010 年《著作权法》，《修订草案送审稿》做出的改动幅度很大，不仅在法律体例上进行了变动，调整了著作权限制章节，新增了技术保护措施和权利管理信息章节，而且在权利的主体、客体、内容、保护期限、限制、保护等具体制度中都做出了多处修改。2017 年底，国务院法制办公室拟订了《修订草案送审稿修改稿》，相比于前四稿，该稿对 2010 年立法做出的改动较小，在很大程度上延续了现行立法的基本体例和制度规定。2020 年 11 月 11 日，《著作权法》第三次修正案最终出台，除了一些条文进行了文字性调整之外，有实质性改动的条文共计 30 多条，于 2021 年 6 月 1 日起正式施行。

总体来看，我国已制定并颁布的与著作权有关的法律法规主要包括《著作权法》《著作权法实施条例》《实施国际著作权条例的规定》《著作权集体管理条例》《计算机软件保护条例》《计算机软件著作权登记办法》《信息网络传播权保护条例》等。

第二节 著作权的主体

一、著作权主体的概念和分类

（一）著作权主体的概念

著作权人是依法对作品享有权利的主体，与民法中民事主体的范围保持一致。《著作权法》第9条规定，著作权人包括："（一）作者；（二）其他依照本法享有著作权的公民、法人或者其他组织。"

首先，作者是通过创作作品而享有作品的著作权。例如，写小说、画画等。作者享有作品的著作权、是作品的著作权人，这是全世界通行的做法。

其次，作者包括公民、法人和其他组织。换言之，《著作权法》第9条第二项是对作者的进一步解释，其与第一项之间并不存在并列关系。我们不能仅把创作作品的自然人作为作者，其他自然人、法人或者其他组织也可以通过法律拟制而视为作者，享有著作权。需要指出的是，"公民"一词常常使用在公法领域，在知识产权法领域中用"自然人"更为恰当。2020年制定公布的《民法典》将民事主体表述为"自然人、法人和非法人组织"。因此，2020年《著作权法》第三次修正案也将著作权主体的表述改为"自然人、法人和非法人组织"，体现了立法的进步。

（二）著作权主体的分类

1. 自然人、法人、其他组织与国家

这是按照著作权主体的自然属性所进行的划分。著作权主体有自然人主体、法人主体、其他组织和国家。

自然人通过自己的智力创作活动或者法律行为而成为著作权主体。例如，在画家画画、诗人写诗、音乐家作曲等情形中，自然人主体通过有创造性的劳动，取得作品的著作权。对此，世界各国普遍认可，没有异议。

但是，对于法人和其他组织能否成为著作权主体，世界范围内存在不同观点。大陆法系国家普遍认为，创作作品的主体只能是有血有肉的自然人，非生命体的法人、组织没有思想，不能独立创作，因此不能成为作品的创作者和著作权人。例如，德国、法国明确将法人排除在著作权的主体范围之外。很明显，这是"劳动价值论"的体现。而在英美法领域，并没有排除法人和有关组织是著作权的主体。两大法系在此方面的差异有着历史、哲学等深层次的原因。随着社会的发展，互联网、人工智能新技术的出现，计算机的计算速度远远超过人脑的计算速度，带有交互功能的机器人已经出现，只有自然人才能创作的思想受到挑战。而从法理上看，发明机器人和管理机器人的公司，代表机器人取得创作作品的著作权，没有理论障碍。具体来说，根据民法原理，最初的民事主体较为单一，以自然人为常态，但是随着社会发展，法人成为新型的民事主体，法人是享有意思自治的机关，也可以享有财产权和知识产权。而在刑法领域，法人犯罪也已经成为常态了。我国《著作权法》在1990年制定时，对法人能否作为著作权主体的问题，争议很大，庆幸的是最终立法确认法人可以作为著作权主体。实践中，有大量的法人作品，例如地图、计算机软件、电影、电视等。

在某些特殊情况下，国家也可成为著作权主体。例如，《著作权法》第19条第2款规定，著作权属于法人或者其他组织的，法人或者其他组织变更、终止后，著作财产权在法定的保护期内，由承受其权利义务的法人或者其他组织享有，没有承受其权利义务的法人或者其他组织的，由国家享有。2020年《著作权法》第三次修正案延续了该项内容，其第21条第2项规定："著作权属于法人或者非法人组织的，法人或者非法人组织变更、终止后，其本法第十条第一款第五项至第十七项规定的权利在本法规定的保护期内，由承受其权利义务的法人或者非法人组织享有；没有承受其权利义务的法人或者非法人组织的，由国家享有。"

2. 原始取得著作权的主体与继受取得著作权的主体

这是按照著作权取得方式的不同所进行的划分。

原始取得，是指作者通过创作活动或者法律直接规定，由著作权的主体取得著作权。通常情形下，作者通过创作活动取得著作权。同时，法律会对一些情形做出由某人取得著作权的特殊规定。例如，在特殊职务作品情形下，法律规定单位享有职务作品的著作权，这是一种法定取得著作权的方式，单位据此成为原始著作权人。继受取得则是指通过转让、继承、接受赠予或遗赠等法律行为取得著作权。

区分原始取得著作权的主体与继受取得著作权的主体，其意义在于二者享有的权利及受到的保护有所不同。在英美法系国家，继受取得著作权的主体可能会面临原始主体追回权的威胁，也就是说，原始取得著作权的主体在一定条件下，可以取回自己已经转让了的作品的著作权。而在大陆法系国家，只有原始取得著作权的主体才有可能享有全部的著作人身权及著作财产权，因为大陆法系著作权法不允许人身权转让，因此继受取得著作权的主体只能是著作财产权的权利人。

3. 完整享有著作权的主体与不完整享有著作权的主体

严格意义上来说，著作权主体应当完整享有作品的著作权，尤其是部分大陆法系国家的著作权法明确规定，作品的精神权利与财产权利不可分割，例如德国。这种情况下，著作权主体完整地享有作品的著作权。但是在我国，著作精神权利与著作财产权利能够相互分离而并存，据此，按照权利主体所享有权利的状况不同进行划分，可以将著作权主体区分为完整享有著作权的主体与不完整享有著作权的主体。其中，完整享有著作权的主体是指依法享有全部著作精神权利和著作财产权的人。而不完整享有著作权的主体是指只享有著作精神权利及著作财产权中的一项或几项的人。

区分完整享有著作权的主体与不完整享有著作权的主体，其意义在于，完整享有著作权的主体有权对作品进行全面的支配和利用；不完整享有著作权的主体则不享有全部的著作权，因此权利主体在行使著作权时，应当注意自己享有权利的种类和范围，尊重其他著作权人的权利。

此外，在我国，由于法律明确规定著作精神权利不得转让，因此，著作权的原始主体一般是作品的完整主体，继受主体通常只享有作品的部分著作权。

4. 著作权本国主体与著作权外国主体

这是按照著作权主体国籍的不同所进行的划分，其中，外国主体包括外国人与无国籍人。

这种划分的意义在于，著作权法对著作权本国主体与著作权外国主体提供不同的保护方法和保护标准。我国《著作权法》第 2 条规定，我国的公民、法人或者其他组织的作品，无论是否发表，均受著作权保护。而外国人、无国籍人的作品只在三种情形下受我国著作权法保护：①该外国人或者无国籍人的所属国或者经常居住地国同我国签订有协议或者共同参加了某国际条约，规定其作品在我国受著作权法保护；②该外国人或者无国籍人的作品首先在我国境内出版，或者在我国境外首先出版后，30 日内又在我国境内出版；

③未与我国签订协议或者共同参加国际条约的国家的作者以及无国籍人的作品首次在我国参加的国际条约的成员国出版，或者在成员国和非成员国同时出版。

二、作者

（一）作者的概念

作者，是指直接从事文学领域、艺术领域、科学领域作品创作活动的人。例如，画家是美术作品的作者，作家是文学作品的作者，音乐家是音乐作品的作者，艺术家是艺术作品的作者。

大陆法系国家的著作权法一般规定"创作作品的自然人是作者"，明确排除法人或者其他组织成为作者。但是，英美法系国家的版权法没有做出此种规定。

我国《著作权法》第 11 条第 1 款规定："著作权属于作者，本法另有规定的除外。"此为著作权归属的一般原则。2020 年《著作权法》第三次修订延续了这项规定。本书认为，"著作权属于作者"是世界通行的著作权归属原则。

具体而言，在英美版权法制度里有著名的"视为作者原则"。例如，根据《美国版权法》第 201 条 b 款，在雇佣作品的情况下，雇主被视为作者，享有版权中的一切权利，若各方以书面合同的方式做出明确的相反规定，则不适用"视为作者原则"。个别大陆法系国家（如日本）也有类似规定。"视为作者原则"也称"雇佣作品原则"，雇员在雇佣关系存续期间所创作作品的著作权归雇主所有，作品的创作者（雇员）是作品的"事实作者"，作品的雇主是作品的"法律作者"，最终，雇佣作品的著作权归属于雇主。在"视为作者原则"的背景下，这仍然遵循"著作权属于作者"的原则，并且不存在任何例外。

我国《著作权法》第 11 条规定，创作作品的公民是作者。由法人或者其他组织主持，代表法人或者其他组织意志创作，并由法人或者其他组织承担责任的作品，法人或者其他组织被视为作者。2020 年《著作权法》第三次修正案延续了这项规定，只进行了文字性调整，将"公民"改为"自然人"，将"其他组织"改为"非法人组织"。有学者认为，这是"视为作者原则"在中国的体现。也有学者认为，这是"法人作品"的法律依据，在我国，法人或其他组织在一定的条件下可以被"视为作者"。法人或其他组织被"视为作者"，必须同时满足三个条件：①作品须在法人或其他组织的主持下创作完成；②作品的创作代表了法人或其他组织的意志；③法人或其他组织对作品承担责任。从此角度来看，该项规定似乎接近英美法系国家的"视为作者原则"。但是总体上看，我国现行立法并未很好地采用"视为作者原则"。例如，在职务作品制度中，将职务作品区分为一般职务作品和特殊职务作品，一般职务作品的著作权由职员享有，特殊职务作品则由职员享有署名权，著作权的其他权利由单位享有。这既不符合"视为作者原则"的基本原理，也在客观上造成了我国职务作品制度的内容混乱，增加了司法实践中的复杂性。

（二）作者的认定标准

著作权法中作者的认定是司法实践实务中的难点问题。实践中，确定著作权主体依据两项标准，即实质标准和形式标准。

"是否实质参与作品的创作"是认定作者的实质标准和要件。著作权法所称的创作，是指直接产生文学、艺术和科学作品的智力活动。也就是说，创作实质上是把思想、理念进行表达展现的活动，因为作品在本质上就是思想的表达和体现。创作是一个事实行为，只有实际从事了相关创作活动，并最终完成以一定形式表现出来的作品的人才能被称为作者。同时，根据司法审判积累的经验，在作品的创作过程中，仅仅为他人的创作进行组织工作，提供咨询意见、物质条件，或者进行其他辅助工作的人，仅为他人的创作活动提供题材或素材而没有创造性活动，均不能被认定为作品的作者。

实质标准在实践中常常面临挑战，因为创作活动常常是在私密和封闭的环境中进行的，认定谁确实参与了作品的实际创作是一件非常困难的事情。实践中，一般以作品的外在证据来认定作品的作者。许多国家的著作权法及有关国际公约都规定了认定作者的形式标准，即根据作品外在的证据推定在作品上署名的人为作者，除非有相反证明，这被称为"署名推定原则"。署名是作者身份的外部表现形式，也是作者享有著作权的具体体现，以署名作为判断作者身份的标准能够大大简化作者的判断程序。但是，既然是推定的方法，必定具有天然的缺陷，需要对以署名作为判断作者的标准进行严格限制，即适用该原则以"没有相反证明"为前提。如果有相反证据足以证明作品的作者另有其人，就不能认定署名者是作品的作者，而应当以证据载明的主体作为作品的作者。实践中，如果真正作者能够依据有效证据证明在作品上署名的人没有实质参与作品的创作活动，就可以否决其作者的身份。有证据证明作品是由自己创作的，便可以重新确定作者身份。对此，我国《著作权法》第11条第3款明确规定："著作权属于作者，本法另有规定的除外……如无相反证明，在作品上署名的公民、法人或者其他组织为作者。"2020年《著作权法》第三次修正案基本沿袭了该条款，其第12条第1款规定："在作品上署名的自然人、法人或者非法人组织为作者，且该作品上存在相应权利，但有相反证明的除外。"

三、特殊作品的著作权主体

"著作权属于作者"是确定著作权归属的一般原则。除此之外，我国立法还对合作作品等8种特殊作品的著作权归属确立了特殊规则。

（一）合作作品的著作权主体

1. 合作作品的概念

合作作品是指两人以上合作创作的作品。根据我国学理通说，合作作品必须同时具备两项要件。

一是各合作者之间存在合作创作的合意。各合作者应当基于同一个创作目的，并且具有分工协作、共同实现该创作目的的主观愿望。例如，作词者和作曲者事先协商、彼此配合，共同创作出一首曲调婉转、歌词优美的歌曲；再如，两位画家分工合作，一人画底稿、一人着色，此时他们之间都具有合作创作的合意，构成合作作品。但是，如果各位作者之间缺乏这种合作创作的合意，例如画家甲创作了一幅素描风景画，画家乙擅自对之进行着色，此时不仅不构成合作作品，画家乙还可能侵犯画家甲的著作权，需要承担法律责任。

二是各合作者之间存在合作创作的行为。一方面，各合作者应当都参与了具体的创作行为，最终的作品中应当体现他们每个人的思想火花。如果甲乙二人参与作品创作，其中只有甲为作品的完成贡献了智力劳动，乙仅仅提供咨询意见或者进行辅助工作，则甲乙之间不存在合作"创作"行为，该作品不属于合作作品，而只是甲一人的独立创作作品。另一方面，各合作者之间的创作量应当大致相当，各位作者都应在数量上和质量上对合作作品做出了相当的贡献。[①] 如果最终的作品中，各位作者的智力贡献悬殊，例如一部上百万字的小说中有一句人物对白是甲创作的，其余内容均由乙完成，则该小说也难谓甲乙二人的合作作品，否则将有失公平。当然，各合作者的创作量具体应占整部作品的多少比例才算大致相当，实践中应当具体情况具体分析，立法和学理都难以给出确切的量化标准。

2. 合作作品的著作权主体

合作作品的著作权应当由合作作者共同享有。没有参加创作的人，不能成为合作作者，不能对该作品主张著作权。换言之，各合作作者是合作作品的共同权利人，此即合作作品的著作权归属原则。但是，各合作作者如何行使这项共同权利，则需要区分可以分割的合作作品和不可分割的合作作品。

（1）可以分割的合作作品。可以分割的合作作品是指各位合作作者的创作部分彼此相对独立，不存在交叉和融合，能够比较容易地区分开并单独使用。例如，甲乙二人合作，甲作曲、乙作词，创作出的歌曲便是可以分割的合作作品。严格来说，将此种作品称为"可以分割"并不合适，因为该作品本身是一个完整的整体，使用该作品是对该作品整体的使用，不存在分割问题；此处"可以分割"的并非该合作作品，而是各合作作者的创作部分，二者是不同的对象。不过，为了尊重现行立法，本书在此遵循惯例，依旧采用"可以分割的合作作品"这一称谓。

对于此类合作作品，《著作权法》第 13 条第 2 款规定，各位作者对他们各自创作的部分可以单独享有著作权，但行使著作权时不得侵犯合作作品整体的著作权。例如，在上例中，甲可以单独将其曲谱授权丙汇编成钢琴曲谱练习集并出版发行，但是就甲乙二人合作创作的音乐作品而言，其著作权仍由甲乙共同享有。[②]

（2）不可分割的合作作品。不可分割的合作作品是指各位合作作者的创作部分彼此交叉融合，难以区分开哪部分内容由哪位作者创作，或者虽然能够在理论上区分开，但在实践中无法将其内容分开使用。例如，甲乙合作创作一部小说，二人协商确定主要故事情节，甲写初稿，乙进行一次修改，甲

---

① 参见李明德、许超：《著作权法》，法律出版社 2003 年版，第 149 页。

② 有学者提出，合作作品的精髓便在于参与创作的多人的贡献无法区分，成果无法分割，组成部分不可单独利用性，因此我国著作权法应当废除可分割作品的规定，明确合作作品是不可分割的。详见李伟民：《论不可分割合作作品》，载《暨南学报（哲学社会科学版）》，2017 年第 7 期，第 110－118 页。

进行二次修改，乙再进行三次修改。再如，甲乙合作完成一幅风景画，甲画底稿，乙进行着色。此时，根据《著作权法实施条例》第9条，该合作作品的著作权由各合作作者共同享有，通过协商一致行使；不能协商一致，又无正当理由的，任何一方不得阻止他方使用或者许可他人使用该作品，但是所得收益应当合理分配给所有合作作者。而转让该作品的著作权，必须获得所有合作作者的同意。

3. 立法新动向

《著作权法修订草案（送审稿）》沿用了现行立法中有关合作作品著作权主体的规定，同时还新增了一款规定："他人侵犯合作作品著作权的，任何合作作者可以以自己的名义提起诉讼，但其所获得的赔偿应当合理分配给所有合作作者。"

《修订草案送审稿修改稿》删除了《修订草案送审稿》中的这项规定，仍然沿袭了现行法律制度。

最终通过的2020年《著作权法》第三次修正案在基本沿用现行法律制度的基础上，作了些许调整，其中第14条规定："两人以上合作创作的作品，著作权由合作作者共同享有。没有参加创作的人，不能成为合作作者。""合作作品的著作权由合作作者通过协商一致行使；不能协商一致，又无正当理由的，任何一方不得阻止他方行使除转让、许可他人专有使用、出质以外的其他权利，但是所得收益应当合理分配给所有合作作者。""合作作品可以分割使用的，作者对各自创作的部分可以单独享有著作权，但行使著作权时不得侵犯合作作品整体的著作权。"据之，必须全体合作作者协商一致行使的权利，除了转让外，新增了许可他人专有使用和出质两项内容。

虽然2020年《著作权法》第三次修正案删除了"他人侵犯合作作品著作权的，任何合作作者可以以自己的名义提起诉讼，但其所获得的赔偿应当合理分配给所有合作作者"的规定，但是任何一位合作作者对侵犯合作作品著作权的行为进行侵权诉讼，是为了保护著作权，不是单纯行使著作权的行为，法律应该允许和支持。

（二）职务作品的著作权主体

1. 职务作品的概念

职务作品是指公民为完成法人或者其他组织工作任务所创作的作品。有学者认为，职务作品在英美国家被称为雇佣作品，是适用"视为作用"原则的必然后果，其实，仔细分析，我国的职务作品和英美国家的雇佣作品存在差异，二者之间并不存在等同关系。[①]

理解我国著作权法中的职务作品，应当注意两点：①职务作品中的公民和单位之间应当具有劳动或者雇佣关系，该劳动或者雇佣关系可以是长久的、定期的，也可以是临时的、短期的，但不是专为创作某部指定作品而建立起的一方支付报酬、另一方完成创作的关系，后者属于委托。②职务作品中的公民即职员，其创作职务作品是为了完成单位的工作任务，此工作任务是指职员在该单位中应当履行的职责。只要在劳动或者雇佣合同中做出约定，职员便有义务履行该职责，至于创作作品是否与他的所学专业相符、是否利用了他的业余时间、是否利用了单位的物质技术条件，都不影响该作品构成职务作品。

2. 职务作品的著作权主体

（1）特殊职务作品。在众多职务作品中，有两种情形属于特殊职务作品：①主要是利用法人或者其他组织的物质技术条件创作，并由法人或者其他组织承担责任的工程设计图、产品设计图、地图、计算机软件等职务作品。此处"物质技术条件"是指该法人或者该组织为职员完成创作专门提供的资金、设备或者材料，通常这些条件对于创作的完成具有重要作用。②法律、行政法规规定或者合同约定著作权由法人或者其他组织享有的职务作品。实践中，该情形多体现为职员和单位的劳动或者雇佣合同中明确约定，职员完成的职务作品的著作权由单位享有。

在以上两种特殊职务作品情形下，创作作品的职员即作者享有署名权，著作权的其他权利由单位享有，单位可以给予作者奖励。从法理来看，第一种特殊职务作品的完成主要得益于单位提供的物质技术条件，此时著作权由单位享有，符合公平理念。第二种特殊职务作品的完成虽不依赖单位提供条件，但是立法已有明确规定，或者职员和单位已做出约定，此时著作权由单位享有，是合法性的要求，也符合当事人意思自治的民法基本原则。

（2）一般职务作品。除了前述两种特殊职务作品之外，其他职务作品都属于一般职务作品。对此，《著作权法》第16条第1款及《著作权法实施条例》第12条规定，著作权由作者享有，但是单位有权在其业务范围内优先使

---

① 参见李伟民：《职务作品制度重构与人工智能作品著作权归属路径选择》，载《法律评论》，2020年第3期，第111－113页。

用。作品完成两年内,未经单位同意,作者不得许可第三人以与单位使用的相同方式使用该作品;作品完成两年内,经单位同意,作者许可第三人以与单位使用的相同方式使用作品所获报酬,由作者与单位按约定的比例分配。作品完成两年的期限,自作者向单位交付作品之日起计算。

据此,一般职务作品的著作权均归职员,但是单位在其业务范围内可以自由使用。作品完成两年内,第三人若想以和单位相同的方式使用该作品,须在经单位同意的前提下从职员处获得授权,报酬由职员和单位分享;第三人若想以其他方式使用该作品,则只需职员授权即可。

3. 职务作品和法人作品的区别

从立法上看,《著作权法》将职务作品和法人作品分别规定在第 11 条和第 16 条中,其本意应当是将二者作为两种完全不同的类型,而二者之间的差异也比较明显。对法人作品而言,单位视为作者,著作权也归单位享有。职务作品中,作者是职员,著作权的归属和行使则区分一般职务作品和特殊职务作品,前者归属于职员,后者则由单位享有除署名权之外的其他著作权。

在法律适用中,我们必须先确定作品的类型,才能确定其著作权的归属和行使规则,此逻辑顺序不得改变。而此逻辑顺序中的第一个步骤,即区分职务作品和法人作品,在实践中很难做到,这进而影响了我们在实践中确定某部涉及单位和职员的作品的著作权归属问题。这样,当作品被认定为法人作品时,作品完整著作权归属单位;当认定为特殊职务作品,单位只享有署名权之外的全部著作权。但在实践中,常常还会产生争议,这充分说明,我国《著作权法》中的职务作品制度还存在严重不足和缺陷。

造成这一局面的深层次的原因在于我国现阶段立法没有很好地适用"视为作者原则",尤其在职务作品制度中没有很好地把握该项原则,可以参照美国《版权法》,重新以"视为作者"原则构建新的职务作品制度,或可解决相关难题。本书认为,我们可以借鉴该项原则,重新构建职务作品和法人作品制度,既简化立法规定,又有利于增强司法实践中的可操作性。①

4. 立法新动向

《著作权法修订草案(送审稿)》基本沿用了现行立法对职务作品概念的规定,但在职务作品的著作权归属上有所改动。该送审稿第 20 条规定:"职

---

① 参见李伟民:《职务作品制度重构与人工智能作品著作权归属路径选择》,载《法律评论》,2020 年第 3 期,第 111 - 113 页。

工在职期间为完成工作任务所创作的作品为职务作品，其著作权归属由当事人约定。""当事人没有约定或者约定不明的，职务作品的著作权由职工享有，但工程设计图、产品设计图、地图、计算机程序和有关文档，以及报刊社、通讯社、广播电台和电视台的职工专门为完成报道任务创作的作品的著作权由单位享有，作者享有署名权。""依本条第二款规定，职务作品的著作权由职工享有的，单位有权在业务范围内免费使用该职务作品并对其享有两年的专有使用权。""依本条第二款规定，职务作品由单位享有的，单位应当根据创作作品的数量和质量对职工予以相应奖励，职工可以通过汇编方式出版其创作的作品。"

与《修订草案送审稿》不同的是，《修订草案送审稿修改稿》完全沿用了现行立法第 16 条对职务作品概念和归属的规定，仅仅增加了一种特殊职务作品的类型，即"报社、期刊社、广播电台、电视台的工作人员创作的职务作品"。

最终通过的 2020 年《著作权法》第三次修正案基本延续了《修订草案送审稿修改稿》，仅作了些许微调。据之，特殊职务作品包括三种情形：一是主要是利用法人或者非法人组织的物质技术条件创作，并由法人或者非法人组织承担责任的工程设计图、产品设计图、地图、示意图、计算机软件等职务作品；二是报社、期刊社、通讯社、广播电台、电视台的工作人员创作的职务作品；三是法律、行政法规规定或者合同约定著作权由法人或者非法人组织享有的职务作品。

（三）委托作品的著作权主体

1. 委托作品的概念

委托作品是指一方委托另一方创作的作品。其中，委托他人创作作品的人称为委托人，接受委托进行实际创作的人称为受托人。实践中，委托作品的形式比较多样，委托人和受托人都可以是自然人，也可以是单位。在单位委托自然人创作的情形下，我们容易将委托作品和职务作品相混淆，区分二者的关键在于判断该单位和自然人之间有无劳动或者雇佣关系。在委托作品中，单位和自然人之间没有稳定的劳动或者雇佣合同，二者之间不是隶属关系，除与特定作品的创作有关的事项之外，该自然人不必接受单位的其他工作安排，也不从单位领取定期薪酬。

2. 委托作品的著作权主体

（1）一般委托作品。一般情形下，委托作品的归属由委托人和受托人通过合同约定。合同未作明确约定或者没有订立合同的，著作权属于受托人，此时，委托人在约定的使用范围内享有使用作品的权利，如果双方没有约定使用范围，则委托人可以在委托创作的特定目的范围内免费使用该作品。

（2）自传体作品。最高人民法院《关于审理著作权民事纠纷案件适用法律若干问题的解释》对委托作品的著作权归属作了一项特殊规定，针对委托人委托受托人完成的自传体作品。依据该司法解释第 14 条，当事人合意以特定人物经历为题材完成的自传体作品，当事人对著作权权属有约定的，依其约定；没有约定的，著作权归该特定人物享有，执笔人或整理人对作品完成付出劳动的，著作权人可以向其支付适当的报酬。

（四）演绎作品的著作权主体

1. 演绎作品的概念

演绎作品是指在已有作品基础上创作完成的新作品。构成演绎作品，必须具备两项要件：一是利用已有作品。虽然从根本上看，人类文化的发展离不开对前人文化的继承，因此几乎所有作品在创作过程中都无法完全脱离已有作品，但普通作品更多的是参考借鉴已有作品，例如使用它们的思想内涵，模仿它们的风格，直至少量引用它们的内容；而演绎作品与之不同，它不仅利用已有作品的表达（而不仅仅是其中的思想），而且使用的量较大，通常读者或者观众都能从演绎作品中看到已有作品的影子。据此，演绎作品又称为派生作品，它是从已有作品中派生而来的，而非其作者从零新创的。二是进行具有独创性的再创作。与抄袭不同，演绎作品不是对已有作品相关表达内容的简单复制，而是以之为基础进行加工再创作，贡献自己的思想火花，形成一件具有独创性的不同于原作的新作品。例如，根据小说改编创作出戏剧作品或者电影作品，都需要改编者进行有独创性的脑力劳动，最终的戏剧作品和电影作品中既包含原小说作者的智力贡献，也体现出改编者的智力贡献。

需要说明的是，在现阶段，"演绎作品"一词在我国还只是学理上的术语，著作权法中没有采用该词汇，而是使用"改编、翻译、注释、整理已有作品而产生的作品"这一表述。

2. 演绎作品的著作权主体

我国著作权法对演绎作品的著作权主体的规定比较简单。《著作权法》第12 条规定，演绎作品的著作权由演绎者享有，但行使著作权时不得侵犯原作品的著作权。同时，结合学术界和实务界的通说观点，演绎作品的著作权归属和行使规则应当包括以下三点：

（1）演绎者根据已有作品创作演绎作品时应当尊重原作的著作权。一方面，演绎者进行演绎创作应当经过原作著作权人许可。原作品的著作权人对其作品享有独占性的演绎权，他人对其作品进行演绎，必须经著作权人许可并依约定支付报酬。如果演绎者未经许可擅自进行演绎，虽然不妨碍演绎作品的产生，但是会侵犯原作者的演绎权，此种情形下，演绎者在对其演绎作品享有著作权的同时，可能需要对原作著作权人承担侵权责任。另一方面，演绎者还须尊重原作著作权人的著作人身权，尤其是不得侵犯其署名权和保护作品完整权。具体而言，演绎者应当在演绎作品中标明原作名称及其作者姓名，并且不得歪曲、篡改原作。此处，歪曲、篡改原作的标准根据演绎作品的类型而有不同。例如：对翻译作品而言，必须严格忠实于原作的每一个细节表达，不得有丝毫差别；而对改编作品来说，则不必如此严格，可以而且常常是不得不对原作进行一些改动，但是不得扭曲原作的内涵，也不得降低原作的艺术品位。

（2）经过演绎创作，演绎者对演绎作品享有著作权。一方面，该著作权由演绎者独自享有，原作著作权人不是演绎作品的作者，不享有演绎作品的任何权利；另一方面，演绎者对演绎作品的著作权，其性质、权项内容、保护期限等与原作者对原作品的著作权相同。

（3）演绎作品的使用应当遵循双重许可规则。理论上，演绎作品中含有原作者的智力贡献和演绎者的智力贡献两部分内容，从权源来看，原作者和演绎者对他们各自的智力贡献部分享有各自的著作权。但是在实践中，演绎作品往往是一个完整的整体，我们很难区分开其中哪部分由原作者贡献、哪部分由演绎者贡献，也无法将其分开使用。因此，在使用演绎作品整体时，为了尊重原作者和演绎者双方的贡献，第三人应当经过原作著作权人和演绎作品著作权人的双重许可，并支付双重报酬。例如，甲的小说被乙改编成电影，丙若想根据该电影制作网络游戏，必须同时经过甲和乙的许可，并向他们支付使用费。当然，双重许可规则的适用前提是原作品和演绎作品都在著作权保护期限内。如果此时二者有其一已经超过保护期，则只需经过另一方许可，并向他支付报酬。

3. 立法新动向

《著作权法修订草案（送审稿）》在沿用现行立法规定的基础上，将前述理论观点吸纳进来，对演绎作品的著作权条款进行了完善，不仅明确提出了演绎作品的称谓，还明文规定了双重许可规则。该送审稿第 16 条规定："以改编、翻译、注释、整理等方式利用已有作品而产生的新作品为演绎作品，其著作权由演绎者享有。""使用演绎作品应当取得演绎作品的著作权人和原作品的著作权人许可。"

《修订草案送审稿修改稿》则完全继承了现行立法第 12 条的条文表述，仅新增了第二款规定：使用改编、翻译、注释、整理已有作品而产生的作品，应当取得改编、翻译、注释、整理已有作品而产生的作品的著作权人和原作品的著作权人许可。

最终通过的 2020 年《著作权法》第三次修正案沿袭了《修订草案送审稿修改稿》的思路，并将其第二款单设为独立的第 16 条，规定："使用改编、翻译、注释、整理、汇编已有作品而产生的作品进行出版、演出和制作录音录像制品，应当取得该作品的著作权人和原作品的著作权人许可，并支付报酬。"

（五）汇编作品的著作权主体

1. 汇编作品的概念

（1）汇编作品的定义和类型。《著作权法》第 14 条规定，汇编作品是指汇编作品、作品的片段或者不构成作品的数据或者其他材料，对其内容的选择或者编排体现独创性的作品。

汇编作品包括两类：①对作品或者作品的片段进行汇编形成的作品，即集合作品。[①] 例如，期刊、论文集、唐诗三百首等便属于对作品进行汇编形成的集合作品；而从多部长篇小说中摘录个别章节汇编形成的小说节选集、从多首音乐作品中选取片段汇编形成的歌曲串烧等，属于对作品的片段进行汇编形成的集合作品。集合作品中存在多个独立的受著作权保护的客体，包括被汇编的各个作品、作品的片段，以及汇编形成的作品整体。②将不构成作品的数据或者其他材料汇编形成的作品。从广义上看，这是一种数据库，例如成语大全、通讯录、裁判文书汇编等。此类汇编作品中只存在一个著作权客体，即汇编而成的作品整体，其中的各个数据、材料仍然不受著作权法保护，其性质不因汇编行为而发生任何改变。

作为作品的一种，汇编作品也必须符合独创性要求。但是与普通作品

---

① 参见张今：《知识产权法》，中国人民大学出版社 2011 年版，第 45 页。

不同，在汇编作品中，汇编者通常不参与作品内容的具体表达工作，例如在论文集中不撰写具体的文章内容，在美术画册中不描绘具体的图形线条；其智力贡献主要体现在对汇编对象的选择和编排上，例如，汇编唐诗三百首时，将哪些唐诗收录进去、如何确定它们之间的排序，都需要汇编者发挥智力创造。如果在此过程中没有体现汇编者的独创性，则不能构成汇编作品，而只是一种普通的数据库或者类似的作品集合体。例如，编写某市企业通讯录时，将该市经工商登记的企业及其地址、电话全部收录进去，并在各企业之间按照企业名称的汉语拼音顺序进行排列，即不符合独创性要求。

（2）汇编作品和合作作品、演绎作品的区别。汇编作品中的第一种，即集合作品，其中包含了多人的智力贡献，并不完全是汇编者一人的创造性成果。从此角度来看，汇编作品与合作作品、演绎作品具有一定的相似之处，但是严格来说，它们之间也存在区别。

第一，汇编作品和合作作品的区别。首先，被汇编的多部作品的著作权人之间并不存在事先的协作合意。他们通常是各自分别创作，创作时并不知悉其他作者和作品的存在，也没有和他们共同汇编成一部作品的愿望。而合作作品的各位作者之间明确存在协作合意，他们的创作本意就是彼此分工、互相配合，共同完成一部作品。其次，汇编作品中存在一个独立的汇编者，他没有参与其中各部作品的具体创作，而只是进行了选择和编排工作。合作作品的各位作者通常都是直接、平等地参与作品的具体创作的。

第二，汇编作品和演绎作品的区别。汇编作品和演绎作品都是以已有作品为基础进行加工再创作的，但是汇编作品中的再创作体现在对被汇编对象（即已有作品）的选择和编排上，汇编者没有对已有作品本身进行改动或者删减。而演绎作品中的再创作往往是对已有作品本身的改动，例如转换不同的语言文字、改变作品类型、增加新的表达内容等。

2. 汇编作品的著作权主体

汇编作品的著作权归属和行使规则与演绎作品十分相似。

（1）汇编作品的著作权由汇编者享有，被汇编的单个作品的著作权人对汇编作品整体没有著作权。而汇编者对汇编作品的著作权，其性质、权项内容、保护期限等方面和一般作品的相同。

（2）对汇编作品中的集合作品而言，在将作品或者作品的片段进行汇编时，应当经过原作的著作权人许可，并且尊重其署名权、保护作品完整权等其他权利。第三人使用该汇编作品时，也应遵循双重许可规则，即同时经过被汇编的作品或者作品片段的著作权人以及汇编作品的著作权人许可，并向他们支付报酬。

3. 立法新动向

《著作权法修订草案（送审稿）》在承继现行立法规定的基础上，新增了一款规定："使用汇编作品应当取得汇编作品的著作权人和原作品的著作权人许可。"据此，原先仅为学界通说的汇编作品使用双重许可规则将正式上升为立法规定。但是该款内容在《修订草案送审稿修改稿》和最终通过的 2020 年《著作权法》第三次修正案中被删除。

（六）视听作品的著作权主体

1. 视听作品的创作特点

视听作品包括各种电影作品和以类似摄制电影的方法创作的作品，例如电影、电视剧、动画片、纪录片等。通常情形下，视听作品的创作是一个十分复杂的过程，凝聚了制片人、导演、编剧、演员、摄影师、剪辑师、灯光师、道具师、造型设计师、配音等各种演职人员的努力和心血。从此角度来看，视听作品的创作过程具有合作作品的特征。此外，现代社会中，视听作品的制作往往是根据小说、剧本等已有作品改编而成的，因此它又具有演绎作品的某些特性。考虑到视听作品制作过程的复杂性和参与人员的众多性，包括我国在内的许多国家都在著作权法中对视听作品的著作权归属和行使做出了特别规定。

但是，随着自媒体时代的来临，视听作品的创作特点发生了新的变化。一方面，许多视频都不再需要众多人员的参与，人人可以是投资人，人人可以是导演，人人可以是编剧，人人可以是演员，人人可以是摄影师，因此，个人依靠一部手机和网络就可以完成视频的制作、发表等工作。这种简单视频虽然不能和复杂的电影作品媲美，但也有其独创性，属于著作权法保护的"视听作品"。[①] 另一方面，许多视频甚至一些电影的制作也不再依赖既定的小说或剧本，这种视听作品便属于完全原创的作品，而不再具有演绎作品的特性。

---

① 参见李伟民：《视听作品法律地位之确立——以文化安全为视角》，载《法学论坛》2018 年第 2 期，第 37 页。

2. 视听作品的著作权主体

（1）电影作品和以类似摄制电影的方法创作的作品的著作权主体。《著作权法》第 15 条规定："电影作品和以类似摄制电影的方法创作的作品的著作权由制片者享有，但编剧、导演、摄影、作词、作曲等作者享有署名权，并有权按照与制片者签订的合同获得报酬。""电影作品和以类似摄制电影的方法创作的作品中的剧本、音乐等可以单独使用的作品的作者有权单独行使其著作权。"据此，在我国，视听作品的著作权归属和行使规则包含以下三个方面：

一是视听作品的整体著作权由制片者一方享有。世界范围内，两大法系在视听作品的著作权归属上存在较大差别。在英美法系，视听作品的著作权归属适用视为作者原则，由制片者直接享有；而在大陆法系的德国、法国等国家，视听作品的原始著作权归属于导演、编剧等各主要创作者，属于合作作品，再通过法定的转让或者许可制度，由他们转让或者许可给制片人统一行使。我国在此方面借鉴了英美法系，适用"视为作者"原则，实际参加视听作品创作的主体是"事实作者"、投资者等主体被视为"法律作者"，作品的著作权归属于"法律作者"，由制片者直接享有视听作品的著作权。[①] 但是应当注意，此处的"制片者"是一个法律术语，与生活中通常所说的"制片人"并非同一概念，而是指对视听作品的制作进行整体安排和策划的人。

其实制片者是为拍摄视听作品筹措资金、召集演职人员并且对外和对内承担责任的民事主体，可以是单位也可以是自然人，可以是单一主体也可以是多个主体，例如实践中的"联合制片者"。[②]

二是编剧、导演、摄影、作词、作曲等作者享有视听作品的署名权，并且有权按照和制片者签订的合同获得报酬。不过，这里的署名是不是著作权法作者层面的署名权，在理论上存在很大争议，有人认为，视听作品普遍给参与人员署名，不一定必然是著作权法层面的署名权范畴，对部分辅助人员的署名，只是对视听作品参与人员的尊重，不是著作权法意义上的署名权。[③]

---

① 参见李伟民：《职务作品制度重构与人工智能作品著作权归属路径选择》，载《法律评论》，2020 年第 3 期，第 111－113 页。

② 参见李伟民：《视听作品参与主体及法律地位研究》，载《江西社会科学》2020 年第 7 期，第 156－157 页。

③ 参见李伟民：《视听作品作者署名权新论——兼评〈著作权法修改草案〉"作者精神权利"的修改》载《知识产权》2018 年第 5 期，第 34－35 页。

这些创作者参与了视听作品的直接创作，是视听作品的作者，但不是著作权人。他们不享有视听作品的著作权，只有署名权和获得报酬权。如此，既对他们的智力贡献给予相应的回报，符合公平理念，又不至于因著作权人太多、意见各异而影响视听作品的使用，符合经济和效率原则。这一点与著作权法基本理论似乎也存在一定矛盾。

三是剧本、音乐等可以单独使用的作品，其作者不仅有权在视听作品中署名和获得报酬，还可以对其剧本、音乐等享有单独的著作权。据此，这些作者可以脱离视听作品而独立使用其剧本、音乐等作品。例如，剧本作者可以将其文字剧本进行公开出版，音乐作者可以将其音乐作品录制成 CD 发行。

（2）互联网下新型视听作品的著作权主体。对于自媒体时代出现的由某个人制作或几个人共同制作的新型视听作品而言，现行立法中有关电影作品和以类似摄制电影的方法创作的作品的著作权主体规则显然不宜适用。对此，本书认为可以适用普通的独创作品或合作作品的著作权主体规则，亦即：由某个人独立制作的视听作品，其著作权归属于该个人；而由几个人共同制作的视听作品，则可以作为不可分割的合作作品，其著作权由各合作者共同享有，通过协商一致行使，不能协商一致，又无正当理由的，任何一方不得阻止他方行使除转让以外的其他权利，但是所得利益应当在所有合作者之间进行合理分配。

（3）立法新动向。《著作权法修订草案（送审稿）》对视听作品的著作权归属和行使规则进行了较大幅度的修改：一方面，明确了视听作品和小说、戏剧等已有作品之间是演绎作品与原作品的关系，使得视听作品的制作和使用必须符合演绎作品的著作权规定；另一方面，在视听作品的整体著作权归属上，尊重当事人的意思自治，遵循有约定时依约定、无约定时归制片者的规则。此外，该送审稿还规定，剧本、音乐等独立作品的作者单独行使其著作权时，不得妨碍视听作品的正常使用。据此，剧本作者可以以文字出版的方式使用其剧本，但是通常不得授权两个制片者同时将该剧本拍摄成电影，以免两部视听作品之间互相竞争、减少票房收入。

具体而言，该送审稿第 19 条规定："制片者使用小说、音乐和戏剧等已有作品制作视听作品，应当取得著作权人的许可；如无相反约定，前述已有作品的著作权人根据第十六条第二款对视听作品的使用享有专有权。""电影、电视剧等视听作品的作者包括导演、编剧以及专门为视听作品创作的音乐作品的作者等。""电影、电视剧等视听作品的著作权中的财产权和利益分享由制片者和作者约定。没有约定或者约定不明的，著作权中的财产权由制片者享有，但作者享有署名权和分享收益的权利。""视听作品中可以单独使用的剧本、音乐等作品，作者可以单独行使著作权，但不得妨碍视听作品的正常使用。"

《修订草案送审稿修改稿》则取消了前述所有修改，基本延续现行立法的具体规定。

最终通过的 2020 年《著作权法》第三次修正案与《修订草案送审稿》《修订草案送审稿修改稿》均不相同。一方面，未规定视听作品和小说、戏剧等已有作品之间是演绎作品与原作品的关系；另一方面，在视听作品的整体著作权归属上区分电影、电视剧和其他视听作品，规定为："视听作品中的电影作品、电视剧作品的著作权由制作者享有，但编剧、导演、摄影、作词、作曲等作者享有署名权，并有权按照与制作者签订的合同获得报酬。""前款规定以外的视听作品的著作权归属由当事人约定；没有约定或者约定不明确的，由制作者享有，但作者享有署名权和获得报酬的权利。""视听作品中的剧本、音乐等可以单独使用的作品的作者有权单独行使其著作权。"

（七）美术作品的著作权主体

1. 现行立法规定

美术作品的著作权归属于作者，作者享有对该美术作品的完整著作权，可以排斥第三人未经许可对该作品的任何使用行为。但是，美术作品的产权交易具有特殊之处。理论上，作品与作品的载体是两种客体，应当区别对待，前者是无形的智力创造成果，后者则属于传统的有形物。作品之上存在著作权，作品载体上存在的是物权。著作权和物权是互相独立的两种权利，其产权交易也是彼此分离的。以文字作品为例，转让小说的著作权不必随之转移记录该小说的图书载体，同理，图书的买卖也不意味着其中小说的著作权转让，该原理对美术作品也适用。但是有一点例外，即展览权。与文字作品的利用方式多为出版发行不同，美术作品的主要利用方式是展览。而实践中，展览行为是无法脱离美术作品的载体单独进行的。因此，美术作品的展览权不得不与其载体的所有权结合在一起。也就是说，当美术作品的原件以买卖等方式进行转让后，该原件新的所有人在获得原件的物权的同时，也一并获得了原件的展览权。对此，《著作权法》第 18 条明确规定："美术等作品原件所有权的转移，不视为作品著作权的转移，但美术作品原件的展览权由原件所有人享有。"换言之，美术作品原件所有权以买卖、赠予等方式转移后，其著作权中的展览权由原件所有人享有，著作权中的其他权利仍由原著作权人行使。应当注意的是，此处所称"原件所有人"是指美术作品原件的所有权人，不包括通过出借、租赁等方式取得原件的占有人。

2. 立法新动向

应当承认，现行立法规定具有相当的合理性，本次著作权法修改继续沿用此项规定。同时，修改草案也作了一些补充，并将其中的一些规则同样适用于摄影作品。《著作权法修订草案（送审稿）》第 22 条规定："作品原件所有权的移转，不产生著作权的移转。""美术、摄影作品原件的所有人可以展览该原件。""作者将未发表的美术或者摄影作品的原件转让给他人，受让人展览该原件不构成对作者发表权的侵犯。""陈列于公共场所的美术作品的原件为该作品的唯一载体的，原件所有人对其进行拆除、损毁等事实处分前，应当在合理的期限内通知作者，作者可以通过回购、复制等方式保护其著作权，当事人另有约定的除外。"

《修订草案送审稿修改稿》删除了前述《修订草案送审稿》第 22 条的最后一款规定（即关于陈列在公共场所的美术作品的原件的条款），在其他方面则与《修订草案送审稿》基本保持一致，仅在个别措辞上作了些许改动。

最终通过的 2020 年《著作权法》第三次修正案延续了《修订草案送审稿修改稿》，其第 20 条规定："作品原件所有权的转移，不改变作品著作权的归属，但美术、摄影作品原件的展览权由原件所有人享有。""作者将未发表的美术、摄影作品的原件所有权转让给他人，受让人展览该原件不构成对作者发表权的侵犯。"

（八）匿名作品的著作权主体

1. 现行立法规定

匿名作品，在我国《著作权法》中称为"作者身份不明的作品"，是指无法确定谁是作者的作品。总体来看，匿名作品主要包括两种：一是作者未署名的作品，由于作者没有标注姓名，公众无从查知其人；二是作者署了假名，但是根据该假名无法查明其真实身份。署名权是作者的专有权利，作者可以自由决定如何署名。实践中，一些作者，尤其是一些作家，习惯在作品上署笔名。如果该笔名是公众知悉的，据之能够查证作者真实身份的，例如巴金、鲁迅，则其作品不属于匿名作品。

《著作权法实施条例》第 13 条规定："作者身份不明的作品，由作品原件的所有人行使除署名权以外的著作权。作者身份确定后，由作者或者其继承人行使著作权。"换言之，匿名作品的著作权主体仍然是作者，但是考虑到在作者无法确定时，无法由作者真正行使著作权，因而此时除署名权之外的其他著作权都由作品原件的所有人行使，以利于作品的推广传播，并丰富社会文化；至于署名权，则不能由原件所有人行使，一方面这是保障著作权人合法权利的必然要求，另一方面也避免由他人冒认作者、欺骗广大公众。当匿名作品的作者身份确定之后，则适用著作权权利归属的一般规则，如果作者仍在世，则由作者自己行使，如果作者已死亡 50 年以上，则由其继承人行使。

2. 立法新动向

《著作权法修订草案（送审稿）》第 27 条规定："作者身份不明的作品，其著作权除署名权外由作品原件的所有人行使。作者身份确定后，其著作权由作者或者其继承人、受遗赠人行使。"该条款基本沿袭了现行立法规定，只在作者身份确定且作者已死亡的情形下，在继承人之外新增了一个著作权行使主体，即受遗赠人。由于著作权是私权，可由作者自由处分，实践中，作者可能立遗嘱将之赠予法定继承人之外的第三人，因此，本次立法修订将受遗赠人作为和继承人并列的著作权行使主体。这符合实践需要，颇具合理性。《修订草案送审稿修改稿》和最终通过的 2020 年《著作权法》第三次修正案则没有采纳《修订草案送审稿》的思路，而是延续了现行立法规定。

第三节　著作权的客体

一、作品概述

（一）作品的概念

《著作权法》没有对"作品"进行定义，该法第 3 条规定了多种作品类型。[①]《著作权法》第 3 条规定："本法所称的作品，包括以下列形式创作的

---

① 参见孙新强、李伟民：《Literary Works 译意探源》，载《知识产权》2014 年第 1 期。

文学、艺术和自然科学、社会科学、工程技术等作品：（一）文字作品；
（二）口述作品；（三）音乐、戏剧、曲艺、舞蹈、杂技艺术作品；（四）美
术、建筑作品；（五）摄影作品；（六）电影作品和以类似摄制电影的方法创
作的作品；（七）工程设计图、产品设计图、地图、示意图等图形作品和模型
作品；（八）计算机软件；（九）法律、行政法规规定的其他作品。"从理论
上看，该条款并非对作品的界定，只是以列举的方式对著作权法保护的作品
类型进行介绍，与其说是作品的定义，不如说是作品的列举。

《著作权法实施条例》（以下简称《实施条例》）第一次对作品做出了立
法界定。该条例第2条规定："著作权法所称作品，是指文学、艺术和科学领
域内具有独创性并能以某种有形形式复制的智力成果。"该定义被本次《著作
权法修订草案（送审稿）》继受，只是表述上略有不同。该送审稿第5条规
定，本法所称的作品，是指文学、艺术和科学领域内具有独创性并能以某种
形式固定的智力表达。① 相比于现行立法，送审稿中提出了"固定"一词，
不过此处所称"固定"只是一种固定的可能性，是以能够固定，而非以确实
固定为要求。这一点与大陆法系国家相似，而区别于英美法系。在美国、英
国，其《版权法》均明确规定"固定（fixation）"是作品创作完成的标志。
最终，为避免实践操作中与英美法系的固定要求相混淆，2020年《著作权
法》第三次修正案在文字上又进行了一些调整，其第3条规定："本法所称的
作品，是指文学、艺术和科学领域内具有独创性并能以一定形式表现的智力
成果。"

根据我国著作权法，作品的概念包括以下四方面内容：①作品是一种智
力成果。作品是创作活动的产物，而创作是作者将其内在的思想和想法表达
出来的过程，凡没有以某种客观形式表现出来的内心想法、构思、观念等，
无法被他人感知，不能称为作品。著作权法只保护思想的表达，而不保护思
想本身。②作品发生在文学、艺术和科学领域内。工业、商业、农业等领域
中的智力成果一般不能成为作品，而有可能成为商标权、专利权等知识产权
的客体。③作品具有独创性。天然美景、自动拍摄装置拍摄的照片等，无论
多么美好，因为缺乏独创性，不能称为作品。④作品具有可复制性。这是指

---

① 关于《中华人民共和国著作权法》（修订草案送审稿）的说明，参见国务院法制办公室网站，
http://www.chinalaw.gov.cn/article/cazjgg/201406/20140600396188.shtml，2016年12月2日最后一次
访问。如果未作特别说明，本书中《草案》均指《著作权法修订草案（送审稿）》。

作品能够被以一定的形式表现出来，但其表现形式不受限制，无论是传统的文字、音符、线条等形式，还是随着文学艺术和科学技术的发展而出现的其他新的形式，均可。其中，后两点即独创性和可复制性，是作品受著作权法保护的实质要件，二者缺一不可。

（二）作品的实质要件

1. 独创性

独创性是构成作品最重要的实质要件，是指作品是作者通过独立构思、独立运用创作技巧和方法创作完成的，不是或者基本不是作者直接复制、抄袭、剽窃、恶意模仿或篡改他人作品而产生的。正确理解"独创性"，应当从以下几个方面着手。

（1）独创性是一个相对的概念。著作权法鼓励创作者独立思考、独立创作，鼓励后人在前人成果的基础上再创作，同时打击不劳而获，例如抄袭、剽窃等行为。据此，只要作者是独立创作完成，即使与他人在先创作的作品存在相似性或者近似性，只要这种差异能被客观地识别，就认为其作品具有著作权法上的独创性，应当获得著作权法的保护。换言之，在著作权法领域允许近似或者雷同。例如，多人对同一景物进行拍照，虽然照片具有很高的相似性，但是每一张照片都由拍摄者独立完成，都具有著作权法上的独创性，能够单独获得著作权法保护。对此，最高人民法院《关于审理著作权民事纠纷案件适用法律若干问题的解释》第15条做出了明确规定："由不同作者就同一题材创作的作品，作品的表达系独立完成并且有创作性的，应当认定作者各自享有独立著作权。"

（2）独创性与作品的学术性、艺术性无关。学术性或者艺术性是对作品内容和质量的评价，其标准比较主观。而独创性是对作者创作过程的判断，与作品的内容没有必然关系，只关注作者是否独立思考、独立创作，与作品的学术性和艺术性相比，其判断标准相对客观、统一。作品要获得著作权保护，必须符合独创性条件，但不必具备较高的学术性、艺术性。即使作品没有学术或艺术价值，也同样可以获得著作权法的保护。著作权法之所以作出此种规定，是为了最大限度地鼓励创作。因为一部作品的学术性、艺术性如何，评价比较主观，不仅因不同的判断者而异，也会随着时间、地点的不同而有变化。将此主观因素作为认定一部作品是否受著作权保护的条件，难免出现不公平、不合理的结果，也会导致作者为了迎合某种特定的学术和艺术观点而纷纷创作出类似的作品，最终不利于促进文化和社会的多元化发展。

（3）独创性有高低之分。不同国家认定作品独创性的标准不一样。总体来说，英美法系国家的独创性要求较低，例如美国版权法早期有"额头冒汗"原则，只要创作者稍稍付出创造性劳动的智力成果就可以认定为是版权法意义上的作品。而大陆法系国家判断作品独创性的标准则很高，例如在德国著作权法中，让作品具有独创性不仅意味着自己创作出某种东西，而且还意味着应当创造出某种具有想象力的特别的东西，那些人人均可为之的东西不具有独创性。① 因此，大陆法系国家著作权法中规定有邻接权制度，它们普遍认为录音制品、录像制品的独创性较低，不能作为作品，而是纳入邻接权进行保护。现在，随着两大法系著作权法律制度的逐渐融合，英美法系开始提高独创性要求，大陆法系也对某些作品降低了独创性评价标准。其结果之一便是多数国家都保护演绎作品。与完全原创的作品相比，演绎作品的独创性程度略低，是在他人作品基础上进行加工和创作产生的。但是相比于抄袭、剽窃而言，演绎作品又具有一定的独创性，不是完全不变或者基本不变地使用已有作品，而是增加了演绎者的智力贡献。

（4）著作权法中的独创性要求与专利法中的新颖性要求不同。专利法中的新颖性要求获得专利保护的发明创造是发明者新创的，与现在已有的技术不同，在此之前社会公共领域中并不存在该技术。而著作权法中的独创性更多是考虑创作的过程，该作品是否作者独立思考、独立创作，有无抄袭、剽窃他人的成果，至于该创作的结果，即作品是否与其他作品相似甚至相同，并不做要求。从某种角度说，著作权法要求作品是作者独创的，专利法则要求发明创造是发明人新创的，前者不必是首创，后者则基本是首创。

2. 可复制性

可复制性是指作品能够以某种有形形式展现出来并进行复制。这是作品受著作权保护的必要性之所在。如果某部作品只存在于作者的头脑中，未以某种有形形式展现出来，例如作者并未说出或者写出其内容，则他人无从了解，更不可能盗用、抄袭，对该作品就没有保护的现实必要。与此同时，这样一部他人无从了解的作品，只能由作者自我欣赏、自我满足，无法给社会公众带来任何裨益，该作品也就没有保护的价值。据此，作品要受到著作权法的保护，在独创性之外，还需具备可复制性。

---

① 参见 M. 雷炳德著，张恩民译：《著作权法》，法律出版社 2005 年版，第 115－117 页。

早期，作品的展现和复制方法往往较为原始，例如写在纸张上、以复印机复制，通过口头表述出来并以录音机录音、再以录音机翻录。此时，展现和复制的方式多数是有形的。而现在，随着互联网技术的发展，作品的数字化已经非常普遍，作品的无形展现和复制也越来越常见，越来越重要。据此，2020年《著作权法》第三次修正案对《著作权法实施条例》中的"能以某种有形形式复制"进行了修改，变为"能以一定形式表现"，颇具合理性。

（三）思想表达二分法

1. 思想表达二分法的含义

思想表达二分法是著作权法的一项基本理论，其核心内容包括两层含义：①一部作品要获得著作权法保护，该作品中的思想不必是作者独创的，但作品对该思想的表达应当具备独创性。据此，不同的作者可以各自对同一思想进行创作，以自己独创性的表达来展现该思想。②著作权法保护作品，仅保护作者对作品思想的具体表达，不保护思想本身。据此，第三人可以自由使用受保护作品中的思想，但是作者对作品的表达享有专有性的权利，第三人未经许可不得擅自使用。

世界上主要国家和地区的著作权法及国际公约中都明确规定了思想表达二分法，尤其是其中的第二层内容。例如，TRIPs协议第9条第2款明确："著作权保护应当及于表达，但不及于思想、程序、操作方法或者数学概念本身。"《美国版权法》第102条b款规定："对作者独创作品的版权保护，在任何情况下均不及于思想、程序、工艺流程、系统、操作方法、概念、原理或者发现，无论其在作品中以何种形式进行描述、解释、说明或者表现。"

我国现行著作权法中虽然没有明确提出思想表达二分法，但是学术界和实务界都一致认可这项理论。本次著作权法修改更是将之提上了立法的高度。《著作权法修订草案（送审稿）》第9条第1款规定："著作权保护延及表达，不延及思想、过程、原理、数学概念、操作方法等。"但是，最终通过的2020年《著作权法》第二次修正案删除了这款内容。

2. 思想和表达的划分

思想表达二分法适用的关键在于准确划分作品中的思想和表达。对此，相关立法中没有做出明确规定，学界中则主要以列举的方式对二者进行界定。例如，有学者提出，思想是指概念、术语、原则、客观事实、创意、发现等；

表述则是指对于上述思想的各种形式或方式的表达。① 另有学者表示，思想是指主题、题材、事实和素材等；表达则包括符号、结构等。② 从《著作权法修订草案（送审稿）》来看，似乎也采纳了此种列举的规定方式。

本书认为，前述学者和修订草案送审稿对思想和表达的列举都具有合理性，是实践中最常见的思想和表达的表现形式。此种列举不能穷尽所有的思想和表达的范畴，但我们也不必过分纠结于这些单独的列举，以免钻入对思想和表达进行语义学定义的牛角尖。思想和表达二分法的核心不是分别确定作品中思想本身的范围和表达本身的范围，而是找到思想和表达之间的那根分界线，即准确地在作品中受保护的对象和不受保护的对象之间划出界限。就此，在结合前述学者和修订草案送审稿对思想和表达的列举的同时，我们还可以借鉴美国勒尼德·汉德法官提出的抽象提取法："就任何作品，尤其是就戏剧作品来说，随着越来越远离情节，会有一系列越来越具普遍性的模式与之相应。最后一个模式可能就是该戏剧是有关什么的最一般的陈述，有时可能只包括它的名称。但是在这一系列的摘要概括中，有一个不再受到保护的点。否则，剧作家就可能阻止他人使用其'思想观念'。除了思想观念的表述，他的财产权永远不及于思想观念。"③

二、受著作权法保护的作品类型

（一）现行著作权法中的作品类型

我国《著作权法》第 1 条规定，本法保护"文学、艺术、科学作品"，即三类作品。而该法第 3 条又规定了多类作品，"本法所称的作品，包括以下列形式创作的文学、艺术和自然科学、社会科学、工程技术等作品：（一）文字作品；（二）口述作品；（三）音乐、戏剧、曲艺、舞蹈、杂技艺术作品；（四）美术、建筑作品；（五）摄影作品；（六）电影作品和以类似摄制电影的方法创作的作品；（七）工程设计图、产品设计图、地图、示意图等图形作品和模型作品；（八）计算机软件；（九）法律、行政法规规定的其他作品。"据此，我国立法上的作品分类较多。

---

① 参见李明德、许超：《著作权法》，法律出版社 2003 年版，第 26 页。
② 参见张今：《知识产权法》，中国人民大学出版社 2011 年版，第 24 - 25 页。
③ 参见李明德、许超：《著作权法》，法律出版社 2003 年版，第 30 - 31 页。

学术界对于作品的分类存在不同观点。① 有学者持"三种作品类型"的观点，认为作品分"文学、艺术和科学作品"三类；② 有学者持"八种作品类型"的观点；③ 有学者持"九种作品类型"的观点，该观点与八类说基本一致，只是外加"民间文学艺术"作品；④ 还有另一种"九种作品类型"的观点，是在八类说的基础上，将"法律、行政法规规定的作品"作为第九类作品；⑤ 有学者持"九种以上作品类型"观点，认为除著作权法规定的九类作品外，还有其他特殊的作品类型，如汇编作品、演绎作品等，⑥ 不过，对于这种观点，本书认为值得商榷，汇编作品、演绎作品是创作作品的特殊方式，具体是什么作品分类，仍然要以作品的具体内容和表现形式来区分。此外，还有学者认为，我国作品分类并不完全具有类型学上的意义，⑦ 作品分类不应该受我国现有作品分类的限制，司法实践中，可以用"兜底性"条款对作品分类作"扩大性解释"，以获得法律保护。⑧

本书认为，对于作品分类理论，我们可以提出不同的学术观点，以此促进著作权法理论和立法的进步与完善。因此，下面将以现行立法为基础，结合现实情况和理论分析，对各种常见的作品类型进行具体阐述。

1. 文字作品

我国著作权法中的文字作品是指小说、诗词、散文、论文等以文字形式表现的作品。这是最常见的一类作品，也是最重要的作品类型。换言之，在我国，对文字作品的界定，依据的是用来表现作品内容的符号形式，将以文字作为符号展现思想的作品作为文字作品，区别于以音符作为符号的音乐作品和以线条、颜色作为符号的美术作品。

从"文字作品"一词的来源来看，该词是我国学者从英文"literary works"翻译而来的，"literary works"在《伯尔尼公约》、TRIPs 协议和英美国

---

① 参见李伟民：《作品定义与分类的理论重构——兼评〈著作权法修改草案〉第1、第5条》，载《知识产权》2015 年第 10 期，第 56 页。

② 参见刘春田：《知识产权法》，法律出版社 2009 年版，第 54 页。

③ 参见王迁：《知识产权法教程》，中国人民大学出版社 2011 年第 3 版，第 66 – 95 页；曲三强：《知识产权法原理》，中国检察出版社 2004 年版，第 90 页。

④ 参见刘春田：《知识产权法》，法律出版社 2009 年版，第 55 – 61 页。

⑤ 参见吴汉东：《知识产权法》，法律出版社 2011 年第 4 版，第 50 – 52 页。

⑥ 参见李明德：《知识产权法》，法律出版社 2008 年版，第 33 页。

⑦ 参见刘春田：《知识产权法》，法律出版社 2009 年版，第 55 – 56 页。

⑧ 参见刘春田：《知识产权法》，法律出版社 2009 年版，第 61 – 62 页。

家的版权法中都是指文学作品，与艺术作品相区别。文学作品和艺术作品的划分是以作品的实质内容为依据的。其中，文学作品的内涵十分丰富，外延也十分广泛，是一个发展的、开放的概念。例如，在美国版权法中，文学作品包括生活中的散文、诗歌、小说等文学作品，也包括以其他文字、数字、符号、磁盘、软件或者标记等形式表达的作品。TRIPs 协议第 10 条亦明确要求成员国将数据库、计算机程序，无论源码还是代码，均作为《伯尔尼公约》（1971 年文本）中的文学作品（literary works）来保护。[①]

因此，将 literary works（文学作品）误译为文字作品，带来的最大后果是限缩了该词原本的含义，使其外延大幅度减小。例如，这导致许多学者仅将以文字形式表现的作品作为文字作品，把以其他符号创作的作品排除在外，从而将计算机软件作为与文字作品不同的一种类型进行区别对待。[②]

2. 口述作品

根据我国《著作权法实施条例》第 4 条第 2 项，口述作品是指以口头语言形式创作和表达的，未以任何物质载体固定的作品，例如即兴的演说、授课、法庭辩论等。换言之。口述作品要求是即兴的，即，口头作品并不是事先写好之后又经口头表达出来的，而是在预先没有准备的情况下，由口述者临时、现场创作的。[③]

如前所述，现行立法对文字作品和口述作品的分类存在一定的问题。其实，我国《著作权法》第 1 条提出的文学作品和艺术作品的分类，是按作品的实质内容对作品进行区分。这种分类方法颇具合理性，也得到发达国家版权法和国际公约的普遍认可。但是，立法一方面依据作品展现思想内容的符号是文字、音符还是线条，将文学作品区分为文字作品、音乐作品、美术作品等，另一方面又依据作品的表现载体是书面还是口头，将作品区分为文字作品和口述作品，这难免会造成作品分类的矛盾和重叠。例如，很多口述作

---

① 参见孙新强、李伟民：《Literary Works 译意探源》，载《知识产权》2014 年第 1 期。TRIPs 协议第 10 条英文原文：1. Computer programs，whether in source or object code，shall be protected as literary works under the Berne Convention（1971）. 2. Compilations of data or other material，whether in machine readable or other form，which by reason of the selection or arrangement of their contents constitute intellectual creations shall be protected as such. Such protection，which shall not extend to the data or material itself，shall be without prejudice to any copyright subsisting in the data or material itself.

② 详见李伟民：《作品定义与分类的理论重构——兼评〈著作权法修改草案〉第 1、第 5 条》，载《知识产权》2015 年第 10 期，第 62 页。

③ 参见张楚：《知识产权法》，高等教育出版社 2007 年版，第 28 页。

品实质上是口述的文字作品或者口述的音乐作品。显然，这种划分某种程度上造成了学习和适用中的混乱。

3. 音乐、戏剧、曲艺、舞蹈、杂技艺术作品

（1）音乐作品。音乐作品是指歌曲、交响乐等能够演唱或者演奏的带词或者不带词的作品，其基本表现手段为旋律和节奏，例如交响乐、歌曲等。音乐作品大都是以乐谱的形式表现的，但不限于此，例如有些音乐作品中融入了诸如自然界中的声音等元素，这部分就只能以录音的形式表现。

（2）戏剧作品。戏剧作品是指话剧、歌剧、地方戏等供舞台演出的作品。与文字作品不同的是，戏剧作品不是单指描述对话、独白等的剧本，而是包括文学作品、音乐作品在内的综合艺术，其中的文学作品和音乐作品不能单独存在，而是作为戏剧作品的一部分。另外，戏剧作品演员的舞台表演不属于戏剧作品，不享有著作权，而是由邻接权保护。

（3）曲艺作品。曲艺作品是指相声、快书、大鼓、评书等以说唱为主要形式表演的作品。曲艺作品是我国著作权法特有的规定，其他国家的版权法中很少涉及，其说唱艺术简单，形式灵活多样。有的曲艺作品有了文字脚本，事实上形成了文学作品；有的曲艺作品没有文字脚本，是由表演者口头形式表现出来的。之所以单独规定曲艺作品，是因为该作品是为演出而创作的。曲艺作品的作者享有著作权，但是曲艺作品的表演者的相关权利适用邻接权保护。

（4）舞蹈作品。舞蹈作品是指通过连续的动作、姿势、表情等表现思想情感的作品。舞蹈作品包括哑剧表演和普通的舞蹈表演。和音乐作品、戏剧作品、曲艺作品一样，舞蹈作品并不是指舞蹈演员的现场舞蹈表演，而是指创作者以文字、图形、符号等元素形成的舞谱，对舞蹈动作进行设计，或者利用其他形式固定下来。舞蹈作品的作者对其舞谱享有著作权，舞蹈演员对其表演的利益则以邻接权进行保护。

（5）杂技艺术作品。杂技艺术作品是指杂技、魔术、马戏等通过形体动作和技巧表现的作品。这是 2001 年《著作权法》修改时新增加的一种作品类型。杂技艺术是一种表演艺术形式，杂技艺术作品针对的是符合独创性要求且具有艺术性的动作设计部分。那些仅仅体现某种技巧而不具有独创性及艺术性的杂技动作设计，不能称为杂技艺术作品。

4. 美术、建筑作品

（1）美术作品。美术作品是指绘画、书法、雕塑等以线条、色彩或者其

他方式构成的有审美意义的平面或者立体的造型艺术作品。此处的审美意义是个泛泛的概念，不表示美术作品必须具有多高的艺术水准和审美价值，因为这些都太过主观，不仅不同观众有不同的评价，而且随着时间的推移、新的艺术流派的产生，评价也会出现较大改变。例如，一些后现代艺术的作品不仅在创作初期饱受质疑，即使到现在，社会对它们的评价也是褒贬不一。但是，我们不能以此就否定其属于美术作品。

美术作品可以分为纯美术作品和实用美术作品。纯美术作品是我们通常理解的美术作品，例如国画、油画、版画、书法等，它们侧重于作品的审美价值，基本只作欣赏使用。实用美术作品则在欣赏其美感的同时，强调作品的生产或生活的实用目的，例如使用艺术图案的地毯，以及采用艺术造型的矮凳、台灯等。

（2）建筑作品。建筑作品是指以建筑物或者构筑物形式表现的有审美意义的作品。并非任何建筑物都可称为建筑作品，要构成建筑作品，必须具有独创性，例如悉尼歌剧院、东方明珠电视塔。对此建筑作品，著作权法保护的是建筑物整体的艺术性设计，因此建筑物的外观或空间布局应当具有审美意义，给人以美的感受。此外，建筑作品不包括建筑设计图、建筑物模型，后者属于独立的作品类型。建筑物的构成材料和建筑方法也不受著作权法保护，部分可以适用专利法获得保护。

5. 摄影作品

摄影作品是指借助器械在感光材料或者其他介质上记录客观物体形象的艺术作品。摄影作品的创作是通过画面构图、光线、色调、角度等造型手段，选取事物的最佳瞬间和最佳角度进行拍摄，因此，摄影作品既应具有形式美的艺术形象，又表现一定的思想内涵。在外在表现形式上，摄影作品是以照片的形式体现出来的，可以说，摄影作品是照片，但是并非所有的照片都可以称为摄影作品。那些在拍摄过程中和拍摄之后的处理阶段均未体现出拍摄者的独创性的照片，例如证件照、文件翻拍等①都不能作为摄影作品获得著作权保护。

6. 视听作品

视听作品，俗称为影视作品，是一种综合艺术的作品类型。视听作品是指摄制在一定介质上，由一系列有伴音或者无伴音的画面组成，并且借助适

---

① 参见李明德、许超：《著作权法》，法律出版社2003年版，第40页。

当的装置放映或者以其他方式传播的作品。1990 年《著作权法》最初规定为"电影、电视、录像作品"，2001 年《著作权法》修改时，把该作品修改为"电影作品和以类似摄制电影的方法创作的作品"。其中，电影作品是指为了便于播放而摄制在感光胶片上的配音或不配音的连续画面的影像作品。这是最具影响力的作品类型之一。其他运用类似摄制电影的方法创作的作品，是指利用光、电、磁等记录、传送和接收装置，使用类似摄制电影手法将系列的图像和声音组合制成的各类影像作品，例如 MTV、MV、各种视频等，都属于新型的"视听作品"。

电影作品和以类似摄制电影的方法创作的作品，特指经拍摄完成的完整影片，而不是拍摄完成之前的任何阶段性成果，例如剧本等。此外，只用录像机或者录音机对现场表演、会议报告、教师讲课、歌舞表演等进行录制而制成的录像制品、录音制品，按现行著作权法规定，也不属于影视作品，其录制者只享有邻接权，而非著作权。

需要注意的是，随着科技的发展，对电影作品和以类似摄制电影的方法创作的作品的定义具有一定的滞后性。一些影视作品可以利用电脑制作，例如 flash，因此"摄制在一定介质上"的表述不符合影视作品的现实制作需要，会使这些作品无法包含于影视作品的范围内。对此，本次《著作权法》修订进行了改进。《著作权法修订草案（送审稿）》中将电影作品和以类似摄制电影的方法创作的作品统一称为视听作品，并将其定义为"由一系列有伴音或者无伴音的连续画面组成，并且能够借助技术设备被感知的作品，包括电影、电视剧以及类似制作电影的方法创作的作品"。相比于现行立法，该项定义在涵盖范围上进行了扩充和发展，据此，"'视听作品'不再强调创作方法上的'摄制'，确保了对新创作方式的容纳吸收，并打破了对电影作品易产生的'故事性''虚构性'等偏见，应可以涵盖动画片、游戏、网络直播等新的作品形式"①。最终通过的 2020 年《著作权法》第三次修正案采用了"视听作品"的作品定义与分类。

7. 工程设计图、产品设计图、地图、示意图等图形作品和模型作品

（1）图形作品。图形作品是指为施工、生产绘制的工程设计图、产品设计图，以及反映地理现象、说明事物原理或者结构的地图、示意图等作品。

---

① 参见杨幸芳：《新〈著作权法〉视域中的版权保护及维权》，载《中国知识产权》2021 年第 4 期。

图形作品与平面美术作品都是以线条、颜色等符号表现具体内容，但是二者存在较大的区别。其一，平面美术作品可以是写实的，例如人物肖像画，也可以是虚构的，例如想象中的风景画；而图形作品必须是写实的，是为了施工、生产或者反映地理现象、说明事物原理或者结构而如实展现事物的空间位置与结构。其二，平面美术作品应当具有一定的审美意义，各种线条毫无意义、毫无章法的堆放不构成平面美术作品，例如婴儿随手画的涂鸦；而图形作品只考虑实用性，不考虑审美问题。

（2）模型作品。模型作品是指为展示、试验或者观测等用途，根据物体的形状和结构，按照一定比例制成的立体作品，例如建筑模型、飞机模型、产品模型等。与图形作品和平面美术作品具有一定的相似性一样，模型作品和雕塑作品也具有一定的相似性。同样地，模型作品是为了展示、试验、观测等实用用途，而不要求审美意义。

8. 计算机软件

根据《计算机软件保护条例》，计算机软件是指计算机程序及其有关文档。其中，计算机程序是指为了得到某种结果而可以由计算机等具有信息处理能力的装置执行的代码化指令序列，或者可以被自动转换成代码化指令序列的符号化指令序列或者符号化语句序列。同一计算机程序的源程序和目标程序为同一作品。文档是指用来描述程序的内容、组成、设计、功能规格、开发情况、测试结果及使用方法的文字资料和图表等，如程序设计说明书、流程图、用户手册等。

9. 法律、行政法规规定的其他作品

这是作品分类的兜底性规定，考虑到社会的发展、新型作品类型的不断出现，定型化的作品分类具有一定缺陷。因此，立法在列举的8项具体作品类型之后增加了此项规定。但是，"法律、行政法规规定"一语在实际上限缩了这项兜底条款的适用范围，使其仍然没有突破立法规定的限制。因此，著作权法第三次修订过程中，突破立法限制、拓宽作品外延便成为一项重要的修改内容。《著作权法修订草案（送审稿）》《修订草案（送审稿）》和最终通过的2020年《著作权法》第三次修正案坚定不移地采纳了该项思路，只是在具体文字表述上加以区别。最终，2020年《著作权法》第三次修正案使用了"符合作品特征的其他智力成果"一语。文学、艺术和科学领域内新出现的具有独创性的智力成果，具有作品的实质要件，即使没有列入上述具体的作品类型分类中，也同样获得著作权法的保护。如此，网页作品、民间文学艺

作品都可以纳入著作权的保护范畴。

（二）立法新动向

《著作权法修订草案（送审稿)》以现行《著作权法》及其实施条例中对作品的分类和界定为基础，对作品的种类及其定义做出了明确规定，具体如下。

作品包括以下种类：

"（一）文字作品，是指小说、诗词、散文、论文等以文字形式表现的作品；

（二）口述作品，是指即兴的演说、授课等以口头语言形式表现的作品；

（三）音乐作品，是指歌曲、乐曲等能够演唱或者演奏的带词或者不带词的作品；

（四）戏剧作品，是指戏曲、话剧、歌剧、舞剧等供舞台演出的作品；

（五）曲艺作品，是指相声小品、快板快书、鼓曲唱曲、评书评话、弹词等以说唱为主要形式表演的作品；

（六）舞蹈作品，是指通过连续的动作、姿势、表情等表现思想情感的作品；

（七）杂技艺术作品，是指杂技、魔术、马戏、滑稽等通过连续的形体和动作表现的作品；

（八）美术作品，是指绘画、书法、雕塑等以线条、色彩或者其他方式构成的有审美意义的平面或者立体的造型艺术作品；

（九）实用艺术作品，是指玩具、家具、饰品等具有实用功能并有审美意义的平面或者立体的造型艺术作品；

（十）建筑作品，是指以建筑物或者构筑物形式表现的有审美意义的作品，包括作为其施工基础的平面图、设计图、草图和模型；

（十一）摄影作品，是指借助器械在感光材料或者其他介质上记录客观物体形象的艺术作品；

（十二）视听作品，是指由一系列有伴音或者无伴音的连续画面组成，并且能够借助技术设备被感知的作品，包括电影、电视剧以及类似制作电影的方法创作的作品；

（十三）图形作品，是指为施工、生产绘制的工程设计图、产品设计图，以及反映地理现象、说明事物原理或者结构的地图、示意图等作品；

（十四）立体作品，是指为生产产品、展示地理地形、说明事物原理或者结构而创作的三维作品；

（十五）计算机程序，是指以源程序或者目标程序表现的、用于电子计算机或者其他信息处理装置运行的指令，计算机程序的源程序和目标程序为同一作品；

（十六）其他文学、艺术和科学作品。"

相比于现行立法，送审稿的改动主要包括五点：一是将美术作品界定为纯美术作品，而将实用艺术作品单列为一种类型；二是将电影作品和以类似摄制电影的方法创作的作品改称为视听作品，并对其定义进行了修改和完善；三是将模型作品改称为立体作品；四是将计算机软件改为计算机程序，而软件中的文档可以纳入文字作品的范围，以此减少作品分类中出现的交叉重合；五是将法律、行政法规规定的其他作品改为其他文学、艺术和科学作品，即将作品类型的兜底条款从半开放性改为完全开放性，使得受著作权法保护的作品不再受限于任何形式限制，只需具备独创性并能以一定形式表现即可。

而《修订草案送审稿修改稿》则基本沿袭了现行立法第 3 条对作品类型的规定，取消了《修订草案送审稿》中对每种作品类型的定义，只对作品的类型稍作修改：一是在美术、建筑作品之外单列了实用艺术作品；二是将电影作品和以类似摄制电影的方法创作的作品改称为视听作品。

最终通过的 2020 年《著作权法》第三次修正案则在《修订草案送审稿修改稿》的基础上，删除了实用艺术作品，其第 3 条规定，作品包括："（一）文字作品；（二）口述作品；（三）音乐、戏剧、曲艺、舞蹈、杂技艺术作品；（四）美术、建筑作品；（五）摄影作品；（六）视听作品；（七）工程设计图、产品设计图、地图、示意图等图形作品和模型作品；（八）计算机软件；（九）符合作品特征的其他智力成果。"原《著作权法》关于作品的定义与类型是属于限定性的，这次《著作权法》第三次修改，把"符合作品特征的其他智力成果"统统作为作品予以对待，至此，作品的类型属于开放性的，这一点满足了互联网科技的发展要求。这一次作品分类修改，明确确立了"视听作品"的法律地位，是一个重大进步。

三、不受著作权法保护的对象

根据前文所述，作品中属于思想、操作方法、技术方案、实用功能以及事实的部分不受著作权法保护，作品中不具有独创性的成分或者独创性非常低的客体也不受著作权保护。此外，我国《著作权法》第5条还明确列举了三项不受著作权法保护的对象。

（一）官方正式文件

官方正式文件，是指法律、法规，国家机关的决议、决定、命令和其他具有立法、行政、司法性质的文件，及其官方正式译文。从外在表现来看，这些官方文件和译文符合作品的形式要件，具有独创性和可复制性，属于作品的范畴。但是，由于它们是国家立法机关、行政机关和司法机关意志的体现，与国家政治、经济、文化等活动密切相关，涉及社会公共利益，属于社会的公共资源，应当尽快将这些文件予以传播，方便公众的认识和利用。因此，立法不宜将之纳入著作权法保护的客体范畴，使其成为某个体独占性使用的对象。我国的这项态度与世界惯例一致。从世界范围来看，各个国家和地区普遍坚持不由某个人对官方正式文件享有垄断性的著作权的态度，但其具体做法不尽相同。有的国家与我国立法相似，但也有个别国家将其界定为"政府作品"，并将其著作权归属于政府机关。

此外，应当注意的是，对于这些立法、行政、司法性质的文件，仅其"官方正式译文"不受著作权法保护。如果是官方以外的其他单位或个人对法律、法规等进行翻译，则他们对翻译作品仍享有著作权。

（二）时事新闻

我国的此项规定来源于《伯尔尼公约》。该公约第2条第8款明确将"日常新闻或纯属事实消息"排除在公约的保护范围之外。

具体而言，时事新闻是指通过报纸、期刊、广播电台、电视台等媒体报道的单纯事实消息。一方面，时事新闻往往只是单纯反映一定客观事实的存在，对事件或事实的发生、发展和过程进行真实和客观的展现与披露，其中不夹杂报道者个人的主观分析和评价，没有报道者的创造性内容，很难说其符合独创性要求。另一方面，时事新闻的目的在于传播社会新闻，最快、最大范围让公众了解社会的发展状态。因此，时事新闻不应成为著作权保护的客体，受到个别单位和个人的垄断，而应当允许公众传播并转发。不过，为尊重报道者的劳动，最高人民法院《关于审理著作权民事纠纷案件适用法律若干问题的解释》第16条规定，传播报道他人采编的时事新闻时，应当注明出处。

应当注意，以时事新闻为依据创作的新闻作品属于著作权保护的客体。例如，报道者对采编的新闻素材进行了加工和再创作，添加了自己的综述、个人分析和判断等内容，专业的新闻评论员在政策导向下以新闻事实为基础进行有针对性的阐述、评价，都付出了创造性的劳动。此时，他们的新闻作品已不再是单纯的事实消息，应当受著作权法保护。如果其他单位和个人要进行转载，必须经过著作权人同意，一般情况下，还需要向权利人支付报酬。

（三）历法、通用数表、通用表格和公式

历法是指人们通常计算年月日的具体方法，有公历或农历之分，在我国还包括个别少数民族的纪年方法，它们已被公认具有科学依据，能够准确地计算和表示时间和节气，例如万年历。

通用数表一般是指依据数字、符号等要素，反映一定必然关系的图表，它们是人们普遍运用的工作、生活工具，例如元素周期表、函数表等。

通用表格是指普遍适用的，为特定使用目的而绘制的填写文字或数字的表格，例如通用发票、通用会计账册表格等。

通用公式是指已经被普遍认可的用数字、符号表示数量关系的等式，例如各种数学、物理、化学计算公式等。

历法、通用数表、通用表格和公式，通常是对事物客观规律的揭示，是人类的共同财富，不应为任何人专有利用，因此不能适用著作权法保护。

除此之外，文字是传承和记录文化的符号，也是人类共同的财富，不应为个别主体所垄断和独占。因此，单独的文字不能成为著作权法保护的对象。但是，对字体进行加工，书写成美术字，或者建立成一个数据库，美术字和数据库将成为著作权法保护的客体。

最后，需要说明的是违禁作品的著作权问题。我国 2001 年《著作权法》第 4 条第 1 款规定："依法禁止出版、传播的作品，不受本法保护。"2010 年立法修改时，对此进行了修订，变更为"著作权人行使著作权，不得违反宪法和法律，不得损害公共利益。国家对作品的出版、传播依法进行监督管理"。据此，我国著作权法明确排除在保护范围之外的只有官方正式文件、时事新闻和历法、通用数表、通用表格和公式三类，不包括违禁作品。换言之，理论上，违禁作品享有著作权，其作者有权禁止第三人未经许可擅自使用，但是作者自己行使其著作权也受到一定的制约。

具体而言，根据《出版管理条例》，以下 10 类作品均属于违禁作品，其

出版、传播受到法律限制：①反对宪法确定的基本原则的；②危害国家统一、主权和领土完整的；③泄露国家秘密、危害国家安全或者损害国家荣誉和利益的；④煽动民族仇恨、民族歧视，破坏民族团结，或者侵害民族风俗、习惯的；⑤宣扬邪教、迷信的；⑥扰乱社会秩序，破坏社会稳定的；⑦宣扬淫秽、赌博、暴力或者教唆犯罪的；⑧侮辱或者诽谤他人，侵害他人合法权益的；⑨危害社会公德或者民族优秀文化传统的；⑩有法律、行政法规和国家规定禁止的其他内容的。

（四）立法新动向

2020 年《著作权法》第三次修正案将现行立法第 5 条第 3 项规定的"时事新闻"改称为"单纯事实消息"。相比于现行立法，该改动并未产生实质性影响，只是吸纳了《著作权法实施条例》中对时事新闻的界定，在表达上更加明确了不受著作权法保护的对象只是单纯反映一定客观事实的纯信息，不含有报道者的主观分析、评价等创造性内容。"这体现了国家对新闻作品的更大保护决心，对当前普遍存在的'洗稿''搬运'新闻作品等现象能够起到一定的遏制作用。"①

第四节　著作权的内容

一、著作人身权

（一）著作人身权的概念及特征

1. 著作人身权的概念

著作人身权在英美法系国家称为精神权利（moral rights），大陆法系国家则通常称之为作者人格权。作为与著作财产权相对应的权利类型，著作人身权是指作者基于其作品依法享有的以精神利益为主要内容的权利。这种称谓的不同大致反映了著作权产生的理论基础与保护理念的不同。大陆法系国家

---

① 参见杨幸芳：《新〈著作权法〉视域中的版权保护及维权》，载《中国知识产权》2021 年第 4 期。

的著作权理论认为，著作权来源于"天赋人权"，作品是作者人格的延伸，因此偏重对作者权利的保护；而英美法系国家的版权概念来源于"复制权"，更加偏重对作品财产利益的保护。

《伯尔尼公约》在 1928 年修订时，将精神权利收入著作权的内容。该公约第 6 条之二规定，精神权利不受作者经济权利的影响，甚至在经济权利转让之后，作者仍保有要求其作者身份的权利，并有权反对对其作品的任何有损声誉的歪曲、割裂或其他更改及损害行为。

2. 著作人身权的特征

我国《著作权法》采用二分法理论，将著作权划分为人身权和财产权。由于使用"人身权"一词，该类权利在实践中常常和民法上的人身权相混淆。其实，著作人身权和民法上的人身权完全不同，具有如下特征。

（1）著作人身权被理解为著作人格权，甚至被等同于民法的人格权。这体现了对作品作者的尊重，体现了对作者人格自由与人格尊严的维护。虽然在实践中存在把著作人身权当人格权的情形，但是著作人身权不以自然人生命的存在和延续作为条件，所以与一般意义上的人格权有所不同，理解为"作品精神性权利"更为恰当。

（2）著作人身权是支配权。著作人身权与作者本人联系紧密，不得随意许可和转让。这意味着作者有权自我决定作品是否发表、何时发表、是否修改以及如何修改、是否署真名等重要事项。

（3）著作人身权具有专属性、不可让与性。传统观点认为，作者不得转让、继承和放弃作品的人身权。作者生前，该项权利只能归作者享有和行使，一般情况下不得由他人行使；作者死后，作品人身权不得被继承，作者的继承人或受遗赠人则享有保护作品人身权的权利，在无继承人的情况下，由国家著作权行政管理机关保护作者的著作人身权不受侵犯。但是现在也有部分观点认为，著作人身权毕竟与人格权不同，财产性更加明显，应当允许转让和许可。知识产权是私权，作者放弃作品的相关权利，应当为法律所允许。

（4）著作人身权具有永久性。我国著作权法规定，著作人身权中的发表权受保护期的限制，其他著作人身权的保护期则不受限制。作品人身权具有永久性，强调了作品和作者的关系，这是加强对作者的保护，也是大陆法系国家中作者权观念的体现。

（二）著作人身权的内容

著作人身权的内容在有关国际公约及各国立法中差异较大。《伯尔尼公约》仅规定了署名权与保护作品完整权，德国著作权法规定了发表权、署名权和保护作品完整权，法国还规定了收回作品权。我国《著作权法》第10条则规定了四项著作人身权：发表权、署名权、修改权、保护作品完整权。

1. **发表权**

发表权，即作者决定作品是否公之于众的权利。包括作者以何种方式、何时、何地将作品公之于众。所谓公之于众，首先是指向不特定的公众披露作品，小范围的分享不算"公之于众"；其次是要求使作品处于为公众所感知并能够接受的状态，至于公众是否实际知晓作品的内容，则不在考虑范围之内。

发表权是作者享有的一项重要的著作人身权。这项权利专属于作者，其他任何人不得擅自行使。作者生存时，作品的发表权当然由作者行使。作者死亡后，其作品发表权的行使则取决于作者生前的态度。对此，《著作权法实施条例》第18条规定："作者生前未发表的作品，如果作者未明确表示不发表，作者死亡后50年内，其发表权可由继承人或者受遗赠人行使，如果没有继承人又无人受遗赠的，由作品原件的所有人行使。"

对同一作品而言，发表权具有一次用尽的特点。也就是说，对于同一件作品，发表权只能行使一次，因为发表是使作品从私密转向公开状态、使公众能够获知作品内容的行为，一旦作品发表完成，作品的内容便已经公之于众，此时再无将该作品重新从私密转向公开的可能性。但是，如果是第三人未经著作权人许可将其作品公之于众，则属于对发表权的侵犯，作者虽然在客观上不能再次行使发表行为，但是其发表权并不因此消灭，作者可以向侵权人主张损害赔偿。从此角度出发，著作权法所称的已经发表的作品，特指著作权人自己或者许可他人公之于众的作品，公众已经或者能够获得该作品。随着互联网技术发展，作品的传播途径和方式发生了天翻地覆的变化，发表的方式也多种多样，除了传统的出版发行之外，还包括信息网络传播等。此外还需要注意两点。

（1）作品的发表权和第三人的民法上的人身权利存在关联。例如，摄影作品、美术作品中可能涉及他人的肖像权，文字作品中可能涉及他人的隐私权、名誉权，这时通常应当取得肖像权人、隐私权人或者名誉权人的同意，否则作者发表作品可能构成侵权行为。

（2）作品的发表权还与作者的其他著作财产权密切相关。发表权无法脱离著作财产权而单独行使。实际上，每次发表的过程都是以某种方式使用作品的过程，而以某种方式使用作品即为行使某种著作财产权。例如，以出版书籍的方式发表文字作品，是同时行使发表权和复制权、发行权；以开办画展的方式发表美术作品，是同时行使发表权和展览权；以影院上映的方式发表电影作品，是同时行使发表权和放映权；以在晚会上演唱歌曲的方式发表音乐作品，是同时行使发表权和表演权。可以说，"著作权法中有多少种经济权利，作者就有多少种行使发表权的方式"。① 不过，发表权和著作财产权结合起来行使针对的是作品第一次公开使用的情形，一旦作品已经公开，其发表权即不复存在，之后的每次使用都是仅行使某种著作财产权。

2. 署名权

署名权，即表明作者身份，在作品上署名的权利。署名权是作者所享有的一项重要权利，其避免了不同作品来自不同作者这一事实被他人混淆，表达了对作者创作行为与人格的尊重。作者在其作品上署名，表明了作品与作者的天然联系，这种联系并不因时间的流逝而消灭。大陆法系国家将作者的署名权称为"身份权"（right of paternity），所表达的就是这样一种自然身份关系。②

署名权的内容包括作者决定在其作品上署名或者不署名、以何种方式署名、多个作者的署名顺序等权利，也包括禁止未参与创作的人在作品上署名的权利。署名权的行使方式，包括署真名、笔名、艺名或假名等。实践中，不署名也可以被视为行使署名权的一种特殊方式，不能因为作者不署名就得出必然结论，认为其没有或放弃了署名权。本书认为，不署名的情况较为复杂，在网络环境下，如果作者把作品发布到互联网上，不署名，也不做任何处理和应对，很多时候可以视为作者放弃了作品的相关权利。

署名权的顺序是一个重要的问题。根据著作权法原理，区分作者的署名顺序没有实质意义，署名的顺序，既可能体现为作者劳动付出的比例，也可能体现为署名人之间的其他社会关系，应当属于作者的自主决定领域，因此

① 参见李明德：《知识产权法》，法律出版社 2008 年版，第 44 页。
② 参见李明德：《知识产权法》，法律出版社 2008 年版，第 45 页。

著作权法并没有做出过多的限制。① 但是，在实践中，在作品的应用过程中，常常有作者顺序的要求。例如，"第一作者"被认为在作品中占最为重要的地位，各种考核、评定职称都非常看重作者的署名顺序。因此，为了应对实践中的案件，最高人民法院颁布了相关司法解释。最高人民法院《关于审理著作权民事纠纷案件适用法律若干问题的解释》第11条规定，"因作品署名顺序发生的纠纷，人民法院按照下列原则处理：有约定的按约定确定署名顺序；没有约定的，可以按照创作作品付出的劳动、作品排列、作者姓氏笔画等确定署名顺序"。对此，本书认为，虽然作者在作品中对作品的贡献和获得的财产价值高低有所区分，但是在作品的精神权利方面，每一位参与的作者，其地位是平等的。实践中对作者的顺序根据对作品的贡献大小、作者的知名程度做出的区分，不能代表法律的本意。为了解决实践中比较突出的问题，根据姓氏笔画决定作者的排名顺序具有一定的合理性。

根据署名权，当作者对其作品署名发表后，其他任何人在以改编、表演、翻译等形式进行传播和使用时，必须注明原作品作者的名字。实践中，侵犯作者署名权的常见情形是第三人使用作者的作品时，没有标明作者姓名。而与此相对的是"冒名"问题，即第三人在自己的作品上擅自标注其他作者的姓名。那么，冒用他人名义发表作品，是否侵犯原作品的著作权？该问题在实践中曾经引发很大争议。1995年由上海市高级人民法院判决的"吴冠中诉上海朵云轩等拍卖假冒其署名的美术作品侵权案"，就涉及他人将自己创作的《毛泽东肖像》绘画作品假冒吴冠中的署名予以发表和拍卖是否侵犯吴冠中署名权的问题。法院的判决认定假冒者侵犯了吴冠中的著作权。这显然与著作权的基本原理相违背。著作权是作者基于其作品而享有的权利，有创作行为、有作品，才可能产生著作权。吴冠中没有参与创作，对涉案作品不享有著作权，更不用说其著作权被侵犯。本案如果定性为未经姓名权人同意而擅自使用他人姓名的侵权行为，方符合法理。② 本书认为，冒用他人名义发表作品，因为没有原作的存在基础，因此，不存在侵害作品的著作权，当然也不可能侵害作品的署名权。以民法、侵权责任法关于侵犯人身权、姓名权获得救济才是正确和适当的。

3. **修改权**

修改权，即自行修改作品或者授权他人修改作品的权利。修改，通常是

---

① 参见张楚：《知识产权法》，高等教育出版社2007年版，第46页。
② 参见张楚：《知识产权法》，高等教育出版社2007年版，第46页。

对已完成的作品作局部的变更以及对文字、用语进行修正。本书认为，著作权法意义上的修改是指对作品的实质性改动，对作品的个别措辞、语法、错别字的修改，不是著作权法意义上对作品的修改。

作品的修改，既包括原作作者思想观点的改变而导致的对作品表述的改变，也包括对纯表现形式的改变。例如，实践中，电影有剧本、脚本，发表的文章有修改稿第一稿、第二稿等区分。本书认为，作者行使修改权的作品，原则上仍然和修改前的作品是一部作品，是作品的"润色和完善"，是原作的延续和升华。如果对原作改动较大，或者根据原作进行了演绎和再加工，就属于再创作的行为，这不属于修改的范畴，而是对原作的改编，形成了新的作品。

著作权法规定修改权，主要是保护作品的完整性，使作者有权禁止他人擅自修改作品，对作品进行歪曲等。这项权利是作者专属的权利，非经作者本人授权或者同意，他人不得行使对作品的修改权。如果经过作者的授权，他人改动作品后产生了新的作品，此种行为属于改编行为，受著作财产权中改编权的约束。改编权是作品的一项财产性权利，可以进行转让和许可。实践中，很多人打着行使作品"改编权"的名义，行作品"修改权"之实。例如，当下有些人对四大名著的修改和篡改就属于此类情形，前些年还发生了"林黛玉裸死"、非法篡改民族瑰宝《红楼梦》的事件。本书认为，区分作品的修改权和改编权非常简单。改编权，可以对作品进行与原作不一致的实质性改动，如果改动作品构成对作品的歪曲、篡改，可能有损作者声誉，则这种行为受作品修改权和保护作品完整权的约束。现实中，有些单位和人员根据业务需要对作品进行适当修改，应当视为作者授权或者同意修改作品，例如电台、电视台、报社、杂志社、出版社的编辑人员对作品的适当修改。我国《著作权法》第34条第2款明确规定，报社、期刊社可以对作品作文字性修改、删节，无须征得作者的同意，也不构成对修改权的侵犯。本书认为，这些特殊行业具有自身的特点，当作者把自己的作品投稿给这些单位，便应当视为作者默示许可他们对作品进行修改。换言之，此处的相关单位和人员可以对作品进行一定的修改，这是由作者默示授权的，法律不必再做出此种规定，否则立法未免有过多干预作者私人权利之嫌。

4. 保护作品完整权

保护作品完整权，即保护作品不受歪曲、篡改的权利。《伯尔尼公约》第6条之二规定，作者享有反对对作品进行任何歪曲、割裂或者其他更改或有损于其声誉的其他一切损害的权利。保护作品完整权是作者著作人身权的一项重要内容，是赋予作者维护作品完整性、保护作品精神权利的重要权利。破坏作品完整性的行为主要表现为歪曲与篡改。所谓歪曲，是指曲解作者或者作品的原意，做一些错误的理解或者曲解，甚至丑化作者或者作品。所谓篡改，是指用合法改编之外的方法对作品进行实质性的改动。有观点认为，保护作品完整权是修改权的延伸或者一部分。其实，对他人作品进行歪曲、篡改，损害作者声誉的行为，往往发生在作品的修改或演绎原作的过程中，即使这种修改或演绎经过了原作者的同意，原作者也可以依据保护作品完整权对破坏作品完整性的修改或演绎行为加以约束。而保护作品完整权在内容上比修改权也更进了一步，它不仅禁止对原作品进行修改，而且禁止他人在以表演等其他方式使用作品时对作品做歪曲性的改动。① 是否构成对保护作品完整权的侵犯，原则上应由作者判断，但是任由作者行使该判定之权，必将有滥用权利之虞。因此，《伯尔尼公约》和很多国家的著作权法都对破坏作品完整性的行为规定了一定的认定条件，即"可能对作者的声誉造成损害"。我国《著作权法》没有规定这一要件，但司法实践中也常以此来解释"歪曲"和"篡改"。

（三）立法新动向

《著作权法修订草案（送审稿）》对著作人身权进行了重新规定。该送审稿第 13 条规定："著作权包括人身权和财产权。著作权中的人身权包括：（一）发表权，即决定作品是否公之于众的权利；（二）署名权，即决定是否表明作者身份以及如何表明作者身份的权利；（三）保护作品完整权，即允许他人修改作品以及禁止歪曲、篡改作品的权利。"

相对于现行立法，送审稿中的改动主要表现在以下两点：

一是修改了署名权的定义。一方面，现行立法中使用的"署名"一词，通常指在文字作品上签名，而送审稿中使用"表明作者身份"一语，既涵盖了传统的署名方式，也可以包括在口述作品中以口头形式表明身份等，适用范围更广泛。另一方面，相对于现行立法中的措辞，送审稿中的表述可以更清晰、完整地涵盖署名权的各种内容，表明作者不仅可以决定是否署名，也可以决定署名的方式、顺序等。

二是将修改权和保护作品完整权整合为一项，即保护作品完整权。现行

---

① 参见吴汉东：《知识产权法》，法律出版社 2007 年第 2 版，第 72 页。

立法关于修改权和保护作品完整权的规定存在两点不妥之处。一方面，修改权强调作者有权自己修改作品，容易和作品使用人的合法权益产生冲突。例如，作者将作品交付出版社出版发行，出版社刚印刷完毕、准备发行时，作者便修改作品、完成了修订稿，并以行使修改权为名要求出版社重新印刷发行修订版，这势必会影响原版作品的销售，给出版社的经济利益带来重大损失。再如，美术作品原件售出后，作者行使修改权，势必需要美术作品唯一载体即该原件的所有人允许并配合，而修改行为可能违背原件所有人购买原件的初衷，损害他的合法权益。另一方面，根据权利的基本内容，修改权应当包括两个方面的含义：积极方面指作者有权自行修改和授权他人修改作品；消极方面指作者有权禁止他人擅自修改作品，该消极方面和保护作品完整权交叉重合。这既不符合立法的科学性要求，也会造成学习和实践操作中的混乱。而送审稿删除了修改权，并将其允许他人修改作品的内容纳入保护作品完整权中，使保护作品完整权可针对第三人修改作品的情形，涵盖正反两个方面，积极方面使作者可以授权他人修改作品，消极方面使作者可以禁止他人擅自修改而歪曲、篡改作品。这一方面有利于避免强调作者有权自己修改作品而与作品使用人之间产生利益冲突，另一方面也解决了权利列举中的交叉重合问题，颇具合理性。

《修订草案送审稿修改稿》和最终通过的 2020 年《著作权法》第三次修正案则完全延续了现行立法对著作人身权的所有规定，未作任何更改，保留了四项人身权的立法规定。

二、著作财产权

（一）著作财产权的概念和特征

1. 著作财产权的概念

著作财产权也称作品财产权，是指著作权人控制享有著作权作品的使用并且从中获得财产利益或者经济性利益的权利。该词源于英文"economic rights"，我国有学者将此直译为"经济权利"，体现了著作财产权就是著作权人基于对作品的利用而获得的财产收益权。[1] 著作财产权是著作权内容的重要

---

[1] 参见刘春田：《知识产权法》，高等教育出版社、北京大学出版社 2007 年第 3 版，第 69 页。

方面。在英美法系国家，著作权制度就是基于保护作品复制权的需要而产生的一系列权利，复制权是著作财产权最早的形式。随着社会的发展，作品的复制、再现、使用方式发生了翻天覆地的变化，著作财产权也发生了巨大改变。本书认为，虽然作品的财产权发生了重大变革，各国法律创设了五花八门的权利内容，但它们都有一个共性，即均包括对作品的"复制"，其他财产权则是对作品复制所衍生出的有关权利。

2. 著作财产权的特征

与著作人身权相比，著作财产权具有如下法律特征。

（1）著作财产权具有经济性。作品具有交易价值，著作权人通过对作品的利用通常会带来一定的经济利益。著作财产权中的所有权利内容都和经济利益密切相关，保护著作财产权的目的主要是要通过维护著作权人的垄断性权利，保障权利人的经济利益不受侵害，同时对权利人进行经济刺激和激励，以达到鼓励创新的目的，还能保障版权交易秩序，使更多的人享有学习的权利和机会。

（2）著作财产权具有可让与性。我国著作权法采用二分法，作品的著作权包括人身性权利和财产性权利，其中著作财产权可以与著作权人相分离，权利人可以把著作财产权中的一项或者几项许可别人免费使用或者收取许可使用费，著作权法也允许非权利人通过受让或继承而成为新的著作权人。对此，《著作权法》第10条第1款第5项至第17项列举了13项著作财产权之后，明确规定，著作权人可以许可他人行使第5项至第17项规定的著作财产权，并依照约定或者本法有关规定获得报酬。著作权人可以全部或者部分转让第5项至第17项规定的著作财产权，并依照约定或者本法有关规定获得报酬。著作财产权可以许可他人使用和转让，这是著作财产权区别于著作人身权最明显的特征。世界范围内，只有少数国家，例如德国的著作权规定"著作财产权和人身权不得转让"。

（3）著作财产权具有期限性。国际公约和各主要国家与地区的著作权法普遍对著作财产权的保护期做出了明确规定，我国著作权法也对著作财产权规定了期限限制。作为垄断性权利，法律设定保护期限是非常必要的，让超过保护期限的作品进入公有领域，可以使更多的公众获得学习和再创作的机会，有利于社会文明进步，也有利于鼓励创新。作品如果超过了著作权法规定的保护期限，其著作财产权就不再受法律保护，也就是说，作品进入公有领域，成为免费的午餐，任何人都可以分享和使用。不过应当注意的是，大陆法系国家普遍规定作品的人身性权利，著作财产权虽然因超过保护期限而终止，但是作品的人身性权利仍然在保护期限内，此时任何人都可以对作品进行自由利用，但是必须尊重作者的人身性权利。

（二）著作财产权的内容

1. 复制权

复制权是指以印刷、复印、拓印、录音、录像、翻录、翻拍等方式将作品制作一份或者多份的权利。这是著作财产权中最基本、最古老、最重要的权利。本书认为，著作权法产生初期，都是以保护作品的复制权开始的，随着社会发展，从手工印刷到机器印刷，从机器印刷再到数据存储，作品的再现和复制方式发生了翻天覆地的变化，但其实质都是在作品的传播和利用过程中，作品被"复制"多份。复制是使作品能够广泛传播和使用的重要手段，对作品进行复制是行使其他著作财产权的必经程序。如果没有经过"复制"，行使作品的其他财产权几乎不可能。

生活中常见的复制是指以印刷、复印、翻录等方式把作品做成相同载体的有形复制物的复制，例如，将文学作品以手抄、复印形式复制多份，将绘画、雕刻加以摹拓，将录音带、录像带加以翻录等。此外，复制还包括改变载体的复制方式，即不再复制与原著作之形态完全相同的复制品，仅仅性质上具有同一性，例如将草图、图样制作成模型作品或者建筑物。现在，随着网络技术和通信技术的发展，复制已经由传统意义上的"永久复制"延伸到网络环境下的"暂时复制""临时复制"，用户上网链接的作品首先会进入用户计算机的内存。对于这种"暂时复制"是否属于著作权人控制的范围，理论界和实务界均有不同的看法。随着网络科技的迅速发展，立法应当对此情形做出相应的回应。

要更好地理解复印权，需要注意以下两点。

（1）复制的核心在于使作品的内容得以重复再现，但是并非所有重复再现作品内容的行为都是复制。复制属于对作品的有形使用方式，因此必须伴有有形的复制物，即作品载体的产生。表演、放映等虽然也重复再现了作品的内容，但其中没有增加新的作品载体，因此这种从有形载体到无形载体的再现作品内容的行为不属于复制权的控制范畴。与之相反，从无形载体到有形载体的再现作品的内容，例如将口述作品录制在录音带上，则增加了作品载体，属于复制权的范畴。①

（2）立法中列举的印刷、复印、录音、翻拍等复制方式都是对作品的照搬照抄，于作品的内容没有丝毫改变。除此之外，对作品内容稍加改动后重复再现该作品，也可以纳入复制行为。例如，实践中由于逐字逐句的抄袭、剽窃他人的文字作品、音乐作品极易被认定为侵权，因此行为人可能会对被抄袭、剽窃的作品内容稍加变化，作一些细枝末节的微调。此时，如果行为人的作品内容和被使用的作品实质上相同，则通常可以认定其行为属于复制权的范畴之内，可能构成复制权侵权。

2. 发行权

发行权，即以出售或者赠予方式向公众提供作品的原件或者复制件的权利。虽然理论上，作为无形财产的作品和作为有形物的作品载体是截然不同的，但是在实践中，作品载体和作品的内容往往密不可分，获得作品的载体也就同时知悉了作品内容，可以对作品进行传播和使用。因此，作为控制作品载体传播行为的权利，发行权应当由著作权人独占。

发行权所控制的发行行为灵活多样，包括出借、出售、赠予等。换言之，发行不一定是有偿转让行为，只要作品载体发生转移，即使未给行为人带来经济收益，也属于发行权的控制范畴。理论上，著作权人可以亲自进行作品的发行。但是，实践中受到物质技术条件的限制，大多数情况下著作权人会委托他人进行发行并获得报酬。例如，图书、音像作品等，常常通过新华书店或者其他正规的书店进行发售。而现在随着互联网科技的发展，通过网上商场销售图书更是成为作品发行的常态。

发行权与复制权密切相关。实践中，将作品复制成多件，多数情形下是为了发行。因此，发行总是和复制相伴出现的。而对文字作品、音像制品等常用的"出版"一词，便涵盖了复制和发行两种行为。例如，《出版管理条例》第2条第2款规定，出版活动包括出版物的出版、印刷或者复制、进口、发行。因此，实践中的侵权行为往往也同时侵犯了复制权和发行权，例如出版发行盗版图书。但是，仔细来看，发行权和复制权是两项完全不同的权利，虽然常常伴随出现，但是可以区分开。例如，甲印刷厂盗印图书后交由乙书店销售，则甲、乙分别侵犯了著作权人的复制权和发行权。

在所有著作权的权利内容中，发行权比较特殊，其受到"权利穷竭"原

---

① 参见张今：《知识产权法》，中国人民大学出版社2011年版，第57页。

则的限制，即发行权具有"一次用尽"的特点。当著作权人或经其许可的人第一次将作品原件或复制件以出售或赠予等方式合法提供给社会公众后，著作权人就失去了对该原件或复制件的控制权，合法得到原件或复制件的第三人可以进一步出售、出借、赠予或以其他方式进行处分，著作权人不得进行干预。发行权穷竭原则是为了平衡著作权人利益与贸易自由的公众利益之间的关系，即著作权人的利益可以通过首次发行得以实现，就不得再利用著作权这种专有权利限制商品的流通、阻碍贸易自由。需要注意的是，发行权穷竭原则仅限于已经出售或赠予的作品原件或复制件，如果再加以复制进而传播复制品，则属于侵犯著作权的行为，著作权人有权制止。此外，作为发行权的限制，发行权穷竭原则本身也存在限制，即对电影作品和以类似摄制电影的方法创作的作品、计算机软件而言，发行权穷竭原则只适用于作品原件或者复制件的所有人以出售、出借、赠予等方式使用作品，但是如果该所有人以出租方式使用作品，则不适用发行权穷竭原则，而仍然应当经过著作权人许可。此即出租权的内容，详见下文。

现在，随着科学文化的发展，发行权制度存在以下两个难点：

一是实践中普遍出现的网络发行，即有偿出售作品尤其是文字作品的电子版，是否属于发行权的控制范畴。目前，一些网上书店除了出售纸质版图书外，还出售该图书的电子版，一些网站也开始推行电子期刊。由于电子版图书和期刊的交易十分便捷，不必经过实物的物流过程，通常定价也较纸质版更低，因此占据了一定的市场份额。学者们对网络发行是否属于发行权范畴存在不同观点。本书认为，发行权必须结合作品载体的转移，而电子版书籍并不转移载体，只是在购买者的电脑中重新生成一份复制件，因此网络发行不属于发行，其本质上应当是信息网络传播。进一步来看，网络发行行为简便易行，极易大量进行，如果将此作为发行的一种，则势必应当适用发行权穷竭原则。那么，基数巨大的网络发行加上电子版图书极易传播再适用发行权穷竭原则，难免会给著作权人的经济收益带来重大损害。从此角度出发，也不宜将网络发行纳入发行权的范畴。

二是美术作品等几种特殊作品的再次转让是否适用追续权制度，具体应当如何适用。欧洲许多国家著作权法都规定了追续权制度，即对美术作品原件等几种特殊作品的再次转让所获得的收益，作者或其继受人应当享有分享的权利。这是对发行权穷竭原则的一种限制和调整。根据发行权穷竭原则，作品载体经著作权人许可进行首次出售后，著作权人便失去了对该载体的转售权，是否转售、如何转售由载体所有人决定。而在追续权下，载体所有人的转售权又受到一定约束，其在此转售行为中的自主决定权不受影响，但获得报酬权上却存在一定制约，必须将其中一部分收益交归著作权人。我国学界对追续权的观点不一，有学者持否定态度，认为我国不应引入该制度。[①] 多数学者虽然持肯定态度，但在追续权制度的具体内容上存在争议。例如：追续权应当是何性质，是著作人身权还是著作财产权，还是与之并列的其他权利；追续权应当适用于哪些客体，除了美术作品原件之外，是否还应当适用于摄影作品原件以及文字作品、音乐作品的手稿等；追续权应当适用于何种场合，是适用于作品的每一次转售还是仅适用于通过拍卖方式进行的转售；如何计算作者或其继受人应当分享的收益数额；等等。本书赞成实行追续权制度，但其具体内容还需作进一步探讨。

3. 出租权

出租权，即有偿许可他人临时使用电影作品和以类似摄制电影的方法创作的作品、计算机软件的权利，计算机软件不是出租主要标的的除外。此外，在邻接权领域，录音录像制品也是出租权的一项适用客体。

出租权的产生是适应作品传播和使用新形势的结果。20 世纪 80 年代开始，随着家庭录像机的广泛使用，租借录像带成为人们观看电影的一种新形式。到了 20 世纪末，VCD、DVD 的流行更是使得街头巷尾遍布各种音像制品出租店，相对于去电影院买票观看或者购买 VCD、DVD 观看电影，租借观看既方便又价格低廉，能够满足对作品进行短期使用者的需求，因此当时音像制品出租行业十分红火，而这却极大地影响了电影作品著作权人的经济收入。于是，2001 年《著作权法》修订时，在发行权之外新增了一项出租权，以平衡著作权人和作品出租者之间的利益关系，保障著作权人的经济收益。考虑到文字作品等其他作品形式的出租行为没有那么普遍，不会在根本上损害著作权人的经济利益，所以出租权仅适用于电影作品和以类似摄制电影的方法创作的作品、计算机软件、录音录像制品。

需要说明的是，如果计算机软件随同其他客体一起出租，其中计算机软件并非出租的主要标的，则出租不受著作权人控制。例如，装有导航软件的汽车出租时，只需汽车所有权人同意即可，不必再经软件著作权人授权。

现在，随着互联网科技的发展，出租权行使发生了很大变化。最初行

---

① 参见周林：《关于艺术品"追续权"的再思考》，载自《中国文化报》2016 年 4 月 2 日版。

使作品的出租权必须依据一定载体的存在，但是在互联网环境下，作品传播不再依赖传统的载体，作品出租权的空间大大受限，使用者往往通过在网站上下载、试听、购买即可完成类似租赁同样的效果，对此，权利人只需通过技术对作品的使用期限做出设定，在互联网环境下即可行使作品的"出租权"。

4. 展览权

展览权，即公开陈列美术作品、摄影作品的原件或者复制件的权利。对于美术作品、摄影作品来说，展览权是非常重要的权利。展览是这些作品的主要利用方式之一，也是作者获取收益的一种主要来源。

实践中，美术作品、摄影作品的展览权主要由作者行使，此时不会产生法律争议。但是，如果由美术作品、摄影作品原件的合法所有人，例如购买者进行展览，则可能产生三个问题，需要进一步厘清：①《著作权法》第18条提出的美术作品原件所有权转移，展览权也随之转移。但是"著作权载体的物权转移，著作权不转移"，美术作品、摄影作品的原件转移，只是作品的载体发生了物权法上的变动，载体的所有权产生了变化，但是不涉及作品的著作权。只能说，美术作品、摄影作品的原件转移后，新的原件所有人行使作品的展览权，不视为对作品著作权的侵犯。其实，这是对著作权人权利的限制，而非对原件所有人授予著作权。②虽然现行立法只规定美术作品原件可以由原件所有人展览，而未对摄影作品做出相同规定，但是由于这两种作品在使用中具有相似性，我们可以将美术作品的规定类推适用于摄影作品。亦即，美术作品、摄影作品的原件所有人均可以展览其作品原件，而不构成侵权。③如果在购买者进行展览前，该作品从未公开发表过，则购买者展览作品是否会侵犯作者的发表权？对此，立法虽然没有明确规定，但是结合美术作品、摄影作品的交易实践，我们可以推定作者将自己从未公开发表的作品原件转让给购买者，便是默认将发表权也许可购买者行使，除非双方另有约定，此时购买者可以同时进行展览和发表。

5. 表演权

表演权，即公开表演作品，以及用各种手段公开播送作品的表演的权利。表演权控制的是公开表演作品的行为，即在公开场合、向不特定公众再现作品的内容。表演者独自一人时或者在私人范围内表现作品，则不属于表演权的范畴，不受著作权人控制。

具体来看，表演权控制两种公开表演行为：①现场表演，又称为直接表演，指表演者亲临现场，面对不特定公众表现作品的内容，例如歌手现场演唱、舞者现场跳舞、演员现场排演戏剧或小品等。②机械表演，又称为间接表演，指用各种设备或者技术播放录有表演内容的载体，以此公开传播作品的表演，例如酒店、咖啡馆、车站、轮船、飞机等经营单位播放背景音乐。据此，演出单位组织表演活动时，应当经过著作权人许可并支付报酬。如果是演员自行演出，则应由演员征得著作权人同意并支付报酬。经营单位作为背景音乐播放 CD、VCD 等时，也应当经著作权人授予表演权。

需要注意的是，作者的表演权和演员的表演者权不同。表演权是作者许可或禁止他人表演自己作品的权利，是基于作品的创作而享有的著作权；表演者权则是表演者就其表演形象和表演活动所享有的权利，是基于作品的传播而享有的邻接权。表演权只是一项权利，而表演者权具体包括表明身份、保护表演形象不受歪曲等六项权利内容。

6. 放映权

放映权，即通过放映机、幻灯机等技术设备公开再现美术、摄影、电影和以类似摄制电影的方法创作的作品等权利。与表演权相似，放映权也约束的是公开播放作品的行为。据此，在公开场合运用幻灯机播放幻灯片、运用放映机播放电影、运用计算机和投影仪播放 PPT 文件等，都应当经著作权人许可并支付报酬。

7. 广播权

广播权，即以无线方式公开广播或者传播作品，以有线传播或者转播的方式向公众传播广播作品，以及通过扩音器或者其他传送符号、声音、图像的类似工具向公众传播广播作品的权利。

我国有关广播权的条款来源于《伯尔尼公约》。《伯尔尼公约》第 11 条之二规定，广播权可分为三类：①无线广播，即通过无线电波传送符号、声音或图像等的方式向公众传播作品，包括电台、电视台和广播卫星的广播；②有线广播，即通过有线网络传播符号、声音或图像的方式向公众传播作品，主要是旅馆、饭店、游乐场或其他公共场所安装的有线广播电视系统转播电台、电视台、卫星广播组织的节目以及播放录音录像制品；③扩音器广播，即通过扩音器和其他类似工具向一定范围内的公众转播电台、电视台、卫星广播组织的节目以及播放录音制品。① 根据我国现行立法，广播权主要控制三

---

① 参见张楚：《知识产权法》，高等教育出版社 2014 年第 3 版，第 50 页。

种广播行为：①以无线播送的方式向公众提供作品，一般指通过无线电台、电视台进行传播和转播；②以有线播送的方式向公众提供无线电台、电视台广播的作品，此处有线播送的对象是无线电台、电视台广播的作品，而不包括作品本身，即直接以有线的方式传播作品并不包括在广播权之中；③以扩音器等类似工具向公众提供无线电台、电视台广播的作品。①

总体而言，我国现行立法规定存在两点不妥之处：①广播权的外延较窄。随着广播技术的发展，以有线和无线的方式直接播送作品与转播作品的传播都十分普遍。而依据技术中立性原则，对于这些广播行为我们应当一视同仁，不应将直接以有线的方式传播作品或者其他广播行为排除在外。②广播权和表演权、放映权存在交叉重合。广播权所控制的第三种广播行为，即以扩音器等类似工具向公众提供无线电台、电视台广播的作品，与表演权中的机械表演行为以及放映行为存在交叉重叠。② 这不符合立法列举的科学性要求。

需要注意的是，广播权和广播组织者权不同，区分二者具有重大意义。广播权是著作权人许可或者禁止他人以有线或者无线的形式传播自己作品的权利，属于著作财产权的范畴。广播组织者权则属于著作邻接权的范畴，是指广播电台、电视台就自己制作的节目或者播放的节目许可或者禁止他人转播、录制和复制的权利。二者在性质、内容、保护期限等方面存在较大差异。

8. 信息网络传播权

信息网络传播权，即以有线或者无线方式向公众提供作品，使公众可以在其个人选定的时间和地点获得作品的权利。信息网络传播权是2001年修订《著作权法》时新增的权利内容，以应对互联网技术对著作权保护带来的挑战。该权利在实践中常常产生争议。

具体来看，通过信息网络传播作品通常经历两个步骤：一是将作品置于开放的网络服务器上，使公众可以在线浏览或者下载；二是公众在自己选定的时间和地点，上网浏览或者下载作品。对于传统的纸质版作品来说，在此

---

① 参见胡康生：《中华人民共和国著作权法释义》，载中国人大网，http://www.npc.gov.cn/npc/flsyywd/minshang/2002 - 07/15/content_ 297587. htm，2017 年 9 月 14 日访问。
② 参见张今、郭斯伦：《著作财产权体系的反思与重构》，载《法商研究》2012 年第 4 期，第 14 页。

两个步骤之前还有一个前置步骤，即，将纸质版作品数字化，转变为电子版作品。这些步骤之中，只有第二个步骤是信息网络传播权所控制的网络传播行为，其他步骤则属于复制行为。

目前最为典型的网络传播行为有三种：第一种是网站经营者直接将数字化作品置于开放的网络服务器上供用户在线欣赏或者下载。第二种是用户将数字化作品置于开放的网络服务器上供用户在线欣赏或者下载，例如用户将MP3音乐上传到FTP服务器上，将文字作品上传到BBS上或者"个人空间""博客空间"等。第三种是用户将数字化作品置于P2P软件划定的"共享区"中，供同类P2P软件的用户搜索和下载。[①] 在现代数字社会，作品的传播途径发生了重大变化，作品在互联网环境下传播成为常态，因此，作品的信息网络传播权越来越重要，在权利许可和转让中具有重大价值。

9. 摄制权

摄制权，即允许以摄制电影或者以类似摄制电影的方法将作品固定在载体上的权利。这是专门针对影视作品的一类新型权利。摄制电影作品、电视作品，一般会应用到剧本、音乐、摄影作品等元素。制片者出资聘请导演、演员和其他摄制专业人员，以一系列创造性的活动把剧本拍摄成影视作品。多数学者认为，影视作品是典型的演绎作品，法律在保护制片者对最后完成的电影作品和以类似摄制电影的方法创作的作品的著作权的同时，也应保护作为基础的剧本、音乐、摄影作品等的原作者的相应权利。这些原作者有权决定是否同意他人把作品拍摄成影视作品，此即摄制权。

从理论来看，摄制权的核心内容其实是改编权，因为将剧本等已有作品拍摄成影视作品，势必要进行一定的改编，改变原作品的表达方式。但是，由于相对于其他改编行为，拍摄电影具有一定的特殊性，并且已经形成一套比较完整、专业化的制作方法，具有相对独立的市场，因此，我国立法将其单列为一项著作财产权，并在《著作权法实施条例》中规定："著作权人许可他人将其作品摄制成电影作品和以类似摄制电影的方法创作的作品的，视为已同意对其作品进行必要的改动，但是这种改动不得歪曲篡改原作品。"

10. 改编权

改编权，即改变作品，创作出具有独创性的新作品的权利。语言的转化、

---

① 参见王迁：《知识产权法教程》，中国人民大学出版社2011年第3版，第145页。

题材的改变，都是作品改编权的内容。改编是在原作品基础之上进行的，利用了已有作品，实践中，我们容易将改编和复制、修改相混淆。

改编与复制不同。改编虽然利用了已有作品，但其不仅仅是单纯地利用已有作品。改编作品中既包含有原作品的创作元素，又增加了改编者的创造性贡献。改编是一种产生新作品的演绎行为。复制仅是使原作的内容得以重复再现，没有增加使用者的智力贡献，没有形成一部不同于原作的新作品。

改编也不同于修改。修改虽然也是在原作的基础上进行的，但是不产生新的作品，而改编的结果必然产生不同于原作的新作品。修改权是著作人身权，可以作者自己行使，也可以授权他人行使，不得继承，可由继承人保护；而作品的改编权是财产权，可以授权他人行使，也可以转让和继承。经著作权人授权或者许可，第三人有权改编原作品，但在行使改编权时，不得歪曲篡改原作品。

11. 翻译权

翻译权，即将作品从一种语言文字转换成另一种语言文字的权利。翻译权主要针对的是文字作品、戏剧作品、带词的音乐作品、电影作品等含有语言文字的作品，而美术作品、摄影作品、不带词的音乐作品等不适用翻译权。翻译作品应当经过其作者同意，授予其行使翻译权。而行使翻译权的过程又是创作翻译作品的过程，其中既涉及对原作的准确理解，又要运用另一种语言文字将原作的内容和精神加以准确的表述，其实是改变了原作的表达方式，有相当的难度和创造性，产生了新的作品，因此翻译者对翻译作品享有独立的著作权。

需要补充说明的是，前述摄制权、改编权和翻译权都属于演绎权的范畴。与我国现行著作权法中没有"演绎作品"这一称谓一样，现行立法中也没有"演绎权"一词，该词只是我国学理上的用语，指根据已有作品创作使用演绎作品的权利。[①] 演绎权的外延比较广泛，各种以已有作品为基础创作使用新作品的行为都应当纳入该种权利，而不仅仅包括摄制权、改编权和翻译权。

对于演绎权，理论上有两个问题需要澄清。

其一，根据演绎作品理论，演绎者创作使用演绎作品，必须经过原著作权人授权，而演绎者对其创作完成的演绎作品享有独立的著作权。如果演绎

---

① 参见张今：《知识产权法》，中国人民大学出版社 2011 年版，第 62 页。

者未经许可，擅自对他人的作品进行演绎，则可能侵犯原著作权人的演绎权。那么，此时对其演绎形成的作品，演绎者是否享有著作权？本书认为，演绎者对其未经授权的演绎作品享有著作权，但其行使著作权受原作著作权人的限制。一方面，我国现行著作权法只列举了官方正式文件等三种不受著作权法保护的对象，而没有排除对未经授权演绎作品给予著作权保护。另一方面，根据《出版管理条例》，含有侵害他人合法权益内容的作品属于违禁作品，但是著作权法没有规定违禁作品不得享有著作权，只是提出国家对作品的出版、传播进行监督管理。据此，对于未经授权的演绎作品，演绎者仍然享有著作权，但其著作权的行使受到法律限制，未经原著作权人同意，不得自由出版传播。

其二，现行立法中规定的摄制权、改编权和翻译权存在交叉重叠。前文已述，摄制权实质上属于改编权之一种，从立法的科学性上看，似乎不宜将其与改编权并列列举。此外，改编权的定义太过宽泛，基本上已经涵盖了演绎权的控制范畴。从此角度来看，将改编权和翻译权并列也不恰当。

12. 汇编权

汇编权，即将作品或者作品的片段通过选择或者编排，汇集成新作品的权利。汇编权控制的是第三人将著作权人的作品或者作品片段汇编于新作品中的行为，未经著作权人许可将其作品收入自己作品，属于对汇编权的侵犯。与演绎作品相似，汇编人创作汇编作品，需要对原作进行选择、整理、编排等工作，这些工作也属于创造性劳动，因此汇编作品作为一个新作品，亦将取得独立的著作权，只是汇编人在行使汇编作品的著作权时不得侵犯原作著作权人的合法权利。

13. 应当由著作权人享有的其他权利

我国现行《著作权法》明确列举了前述12项著作财产权。这种立法模式具有局限性，容易挂一漏万，无法满足社会的发展需要。随着网络科技的高速发展，作品使用方式不断更新，作品的权利类型也会相应发生变化。考虑到新技术环境下新的作品表现形式及新的作品利用方式不断出现，为全面保护著作权人的利益，同时维持《著作权法》的相对稳定性，《著作权法》第10条第17项特别规定了兜底条款，"应当由著作权人享有的其他权利"都能受到著作权法保护。

（三） 立法新动向

《著作权法修订草案（送审稿）》对著作财产权作了较大调整。该送审稿第13条第3款规定："著作权中的财产权包括：（一）复制权，即以印刷、复印、录制、翻拍以及数字化等方式将作品固定在有形载体上的权利；（二）发行权，即以出售、赠予或者其他转让所有权的方式向公众提供作品的原件或者复制件的权利；（三）出租权，即有偿许可他人临时使用视听作品、计算机程序或者包含作品的录音制品的原件或者复制件的权利，计算机程序不是出租的主要标的的除外；（四）展览权，即公开陈列美术作品、摄影作品的原件或者复制件的权利；（五）表演权，即以演唱、演奏、舞蹈、朗诵等方式公开表演作品，以及通过技术设备向公众传播作品或者作品的表演的权利；（六）播放权，即以无线或者有线方式公开播放作品或者转播该作品的播放，以及通过技术设备向公众传播该作品的播放的权利；（七）信息网络传播权，即以无线或者有线方式向公众提供作品，使公众可以在其个人选定的时间和地点获得作品的权利；（八）改编权，即将作品改变成其他体裁和种类的新作品，或者将文字、音乐、戏剧等作品制作成视听作品，以及对计算机程序进行增补、删节，改变指令、语句顺序或者其他变动的权利；（九）翻译权，即将作品从一种语言文字转换成另一种语言文字的权利；（十）应当由著作权人享有的其他权利。"

相比于现行立法，送审稿中的改动主要包括以下三个方面：

一是修改完善了有关权利内容的立法定义。例如，复制权中增加了作品数字化的内容，明确以数字化方式将作品固定在有形载体上也属于复制行为。发行权中在出售、赠予之外，规定以其他转让所有权的方式向公众提供作品载体也属于发行行为。出租权中将包含作品的录音制品也纳入权利适用客体。这些都符合实践发展的需要，使权利内容的定义更加全面。

二是整合了一些存在交叉重合的权利内容。例如，将放映权和广播权整合为一项播放权，并且以原广播权的定义为基础，进行修改完善后，作为播放权的定义，涵盖了所有以无线和有线方式直接播放和转播作品，以及通过扩音器等技术设备转播作品的行为。再如，将改编权和摄制权整合为一项改编权，并将原改编权的外延范围作了一定限缩，使之无法覆盖翻译权的全部内容。如此，一方面尽量减少各项著作财产权之间的交叠或空白，使立法对权利的列举更加科学；另一方面也减少了著作财产权的数量，有利于我们学习和实践操作。

三是删除了汇编权。汇编者以他人作品创作汇编作品，应当经过著作权人授权。但是就每一个被汇编的作品而言，汇编者从事的行为仅仅是复制，而不是与复制不同的选择、编排，从此角度来看，汇编者从原作著作权人处获得的许可实质上是复制权许可。[①] 因此，汇编权的存在对于原作著作权人而言并无必要，送审稿删除汇编权十分合理。

此外，《著作权法修订草案（送审稿）》在第 13 条列举完著作人身权和著作财产权的各项权利之后，新增了第 14 条，授予美术、摄影作品的原件以及文字、音乐作品的手稿以追续权："美术、摄影作品的原件或者文字、音乐作品的手稿首次转让后，作者或者其继承人、受遗赠人对原件或者手稿的所有人通过拍卖方式转售该原件或者手稿所获得的增值部分，享有分享收益的权利，该权利专属于作者或者其继承人、受遗赠人。其保护办法由国务院另行规定。"

相比之下，《修订草案送审稿修改稿》对现行立法的改动较小，不仅没有增加追续权，而且对著作财产权的规定沿袭了现行立法对权项的列举，只对几项权项内容的具体界定作了些许修改：①将复制权定义为"以印刷、复印、拓印、录音、录像、翻录、翻拍等方式，以及采用数字化手段以上述方式将作品制作一份或者多份的权利"；②将出租权定义为"有偿许可他人临时使用视听作品、计算机软件、录音制品的权利，计算机软件不是出租的主要标的的除外"；③将广播权定义为"以有线或者无线方式公开播放或者转播作品，以及通过扩音器或者其他传送符号、声音、图像的类似工具向公众传播广播的作品的权利"。

最终通过的 2020 年《著作权法》第三次修正案在《修订草案送审稿修改稿》的基础上，又对几项著作财产权的界定进行了文字性调整，使其表述更加科学、严谨：①将复制权定义为"以印刷、复印、拓印、录音、录像、翻录、翻拍、数字化等方式将作品制作一份或者多份的权利"；②将出租权定义为"有偿许可他人临时使用视听作品、计算机软件的原件或者复制件的权利，计算机软件不是出租的主要标的的除外"；③将广播权定义为"以有线或者无线方式公开传播或者转播作品，以及通过扩音器或者其他传送符号、声音、

---

① 参见张今、郭斯伦：《著作财产权体系的反思与重构》，载《法商研究》2012 年第 4 期，第 15 页。

图像的类似工具向公众传播广播的作品的权利，但不包括本款第十二项规定的权利"；④将信息网络传播权定义为"以有线或者无线方式向公众提供，使公众可以在其选定的时间和地点获得作品的权利"。

其中，需要说明的是，在信息网络传播权的定义中，新法删除了现行法中"向公众提供作品"中的"作品"二字，在司法实践中具有实质性意义。当前一些侵权人并不直接向公众提供作品本身，而是提供链接、账号等，使公众获得接触作品的途径，如果拘泥于现行法对信息网络传播权的定义，侵权者往往会主张这并非向公众"提供作品"从而不构成侵犯信息网络传播权。对此，《最高人民法院关于审理侵害信息网络传播权民事纠纷案件适用法律若干问题的规定》指出，"通过上传到网络服务器、设置共享文件或者利用文件分享软件等方式，将作品、表演、录音录像制品置于信息网络中，使公众能够在个人选定的时间和地点以下载、浏览或者其他方式获得的"，法院应当认定行为主体实施了提供行为。亦即，除了提供作品本身，提供接触作品的途径等使得公众能够接触到作品，也属于信息网络传播权控制的范畴。① 如此，能够有效防止侵权人规避法律。2020 年《著作权法》第三次修正案最终吸纳了最高人民法院该项司法解释中的规定，对信息网络传播权的定义进行了相应调整。

三、著作权的保护期限

（一）著作权的取得时间

我国实行著作权自动取得制度。我国的公民、法人或者其他组织的作品，自创作完成便取得著作权。对此，《著作权法实施条例》第 6 条明确规定："著作权自作品创作完成之日起产生。"著作权人不必另行实施发表行为，也不必向国家版权局进行著作权登记，更不必像专利、商标一样经有关机构审查核准。实践中，有些著作权人就其作品向国家版权局进行著作权登记，但这只是起到一种证据证明的作用，著作权人取得著作权的时间仍是作品完成的时间，而非著作权登记的日期。

---

① 参见杨幸芳：《新〈著作权法〉视域中的版权保护及维权》，载《中国知识产权》2021 年4 月。

需要说明的是，作品创作完成的时间不是指整部作品最终定稿、交付发表或者使用的时间。在作品创作的每一个阶段，已经完成的部分都可以享有著作权。例如，网络连载小说往往是边创作边刊载，其中每一章节创作完成，作者对该章节便取得著作权，而不必等到整部小说全部创作完毕。[①]

（二）著作权的保护期限

我国《著作权法》采用著作权二元论，著作人身权和著作财产权不仅具有不同的权利属性，在著作权保护期限上也完全不同。

1. 著作人身权的保护期限

（1）署名权、修改权、保护作品完整权的保护期限。根据我国理论通说，著作人身权具有人身权属性，不得转让、不得继承，保护期也不受限制。据此，署名权、修改权和保护作品完整权具有永久性，不随作者的死亡而消灭。作者死亡后，其署名权、修改权和保护作品完整权由作者的继承人或者受遗赠人保护。著作权人无人继承又无人受遗赠的，其署名权、修改权和保护作品完整权由著作权行政管理部门保护。换言之，署名权、修改权和保护作品完整权的权利人永远是作者，作者去世前，由作者亲自行使权利；作者死亡后，依据不同情况由其继承人或者受遗赠人或者著作权行政管理部门来保护，但是他们并非权利人，只是权利的法定保护者。

（2）发表权的保护期限。发表权比较特殊，它虽然在性质上属于著作人身权，但是在保护期限上却与著作财产权保持一致，适用著作财产权的各项规定。究其原因，是因为发表权和著作财产权密切相关，亦即，发表权无法脱离著作财产权而单独行使，行使发表权必然同时行使了某一项著作财产权。如果根据发表权的人身权属性也规定发表权具有永久性，则受其约束，著作财产权的时间限制便没有了实际意义。这意味着，对作者不发表的作品，将永远不得行使任何著作财产权，换言之，公众永远无法传播和利用该作品。显然，这与著作权法律制度的立法宗旨相悖。

为使未发表作品的使用成为可能，我国著作权法对发表权设定与著作财产权相同的保护期限。具体而言，公民的作品以及一般职务作品，其发表权的保护期为作者终生及其死亡后 50 年。如果作者生前未发表作品，作者又未明确表示不发表，则在作者死亡后的 50 年内，其发表权可由继承人或者受遗

---

① 参见李明德、许超：《著作权法》，法律出版社 2003 年版，第 63－64 页。

赠人行使，没有继承人又无人受遗赠的，由作品原件的所有人行使。在作者死亡50年之后，发表权消灭，任何人都可以使作品公之于众。

法人或者其他组织的作品以及特殊职务作品，其发表权的保护期为50年，作品自创作完成后50年内未发表的，不再受保护，任何人都可以公开其作品内容。电影作品和以类似摄制电影的方法创作的作品、摄影作品，其发表权的规定与之相同。

2. 著作财产权的保护期限

根据权利主体和作品类型的不同，著作财产权的保护期限有不同规定。

（1）公民作品、一般职务作品。公民作品和一般职务作品的著作权归属于自然人，因此，著作财产权的保护期限与自然人的生死密切相关。根据《著作权法》第21条第1款，对这两类作品，著作财产权的保护期为作者终生及其死亡后50年，截止于作者死亡后第50年的12月31日。如果是合作作品，则截止于最后死亡的作者死亡后第50年的12月31日。换言之，著作权归属于自然人的作品，其著作财产权的实际保护时间长短不一，取决于作者创作完成作品后生了多少年，但是其截止日期均相同。我国立法的这项规定来源于《伯尔尼公约》，是遵循了公约对著作财产权保护期限的最低要求，与大多数公约成员国的法律规定保持一致。

（2）法人或者其他组织的作品、特殊职务作品。根据《著作权法》第21条第2款，法人或者其他组织的作品、除署名权外的著作权由法人或者其他组织享有的职务作品（即特殊职务作品），著作财产权的保护期为50年，截止于作品首次发表后第50年的12月31日。但是作品自创作完成后50年内未发表的，则在此50年期限届满后，不再受著作权法保护。

与著作权归属于自然人的作品不同，这两类作品的著作权归属于单位，而单位不存在生死问题，因此，这两类作品的保护期限不能从作者死亡开始计算。通常情形下，我国著作权法以作品首次发表的时间开始计算50年，而若作品创作完成后50年内未发表的，则以创作完成的时间计算50年。据此，未发表作品的实际保护期限通常短于发表作品。此种规定有利于促进作品公之于众，并进而推动作品的传播和利用。

（3）电影作品和以类似摄制电影的方法创作的作品、摄影作品。根据《著作权法》第21条第3款，电影作品和以类似摄制电影的方法创作的作品、摄影作品，其著作财产权的保护期适用和法人或者其他组织的作品、特殊职务作品一样的规则。亦即，这两种特殊类型的作品，著作财产权的保护期为 50 年，截止于作品首次发表后第 50 年的 12 月 31 日。但是，作品自创作完成后 50 年内未发表的，则在此 50 年期限届满后，不再受著作权法保护。

需要注意的是，影视作品的著作财产权保护期限中存在一个特殊问题，即影视作品本身和影视作品中可以单独使用的剧本、音乐等，其著作财产权的保护期限应当各自分别计算。实践中，剧本、音乐通常都是自然人创作的公民作品，因此适用作者终生及其死亡后 50 年的保护期限，与影视作品的著作财产权终止时间不同。

（4）匿名作品。《著作权法实施条例》第 18 条规定，作者身份不明的作品，其著作财产权的保护期截止于作品首次发表后第 50 年的 12 月 31 日。作者身份确定后，适用前述几项规则。据此，匿名作品，在其作者身份未确定时，著作财产权的保护期从作品首次发表开始计算 50 年；当作者身份确定后，再根据其是公民作品还是法人或者其他组织的作品，或者作品是否属于影视作品和摄影作品，来分别适用不同的保护期限计算方式。

3. **立法新动向**

《著作权法修订草案（送审稿）》对著作权的保护期限作了一些变动，主要包括三点：①对实用艺术作品适用特殊的保护期限规则，"其发表权的保护期为二十五年，但作品自创作完成后二十五年内未发表的，本法不再保护；其著作权中的财产权的保护期为首次发表后二十五年，但作品自创作完成后二十五年内未发表的，本法不再保护。"②明确规定自作者死亡、作品首次发表或者作品创作完成后计算 50 年保护期限的起算点，是这些事件发生后第二年的 1 月 1 日。③对新增的追续权规定了保护期限，明确其适用自然人作品的保护期规则，为作者终生及其死亡后 50 年，如果是合作作品，其保护期计算以最后死亡的作者为准。

《修订草案送审稿修改稿》在著作人身权的保护期限以及公民作品、一般职务作品、法人或者其他组织的作品、特殊职务作品、视听作品的著作财产权的保护期限方面，完全沿袭了现行立法规定；在实用艺术作品的著作权保护期限方面，基本沿用了《修订草案送审稿》的规定，"实用艺术作品，其发表权、本法第十一条第一款第（五）项至第（十七）项规定的权利的保护期为二十五年，截止于作品首次发表后第二十五年的 12 月 31 日，但作品自创作完成后二十五年内未发表的，本法不再保护"；而在摄影作品的著作权保护期限方面，则做出了新的规定，"摄影作品，其发表权、本法第十一条第一款第（五）项至第（十七）项规定的权利的保护期在　　年　　月　　日前已经届满、但依据本条第一款仍在保护期内的，本法不再保护"。

最终通过的 2020 年《著作权法》第三次修正案删除了实用艺术作品的保护期限规定，将摄影作品的保护期限明确为"发表权、本法第十条第一款第五项至第十七项规定的权利的保护期在 2021 年 6 月 1 日前已经届满，但依据本法第二十三条第一款的规定仍在保护期内的，不再保护"。此外，对法人或者非法人组织的作品、特殊职务作品、视听作品的发表权的保护期限进行了些许修改，规定其发表权的保护期为 50 年，截止于作品创作完成后第 50 年的 12 月 31 日。鉴于发表权是一次性权利，一旦行使即行消灭，因此原法规定的发表权截止于作品首次发表后第 50 年、但作品自创作完成后 50 年内未发表的不再保护，其实并无实际意义，本次修改直接将发表权截止于作品创作完成后 50 年，其表述更为科学合理。

第五节　邻接权

一、邻接权概述

（一）邻接权的概念和特征

1. 邻接权的概念

邻接权，顾名思义是与著作权相邻的权利，指作品的传播者对其为传播作品所制作或者形成的作品传播媒介或者成果享有的专有性的权利。邻接权一词源于英文 neighbouring rights，是对该词的意译。我国学界已普遍采纳"邻接权"一词，但是现行著作权法中使用的是"与著作权有关的权益"一语。对此，《著作权法修订草案（送审稿）》作了一定的更改，使用了"相关权"的表述。

邻接权的出现晚于著作权，但是自诞生后便成为与著作权并列且密不可分的一类权利，在世界范围内获得了较快发展。例如，1961 年《保护表演者、音像制品制作者和广播组织罗马公约》（以下简称《罗马公约》）签订，确立了表演者权、录音制品制作者权和广播组织权的邻接权国际保护体系。此后，《保护唱片制作者防止唱片被擅自复制公约》（1971 年）、《关于播送由人造卫星传播载有节目的信号的公约》（1974 年）、《世界知识产权组织表演和录音制品公约》（1996 年）等条约的缔结使邻接权的国际保护制度更加完善。

2. 邻接权的特征

邻接权具有三项特征。

（1）派生性。邻接权是从著作权派生出来的。一方面，邻接权人只是传播作品，而非创作作品，如果脱离著作权、没有了作品的创作，作品的传播便成为无源之水、无本之木，邻接权便也无从谈起。另一方面，传播作品是利用作品的一种方式，如果传播的作品仍在著作权保护期限内，邻接权人便应当经过著作权人许可，否则可能需要承担侵权责任。

（2）独立性。邻接权虽然从著作权派生而来，但其性质上是一类独立的权利，与著作权并无主从之分。著作权的法律效力不影响邻接权，邻接权的存在不以著作权存在为提前。即使邻接权人传播的作品已经超过著作权保护期，邻接权人也可以独立享有邻接权。当然，如果邻接权人传播的作品仍在著作权保护期限内，则第三人使用邻接权客体时，应当分别经过著作权人和邻接权人许可并支付报酬。

（3）法定性。邻接权包括哪些权利、具体内容如何，均由法律明确规定。有些国家依据国际公约规定表演者权、录音录像制作者权和广播组织权，有些国家仅规定其中的一种或两种，有些国家则在此之外还规定其他权利。[①] 我国著作权法规定了四种邻接权：表演者权、录音录像制作者权、广播组织权和出版者权。除此之外，其他可能与作品相关的权利都不属于我国法律规定的邻接权范畴。

（二）邻接权和著作权的关系

邻接权和著作权是紧密相邻、彼此关联的两种权利。二者的联系主要包括两个方面：一方面，二者通常都以作品为基础，与社会文化密切相关。著作权主要保护作品创作者的合法权利，邻接权主要保护作品传播者的合法权利，二者共同作用，推动作品的创作和传播，最终都有利于促进社会文化发展；另一方面，二者都属于知识产权的范畴，具有专有性、时间性和地域性。鉴于此，我国将邻接权和著作权都置于《著作权法》中予以统一规定。

但是，邻接权和著作权之间的区别也比较明显：①二者的保护客体不同。

---

① 参见李明德、许超：《著作权法》，法律出版社 2003 年版，第 183－184 页。

著作权的保护客体是作品，邻接权的保护客体则主要是作品的传播媒介或者传播活动，但是也存在例外。例如，录音录像制作者权所保护的录音录像制品，可以是表演作品的行为，也可以是非表演的活动或者自然事件。广播组织权所保护的广播电视节目，其内容可以是作品的表演，也可以是与表演无关的事件。②二者的权利属性不同。在我国，著作权具有双重属性，包含 4 项人身权内容和 13 项财产权内容。邻接权中只有表演者权具有双重属性，出版者权、录音录像制作者权和广播组织权均只有财产权内容。③二者的保护期限不同。著作权的保护期限根据权利主体的性质和权利客体的类型而有不同规定，邻接权中每种权利的保护期限都适用统一规则，但是不同权利之间存在类型差异。

二、出版者权

（一）出版者权的主体

出版者权是我国特有的一种邻接权。目前，世界范围内尚未就出版者权的邻接权保护形成国际保护体系，尚无相关国际公约。

根据我国著作权法，出版者权的主体包括图书出版者和报刊出版者，实践中主要是出版社、报社和期刊社（亦称杂志社）。根据《出版管理条例》第 9 条，出版社、报社和期刊社都须是依法成立的出版单位。个人不得从事出版发行业务。

（二）出版者权的客体

出版者权的客体是图书和报刊，即图书、报纸和期刊（亦称杂志）。它们都属于出版物，必须符合《出版管理条例》中的相关规定。例如，不得含有违禁内容；必须按照国家的有关规定载明作者名称，出版者、印刷者或者复制者、发行者的名称及需要的地址，书号、刊号或者版号，在版编目数据，出版日期、刊期以及其他有关事项；使用语言文字必须符合国家法律规定和有关标准、规范；等等。

（三）出版者权的内容及其保护期限

严格来说，作为邻接权内容的出版者权只有一项，即图书出版者和期刊出版者的版式设计权。所谓版式设计，是对印刷品的版面格式的设计，包括对版心、排式、用字、行距、标点等版面布局因素的安排。① 版式设计与装帧设计不同，后者是对开本、装订形式、插图、封面、书脊、护封和扉页等印刷物外观的装饰。② 在现行著作权法中，出版者对其出版的图书、期刊的版式设计享有独占性的权利，有权许可或者禁止第三人使用。该权利的保护期为10年，截止于使用该版式设计的图书、期刊首次出版后第10年的12月31日。

从广义上看，除了版式设计权之外，出版者还享有以下两项权利：

一是图书出版者按照合同约定享有的专有出版权。这是一项约定权利而非法定权利。换言之，图书出版者和著作权人签订的图书出版合同中可以约定图书出版者的出版权是否为专有。如果合同约定图书出版者享有专有出版权但没有明确其具体内容的，视为图书出版者享有在合同有效期限内和在合同约定的地域范围内以同种文字的原版、修订版出版图书的专有权利。

二是图书出版者的重印、再版权。在图书出版合同的有效期限内，图书出版者可以重印、再版作品，不过应当通知著作权人并支付报酬。需要说明的是，重印、再版图书既是图书出版者的权利也是其义务。在图书出版合同的有效期限内，图书脱销时，图书出版者应当重印、再版，以满足社会公众的需要。此处所称图书脱销，是指著作权人寄给图书出版者的两份订单在6个月内未能得到履行。如果图书脱销时，图书出版者拒绝重印、再版，则著作权人有权终止合同。

（四）出版者和著作权人的关系

1. 一般规则

出版者出版作品，应当取得著作权人的许可并支付报酬。出版演绎作品的，则应当取得演绎作品著作权人和原作品著作权人的双重许可并支付报酬，除非演绎作品和原作品中有一部作品或者两部作品都超过著作权保护期。

---

① 参见胡康生：《中华人民共和国著作权法释义》，载中国人大网，http：//www. npc. gov. cn/npc/flsyywd/minshang/2002 –07/15/content_ 297585. htm，2017 年 9 月 20 日访问。

② 参见胡康生：《中华人民共和国著作权法释义》，载中国人大网，http：//www. npc. gov. cn/npc/flsyywd/minshang/2002 –07/15/content_ 297585. htm，2017 年 9 月 20 日访问。

2. **图书出版者的特殊规则**

图书出版者出版图书，应当和著作权人订立出版合同，并支付报酬。实践中，此出版合同通常约定图书出版者享有专有出版权。著作权人应当按照合同约定期限交付作品；图书出版者应当按照合同约定的出版质量、期限出版图书，否则可能承担违约责任。

3. **报刊出版者的特殊规则**

报刊出版者出版作品，不必和著作权人签订出版合同，但是通常应当出具作品刊登通知书。著作权人向报社、期刊社投稿的，自稿件发出之日起15日内未收到报社通知决定刊登的，或者自稿件发出之日起30日内未收到期刊社通知决定刊登的，可以将同一作品向其他报社、期刊社投稿。双方另有约定的除外。报社、期刊社可以对作品进行文字性修改、删节，但是对内容的修改应当经作者许可。

三、表演者权

（一）表演者权的主体

《罗马公约》第3条规定，表演者是指演员、歌唱家、音乐家、舞蹈家和表演、歌唱、演说、朗诵、演奏或以别的方式表演文学或艺术作品的其他人员。[1] 由此可知，在《罗马公约》中，表演者都是自然人，即实际从事表演的演员个人。但是，我国现行著作权法考虑到实践中有许多表演活动是由某单位筹办、组织的，因此将演员和演出单位都纳入表演者的范畴。《著作权法实施条例》第5条第6项规定，表演者，是指演员、演出单位或者其他表演文学、艺术作品的人。

在演员作为表演者的情形下，与自然人作为作者的情形相同，由于表演和创作都属于事实行为，因此演员不必为完全民事行为能力人。换言之，所有的自然人，无论其民事行为能力如何，都可以成为邻接权法律制度中的演员。

---

① 参见《保护表演者、音像制品制作者和广播组织罗马公约》，载世界知识产权组织网站，http：//www. wipo. int/wipolex/zh/treaties/text. jsp？file_ id＝289793，2017年9月20日访问。

（二）表演者权的客体

表演者权的客体是表演活动，即表演者以动作、声音、表情等自身元素展现作品内容的活动。

通说认为，表演者权所保护的表演活动，特指表演作品的活动。此作品，必须是著作权法意义上的作品，可以是仍在著作权保护期限内的作品，也可以是超过著作权保护期限而进入公有领域的作品。但是，没有作品被表演的情况下，演出不能成为表演者权的保护客体。[①] 例如，体育赛事不属于著作权法意义上的作品，因此运动员对其比赛中的表现不享有表演者权。不过，比赛之前或者期间进行的啦啦队表演通常属于一种舞蹈表演，表演者可以享有表演者权。

（三）表演者权的内容及其保护期限

在我国的四类邻接权中，只有表演者权具有双重属性，包含两项人身权和四项财产权。

1. 人身权

（1）表明身份权。与作者享有署名权相似，表演者有权表明自己的表演者身份。实践中，表演者表明自己身份的方式有多种，例如：在电影的片头或者片尾署上演员姓名；在表演现场由主持人报幕公告演员姓名；在节目单上标明演员姓名；等等。表明表演者的身份应当尊重表演者的意思，如果表演者要求采用艺名，则不得使用其真实姓名。

（2）保护表演形象不受歪曲权。与作者享有保护作品完整权相似，表演者有权保护其表演形象不受歪曲。实践中常见的使用某影视作品的画面片段，但重新变换对白内容给其配音，如果未经许可，很有可能侵犯表演者的保护表演形象不受歪曲权。应当注意的是，擅自使用演员形象的情形多种多样，我们需要具体分析，如果使用的是该演员在某影视作品或者表演活动中的形象，可能侵犯其邻接权；但如果使用的是该演员的日常形象，则可能侵犯其肖像权。

2. 财产权

（1）现场播送权。对于表演者的表演活动，表演现场内的观众通常是买

---

① 参见胡康生主编：《中华人民共和国著作权法释义》，载中国人大网，http：//www. npc. gov. cn/npc/flsyywd/minshang/2002－07/15/content_ 297585. htm，2017 年 9 月 20 日访问。

票进场观看，这是默示的经过表演者许可并支付了报酬。但是，表演场地外的其他公众则既未获得许可，又未支付报酬。对此，表演者可以通过现场播送权进行限制，亦即，表演者有权许可他人从现场直播和公开传送其现场表演，并获得报酬。例如，将表演者的表演活动通过广播电台、电视台进行现场直播，或者将表演者的表演活动通过扩音器等设备传送到表演场地之外的地方，都应当经过表演者授权。

（2）录制权。录制权，是指表演者有权许可他人录音录像，并获得报酬。通常情形下，将表演者的表演活动录制成录音录像，可能用于两种用途：一是个人欣赏；二是留待公开传播。前者不会损害表演者的合法利益，表演者应当容忍；而后者会造成买票进场观看的观众减少，降低表演者的经济收入。由于我们无法控制该录音录像制品的真实用途，因此只能从源头控制录音录像行为。据此，表演者有权控制他人对其表演的录制活动。

（3）复制权和发行权。损害表演者权益的录音录像制作行为一般通过两种方式进行公开传播：一种是有形的，即复制载有该录音录像内容的制品并予出版发行；另一种是无载体的，即将该录音录像内容上传到网络。本项复制权和发行权即控制第一种传播方式，其中复制和发行的具体内涵与著作财产权中的复制和发行相同。据此，只要从事了复制和发行中的一种行为，并且，无论将录音录像制品制作成一份还是多份，也无论是有偿还是无偿向公众提供该录音录像制品，都可能构成对表演者的侵权行为。

（4）信息网络传播权。表演者有权许可他人通过信息网络向公众传播其表演，并获得报酬。此处所称的信息网络传播行为涵盖一切上传网络的情形，无论行为人是非法录制表演活动并将录制内容上传网络，还是将合法录制的内容或者购买的合法录制发行的录音录像制品中的内容上传网络。

3. 保护期限

表演者的人身权，即表明身份权和保护表演形象不受歪曲权，保护期不受限制。表演者的财产权，即现场播送权、录制权、复制权和发行权、信息网络传播权，则享有50年保护，保护期限截止于该表演发生后第50年的12月31日。

（四）表演者的义务

表演者的表演活动源于作者的作品，二者之间是流与源的关系。因此，表演者使用他人作品进行演出，首先应当取得著作权人许可，并支付报酬。

如果表演活动是演员个人进行的，则由他个人履行获取授权和支付报酬的义务；如果表演活动是由演出组织者组织的，则由该组织者履行相关义务。此外，根据演绎作品的双重许可规则，使用演绎作品进行演绎，应当取得原作品著作权人和演绎作品著作权人的双重许可，并支付报酬。

（五）立法新动向

《著作权法修订草案（送审稿）》对表演者权的修改主要包括这样几个方面：①重新界定表演者，明确表演者是指以朗诵、演唱、演奏以及其他方式表演文学艺术作品或者民间文学艺术的自然人，而将演出单位排除出表演者范畴。②新增一项表演者的人身权即出租权，规定表演者有权许可他人出租其表演的录制品或者该录制品的复制件。③新增职务表演制度，规定表演者在职期间为完成工作任务进行的表演为职务表演，其权利归属由当事人约定。当事人没有约定或者约定不明的，职务表演的权利由表演者享有，但集体性职务表演的权利由演出单位享有，表演者享有署名权。职务表演的权利由表演者享有的，演出单位可以在其业务范围内免费使用该表演。职务表演的权利由演出单位享有的，单位应当根据表演的数量和质量对表演者予以奖励。④对视听作品中的表演者权利作了明确、专门的规定，要求制片者聘用表演者制作视听作品时应当签订书面合同并支付报酬，并且规定此时的表演者财产权及利益分享由制片者和主要表演者约定。如无约定或者约定不明的，前述权利由制片者享有，但主要表演者享有署名权和分享收益的权利。

相比之下，《修订草案送审稿修改稿》对表演者权的规定主要沿袭了现行立法，只在两处作了修改：①在表演者的权利中新增出租权，规定表演者有权许可他人出租录有其表演的录音录像制品，并获得报酬；②新增职务表演规定，但其具体内容与《修订草案送审稿》不同。《修订草案送审稿修改稿》规定，演员为完成本演出单位的演出任务进行的表演为职务表演，其权利归属由当事人约定。当事人没有约定或者约定不明的，职务表演的权利由演出单位享有，演员享有表明身份的权利。职务表演的权利由演员享有的，演出单位可以在其业务范围内免费使用该表演。

最终通过的 2020 年《著作权法》第三次修正案兼采了《著作权法修订草案送审稿》和《修订草案送审稿修改稿》中比较科学的内容，相比于现行立法，对表演者权的规定作了三点修改：①删除表演者包括演员和演出单位的规定，使得表演者仅指演员。②增加表演者的出租权。③新增职务表演规定，明确演员享有表明身份和保护表演形象不受歪曲的权利，其他权利归属由当事人约定。当事人没有约定或者约定不明确的，职务表演的权利由演出单位享有。职务表演的权利由演员享有的，演出单位可以在其业务范围内免费使用该表演。

四、录音录像制作者权

（一）录音录像制作者权的主体

录音录像制作者权的主体是录音录像制作者，简称音像制作者，是首次将声音、图像或者声音和图像的组合固定在某载体上的人，亦即录音制品、录像制品的首次制作人。据此，将他人的录音制品或者录像制品进行转录仅是已有音像制品的复制行为，转录人不属于享有录音录像制作者权的音像制作者。

需要注意的是，制作录音录像制品，可以由自然人、法人或者其他组织完成。因此，音像制作者包括自然人、法人和其他组织。但是根据《出版管理条例》，音像制品的出版发行必须由依法成立的出版单位进行，换言之，音像制品的出版发行人必须是法人。

（二）录音录像制作者权的客体

录音录像制作者权的客体是录音录像制品，简称音像制品，具体包括两种：①录音制品，即任何基于表演的声音和其他声音的录制品，实践中常见的有唱片、CD 等；②录像制品，即电影作品和以类似摄制电影的方法创作的作品，以及任何有伴音或者无伴音的连续相关形象、图像的录制品，现在主要是 VCD、DVD 等。

需要注意的是，实践中常见的音像制品，其内容主要是对作品的表演活动的录制，此时的音像制品便涉及著作权人、表演者和音像制作者三种主体。但是，也有的音像制品与作品及作品的表演无关，例如，将自然声响录制成的录音制品，将新闻事件录制成的录像制品，都只涉及音像制作者一方主体，而与著作权人、表演者无关。

（三）录音录像制作者权的内容及其保护期限

1. 复制权和发行权

音像制作者对其制作的音像制品享有复制权和发行权。实践中，复制权和发行权的行使方式依据音像制作者的具体情况而有不同。如果音像制作者是个人或者非出版单位的其他法人或者组织，则不得自行出版发行音像制品，必须将其复制权、发行权许可某依法成立的出版单位行使。如果音像制作者即是依法成立的出版单位，则其可以自由选择是自己复制、发行还是许可他人进行。

2. 出租权

音像制作者对其制作的音像制品，享有许可他人出租并获得报酬的权利。此处的出租，其含义与著作财产权中的出租相同，即有偿许可他人临时使用音像制品。据此，综合著作权和邻接权，享有出租权的客体共三种：影视作品、计算机软件以及音像制品。

3. 信息网络传播权

音像制作者对其制作的音像制品享有信息网络传播权，有权控制以有线或者无线方式向公众提供、使公众可以在其个人选定的时间和地点获得的行为，并从中获得报酬。据此，在著作权和邻接权中共有三种主体享有信息网络传播权：著作权人、表演者以及音像制作者。

综上，如果音像制作者将某表演者表演某作品的活动制作成音像制品，其他单位将该音像制品进行复制、发行，或者通过信息网络传播时，应当经过著作权人、表演者和音像制作者的三方许可，并向他们支付报酬。

4. 保护期限

无论音像制作者是自然人、法人还是其他组织，其各项权利的保护期均为 50 年，截止于该制品首次制作完成后第 50 年的 12 月 31 日。

（四）录音录像制作者的义务

音像制作者使用他人作品制作音像制品时，势必涉及著作权人和表演者。此时，音像制作者对这两方当事人都负有一定的义务。

1. 音像制作者应当取得著作权人许可，并支付报酬

使用演绎作品制作音像制品的，则需遵循双重许可规则，取得原作品著作权人和演绎作品著作权人的双重许可，并向他们支付报酬。但是，此处有一项例外，即录音制作者使用他人已经合法录制为录音制品的音乐作品制作录音制品，可以不经著作权人许可，但应当按照规定支付报酬；著作权人声明不许使用的不得使用。这是法定许可之一种，亦即，此时法律已默示的授予录音制作者以许可，因此录音制作者不必再向音乐作品的著作权人寻求授

权,直接付酬即可。

2. 音像制作者应当同表演者订立合同,并支付报酬

音像制作者将表演者的作品表演活动制作成音像制品,必然涉及表演者的录制权,如果再进行出版发行或上传网络,还会涉及复制权和发行权或者信息网络传播权。此时不存在法定许可,因而,音像制作者必须从表演者处获得许可。至于音像制作者从表演者处获得的使用许可是非专有性许可还是专有性许可、是何种专有性许可,可以由双方当事人自由约定,法律不作干预。

(五)立法新动向

《著作权法修订草案(送审稿)》对音像制作者权的修改幅度较大,最显著者是删除了所有关于录像制作者和录像制品的规定,而将标题限缩为"录音制作者"权。究其原因,主要是因为,在实践中录像制品和影视作品很难区分,许多学者建议将二者统一为影视作品,以著作权方式来保护,在送审稿中便不再存在录像制品一词了。

进一步来看,对于录音制作者权,送审稿也作了一点改动,即在现有的复制权、发行权、出租权和信息网络传播权之外,规定对于以无线或者有线方式公开播放录音制品或者转播该录音制品的播放,以及通过技术设备向公众传播该录音制品的播放,录音制作者都有获得合理报酬的权利。换言之,对于播放行为(涉及现行立法中的广播、放映和机械表演),录音制作者没有许可权,但可以要求支付报酬。

但是,在录音录像制作者权上,《修订草案送审稿修改稿》的立法思路与《修订草案送审稿》截然不同,完全保留了现行立法的制度规定。

最终通过的 2020 年《著作权法》第三次修正案也基本沿袭了现行立法对于录音录像制作者权的规定,只新增了一条规定:"将录音制品用于有线或者无线公开传播,或者通过传送声音的技术设备向公众公开播送的,应当向录音制作者支付报酬。"

五、广播组织权

(一)广播组织权的主体

广播组织权的主体是广播组织,著作权法中将之表述为广播电台、电视台。

此处的广播电台、电视台仅指那些依法核准，专门从事广播电视节目的制作并面向其覆盖范围内不特定的公众播发图文、声像信息的单位，而企业单位内部和乡镇地方组织为了宣传需要而设立的广播站、电视台不包括在内。①

（二）广播组织权的客体

广播组织的日常工作主要是制作节目与播放节目。其中，广播组织制作的节目包括两类：①投资参与制作电视剧、综艺节目等，这些都属于影视作品，受著作权保护，因此广播组织可以作为著作权人享有权利；②对新闻事件等进行录制并制作成录音制品或录像制品，此时广播组织可以作为音像制作者享有权利。② 而广播组织播放节目的范围较广，可以是自己制作的影视作品或者音像制品，也可以是其他著作权人或者音像制作者制作的影视作品或者音像制品，还可以是表演者的现场表演活动以及非表演的现场体育比赛等。无论何种节目，广播组织对该节目都有专有性权利，这就是广播组织权。因此，广播组织权的客体是广播组织播放的节目，而非其制作的节目。

（三）广播组织权的内容及其保护期限

1. 转播权、录制权、复制权

对广播组织播放的节目，第三人主要有三种利用方式：①进行同时转播；②录制成音像制品后另行播放；③录制成音像制品后进行复制发行。据此，整体来看，广播组织要控制对自己播放节目的使用、维护自己的合法权利，应当能够禁止第三人未经许可的播放、录制、复制、发行等四种行为。不过，考虑到第三种利用方式中，只要从源头控制了复制行为，就能制止发行，因此，著作权法只授予广播组织三项权利：转播权、录制权和复制权。其中，转播权和录制权相结合，能够控制第三人的同时转播和录制成音像制品后再行转播的行为，录制权和复制权相结合，能够控制第三人录制成音像制品后复制发行。

2. 保护期限

广播组织的三项权利，保护期均为 50 年，截止于该广播、电视首次播放

---

① 参见吴汉东：《知识产权法》，法律出版社 2014 年第 5 版，第 96 页。

② 参见李明德、许超：《著作权法》，法律出版社 2003 年版，第 194 页；张今：《知识产权法》，中国人民大学出版社 2011 年版，第 74 页。

后第 50 年的 12 月 31 日。当然，这是指广播组织对其播放节目的邻接权。如果是广播组织制作节目，则根据具体情形而分别适用著作权和音像制作者权的保护期限。

（四）广播组织者的义务

广播组织播放作品，必然涉及著作权人；播放作品的表演活动，则涉及著作权人和表演者；如果播放音像制品，则情形更为复制，会涉及音像制作者，此外还可能涉及著作权人和表演者。

具体而言，根据现行立法，广播组织播放他人未发表的作品，应当取得著作权人许可，并支付报酬。播放他人已发表的作品，除影视作品外，可以不经著作权人许可，但应当支付报酬。对于影视作品，无论是否已发表，广播组织都不得擅自播放，必须经著作权人许可。

广播组织播放作品的现场表演活动，如果是未发表作品，应当取得著作权人和表演者的许可，并支付报酬；如果是已发表作品，则应当取得表演者许可，并支付报酬。

广播组织播放不涉及作品的录音制品，不必经录音制作者许可，也不必支付报酬。播放不涉及作品的录像制品，应当取得录像制作者许可，并支付报酬。

广播组织播放涉及作品的录音制品，如果该制品已经出版，可以不经著作权人许可，但应向其支付报酬，对录音制作者则既不必许可也不必支付报酬。播放涉及作品的录像制品，无论该制品是否已出版，均应经著作权人和录像制作者的许可，并支付报酬。

（五）立法新动向

《著作权法修订草案（送审稿）》对广播组织权的修改包括三点：①明确广播组织权的客体即广播电视节目的概念，是指广播电台、电视台首次播放的载有声音或者图像的信号，明确将广播组织制作的节目排除在外。②删除所有关于广播组织播放他人作品、电影作品、音像制品时是否需经许可以及支付报酬的规定。③规定第三人转播、录制、复制广播电视节目，不仅应经广播组织许可，其中涉及作品、表演和录音制品时，还应当取得著作权人、表演者和录音制作者的许可。

《修订草案送审稿修改稿》则基本继承了现行立法的相关规定，只在两处作了修改：一是广播电台、电视台播放已经出版的录音制品，除了可以不经著作权人许可之外，还可以不经录音制作者许可，但应当支付报酬，当事人另有约定的除外；二是在广播组织的权利内容中新增了一项信息网络传播权，规定广播电台、电视台有权禁止第三人未经许可将其播放的广播、电视通过有线或者无线方式向公众提供，使公众可以在其个人选定的时间和地点获得。

最终通过的 2020 年《著作权法》第三次修正案对于广播组织权的规定，与《著作权法修订草案送审稿》《修订草案送审稿修改稿》的差别都较大，相比于现行立法，其修改包括三处：①删除了广播组织播放录音制品时是否需经许可以及支付报酬的规定；②新增广播组织的信息网络传播权，规定广播电台、电视台有权禁止第三人未经许可将其播放的广播、电视通过信息网络向公众传播；③明确广播组织行使权利时，不得影响、限制或者侵害他人行使著作权或者邻接权。

第六节　著作权的利用和限制

一、著作权的利用

著作权法的根本宗旨是促进社会主义文化和科学事业的发展与繁荣，为此，作品的创作是著作权的起点而非终点，作品的传播和使用也是著作权法律制度中的一项重要内容。实践中，著作权人多是自然人，不具备利用作品的物力、财力等条件，更不具备出版、广播等使用方式主体资格，著作权利用制度便显得愈发重要。这主要包括著作权的许可使用和转让。此外，鉴于著作权的财产权属性，它可以为权利人带来经济利益，因此也可以以著作权出质，订立著作权质押合同。

（一）著作权的许可使用

1. 著作权许可使用的概念和特征

著作权许可使用，是指著作权人将著作财产权中的一项或者数项授权他人在一定的时间和地域范围内行使的法律制度，也就是说，著作权人授权他人在一定的时间和地域范围内以某种或者某些方式使用作品。

著作权许可使用具有两点特征：①著作权许可使用的客体通常是著作财产权。根据通说理论，著作人身权属于人身权性质，具有极强的人身依附性，应当由著作权人行使。但是著作财产权属于财产权性质，既可以脱离著作权人本人，又可以带来直接经济利益。因此，实践中，著作权人与第三人约定著作权许可使用，通常以著作财产权为客体，即著作权人授权第三人以某种方式使用作品。②著作权许可使用具有自愿性。第三人获得作品的合法使用权有两种途径：①由著作权人授权；②由法律授权。前者是著作权许可使用，后者则包括合理使用和法定许可。著作权许可使用与合理使用、法定许可的主要区别在于使用的内容、方式、条件等都可以由双方协商确定。

2. **著作权许可使用的类型**

著作权人授予第三人的许可使用权可以是专有使用权，也可以是非专有使用权。

在非专有使用权下，在双方约定的时间、地域范围内，著作权人还可以向其他人发放相同的作品使用许可证，著作权人自己也可以使用该作品。

而在专有使用权下，被许可人获得的使用权的排他性如何，应当由双方约定。对此，《著作权法实施条例》第24条规定，没有约定或者约定不明的，视为被许可人有权排除包括著作权人在内的任何人以同样的方式使用作品；除合同另有约定外，被许可人许可第三人行使同一权利，必须取得著作权人的许可。

3. **著作权许可使用的要求**

（1）内容要求。著作权人许可第三人使用作品，应当与之订立许可使用合同。但是，现行著作权法没有规定该合同必须采用书面形式，据此，著作权许可使用合同是非要式合同。该合同应当包括下列内容：

一是许可使用的权利种类。在13项著作财产权中，著作权人可以向被许可人授予任何一项或者多项权利的使用许可，但通常应当明确权利内容。著作权人未明确许可的权利，被许可人不得行使。

二是许可使用的性质。著作权人应当明确其授予被许可人的许可证是专有许可证还是非专有许可证。但是，现行立法没有规定许可使用的性质未作明确约定时应当如何处理。考虑到著作权毕竟源于著作权人，应当对著作权人给予充分的权利保障以维护其创作热情，我们认为，如果当事人没有明确许可使用的性质，应视为被许可人获得的是非专有使用权。

三是许可使用的地域范围、期间。著作权人授权被许可人使用其作品的期限，不得超过该作品著作财产权的法定保护期。

四是付酬标准和办法。根据合同自由原则，使用作品的付酬标准可以由当事人自由约定，也可以按照国务院著作权行政管理部门会同有关部门制定的付酬标准支付报酬。当事人约定不明确的，按照国务院著作权行政管理部门会同有关部门制定的付酬标准支付报酬。

五是违约责任。双方当事人可以在合同中对违约责任做出具体约定，例如约定免责事由、违约金数额等。但是本项内容不是著作权许可使用合同的必要条款。如果双方当事人没有约定或者约定不明确，应当根据合同法的一般规则处理违约问题。

六是双方认为需要约定的其他内容。

（2）程序要求。具体包括以下两点：

一是许可使用的权利是专有使用权的，著作权人和被许可人应当采取书面形式，但是报社、期刊社刊登作品的除外。

二是与著作权人订立专有许可使用合同，可以向著作权行政管理部门备案。换言之，在我国现行立法中，备案不是强制性要求，不备案不会影响著作权许可使用合同的法律效力。

4. 立法新动向

《著作权法修订草案（送审稿）》对著作权许可使用的修改主要包括三个方面：①关于使用作品的付酬标准，在当事人没有约定或者约定不明时，除了按照国务院著作权行政管理部门会同有关部门制定的付酬标准支付报酬外，还可以按照市场价格来支付。②关于许可使用的性质，在现有立法规定的基础上，明确规定，合同中未约定许可使用的权利是专有使用权的，视为许可使用的权利为非专有使用权。并且新增规定，报刊社与著作权人签订专有出版权合同，但对专有出版权的期限没有约定或者约定不明的，专有出版权的期限推定为一年。③关于专有许可使用合同的登记，规定了登记的法律效力，明确未经登记的权利不得对抗善意第三人。

《修订草案送审稿修改稿》和最终通过的 2020 年《著作权法》第三次修正案，删除了前述修改之处，完全延续了现行立法中对著作权转让的相关规定。

（二）著作权的转让

1. 著作权转让的概念和特征

著作权转让，是指著作权人将著作财产权中的一项或者数项让给他人，由受让人取代其自己成为新的著作财产权利人的法律制度。

著作权转让具有两点特征：①著作权转让的客体只能是著作财产权，而不包括著作人身权。著作人身权属于人身权属性，不得转让、不得继承，著作财产权则可以转让。而根据著作权二元论，著作财产权的转让对著作人身权不产生任何影响，即使著作财产权全部都转让给了第三人，原著作权人仍然保留著作人身权。②著作权转让具有不可回复性。也就是说，在著作财产权剩余的保护期限内，被转让的著作财产权一直由受让人享有，不可能再回复到原权利人手中，除非受让人将该著作财产权再一次转让给该原权利人。①

2. 著作权转让的要求

（1）内容要求。著作权人转让著作财产权应当订立合同，并且包括下列内容：

一是作品的名称。我国著作权法没有规定著作权人只能转让已有作品的著作权，据此，学界认为，著作权人也可以转让某未来作品的著作权。因而，在著作权转让合同中，当事人既可以标注已有作品的名称，也可以标注未来作品的名称，但是不能使用例如"某著作权人的全部作品"的泛指，因为这种表述方式存在歧义，无法确定被转让的作品具体为何。

二是转让的权利种类、地域范围。著作权人可以转让一项著作财产权，也可以转让多项著作财产权。无论何种情形，转让合同中都应当明确转让的具体权利种类，合同中未明确转让的权利仍归原著作权人所有。此外，著作权界有"著作权卖绝"的提法，指著作权人将其全部著作财产权都转让给受让人。② 我们认为，"著作权卖绝"值得商榷，因为著作财产权是一个开放性的范畴，随着作品使用方式的发展，会不断出现新的著作财产权，从而在作品使用中出现新的经济增长点。如果认可著作权卖绝，会导致这些新的经济增长点的利益都归受让人，而在著作权转让时，由于这些新的经济增长点尚未出现，因此著作权人不可能将其纳入确定转让价金时的考虑范畴。换言之，认可著作权卖绝，对著作权人极不公平。因此，本书认为，即使著作权转让合同中约定转让全部著作财产权，也仅涉及现行立法中列

---

① 有些国家在此方面有特殊规定。例如，美国版权法规定，作者在转让版权之后可以在某一个时间点上终止转让并收回自己的权利。参见李明德、许超：《著作权法》，法律出版社 2003 年版，第162 页。

② 参见李明德、许超：《著作权法》，法律出版社 2003 年版，第161 页。

举的 12 种权利，不包括第 13 项"其他权利"，未来新出现的著作财产权仍应归属于原著作权人。

三是转让价金。著作权人和受让人可以自由约定著作财产权的转让价金，著作权法不作干预，也未禁止无偿转让。

四是交付转让价金的日期和方式。在有偿转让的情形下，转让价金可以采取一次交付或者分期交付的方式。通常，双方当事人会约定交付的具体日期或者期限。

五是违约责任。与著作权许可使用合同一样，著作权转让合同中可以对违约责任做出具体规定。但这不是合同的必要条款。如果当事人未作约定或者约定不明确，应当适用合同法中的违约责任规定。

六是双方认为需要约定的其他内容。

（2）程序要求。具体有以下两点：

一是著作权转让合同应当采取书面形式。对此，最高人民法院《关于审理著作权民事纠纷案件适用法律若干问题的解释》第 22 条进一步明确："著作权转让合同未采取书面形式的，人民法院依据合同法第三十六条、第三十七条的规定审查合同是否成立"。对于著作权转让合同，不能仅因其未采取书面形式就否认其效力。如果当事人未采用书面形式但一方已经履行主要义务并且对方接受的，合同成立；或者，采用合同书形式订立合同，在签字或者盖章之前，当事人一方已经履行主要义务并且对方接受的，合同也成立。

二是著作权转让合同可以向著作权行政管理部门备案。但是与著作权专有许可使用合同一样，该备案不是强制性要求，不备案不会影响著作权转让合同的法律效力。

3. 立法新动向

《著作权法修订草案（送审稿）》对著作权转让合同也新增了备案制度的规定。送审稿规定，与著作权人订立转让合同的，使用者可以向国务院著作权行政管理部门设立的专门登记机构登记。未经登记的权利，不得对抗善意第三人。换言之，在送审稿中，著作权转让合同的备案登记不是合同的生效要件，合同仍然自其成立之日起生效，但是备案登记具有对抗善意第三人的效力。

二、著作权的限制

著作权法一方面要保障著作权人和邻接权人的合法权利，以促进作品的创作和传播，另一方面也必须维护社会公众的合法权益，最终实现社会文化进步的终极目标。因此，著作权法始终贯彻在权利人和社会公众之间维持利益平衡的理念。广义上看，立法对著作财产权设定保护期限的规定，便是贯彻该种理念的体现。除此之外，著作权的权利内容与限制制度更是突出、集中地体现了这一理念。其中，著作权的权利内容倾向于权利人一方的利益，著作权的限制制度则侧重对社会公共利益的维护。从历史的角度来看，随着著作权权利内容的扩张，著作权限制制度也在不断丰富，二者始终维持着一个动态的平衡状态。就我国现行法律制度来看，著作权的限制制度包括三方面内容：合理使用、法定许可以及强制许可。

（一）合理使用

1. 合理使用的概念及适用条件

（1）合理使用的概念。合理使用是指在法律规定的情形下，第三人可以自由使用著作权人的作品，不必经著作权人许可，也不必向其支付报酬的著作权限制制度。在法律体系中，合理使用是作为著作权权利制度的一个构成部分出现的。在著作权的权利内容从正面确定著作权人可以控制的范围之后，合理使用制度又从反面规定了著作权人不得控制的情形，从而使著作权权利制度更加具体、明确。在司法实践中，合理使用主要是作为著作权侵权诉讼的抗辩事由出现的，亦即，当原告诉称被告未经许可擅自使用其享有著作权的作品且未支付报酬从而侵犯了自己的著作权时，如果被告能够证明对作品的使用属于合理使用，则其将不构成著作权侵权，不必承担法律责任。

（2）合理使用的适用条件。《伯尔尼公约》第9条对复制权的限制规定了三项条件，TRIPs协议对之进行了继承，并适用于对所有权利的限制和例外：一是仅限于某些特殊情形；二是不与作品的正常利用相冲突；三是不无理损害权利持有人的合法权益。①

---

① 参见商务部世界贸易组织司网站，http：//sms. mofcom. gov. cn/article/zt ＿ jshfw/subjectee/201703/20170302538505. shtml，2017 年 9 月 26 日访问。

以此为基础，我国《著作权法实施条例》第21条对合理使用的适用条件做出了具体规定：①合理使用必须限于著作权法明确规定的情况，在我国现行立法中，仅有12种适用情形。②合理使用不得影响该作品的正常使用，亦即，合理使用情形不构成对该作品的主要使用方式，并未挤占该作品的正常交易市场。③合理使用不得不合理地损害著作权人的合法利益。一方面，对作品的合理使用也须指明作者姓名、作品名称，并且不得歪曲、篡改作品，要尊重著作权人的人身权利；另一方面，对作品的合理使用不得给著作权人的经济收益带来实质性损害。

2. **合理使用的具体情形**

我国《著作权法》第22条列举了12种合理使用的具体适用情形，详述如下。

（1）为个人学习、研究或者欣赏，使用他人已经发表的作品。这也称为个人使用或者私人使用，能够适用于对作品的复制、表演、改编等各种使用方式，目的在于保障公民能够接受最新的文学艺术成果，促进社会整体文化进步。例如，为个人欣赏的目的，将网上公开传播的一部电影作品下载到电脑里（此即复制行为），为个人学习的目的，将他人的一篇德文论文翻译成中文（此即翻译行为），这些都属于此项合理使用，不会构成著作权侵权行为。需要说明的是，对于此项合理使用中的"个人"一词，应当作适当的扩大理解，私人范围内的使用都符合此项合理使用，例如家庭成员之间可以共同分享一部作品。但是，如果超出了私人范畴，在公开场合中使用作品，则可能影响该作品的正常利用或对著作权人带来不合理损害，不符合合理使用的适用条件。

（2）为介绍、评论某一作品或者说明某一问题，在作品中适当引用他人已经发表的作品。此即适当引用，其主要目的是保障社会公众的言论自由。构成本项合理使用，应当满足两个条件：①使用的目的在于介绍、评论某一作品或者说明某一问题，而非为了逃避创作的艰辛、以他人的表达替代自己应当完成的智力创作；②使用的度应当限于适当的范围内，通常情形下，如果对他人的作品引用得太多，或者引用内容构成自己作品的主要部分，都不符合适当引用的要求。

近年来，随着作品创作方式的革新，出现了一种引用他人作品的新方式，即滑稽模仿。对于滑稽模仿是否属于适当引用的范畴，学界存在不同态度。本书对此持赞同观点。一方面，适当引用中的"适当"是个弹性较大的措辞，某种引用是否适当，应当根据该引用对作品创作的必要性来具体确定。如果引用的内容是作品创作所必需的，则即使其引用的数量较大，或者引用了作品的实质性部分，也可以认为是适当的。另一方面，滑稽模仿对于引起人们对某部作品或者某种社会现象的反思和不同观点之间的争鸣，进而对于促进文化进步，具有重要作用，因此，立法应该对之给予较大的宽容度，而不应将之排除在合理使用范围之外。

（3）为报道时事新闻，在报纸、期刊、广播电台、电视台等媒体中不可避免地再现或者引用已经发表的作品。这项合理使用的目的是保障社会公众的知情权。例如，在媒体报道中为报道某画展的举办情况或者介绍某部电影的上映情况，不可避免地会再现或者引用相关美术作品或者电影作品，如果再现或者引用的度合适则属于合理使用。反之，如果超过了必要的限度，例如在新闻报道中对一部长约90分钟的电影进行详细介绍，再现了其中的45分钟甚至更多的内容，则难以符合本项合理使用的要求，可能侵犯该电影作品的广播权。

（4）报纸、期刊、广播电台、电视台等媒体刊登或者播放其他报纸、期刊、广播电台、电视台等媒体已经发表的关于政治、经济、宗教问题的时事性文章，但作者声明不许刊登、播放的除外。此处，关于政治、经济、宗教问题的时事性文章通常是表明国家或者有关政府部门在经济、政治、外交等重大问题上的方针、政策的文章，具有类似官方文件的性质。[1] 将这些文章纳入合理使用的范畴，有利于限制作者对文章的垄断性权利，从而推动这些文章的传播，使得国家和有关政府部门对重大问题的方针政策或者官方观点能够尽可能被广泛地传播，这有利于保障社会公众的知情权，也有利于指导社会舆论的正确方向。

（5）报纸、期刊、广播电台、电视台等媒体刊登或者播放在公众集会上发表的讲话，但作者声明不许刊登、播放的除外。在公众集会上的讲话通常也与政治、经济等重大问题相关，是公众行使言论自由的形式之一。允许新闻媒体自由刊登或者播放这些讲话，一方面有利于保障公众的言论自由；另一方面也有利于其他公众接受多渠道、多角度的观点，促进人们对相关问题的深入思考，推动社会文明进步。

（6）为学校课堂教学或者科学研究使用，翻译或者少量复制已经发表的

---

[1]　参见张今：《知识产权法》，中国人民大学出版社 2011 年版，第 80 页。

作品，供教学或者科研人员使用，但不得出版发行。本项合理使用称为教学科研使用，主要目的是限制著作权人的权利以保障教学科研的正常进行，维护公众的受教育权，促进社会文化传承和发展。构成本项合理使用，应当满足两个条件：①用于课堂教学或者科研。其中，课堂教学限于非营利性的教育机构，不包括社会上的营利性培训机构；同时，随着在线授课等教学方式的多样化，课堂教学不限于师生在教室里面对面的教学方式，而是可以包括在线教学等多种具体形式。②对作品的使用要适量。例如，为满足教学或者科研需要，最多复制与学生人数或者科研人员人数相当的复制件，以满足这些特定主体的特定教学或者科研活动需要，不能复制过多，更不能在满足内部使用之外再公开传播或发行。不过，随着教学科研手段的更新，对作品的使用方式可以不仅限于翻译和复制两种，放映、表演、摄制、信息网络传播等行为也可纳入本项合理使用的范畴之内。

(7) 国家机关为执行公务在合理范围内使用已经发表的作品。这项合理使用旨在维护国家机关的正常工作，以保障社会的正常运行、维护公众的共同利益。例如，立法机关复制法学专家的论文或者翻译国外学者专著用于立法研究，司法机关复制案件当事人的日记、信件或者播放与案件有关的视频资料以作证据使用，都属于本项合理使用。需要说明的是，随着行政体制改革的深化和政府职能的转变，国家机关逐渐将部分行政职权下放，使得一些非政府机构例如事业单位开始承担行政职能，行使行政许可权、行政确认权等。对此，我们应作广义理解，将这些情形也纳入本项合理使用的适用范围。

(8) 图书馆、档案馆、纪念馆、博物馆、美术馆等为陈列或者保存版本的需要，复制本馆收藏的作品。这项合理使用的主要目的是保存社会文化，以促进人类文明的传承和发展。图书馆、档案馆等文化展馆是社会文化载体的重要留存地，其中不乏一些文物古籍的珍本、善本甚至孤本。即使保管得再完善，这些作品的载体也必将随着时间的流逝而灭失。虽然在理论上，作品及其载体是彼此独立的，作为物的作品载体灭失并不会导致作品随之消亡，但是，在实践中，当作品的载体只有寥寥数件甚至独此一件，脱离了这些载体的作品内容就很难原样再现时（例如名家画作），作品载体的灭失也就意味着作品本身将不复存在。这无疑是人类文化的巨大损失。为避免此类情形的发生，本项合理使用特别许可这些文化展馆复制作品，以作陈列或者保存之用。

具体而言，构成本项合理使用，应当满足两项条件：一是复制作品仅限于陈列或者保存版本的需要。实践中常见的读者在图书馆中复制书籍或者文章，不是文化展馆自身的行为，更非出于陈列或者保存版本的目的，不属于本项合理使用，而可能构成个人使用。此外，图书馆、博物馆等文化展馆之间常有一些制作作品复制件互相赠送的行为，也不符合本项合理使用的目的要求，不在本项合理使用的范围内。二是复制的对象仅限于本馆收藏的作品。据此，即使为了陈列或者保存版本，复制其他文化展馆中即将破损的作品，也不能构成本项合理使用。

现在，随着计算机网络技术的发展，文化展馆中的作品收藏和使用方式产生了重大变化，在传统的纸质作品之外也开始收藏或者制作数字作品。于是《著作权法》中的规定便逐渐显露出滞后性和不适应性。对此，《信息网络传播权保护条例》在《著作权法》相关条款的基础上对本项合理使用做出了进一步完善，其第 7 条规定："图书馆、档案馆、纪念馆、博物馆、美术馆等可以不经著作权人许可，通过信息网络向本馆馆舍内服务对象提供本馆收藏的合法出版的数字作品和依法为陈列或者保存版本的需要以数字化形式复制的作品，不向其支付报酬，但不得直接或者间接获得经济利益。当事人另有约定的除外。""前款规定的为陈列或者保存版本需要以数字化形式复制的作品，应当是已经损毁或者濒临损毁、丢失或者失窃，或者其存储格式已经过时，并且在市场上无法购买或者只能以明显高于标定的价格购买的作品。"

（9）免费表演已经发表的作品，该表演未向公众收取费用，也未向表演者支付报酬。本项合理使用是对著作权人表演权的限制，旨在丰富广大公众的社会文化生活。对于本项合理使用，应当注意两点：①本项合理使用主要适用于对作品的现场表演，即由演员本人进行的演出活动，通常不适用于机械表演。因为机械表演与放映、广播等行为在一定程度上存在交叉重叠，而本项合理使用仅对表演权做出限制，不涉及放映权和广播权。②本项合理使用中的表演应当是非经营性质的，既未向观众收取费用，也未向表演者支付报酬，亦即双方向免费。据此，实践中常见的赈灾义演，虽然未向表演者支付报酬，但有时向观众收取了费用以作募捐之用，就不符合双方向免费的要求，不属于本项合理使用。但是，如果是组织演员为灾区人民表演，安抚慰问他们的情绪，既未向演员支付报酬，也未向观众收取任何费用，则可以构成合理使用。

（10）对设置或者陈列在室外公共场所的艺术作品进行临摹、绘画、摄影、录像。此处的室外公共场所的艺术作品，是指设置或者陈列在室外社会公众活动场所的雕塑、绘画、书法等艺术作品，例如放置于街头闹市区的雕塑、陈列在公园里的美术作品和摄影作品等。这些室外公共场所是社会公众常用的活动处所，其中不乏公众以相关景物作为背景进行临摹、摄影的情形，难免会涉及置于这些场所中的艺术作品。本项合理使用的确立，便利了社会公众在这些室外公共场所中进行临摹、摄影等自由活动，符合社会生活的实际需要。此外，公众在对这些艺术作品进行临摹、绘画、摄影、录像之后，还可以对其成果以合理的方式和范围再行使用，例如举办美术作品展览等，也不构成侵权行为。

（11）将中国公民、法人或者其他组织已经发表的以汉语言文字创作的作品翻译成少数民族语言文字作品在国内出版发行。本项合理使用旨在便利少数民族群众学习利用较为先进的汉族文化，从而推动少数民族人民的文化科学进步。构成本项合理使用，应当同时满足三个条件：①使用的作品仅限于我国公民、法人或者其他组织已发表的作品。换言之，所有外国人和无国籍人，无论其在我国有无常住居所，其作品均不得纳入本项合理使用的范围中。②使用的作品仅限于以汉语言文字创作的作品。据此，我国作者创作的作品，如果是以外国语言文字或者某少数民族语言文字创作的，便不在本项合理使用范围内。同时，美术作品、摄影作品等以非语言文字元素构成的作品，也不在本项合理使用范围内。③本项合理使用限于我国境内，即向我国境内的少数民族提供作品。如果将我国作者创作的以汉语言文字创作的作品翻译成少数民族语言文字作品后，在国外公开传播，便不属于本项合理使用。

（12）将已经发表的作品改成盲文出版。本项合理使用常称为盲文使用，主要目的是保障残障人士的文化生活所需，使他们能够与健康人士一样学习利用已有文化。在我国现行立法下，本项合理使用可以适用于任何已发表作品，无论该作品是我国作者创作的还是外国人、无国籍人创作的，也无论该作品是以何种语言文字创作的。需要注意的是，在现行立法下，盲文使用仅限于将已经发表的作品制作成盲文版本出版发行，其他适合盲人使用的作品版本如大字版图书、音频作品等都不在本项合理使用的范围内。

3. 立法新动向

在《著作权法》第三次修订过程中，合理使用制度是备受关注的内容之一。《著作权法修订草案（送审稿）》对合理使用制度做出了较大幅度的改动，主要包括以下三个方面。

（1）将合理使用的三项适用条件，即合理使用必须限于《著作权法》明确规定的情况，不得影响作品的正常使用，也不得不合理地损害著作权人的合法利益，上升到法律层面，直接置于《著作权法》的合理使用条款中，使之明确适用于合理使用的各种具体情形。

（2）在列举12项合理使用具体情形之后，新增一款"其他情形"作为兜底条款。如此，合理使用成为一个开放性制度，所列举的12项具体情形成为不完全列举。这符合立法的科学性要求，有利于克服立法的滞后性问题。

（3）对于立法列举的12项合理使用具体情形，在继承现行立法的基础上作了一定程度的完善和健全。具体而言，一是将个人使用改为"为个人学习、研究，复制他人已经发表的作品的片段"，删除为个人欣赏目的的使用，并将使用对象限于作品片段而非整部作品。二是在适当引用中，增加一项要求，即"引用部分不得构成引用人作品的主要或者实质部分"。三是在三项有关媒体的使用中增加适用主体，使网络媒体也可援引这些条款。四是在免费表演中，增加一项要求"也未向表演者支付报酬"，强调表演的非营利性质。五是将室外艺术作品使用改为"对设置或者陈列在室外公共场所的艺术作品进行临摹、绘画、摄影、录像并复制、发行以及向公众传播，但不得以该艺术作品的相同方式复制、陈列以及公开传播"，明确对室外艺术作品的临摹、绘画、摄影、录像人可以对其成果再行使用的限制，禁止以该艺术作品的相同方式复制、陈列和公开传播。

《修订草案送审稿修改稿》完全沿用了现行立法对合理使用制度的规定，未作任何更改。

而最终通过的2020年《著作权法》第三次修正案则基本采纳了《著作权法修订草案送审稿》的思路，将合理使用的适用条件置于《著作权法》的合理使用条款中，在12项列举之后新增兜底条款，并对12项列举的内容进行完善。需要说明两点：其一，新增的兜底条款采用了"法律、行政法规规定的其他情形"的表述，在司法实践中将极大地限制该兜底条款的适用情况，其实仍然采取了封闭式或半封闭式的立法方式，并未完全放开合理使用制度的适用情形。其二，对12项列举的合理使用具体情形的修改与《著作权法修订草案送审稿》有所不同。具体不同有八点：一是沿用了现行立法中对个人使用和适当引用的规定；二是基本保留现行立法中对三项有关媒体使用的规定，仅作了一些文字性调整，与其他条款的修改之处相吻合；三是在教学科研使用中新增"改编""汇编""播放"这三种作品使用方式，以适应新时代下教学科研使用新手段的需要；四是在馆藏使用中新增一种使用主体"文化馆"；五是将免费表演中新增的要求修改为"且不以营利为目的"；六是对公共场所艺术作品的使用基本沿用现行规定，但是删除"室外"一词，从而对室内公共场所和室外公共场所作相同对待；七是将少数民族使用中的使用对象从"以汉语言文字创作的作品"改为"以国家通用语言文字创作的作品"，使得表述更加科学严谨，但对实践不会产生实质性影响；八是将盲文使用改为"以阅读障碍者能够感知的无障碍方式向其提供已经发表的作品"，在受益主体、使用方式等方面极大地拓宽了该项条款的适用范围，并与世界知识产权组织于 2013 年通过的《关于为盲人、视力障碍者或其他印刷品阅读障碍者获得已出版作品提供便利的马拉喀什条约》保持一致。

（二）法定许可

1. 法定许可的概念及适用条件

法定许可是指在法律规定的情形下，第三人可以使用著作权人的作品，不必经著作权人许可，但是应向其支付报酬的著作权限制制度。法定许可是一种法定的默示许可，即在法律规定的情形下，作品使用人不必征求著作权人同意，只要著作权人未做出相反的意思表示，法律便默许作品使用人使用作品。

适用法定许可制度使用作品应当符合三项条件：①使用的对象必须是已经发表的作品。法定许可只是在一定程度上限制著作权人对他人使用其作品的行为的控制权，亦即，限制的是某项著作财产权。但是，发表权是作者的著作人身权，不得剥夺、不得限制。因此，对于著作权人的未发表作品，无论何种情形都不适用法定许可制度。②使用的前提是著作权人未做出权利保留声明。如果著作权人事先做出禁止某种使用的声明，则第三人不得援引法定许可制度进行该种使用。反之，如果著作权人事先未做出任何权利保留声明，而是在第三人已据法定许可进行使用之后再表示反对，则根据诚信原则，其反对没有法律效力。③使用不得侵犯著作权人的著作人身权，即应当指明作品名称、出处和作者姓名，不得歪曲、篡改作品等。

2. 法定许可的具体情形

（1）报刊转载摘编。《著作权法》第 33 条规定："作品刊登后，除著作权人声明不得转载、摘编的外，其他报刊可以转载或者作为文摘、资料刊登，但应当按照规定向著作权人支付报酬。"

首先，本项法定许可的主体限于报刊出版者，包括报社和期刊社，图书出版者和网络媒体都不能适用本项法定许可。据此，报纸、期刊登载其他报纸、期刊已经登载的作品，属于本项法定许可的范围；而图书出版社将已经刊登的作品收录进文摘集进行出版发行，或者网站将已经刊登的作品公开登载在网上供他人浏览下载，都不符合本项法定许可的要求。

其次，根据国家版权局和国家发展和改革委员会于2014年发布的《使用文字作品支付报酬办法》，报刊出版者适用本项法定许可，应当自报刊出版之日起2个月内，按每千字100元的付酬标准向著作权人支付报酬，不足500字的按千字作半计算，超过五百字不足千字的按千字计算。报刊出版者未按前款规定向著作权人支付报酬的，应当将报酬连同邮资以及转载、摘编作品的有关情况送交中国文字著作权协会代为收转。中国文字著作权协会收到相关报酬后，应当按相关规定及时向著作权人转付。报刊出版者按前款规定将相关报酬转交给中国文字著作权协会后，对著作权人不再承担支付报酬的义务。

（2）录音制作者录制录音制品。《著作权法》第40条第3款规定："录音制作者使用他人已经合法录制为录音制品的音乐作品制作录音制品，可以不经著作权人许可，但应当按照规定支付报酬；著作权人声明不许使用的不得使用。"

首先，本项法定许可限于录音制作者制作录音制品，不包括录像制作者制作录像制品。而且对于被使用的音乐作品来说，其已经被某录音制作者合法制作成录音制品后，其他录音制作者才可以适用本项法定许可。换言之，首位将某音乐作品录制为录音制品的录音制作者必须经著作权人自愿授权。

其次，录音制作者将他人的音乐作品制作录音制品，涉及著作权人和表演者双方主体。本项法定许可只是对著作权人做出限制，而不涉及表演者的权利。据此，录音制作者根据本项法定许可制作录音制品，不必经过音乐作品的著作权人许可，但是仍然应当征得表演者的同意，否则可能侵犯表演者的录制权。

最后，根据国家版权局1993年发布的《录音法定许可付酬标准暂行规定》，录音制作者使用音乐作品制作录音制品，应当采用版税的方式向著作权人支付报酬，即录音制品批发价×版税率×录音制品发行数；付酬标准为：不含文字的纯音乐作品版税率为3.5%；歌曲、歌剧作品版税率为3.5%，其中，音乐部分占版税所得60%，文字部分占版税所得40%；纯文字作品（含外国文字）版税率为3%；国家机关通过行政措施保障发行的录音制品（如教材）版税率为15%。

（3）广播组织播放作品。具体分为以下几类：

一是广播组织播放普通作品。《著作权法》第43条第2款规定："广播电台、电视台播放他人已发表的作品，可以不经著作权人许可，但应当支付报酬。"此处所称已发表的作品，包括文字作品、音乐作品、戏剧作品等除影视作品之外的其他所有作品类型。

二是广播组织播放录音制品。《著作权法》第44条规定："广播电台、电视台播放已经出版的录音制品，可以不经著作权人许可，但应当支付报酬。当事人另有约定的除外。"此处所称录音制品，是指涉及作品表演的录音制品，不包括对自然声音、社会事件等录制形成的录音制品。

前述两种广播组织播放作品的法定许可具体情形，均以作品的表演为内容，区别在于播放普通作品情形通常是在广播节目中进行作品的现场表演，例如广播电台的主持人在广播节目中现场朗诵已经发表的诗歌，而播放录音制品则是由录音制作者事先将作品的表演活动制作成录音制品，广播组织播放此录音制品便属于一种机械表演。进一步来看，前述两种广播组织的播放行为都涉及著作权人和表演者。根据法定许可的规定，广播组织均不必经过著作权人授权，但是在第一种情形下，应当征得表演者同意，否则可能侵犯表演者的现场播送权。

此外，国务院于2009年颁布了《广播电台电视台播放录音制品支付报酬暂行办法》（简称《暂行办法》），对广播组织播放录音制品的付酬标准和支付方式等问题做出了十分详细、具体的规定。据之，广播组织播放录音制品，可以与管理相关权利的著作权集体管理组织约定每年向著作权人支付固定数额的报酬；没有就固定数额进行约定或者约定不成的，广播组织与管理相关权利的著作权集体管理组织可以以下列方式之一为基础，协商向著作权人支付报酬：①以本台或者本台各频道（频率）本年度广告收入扣除15%成本费用后的余额，乘以《暂行办法》第5条或者第6条规定的付酬标准，计算支付报酬的数额；②以本台本年度播放录音制品的时间总量，乘以《暂行办法》第7条规定的单位时间付酬标准，计算支付报酬的数额。广播组织向著作权人支付报酬，以年度为结算期，应当于每年度第一季度将其上年度应当支付的报酬交由著作权集体管理组织转付给著作权人。

（4）编写出版教科书。《著作权法》第23条规定："为实施九年制义务教育和国家教育规划而编写出版教科书，除作者事先声明不许使用的外，可以不经著作权人许可，在教科书中汇编已经发表的作品片段或者短小的文字作品、音乐作品或者单幅的美术作品、摄影作品，但应当按照规定支付报酬，指明作者姓名、作品名称，并且不得侵犯著作权人依照本法享有的其他权利。"

首先，本项法定许可所指的教科书仅指九年制义务教育和国家教育规划范围内的，通常是指为实施义务教育、高中阶段教育、职业教育、高等教育、民族教育、特殊教育，保证基本的教学标准，或者为达到国家对某一领域、某一方面教育教学的要求，根据国务院教育行政部门或者省级人民政府教育行政部门制定的课程方案、专业教学指导方案而编写出版的教科书，其他教材或者教学参考书、教学辅导材料不包含在内。[①] 例如，营利性培训机构为自设课程编写教材和练习用书，不得适用本项法定许可。

其次，本项法定许可只适用于文字作品、音乐作品、美术作品和摄影作品，并且篇幅上受限制。其中，使用的文字作品和音乐作品必须短小，如果是长篇作品，则应从中节选片段。一般情形下，文字作品在九年制义务教育教科书中使用的单篇不超过 2000 字，在国家教育规划（不含九年制义务教育）教科书中使用的单篇不超过 3000 字；音乐作品则是指在九年制义务教育和国家教育规划教科书中使用的单篇不超过 5 页面或时长不超过 5 分钟的单声部音乐作品，或者乘以相应倍数的多声部音乐作品。[②] 美术作品、摄影作品也限于单幅，而不能使用他人的整部作品集。如此，才能保证法定许可不会对著作权人的作品正常使用带来影响，从而不会对著作权人的合法利益带来实质性损害。

2013 年国家版权局和国家发展和改革委员会发布了《教科书法定许可使用作品支付报酬办法》，对教科书汇编者的付酬标准和支付方式做出了详细规定。该办法明确，教科书汇编者支付报酬的标准如下：①文字作品：每千字300 元，不足千字的按千字计算；②音乐作品：每首 300 元；③美术作品、摄影作品：每幅 200 元，用于封面或者封底的，每幅 400 元；④在与音乐教科书配套的录音制品教科书中使用的已有录音制品：每首 50 元。诗词每十行按一千字计算；不足十行的按十行计算。非汉字的文字作品，按照相同版面同等字号数字付酬标准的 80% 计酬。教科书出版发行存续期间，教科书汇编

---

① 参见《教科书法定许可使用作品支付报酬办法》第 2 条。
② 参见《教科书法定许可使用作品支付报酬办法》第 3 条。

者应当每年向著作权人支付一次报酬，报酬自教科书出版之日起 2 个月内向著作权人支付。教科书汇编者未按照前款规定向著作权人支付报酬，应当在每学期开学第一个月内将其应当支付的报酬连同邮资以及使用作品的有关情况交由相关的著作权集体管理组织，由其转交给著作权人。此外，教科书出版后，著作权人要求教科书汇编者提供样书的，教科书汇编者应当向著作权人提供。教科书汇编者通过著作权集体管理组织转付报酬的，可以将样书交给相关的著作权集体管理组织，由其转交给著作权人。

（5）制作提供课件。随着计算机网络技术的发展，教学方法也发生了很大的改变，教师上课不再仅仅依据传统的纸质教科书，而是开始普遍使用多媒体教学。对此，《信息网络传播权保护条例》在编写出版教科书这项传统的法定许可基础上，新增了一种针对多媒体教学的法定许可，即制作提供课件法定许可。该条例第 8 条规定："为通过信息网络实施九年制义务教育或者国家教育规划，可以不经著作权人许可，使用其已经发表作品的片段或者短小的文字作品、音乐作品或者单幅的美术作品、摄影作品制作课件，由制作课件或者依法取得课件的远程教育机构通过信息网络向注册学生提供，但应当向著作权人支付报酬。"

相比于编写出版教科书，本项法定许可在适用情形和所使用的作品方面完全相同，只是为了确保适用范围不至于过分扩大以至损害著作权人的合法利益，本项法定许可明确限于由制作课件或者依法取得课件的远程教育机构通过信息网络向注册学生提供。

3. 法定许可和合理使用的区别

法定许可和合理使用是我国著作权法中最重要的两种著作权限制制度，允许第三人可以不经著作权人许可而使用其作品。但是，这两种制度也存在以下重大区别。

（1）适用主体不同。合理使用制度的适用主体范围较广，根据不同情形可以包括任何个人、新闻媒体、国家机关、文化展馆等；而法定许可制度的适用主体范围较窄，只包括报社与杂志社、录音制品制作者、广播组织、教科书编写者等，其中邻接权主体占据大多数。

（2）适用情形不同。合理使用制度适用于 12 种具体情形，法定许可制度只适用于 5 种情形，并且其中的 2 种——报刊转载摘编、录音制作者录制录音制品可以由著作权人做出权利保留声明以排除适用。

（3）是否支付报酬不同。合理使用是无偿使用，使用人不必向著作权人支付任何报酬；而法定许可是有偿使用，使用人应当向著作权人支付报酬，并且在大多数法定许可情形下，相关法律规范都对付酬标准、支付方式等付酬事宜做出了具体规定。

4. 立法新动向

《著作权法修订草案（送审稿）》将现行立法中散落在各个章节的法定许可情形都集中起来，统一规定在"权利的限制"一章中，置于合理使用制度之后，并对相关条款作了一些改动，主要包括以下六个方面。

（1）在报刊转载摘编情形中，取消了著作权人保留权利声明的规定，使有权排除报刊转载摘编的主体从著作权人改为报刊社，即"报刊社对其刊登的作品根据作者的授权享有专有出版权，并在其出版的报刊显著位置做出不得转载或者刊登的声明的，其他报刊不得进行转载或者刊登"。

（2）取消录音制作者录制录音制品的法定许可情形。

（3）取消广播组织播放录音制品的法定许可情形，并且明确广播组织播放作品的法定许可情形既可适用于中国著作权人，也可以适用于其作品创作于中国的外国著作权人。

（4）在编写出版教科书情形中，新增一项可以使用的作品，即单幅图形作品。

（5）对适用法定许可的程序性问题和要求做出了明确规定："（一）在首次使用前向相应的著作权集体管理组织申请备案；（二）在使用作品时指明作者姓名或者名称、作品名称和作品出处，但由于技术原因无法指明的除外；（三）在使用作品后一个月内按照国务院著作权行政管理部门制定的付酬标准直接向权利人或者通过著作权集体管理组织向权利人支付使用费，同时提供使用作品的作品名称、作者姓名或者名称和作品出处等相关信息。前述付酬标准适用于自本法施行之日起的使用行为。""著作权集体管理组织应当及时公告前款规定的备案信息，并建立作品使用情况查询系统供权利人免费查询作品使用情况和使用费支付情况。""著作权集体管理组织应当在合理时间内及时向权利人转付本条第一款所述的使用费。"

（6）在现有的法定许可规定之外，新增一款规定，即孤儿作品制度："著作权保护期未届满的已发表作品，使用者尽力查找其权利人无果，符合下列条件之一的，可以在向国务院著作权行政管理部门指定的机构申请并提存使用费后以数字化形式使用：（一）著作权人身份不明的；（二）著作权人身份确定但无法联系的。""前款具体实施办法，由国务院著作权行政管理部门另行规定。"

《修订草案送审稿修改稿》则基本延续了现行立法对法定许可制度的立法体例和具体规定，只在以下两处做出了较小改动：①将编写出版教科书情形下的法定许可限定在为实施国家义务教育的目的范围内，并在可以使用的作品范围中增加了单幅图形作品；②在广播组织播放作品情形下，规定广播组织播放已经出版的录音制品，除了可以不经著作权人许可之外，还可以不经录音制作者许可，但应当支付报酬。

最终通过的 2020 年《著作权法》第三次修正案采纳了《修订草案送审稿修改稿》的思路，但在其基础上又有所调整：①将编写出版教科书情形下的法定许可的限定范围重新调整为"为实施义务教育和国家教育规划目的"，并且删除了作者权利保留声明的规定；②将广播组织播放已经录音制品的法定许可进行了修改，删除了"广播电台、电视台播放已经出版的录音制品，可以不经著作权人许可，但应当支付报酬。当事人另有约定的除外。具体办法由国务院规定"的原规定，在录音录像制作者权利中新增"将录音制品用于有线或者无线公开传播，或者通过传送声音的技术设备向公众公开播送的，应当向录音制作者支付报酬"，从而拓宽了这项法定许可的适用范围。

（三）强制许可

1. 强制许可的概念和适用条件

强制许可是指在特定的情形下，经著作权行政管理部门批准，第三人可以使用著作权人的作品，不必经著作权人许可，但是应向其支付报酬的著作权限制制度。

我国《著作权法》中没有规定强制许可制度，该制度主要存在于《伯尔尼公约》中。但是我国是《伯尔尼公约》成员国，且未对该制度做出保留声明，因此，从广义上说，强制许可制度也是我国著作权法律制度中的一项内容。

在《伯尔尼公约》中，强制许可制度是指附件第 2 条至第 4 条的相关条款，其主要内容是，发展中国家可以以主管当局根据公约第 4 条在相关情况下发给的非专有和不可转让的许可证的制度来进行作品的翻译和复制，这些译本和复制件只供学校、大学或者科学研究使用，不得带有营利性质。

2. 强制许可和法定许可的区别

强制许可制度和法定许可制度都只对著作权人的著作财产权做出一定的限制，即仅限制著作权人决定是否允许第三人使用自己作品的自由，而不限制著作权人从此使用中获得报酬的权利。据此，符合条件的第三人可以未经著作权人的许可而使用作品，但必须支付一定的费用，同时该第三人只能自己使用作品，不得再授权他人使用，也不得阻碍他人使用。除此之外，这两项制度也存在较大区别。

（1）法定许可是法律默示许可，只要符合法律规定的条件，作品使用人不必向任何单位或个人征得授权，可以自行使用作品。而强制许可必须经过特定的审批程序，由国家主管机关明确颁发许可证之后能使用。

（2）法定许可有五种具体适用情形，相应的对著作权人的复制权、表演权、信息网络传播权等进行限制。而强制许可主要只用于限制著作权人的翻译权和复制权。

第七节 著作权的管理

一、著作权行政管理

（一）著作权行政管理的概念和内容

著作权行政管理是著作权行政主管部门对著作权进行的管理。由于著作权实行自动保护制度，不必像商标和专利那样经过申请和审批程序，因此著作权行政管理的主要内容是对著作权人的合法权利进行保护、对著作权侵权行为进行监督和查处。例如，《著作权法实施条例》第 36 条规定："有著作权法第四十八条所列侵权行为，同时损害社会公共利益，非法经营额 5 万元以上的，著作权行政管理部门可处非法经营额 1 倍以上 5 倍以下的罚款；没有非法经营额或者非法经营额 5 万元以下的，著作权行政管理部门根据情节轻重，可处 25 万元以下的罚款。"第 37 条规定："有著作权法第四十八条所列侵权行为，同时损害社会公共利益的，由地方人民政府著作权行政管理部门负责查处。国务院著作权行政管理部门可以查处在全国有重大影响的侵权行为。"

（二）著作权行政管理部门及其职能

1. 国务院著作权行政管理部门及其职能

2018 年 3 月 13 日，国务院机构新的改革方案公布，宣布中央宣传部统一管理新闻出版工作。为加强党对新闻舆论工作的集中统一领导，加强对出版活动的管理，发展和繁荣中国特色社会主义出版事业，将原国家新闻出版广电总局的新闻出版管理职责划入中央宣传部。中央宣传部对外加挂国家新闻出版署（国家版权局）牌子。调整后，中央宣传部关于新闻出版管理方面的主要职责是：贯彻落实党的宣传工作方针，拟订新闻出版业的管理政策并督促落实，管理新闻出版行政事务，统筹规划和指导协调新闻出版事业、产业发展，监督管理出版物内容和质量，监督管理印刷业，管理著作权，管理出版物进口等。

国家新闻出版署（国家版权局）是国务院著作权行政管理部门，主管全国的著作权管理工作，其主要职责如下。

（1）拟订国家版权战略纲要和著作权保护管理使用的政策措施并组织实施，承担国家享有著作权作品的管理和使用工作，对作品的著作权登记和法定许可使用进行管理。

（2）承担著作权涉外条约有关事宜，处理涉外及港澳台的著作权关系。

（3）组织查处著作权领域重大及涉外违法违规行为。

（4）组织推进软件正版化工作。①

2. 地方著作权行政管理部门及其职能

各省、自治区、直辖市人民政府的版权局是地方著作权行政管理部门，主要负责本行政区域内的著作权管理工作，其主要职责如下。

（1）监督、检查本地区内《著作权法》的实施情况，了解《著作权法》实施过程中本地区存在的问题，提出解决问题的方案和建议，并向当地政府和国家版权局及时反映情况。

（2）对于本地区发生的侵犯著作权的行为依法行使行政处罚权。

（3）负责本地区内的著作权法律知识普及、宣传和教育工作。

（4）为著作权人或有关部门提供咨询服务。

（5）协助人民法院处理著作权纠纷案件。②

---

① 参见国家版权局网站，http：//www. ncac. gov. cn/chinacopyright/channels/475. html。

② 参见张楚：《知识产权法》，高等教育出版社 2014 年第 3 版，第 74 页。

二、著作权集体管理

（一）著作权集体管理的概念和缘起

著作权集体管理是指著作权集体管理组织经著作权人授权，集中行使著作权人的有关权利，对其作品的著作权进行管理。这是著作权法律制度中的一大特色，商标、专利等其他知识产权制度以及物权等其他民事法律制度中都没有集体管理机制。

著作权集体管理与著作权行政管理不同，后者是由国家著作权行政管理部门代表国家对著作权进行的公法上的管理，以管理和服从作为主要特色，而前者是由著作权集体管理组织代表著作权人对自己的权利进行的私权管理，双方是平等主体之间的关系。

著作权集体管理的出现，根源在于著作权交易总量的日益增长与著作权人、作品使用者的个人能力限制之间的冲突。如前所述，著作权许可使用是著作权利用的一种主要形式，除了少数情形下符合合理使用或者法定许可的要求之外，绝大多数的第三人使用作品都必须经著作权人许可并向其支付报酬。而随着作品创作数量和使用需求的增加，越来越多的作品需要向第三人颁发使用许可证，同时越来越多的使用者也需要向著作权人寻求授权。如此庞大的著作权交易总量，仅靠使用者和著作权人双方的力量很难实现，且不说双方就著作权许可使用的条件、报酬等内容进行谈判费时费力、成本高昂，在双方身份信息不充分公开的条件下，彼此寻找到对方、与对方取得联系就已属不易，很多情形下甚至无法实现。这些现实困难都极大地提高了著作权交易的成本、延缓了作品传播和使用的速度，不利于社会文化的进步和发展。在此背景下，著作权集体管理应运而生，其核心就是由一个统一的著作权集体管理组织代替各著作权人与众多作品使用者进行著作权交易，发放著作权使用许可证，并收取相应的报酬。

相比于由著作权人与作品使用者自行进行著作权交易，著作权集体管理具有以下三点明显的好处：

一是降低著作权交易成本。一方面，在著作权集体管理机制下，著作权人和作品使用者都不必在茫茫人海中寻找对方，努力与对方取得联系，这减少了双方事先联络的成本；另一方面，相对于著作权人，著作权集体管理组织在交易谈判、授予使用许可证方面更为专业，能够简化谈判过程、节约谈判成本。

二是提高作品使用和传播率。在著作权集体管理机制下，著作权人和作品使用者至少不会因为无法与对方取得联系而放弃著作权交易，这保障了作品能够获得使用和传播。同时，众多的作品使用者和每个著作权人的一一交易转变为统一和著作权集体管理组织协商，也在很大程度上加快了交易速度，有利于提高作品使用和传播的效率。

三是有利于维护公平、平等的价值理念。相对于每一个独立的著作权人来说，著作权集体管理组织较为中立，其决定授予著作权使用许可证会更加客观、公正，不会因人而异。换言之，不同的作品使用者都能以平等的条件从著作权集体管理组织获得使用许可，这有利于维护公平、平等的价值观念，对社会的整体发展具有积极作用。

（二）著作权集体管理组织及其职能

1. 著作权集体管理组织

著作权集体管理组织，是指为权利人的利益依法设立，根据权利人授权，对权利人的著作权或者邻接权进行集体管理的社会团体，其性质属于非营利性组织。

（1）著作权集体管理组织的设立。根据《著作权集体管理条例》，依法享有著作权或者邻接权的我国公民、法人或者其他组织，可以发起设立著作权集体管理组织。

设立著作权集体管理组织，应当具备下列条件：①发起设立著作权集体管理组织的权利人不少于 50 人；②不与已经依法登记的著作权集体管理组织的业务范围交叉、重合；③能在全国范围代表相关权利人的利益；④有著作权集体管理组织的章程草案、使用费收取标准草案和向权利人转付使用费的办法（以下简称使用费转付办法）草案。

申请设立著作权集体管理组织，应当向国务院著作权管理部门提交证明材料。国务院著作权管理部门应当自收到材料之日起 60 日内，做出批准或者不予批准的决定。批准的，发给著作权集体管理许可证；不予批准的，应当说明理由。自国务院著作权管理部门发给著作权集体管理许可证之日起 30 日内，申请人应当依照有关社会团体登记管理的行政法规到国务院民政部门办理登记手续。此后，经依法登记的著作权集体管理组织，应当自国务院民政部门发给登记证书之日起 30 日内，将其登记证书副本报国务院著作权管理部门备案；国务院著作权管理部门应当将报备的登记证书副本以及著作权集体管理组织章程、使用费收取标准、使用费转付办法予以公告。

（2）我国现有的著作权集体管理组织。我国现有以下五个著作权集体管理组织①：

一是中国音乐著作权协会，成立于 1992 年，是音乐作品著作权的集体管理组织，负责维护作曲、作词等音乐著作权人的复制权、表演权、广播权等合法权利。

二是中国音像著作权集体管理协会，成立于 2005 年，对音像节目的著作权和邻接权实施集体管理，负责维护音像节目的复制权、发行权、表演权、放映权、广播权、出租权、信息网络传播权等合法权利。

三是中国文字著作权协会，成立于 2008 年，是文字作品著作权的集体管理组织，维护著作权人的复制权、汇编权、信息网络传播权等合法权利，负责全国报刊转载、教科书等法定许可使用文字作品著作权使用费的收取和转付。

四是中国摄影著作权协会，成立于 2008 年，对摄影作品的著作权进行集体管理，维护摄影师的合法权利。

五是中国电影著作权协会，成立于 2009 年，维护电影作品著作权人的合法权利。

2. 著作权集体管理组织的职能

著作权集体管理组织经权利人授权，集中行使权利人的有关权利，并以自己的名义进行下列活动。

（1）与使用者订立著作权或者邻接权许可使用合同。著作权集体管理组织许可第三人使用其管理的作品、录音录像制品等，应当与使用者以书面形式订立许可使用合同，合同的期限不得超过 2 年，期满可以续订。为了保障著作权人的合法利益、防止作品传播和使用过程中产生垄断情形，该合同不得是专有许可使用性质。同时，第三人以合理的条件要求与著作权集体管理组织订立许可使用合同，著作权集体管理组织不得拒绝。

（2）向使用者收取使用费。著作权集体管理组织应当根据下列因素制定

---

① 参见国家版权局网站，http：//www.ncac.gov.cn/chinacopyright/channels/563.html，2017 年 10 月 12 日访问。

使用费收取标准：①使用作品、录音录像制品等的时间、方式和地域范围；②权利的种类；③订立许可使用合同和收取使用费工作的繁简程度。该标准由国务院著作权管理部门予以公告。

除了法定许可情形外，著作权集体管理组织应当根据国务院著作权管理部门公告的使用费收取标准，与使用者约定收取使用费的具体数额。而在法定许可情形下，著作权集体管理组织应当按照相关法律规范确定的标准，向使用者收取作品使用费。

除非许可使用合同另有约定，一般情形下，使用者向著作权集体管理组织支付使用费时，应当提供其使用的作品、录音录像制品等的名称，以及权利人姓名或者名称和使用的方式、数量、时间等有关使用情况，以便著作权集体管理组织核对、监督其付酬数额。

（3）向权利人转付使用费。著作权集体管理组织应当根据权利人的作品或者录音录像制品等的使用情况制定使用费转付办法，该转付办法也应由国务院著作权管理部门予以公告。

使用者向著作权集体组织支付使得费后，著作权集体管理组织可以从中提取一定比例作为管理费，用于维持其正常的业务活动，剩余部分应当全部转付给权利人，不得挪作他用。著作权集体管理组织转付使用费，应当编制使用费转付记录，并且保存10年以上。

（4）进行涉及著作权或者邻接权的诉讼、仲裁等。著作权集体管理组织可以以自己的名义为著作权人和邻接权人主张权利，并且可以作为当事人参与涉及著作权或者邻接权的诉讼、仲裁活动。换言之，著作权集体管理组织经授权后，可以直接向作品使用者主张权利，而不必以著作权人或者邻接权人的代理人身份参加相关诉讼和仲裁。如此，便利了著作权和邻接权的维权工作的开展，可以及时、有效地保障权利人的合法利益。

3. 著作权集体管理组织和著作权人、邻接权人的关系

权利人与著作权集体管理组织以书面形式订立著作权集体管理合同并按照章程规定履行相应手续后，即成为该著作权集体管理组织的会员。著作权集体管理组织在此方面负有一定的强制缔约义务，亦即，权利人符合章程规定加入条件的，著作权集体管理组织应当与其订立著作权集体管理合同，不得拒绝。

权利人与著作权集体管理组织订立著作权集体管理合同，即对著作权集体管理组织授予对其著作权或者邻接权进行管理的排他性权利，此后，权利人不得在合同约定期限内自己行使或者许可他人行使合同约定的由著作权集体管理组织行使的权利。

著作权集体管理组织对权利人应尽善良管理人的义务，勤勉管理相关作品及其著作权，不得怠于履行职责，也不得损害权利人或者作品使用者的合法权利。同时，著作权集体管理组织应当建立权利信息查询系统，供权利人和使用者查询。权利人和使用者对著作权集体管理组织管理的权利的信息进行咨询时，该组织应当予以如实答复。

（三）立法新动向

《著作权法修订草案（送审稿）》将著作权集体管理制度单列为一节，并且将《著作权集体管理条例》中的部分内容吸纳进去，使本项制度在法律层面更加完善。相比于现行《著作权法》，送审稿做出了以下三点变动：

一是对著作权集体管理组织的性质和管理范围做出了更加明确的界定。送审稿第 61 条第 1 款规定："著作权集体管理组织是根据著作权人和相关权利人的授权或者法律规定，以集体管理的方式行使权利人难以行使和难以控制的著作权或者相关权的非营利性社会组织。"

二是对著作权集体管理组织的职能行使和行为规范做出明确规定。送审稿第 62 条规定："著作权集体管理组织应当根据管理的权利提供使用费标准，该标准在国务院著作权行政管理部门指定的媒体上公告实施，有异议的，由国务院著作权行政管理部门组织专门委员会裁定，裁定为最终结果，裁定期间使用费标准不停止执行。""前款所述专门委员会由法官、著作权集体管理组织的监管部门公务员、律师等组成。"第 63 条规定："著作权集体管理组织取得权利人授权并能在全国范围内代表权利人利益的，可以就自助点歌系统向公众传播已经发表的音乐或者视听作品以及其他方式使用作品，代表全体权利人行使著作权或者相关权，权利人书面声明不得集体管理的除外。""著作权集体管理组织在转付相关使用费时，应当平等对待所有权利人。"第 64 条规定："著作权人和邻接权人依据追续权和录音制品播放权所享有的获酬权，应当通过相应的著作权集体管理组织行使。"第 65 条规定："两个以上著作权集体管理组织就同一使用方式向同一使用者收取使用费的，应当共同制定统一的使用费标准，并且协商确定由一个著作权集体管理组织统一收取使用费。收取的使用费应当在相应的著作权集体管理组织之间合理分配。"

三是规定著作权集体管理组织的审批和监管事宜。送审稿第 66 条规定：

"国务院著作权行政管理部门主管全国的著作权集体管理工作，负责著作权集体管理组织的设立、业务范围、变更、注销以及其他登记事项的审批和监督管理。""国务院其他主管部门在各自职责范围内对著作权集体管理组织进行监督管理。"

第八节　著作权的保护

一、著作权侵权行为的认定

（一）著作权侵权行为的判断规则

著作权侵权行为是指未经许可擅自使用受著作权保护的作品和其他客体的侵权行为。以作品为例，判断某行为是否侵犯著作权，应当注意以下四点。

1. **第三人侵犯的对象应当是作品而非作品载体**

从表面来看，作品和作品载体通常是相伴出现的，但是二者享有的权利截然不同。作品载体对应的是物权，侵犯作品载体之物权的行为通常表现为擅自占有、毁损等行为；而作品对应的是著作权，侵犯作品之著作权的行为通常表现为擅自复制、传播等行为。我们认定著作权侵权行为时，首先应当判断该行为侵犯的客体为何。例如，甲创作了一幅油画，乙未经许可损坏了这幅画，其侵犯的是甲的物权，如果乙未经许可对该幅画进行翻拍并上传网络，则侵犯了甲的著作权。

2. **第三人使用了作品的具体表达而非其中体现的思想**

根据思想表达二分法，作品蕴含的思想不受著作权法保护，展现这些思想的具体表达才是著作权法保护的对象。因此，认定第三人侵犯著作权的前提是行为人使用的是作品的具体表达而非其中体现的思想。以小说为例，如果第三人使用了小说中的具体文字表述，其无疑属于对表达的使用，如果第三人使用的是小说中的具体情节、人物对白、心理描写等内容，通常也构成对表达的使用。但是，如果第三人仅使用了小说中最基本的故事梗概或者小说的主题，则通常属于对思想的使用，不会构成侵权行为。

3. **第三人对作品的使用行为在著作权的控制范围内**

我国《著作权法》根据对作品的不同使用方式列举了 12 种著作财产权，

除此之外，著作权法还规定了一项兜底条款，即"应当由著作权人享有的其他权利"，据此可以说，著作财产权涵盖了对作品的复制、发行、展览、广播等各种使用行为。但是就每项著作财产权而言，《著作权法》都对它们做出了明确界定，从适用对象或行为表现等方面对其划定了详细的适用范围。例如，表演权仅适用于对作品的公开表演行为，出租权仅适用于影视作品和计算机软件。据此，如果第三人对作品的使用行为在相应的著作财产权的控制范围之外，例如，在私人范围内进行作品表演，或者对文字作品进行出租，都不会构成著作权侵权行为。

4. 第三人对作品的使用未经著作权人授权，也不具备法律规定的特殊事由

如果落在著作财产权控制范围内的作品使用行为经过著作权人明确授权，或者符合某种合理使用情形，则该使用具有合法权源，必然不构成侵权。此外，如果第三人未经著作权人许可对作品进行使用，但其符合某种法定许可情形，则只要第三人按照法律规定支付了使用费，则其使用也属于合法行为，不必承担法律责任。

需要注意的是，由于著作权法仅要求作品具有独创性和可复制性，不要求作品具有新创性，亦即，某部作品只要是作者独立创作完成的、体现了作者的独立构思、含有作者的思想贡献，便可以受到著作权法保护，无论其与已有作品是否相似或者相同。换言之，如果某部作品是作者独立构思和创作完成的，并非抄袭、剽窃他人的结果，即使与某在先作品在客观上十分相似甚至相同（虽然此种情形的可能性极其微小），则该作品也能获得著作权法保护，而且不构成对在先作品的侵权，不必承担侵权责任。因此，实践中，我们判断著作权侵权行为时，往往需要进行接触可能性分析。以复制权为例，我们判断第三人是否侵犯著作权人的复制权时，在对两部作品进行具体对比、认定被告作品与原告作品中存在相同内容且该内容属于作品的具体表达而非思想的同时，还应当分析被告有无接触原告作品的可能性。如果原告作品根本未公开发表或者虽已发表但其公开范围有限，被告不可能接触到，则我们也不能轻易判定被告侵犯了原告的复制权。

（二）著作权侵权行为的具体情形

从理论上看，著作权的权利内容和权利限制两部分相结合，便准确地划定了著作权人的权利范围。第三人未经许可使用作品的行为只要落在权利内容的范围内，又不属于权利限制的情形，便可能构成侵权。换言之，根据本书第四章和第六章的内容，我们通常都能够对著作权侵权做出判断。但是，综合著作权的权利内容和权利限制两部分内容来判断著作权侵权具有相当的专业性，普通公众未经《著作权法》学习，很难确切知晓哪些行为属于著作权侵权行为。因此，为使立法更加明确、具体，我国《著作权法》第47条和第48条对著作权侵权行为进行了详细列举。其中，第47条列举的侵权行为只需承担民事责任，第48条列举的侵权行为除了承担民事责任外，还可能承担行政责任甚至刑事责任。

1. 《著作权法》第47条列举的侵权行为

《著作权法》第47条列举了10项侵权行为。根据这些行为的侵犯客体，我们可以将其大致分为两类。

（1）侵犯著作权的行为。具体包括以下几种：

一是未经著作权人许可，发表其作品。该行为侵犯了著作权人的发表权，具体包括三种情形：①作者仍在世，第三人未经作者许可，擅自将其作品公之于众。②作者已经去世，其生前未发表作品，且已明确表示不发表，在该作者死亡后50年内，第三人将其作品公之于众。③作者已经去世，其生前未发表作品，且未明确表示不发表，则在该作者死亡后50年内，第三人未经其继承人或者受遗赠人许可（在没有继承人又无人受遗赠的情形下，未经作品原件所有人许可），将其作品公之于众。

实践中，如果根据行业惯例或者社会习惯，能够推定著作权人已同意第三人发表其未经发表的作品，则第三人的行为不视为侵犯发表权。例如，编剧将其从未公开使用过的剧本许可某电影制作公司拍摄成影视作品，便视为已同意该电影制作公司公开其剧本内容，此时电影制作公司根据剧本拍摄影视作品并公开上映，不构成发表权侵权。

二是未经合作作者许可，将与他人合作创作的作品当作自己单独创作的作品发表。该行为侵犯了其他合作作者的署名权。合作作品无论是否可以分割使用，各合作作者都享有平等的署名权，都可以决定是否署上自己的姓名、署真名还是假名，以及署名的顺序。各合作作者的署名权都由自己自主行使，其他合作作者不得擅自决定别人的署名问题。如果某合作作者未经其他合作作者许可，将合作作品作为自己的独作作品发表，便侵犯了其他合作作者的署名权。当然，如果此时其他合作作者都明确表示自己不署名，则该作者只署自己姓名的行为符合法律规定。

三是没有参加创作，为谋取个人名利，在他人作品上署名。该行为侵犯著作权人的署名权，通常指在他人作品上作为合作作者联合署名。如果完全将他人作品作为自己作品，只署上自己的姓名而不署作者姓名，则属于下文所称的剽窃他人作品。对本项侵权行为，《著作权法》明确提出"为谋取个人名利"的要求，因此，实践中如果作者主动邀请未参加创作的第三人与自己联合署名，则第三人不符合谋取个人名利的规定，不属于侵权行为。①

四是歪曲、篡改他人作品。该行为侵犯了著作权人的保护作品完整权。歪曲、篡改他人作品破坏了作品的完整性，既无法原样展现作者的思想表达，妨碍作者行使言论自由权，又可能使公众对作者产生误解，降低作者在公众心目中的形象，甚至影响作者声誉，给作者带来一系列不利后果。因此，《著作权法》对该行为予以明确禁止。实践中常见的歪曲、篡改他人作品行为包括擅自变更他人作品中对某问题的观点，在他人小说中增加低品位甚至暴力淫秽的内容，等等。不过应当注意，如果仅对他人作品进行普通的文字性处理或者进行必要的修改，不属于歪曲和篡改，不会侵犯保护作品完整权。例如，编辑订正作者作品中的错别字；电影制作者囿于电影拍摄技术的限制，不得不对小说中的部分场景描写进行修改或删除等，这些都属于合法行为。

五是剽窃他人作品。剽窃是指使用他人作品的内容却不指明其来源，这种行为往往同时侵犯了著作权人的署名权和复制权。认定此种侵权行为，应当注意两点：①如果只是窃取他人作品中蕴含的新思想，没有使用其原文表达，而是重新以自己的语言表述该思想，则不属于此处所说的剽窃行为，不需承担著作权侵权责任，但是违反了学术道德规范，可能带来其他不利后果。② ②实践中逐字逐句地抄袭他人作品的情形比较少见，更多是对他人作品稍作修改后当作自己创作的内容来使用，只要与原作品没有实质性区别，仍属于一种剽窃行为。

六是未经著作权人许可，以展览、摄制电影和以类似摄制电影的方法使用作品，或者以改编、翻译、注释等方式使用作品的，本法另有规定的除外，此类行为属于侵犯著作财产权的行为，侵犯的是著作权人的展览权、摄制权、改编权、翻译权等。需要注意的是，结合《著作权法》第47条其他款项和第48条的规定，对于此处的"等"字应当做狭义理解，仅限于各种演绎权，而

---

① 参见李明德、许超：《著作权法》，法律出版社2003年版，第231页。

② 参见李明德、许超：《著作权法》，法律出版社2003年版，第231页。

不能涵盖复制权、发行权等其他权利。

七是使用他人作品，应当支付报酬而未支付。整体来看，各项著作财产权其实控制两个方面：①以复制、发行等方式使用作品的自决权；②从复制、发行等使用行为中获得经济收益的获酬权。因此，第三人使用作品，既需要征得著作权人许可，又应向著作权人支付一定的报酬。可以说，除了几种合理使用情形外，其他使用作品而未向著作权人支付报酬的行为都可能构成侵权，具体包括两种：①第三人和著作权人协商使用作品，约定支付报酬而未支付；②在法定许可情形下，第三人使用著作权人的作品，未按照法律规定向其支付相应的报酬。

八是除法律另有规定以外，未经电影作品和以类似摄制电影的方法创作的作品、计算机软件、录音录像制品的著作权人或者与著作权有关的权利人许可，出租其作品或者录音录像制品。严格来看，此类侵权包括两种行为：①侵犯影视作品和计算机软件的出租权；②侵犯录音录像制品的出租权，前者属于侵犯著作权的行为，后者则属于侵犯邻接权。但是由于这两种行为侵犯的权利类型相同，立法者出于精简法条的考虑，将它们置于一项条款中进行规定。据此，在我国，侵犯出租权的所有行为都只需承担民事责任，而不必承担行政或者刑事责任。

（2）侵犯邻接权的行为。具体包括以下几种：

一是未经出版者许可，使用其出版的图书、期刊的版式设计。该行为侵犯了出版者的版式设计权。实践中，判断此类侵权行为应当注意两点：①判断行为人擅自使用的对象是版心、排式、用字、行距、标点等版式设计还是封面、插图、护封、扉页等装帧设计。前者属于侵犯版式设计权行为，后者则可能构成侵犯美术作品的著作权的行为；②判断行为人擅自使用的是否为图书、期刊的版式设计。如果行为人使用了报纸的版式设计，则不构成侵权行为，因为报社不享有排他性的版式设计权。

二是未经表演者许可，从现场直播或者公开传送其现场表演，或者录制其表演。该行为侵犯了表演者的现场播送权和录制权。除了符合合理使用规定的情形外，从现场直播或者公开传送表演者的现场表演，或者录制其表演，必须经表演者许可并向其支付报酬。据此，未经许可，擅自将表演者的表演活动进行现场播送，或者录制下来留待以后的进一步公开使用，都构成侵权行为。

总体而言，对于前述《著作权法》第 47 条列举的侵权行为，需要明确两点：①这些侵权行为只需承担民事责任，具体包括停止侵害、消除影响、赔礼道歉、赔偿损失等，但是不必承担行政责任或者刑事责任；②立法对这些侵权行为的列举是不完全性列举，除此之外，其他落在著作权和邻接权的权利内容范围之内又不属于权利限制情形的行为也都属于侵权行为，需要承担相应的民事责任。

2.《著作权法》第48条列举的侵权行为

《著作权法》第48条列举了8项侵权行为，此处的列举是完全性列举。对于这8种侵权行为，我们不仅需要课以民事责任，还可能根据实际情况课以行政责任甚至刑事责任。具体包括以下三种。

（1）侵犯著作权的行为。具体包括以下几种：

一是除法律另有规定以外，未经著作权人许可，复制、发行、表演、放映、广播、汇编、通过信息网络向公众传播其作品，此类行为侵犯了著作权人的著作财产权，相应的涉及复制权、发行权、表演权、放映权、广播权、汇编权和信息网络传播权。可以说，这类行为涉及面很广，涵盖了除展览、摄制、演绎、出租之外的其他各种作品使用行为。

二是制作、出售假冒他人署名的作品。从理论上看，该行为侵犯的是被假冒者的姓名权，不过我国现行立法将之作为一种著作权侵权行为进行规定，认为其侵犯了被假冒者的署名权。实践中，制作、出售假冒他人署名的作品包括两种情形：①仿制、出售伪作、赝品，例如临摹徐悲鸿的代表作《群马》并署名徐悲鸿进行出售；②自创作品后假冒他人署名进行出售，例如假冒吴冠中之名绘制一幅吴冠中从未创作的画作，使人误以为是吴冠中的作品并予出售。此类行为不仅侵犯了被假冒者的个人权益，也是对广大公众的欺骗，扰乱了相关文化市场的正常秩序，损害了公众的信赖利益，具有较强的社会危害性。

（2）侵犯邻接权的行为。具体包括以下几种：

一是出版他人享有专有出版权的图书。该行为侵犯了图书出版者的专有出版权。专有出版权不是立法授予图书出版者的法定权利，某图书出版者是否享受该项权利，取决于其与著作权人订立的图书出版合同的具体约定。通常情形下，如果图书出版合同未明确授予专有性权利，则图书出版者不享有专有出版权；如果合同中明确授予专有性权利，但未约定其具体内容，则包括著作权人在内的任何人在该合同有效期限内和在合同约定的地域范围内以同种文字的原版、修订版权出版图书，都可能侵犯图书出版者的专有出版权。

二是除法律另有规定以外，未经表演者许可，复制、发行录制其表演的录音录像制品，或者通过信息网络向公众传播其表演。

三是除法律另有规定以外，未经录音录像制作者许可，复制、发行、通过信息网络向公众传播其制作的录音录像制品。前述两种行为分别侵犯了表演者和录音录像制作者的复制权、发行权和信息网络传播权。

四是除法律另有规定以外，未经许可，播放或者复制广播、电视。该行为侵犯广播组织的转播权和复制权。

（3）损害技术保护措施和权利管理信息的行为。具体包括以下几方面内容：

一是确定何为技术保护措施和权利管理信息。技术保护措施和权利管理信息本身不是著作权法保护的对象，但与著作权法所保护的作品、录音录像制品等权利客体密切相关，通常是权利人为保护自己的合法权利而在作品、录音录像制品等权利客体上使用的技术手段。我国现行《著作权法》中没有对技术保护措施和权利管理信息做出明确界定，本次立法修改在这一方面进行了完善。

具体而言，技术保护措施，是指用于防止、限制未经权利人许可浏览、欣赏作品、表演、录音录像制品或者通过信息网络向公众提供作品、表演、录音录像制品的有效技术、装置或者部件。① 例如，我们在浏览或者下载网上作品时，可能需要输入用户名和密码，这项技术便属于网上作品的技术保护措施。再如，某些网站设置了禁止复制技术，公众只能浏览网页而无法下载作品内容，这也是一种技术保护措施。

权利管理信息则是指说明作品及其作者、表演及其表演者、录音制品及其制作者的信息、广播电视节目及其广播电台电视台，作品、表演、录音制品以及广播电视节目权利人的信息和使用条件的信息，以及表示上述信息的数字或者代码。根据这些信息，作品使用者可以与权利人取得联系，或者了解作品、录音制品等权利客体的使用条件。

二是损害技术保护措施和权利管理信息的行为。在现行著作权法中，损

---

① 参见2020年《著作权法》第49条第3款。《著作权法修订草案送审稿》对技术保护措施的定义与之有所不同，其第68条第1款规定：技术保护措施，是指权利人为防止、限制其作品、表演、录音制品或者广播电视节目被复制、浏览、欣赏、运行、改编或者通过网络传播而采取的有效技术、装置或者部件。

害技术保护措施和权利管理信息的行为包括以下两种：

第一，除法律、行政法规另有规定的以外，未经著作权人或者邻接权人许可，故意避开或者破坏权利人为其作品、录音录像制品等采取的保护著作权或者邻接权的技术措施。该行为虽然没有实际使用作品或者录音录像制品等权利客体，给权利人的合法权利带来直接损害，但它使权利人为其权利客体设置的技术保护措施形同虚设，为第三人利用作品、录音录像制品等侵犯著作权和邻接权的行为提供了便利。从该角度来看，该行为可以视为侵犯著作权和邻接权的帮助行为，甚至会诱导第三人在不知情的情形下陷入对著作权和邻接权的侵权境地。因此，即使没有后续的作品使用行为，仅仅避开或者破坏技术措施本身便构成侵权，应当承担相应的法律责任。不过，与直接使用作品、录音录像制品的著作权和邻接权侵权行为不同，本项侵权行为具有主观要件，行为人只有故意为之，才属于侵权行为。

第二，除法律、行政法规另有规定以外，未经著作权人或者邻接权人许可，故意删除或者改变作品、录音录像制品等的权利管理电子信息。与前述侵权行为一样，本项侵权行为虽未直接作用于著作权和邻接权的权利客体，但会导致第三人在不知情的情况下使用作品、录音录像制品而未取得权利人许可、未支付报酬，或者可能导致第三人因无法获知权利人信息又害怕陷于侵权而放弃对作品、录音录像制品的使用。无论何种结果，都会扰乱作品、录音录像制品使用市场的正常秩序，间接损害著作权人和邻接权人的合法利益。因此，删除或者改变作品、录音录像制品等的权利管理电子信息本身也应当承担侵权责任。同样，此种侵权行为具有主观要件，行为人如果是出于过失而删除或者改变了权利管理信息，不属于此种侵权的范畴。

三是立法新动向。《著作权法修订草案（送审稿）》新增一章，对技术保护措施和权利管理信息做出了较为详细的规定。除了对技术保护措施和权利管理信息做出立法界定外，送审稿还对现有立法做出了两个方面的完善：

第一，明确提出不得损害技术保护措施和权利管理信息的要求："未经许可，任何组织或者个人不得故意避开或者破坏技术保护措施，不得故意制造、进口或者向公众提供主要用于避开或者破坏技术保护措施的装置或者部件，不得故意为他人避开或者破坏技术保护措施提供技术或者服务，但是法律、行政法规另有规定的除外"；"未经权利人许可，不得进行下列行为：（一）故意删除或者改变权利管理信息，但由于技术上的原因无法避免删除或者改变的除外；（二）知道或者应当知道相关权利管理信息被未经许可删除或者改变，仍然向公众提供该作品、表演、录音制品或者广播电视节目"。

第二，结合合理使用制度，列举了不视为损害技术保护措施的行为。送审稿第71条规定："下列情形可以避开技术保护措施，但不得向他人提供避开技术保护措施的技术、装置或者部件，不得侵犯权利人依法享有的其他权利：（一）为学校课堂教学或者科学研究，向少数教学、科研人员提供已经发表的作品、表演、录音制品或者广播电视节目，而该作品、表演、录音制品或者广播电视节目无法通过正常途径获取；（二）不以营利为目的，以盲人能够感知的独特方式向盲人提供已经发表的作品，而该作品无法通过正常途径获取；（三）国家机关依照行政、司法程序执行公务；（四）具有安全测试资质的机构对计算机及其系统或者网络的安全性能进行测试；（五）进行加密研究或者计算机程序反向工程研究。"

与《修订草案送审稿》不同，《修订草案送审稿修改稿》对技术保护措施和权利管理信息的规定并未单列为一章，而是放在著作权保护一章中，并且未对技术保护措施和权利管理信息做出立法界定，但是除此之外，其他条款都主要采纳了《修订草案送审稿》的规定，只在具体表述上做出了较小改动。

最终通过的2020年《著作权法》第三次修正案延续了《修订草案送审稿修改稿》的思路，同时又以其为基础作了一些修改：一方面，重新增加了技术保护措施的定义，但未增加权利管理信息的定义；另一方面，对明确列举的不得损害技术保护措施和权利管理信息的情形，以及明确列举的不视为损害技术保护措施的行为都进行了些许调整。

具体而言，2020年《著作权法》第49条规定："为保护著作权和与著作权有关的权利，权利人可以采取技术措施"；"未经权利人许可，任何组织或者个人不得故意避开或者破坏技术措施，不得以避开或者破坏技术措施为目的制造、进口或者向公众提供有关装置或者部件，不得故意为他人避开或者破坏技术措施提供技术服务。但是，法律、行政法规规定可以避开的情形除外"；"本法所称的技术措施，是指用于防止、限制未经权利人许可浏览、欣赏作品、表演、录音录像制品或者通过信息网络向公众提供作品、表演、录音录像制品的有效技术、装置或者部件"。

第50条规定："下列情形可以避开技术措施，但不得向他人提供避开技术措施的技术、装置或者部件，不得侵犯权利人依法享有的其他权利：（一）为学校课堂教学或者科学研究，提供少量已经发表的作品，供教学或者科研人员使用，而该作品无法通过正常途径获取；（二）不以营利为目的，以阅读障碍者能够感知的无障碍方式向其提供已经发表的作品，而该作品无法通过正常途径获取；（三）国家机关依照行政、监察、司法程序执行公务；（四）对计算机及其系统或者网络的安全性能进行测试；（五）进行加密研究或者计算机软件反向工程研究"；"前款规定适用于对与著作权有关的权利的限制"。

第51条规定："未经权利人许可，不得进行下列行为：（一）故意删除或者改变作品、版式设计、表演、录音录像制品或者广播、电视上的权利管理信息，但由于技术上的原因无法避免的除外；（二）知道或者应当知道作品、版式设计、表演、录音录像制品或者广播、电视上的权利管理信息未经许可被删除或者改变，仍然向公众提供。"

3. 善意侵权

善意侵权是指在不知情的情况下，从事了相关侵犯著作权和邻接权的行为。这主要针对的是间接侵权。例如，作者交付出版社出版发行的作品侵犯了他人的著作权，此时，作者是直接侵权人，出版社是间接侵权人。如果不区分出版社的主观状态，一律要求出版社承担侵权责任，未免失之于苛，容易导致出版社因惧于陷入侵权困境而放弃出版行为，从长远来看不利于社会文化的创作和传播。因此，对于此种善意侵犯著作权和邻接权的行为，我们应当采取相对宽容的态度。通常情形下，如果行为人不知道存在侵权行为，且能证明其制作、传播作品、录音录像制品等具有合法来源，则只需要停止侵权，不必承担赔偿损失的侵权责任。

对此，我国现行立法做出了相关规定。具体而言，《著作权法》第53条规定："复制品的出版者、制作者不能证明其出版、制作有合法授权的，复制品的发行者或者电影作品或者以类似摄制电影的方法创作的作品、计算机软件、录音录像制品的复制品的出租者不能证明其发行、出租的复制品有合法来源的，应当承担法律责任。"最高人民法院《关于审理著作权民事纠纷案件适用法律若干问题的解释》第19条和第20条进一步明确："出版者、制作者应当对其出版、制作有合法授权承担举证责任，发行者、出租者应当对其发行或者出租的复制品有合法来源承担举证责任。举证不能的，依据著作权法的相应规定承担法律责任"；"出版物侵犯他人著作权的，出版者应当根据其过错、侵权程度及损害后果等承担民事赔偿责任。出版者对其出版行为的授权、稿件来源和署名、所编辑出版物的内容等未尽到合理注意义务的，依据著作权法承担赔偿责任。出版者尽了合理注意义务，著作权人也无证据证明出版者应当知道其出版涉及侵权的，依据民法通则第一百一十七条第一款的规定，出版者承担停止侵权、返还其侵权所得利润的民事责任。出版者所尽合理注意义务情况，由出版者承担举证责任"。

4. 立法新动向

《著作权法修订草案（送审稿）》对著作权侵权行为做出了较大幅度的改动，主要包括以下四个方面。

（1）删除了对仅承担民事责任的侵权行为的具体列举，而是笼统地规定"侵犯著作权或者相关权，违反本法规定的技术保护措施或者权利管理信息有关义务的，应当依法承担停止侵害、消除影响、赔礼道歉、赔偿损失等民事责任"。

（2）对可能承担行政责任和刑事责任的侵权行为规定进行了修改。送审稿第77条和第78条共列举了12种可能承担行政责任和刑事责任的具体行为，包括：①未经著作权人许可，复制、发行、出租、展览、表演、播放、通过网络向公众传播其作品，法律另有规定的除外；②未经表演者许可，播放、录制其表演，复制、发行、出租录有其表演的录音制品，或者通过网络向公众传播其表演，法律另有规定的除外；③未经录音制作者许可，复制、发行、出租、通过网络向公众传播其录音制品，法律另有规定的除外；④未经广播电台、电视台许可，转播、录制、复制其广播电视节目，法律另有规定的除外；⑤使用他人享有专有使用权的作品、表演、录音制品或者广播电视节目；⑥在法定许可情形下使用他人作品，但未遵循法定许可的具体条件；⑦未经许可，使用权利人难以行使和难以控制的著作权或者相关权，法律另有规定的情形除外；⑧制作、出售假冒他人署名的作品；⑨未经许可，故意避开或者破坏权利人采取的技术保护措施，法律、行政法规另有规定的除外；⑩未经许可，故意制造、进口或者向他人提供主要用于避开、破坏技术保护措施的装置或者部件，或者故意为他人避开或者破坏技术保护措施提供技术或者服务；⑪未经许可，故意删除或者改变权利管理信息，法律另有规定的除外；⑫未经许可，知道或者应当知道权利管理信息被删除或者改变，仍然复制、发行、出租、表演、播放、通过网络向公众传播相关作品、表演、录音制品或者广播电视节目。

（3）新增了网络服务提供者的侵权责任条款。送审稿第73条规定："网络服务提供者为网络用户提供存储、搜索或者链接等单纯网络技术服务时，不承担与著作权或者相关权有关的审查义务。""他人利用网络服务实施侵犯著作权或者相关权行为的，权利人可以书面通知网络服务提供者，要求其采取删除、断开链接等必要措施。网络服务提供者接到通知后及时采取必要措施的，不承担赔偿责任；未及时采取必要措施的，对损害的扩大部分与该侵权人承担连带责任。""网络服务提供者知道或者应当知道他人利用其网络服务侵害著作权或者相关权，未及时采取必要措施的，与该侵权人承担连带责任。""网络服务提供者教唆或者帮助他人侵犯著作权或者相关权的，与该侵权人承担连带责任。""网络服务提供者通过网络向公众提供他人作品、表演或者录音制品，不适用本条第一款规定。"

（4）对著作权和邻接权的使用者承担侵权责任的情形做出了具体规定，包括：①复制件的出版者、制作者不能证明其出版、制作有合法授权；②网络用户不能证明其通过网络向公众传播的作品有合法授权；③出租者不能证明其出租视听作品、计算机程序或者录音制品的原件或者复制件有合法授权；④发行者不能证明其发行的复制件有合法来源。

最终通过的 2020 年《著作权法》第三次修正案采纳了《修订草案送审稿修改稿》的思路，并在其基础上做出了进一步的完善。具体而言，对于只承担民事责任的侵权行为，2020 年《著作权法》呼应邻接权制度中的改动之处，在侵犯出租权的行为中新增了侵犯表演者的出租权。对于需要承担民事责任、行政责任甚至刑事责任的侵权行为，2020 年《著作权法》基本继承了《修订草案送审稿修改稿》列举的内容，只在侵害技术措施和权利管理信息的条款中进行了文字调整，与前文对技术措施和权利管理信息的规定相吻合。

二、对著作权侵权行为的法律处理方法

（一）民事处理方法

1. 著作权侵权的诉讼管辖

（1）级别管辖。根据《最高人民法院关于审理著作权民事纠纷案件适用法律若干问题的解释》第 2 条，著作权民事纠纷案件由中级以上人民法院管辖。各高级人民法院根据本辖区的实际情况，可以确定若干基层人民法院管辖第一审著作权民事纠纷案件。

（2）地域管辖。对著作权侵权行为提起的民事诉讼，由侵权行为的实施地、侵权复制品储藏地或者查封扣押地、被告住所地人民法院管辖。其中，

侵权复制品储藏地，是指大量或者经常性储存、隐匿侵权复制品所在地；查封扣押地，是指海关、版权、工商等行政机关依法查封、扣押侵权复制品所在地。

对涉及不同侵权行为实施地的多个被告提起的共同诉讼，原告可以选择其中一个被告的侵权行为实施地人民法院管辖；仅对其中某一被告提起的诉讼，该被告侵权行为实施地的人民法院有管辖权。

2. 诉前禁令、诉前财产保全、诉前证据保全

（1）诉前禁令。诉前禁令又称诉前责令停止侵权，是指著作权人或者邻接权人有证据证明他人正在实施或者即将实施侵犯其权利的行为，如不及时制止将会使其合法权益受到难以弥补的损害的，可以在起诉前向人民法院申请采取责令停止有关行为的措施。

《最高人民法院关于审理著作权民事纠纷案件适用法律若干问题的解释》规定，人民法院对著作权侵权行为采取诉前措施，参照《最高人民法院关于诉前停止侵犯注册商标专用权行为和保全证据适用法律问题的解释》的规定办理。据此，著作权人和邻接权人向人民法院提出诉前禁令申请时，应当递交书面申请状和相关证据，并应提供担保。人民法院接受申请后，经审查符合条件的，应当在48小时内做出书面裁定；裁定责令被申请人停止侵犯著作权或邻接权行为的，应当立即开始执行。当事人对裁定不服的，可以在收到裁定之日起10日内申请复议一次，复议期间不停止裁定的执行。著作权人或邻接权人在人民法院采取停止有关行为的措施后15日内不起诉的，人民法院应当解除裁定采取的措施。申请人不起诉或者申请错误造成被申请人损失的，被申请人可以向有管辖权的人民法院起诉请求申请人赔偿，也可以在著作权人或邻接权人提起的侵犯著作权或邻接权的诉讼中提出损害赔偿请求，人民法院可以一并处理。

（2）诉前财产保全。诉前财产保全是指著作权人或者邻接权人有证据证明他人正在实施或者即将实施侵犯其权利的行为，如不及时制止将会使其合法权益受到难以弥补的损失的，可以在起诉前向人民法院申请采取财产保全的措施。

《著作权法》第50条明确规定，人民法院处理前述申请，适用《民事诉讼法》的相关规定。据此，著作权人或邻接权人可以向被保全财产所在地、被申请人住所地或者对案件有管辖权的人民法院申请采取保全措施，同时应当提供相当于请求保全数额的担保；不提供担保的，法院裁定驳回申请。人民法院接受申请后，必须在 48 小时内做出裁定；裁定采取保全措施的，应当立即开始执行。当事人对保全裁定不服的，可以自收到裁定书之日起 5 日内向做出裁定的人民法院申请复议。申请人在人民法院采取保全措施后 30 日内不依法提起诉讼或者申请仲裁的，人民法院应当解除保全。保全限于请求的范围，或者与本案有关的财物；具体可以采取查封、扣押、冻结或者法律规定的其他方法。人民法院保全财产后，应当立即通知被保全财产的人。被申请人提供担保的，人民法院应当裁定解除保全。申请有错误的，申请人应当赔偿被申请人因保全所遭受的损失。

（3）诉前证据保全。诉前证据保全是指为制止侵权行为，在证据可能灭失或者以后难以取得的情况下，著作权人或者邻接权人可以在起诉前向人民法院申请保全证据。著作权人和邻接权人向人民法院提出诉前保全证据的申请，应当递交书面申请状；人民法院可以责令申请人提供担保，申请人不提供担保的，人民法院裁定驳回申请。人民法院接受申请后，必须在 48 小时内做出裁定；裁定采取保全措施的，应当立即开始执行。申请人在人民法院采取保全措施后 15 日内不起诉的，人民法院应当解除保全措施。

2020 年《著作权法》第三次修正案对前述诉前措施进行了调整。

首先，将诉前禁令扩张为诉前行为保全，即法院不仅可以禁止做出一定行为，还可以责令做出一定行为。同时，其适用范围不仅包括侵权人主动侵犯权利人的权利，也包括侵权人妨碍权利人实现权利。如此，有利于全面遏制各种形式的侵权行为，也与《民事诉讼法》的相关规定保持一致。

其次，对于诉前行为保全和诉前财产保全，删除适用《民事诉讼法》第 93 至 96 条和第 97 条规定的表述。一方面，《民事诉讼法》已于 2012 年进行了修改且今后还会再次修改，其中关于诉前行为保全和诉前财产保全的条款号已经改动且还会继续改动，因此不宜在立法中明确标示相关条款号；另一方面，对著作权侵权行为采取诉前行为保全和诉前财产保全属于民事诉讼程序中采取诉前行为保全和诉前财产保全中的一种，其适用民事诉讼法的规定实乃理所应当之事，不必在著作权法中赘述。

最后，对于诉前证据保全，删除责令申请人担保、48 小时内做出裁定等具体的程序性要求。与前述诉前行为保全和诉前财产保全的修改一样，对著作权侵权采取诉前证据保全属于民事诉讼程序中采取诉前证据保全一种，应在民事诉讼法中做出统一规定，而不必也不宜规定在著作权法中。同时，民事诉讼法中关于诉前证据保全的程序性要求已经有所改动。例如，证据保全可能对他人造成损失的，法院应当责令申请人提供相应的担保；申请人在法院采取保全措施后 30 日内不依法提起诉讼或者申请仲裁的，法院应当解除保全。因此，著作权法中的原有规定也不应保留。

3. 损害赔偿额的计算

（1）现行立法规定。《著作权法》第 49 条规定："侵犯著作权或者与著作权有关的权利的，侵权人应当按照权利人的实际损失给予赔偿；实际损失难以计算的，可以按照侵权人的违法所得给予赔偿。赔偿数额还应当包括权利人为制止侵权行为所支付的合理开支。""权利人的实际损失或者侵权人的违法所得不能确定的，由人民法院根据侵权行为的情节，判决给予五十万元以下的赔偿。"

据此，著作权侵权行为的损害赔偿额，应当按照以下标准进行计算：

一是权利人的实际损失。依据《最高人民法院关于审理著作权民事纠纷案件适用法律若干问题的解释》第 24 条，权利人的实际损失，可以根据权利人因侵权所造成复制品发行减少量或者侵权复制品销售量与权利人发行该复制品单位利润乘积计算。这项规定体现了侵权责任的损害弥补原则，通常应当以权利人的复制品发行减少量乘以复制品的单位利润进行计算，只有发行减少量难以确定时，才以侵权复制品的市场销售量乘以权利人复制品单位利润。

二是侵权人的违法所得。简言之，侵权人的违法所得是其从侵权行为中获得的利益，即侵权人从事侵权活动获得的收入减去所花费成本后剩下的数额。采取此种计算方式，深层次的依据在于"任何人都不得从违法行为中获利"这一基本理念。在实践中，我们可以根据侵权复制品的销售量与该复制品的单位利润的乘积进行计算。

三是法定赔偿额。权利人的实际损失和侵权人的违法所得都无法确定时，人民法院根据当事人的请求或者依职权确定赔偿数额。此时，法院应当考虑作品类型、合理使用费、侵权行为性质、后果等情节综合确定，但是最高不得超过 50 万元。

需要注意两点：①前述三种计算方式之间是递进关系，而非并列关系。换言之，权利人不得在三种计算方式之间进行随意选择，只有依据前一种计算方式无法确定损害赔偿额时，才能依次适用后一种计算方式。②根据权利人的实际损失或者侵权人的违法所得来计算损害赔偿额时，赔偿数额还应当包括权利人为制止侵权行为所支付的合理开支，具体包括权利人或者委托代理人对侵权行为进行调查、取证的合理费用。此外，人民法院根据当事人的诉讼请求和具体案情，可以将符合国家有关部门规定的律师费用计算在赔偿范围内。

（2）立法新动向。《著作权法修订草案（送审稿）》在著作权侵权行为的民事处理方法方面做了一些修改，其中最主要的是对损害赔偿额计算方式进行了改动：①送审稿新增了一种计算方法，提高了法定赔偿额的上限，并将几种计算方法之间的递进关系改为并列关系。具体而言，送审稿第76条第1款规定："侵犯著作权或者相关权的，在计算损害赔偿数额时，权利人可以选择实际损失、侵权人的违法所得、权利交易费用的合理倍数或者一百万元以下数额请求赔偿。"②送审稿新增了惩罚性赔偿条款。送审稿第76条第2款规定："对于两次以上故意侵犯著作权或者相关权的，人民法院可以根据前款计算的赔偿数额的二至三倍确定赔偿数额。"③送审稿新增了确定损害赔偿额时的侵权人举证义务："人民法院为确定赔偿数额，在权利人已经尽力举证，而与侵权行为相关的账簿、资料主要由侵权人掌握的情况下，可以责令侵权人提供与侵权行为相关的账簿、资料；侵权人不提供或者提供虚假的账簿、资料的，人民法院可以根据权利人的主张判定侵权赔偿数额。"

《修订草案送审稿修改稿》兼采了现行立法和《修订草案送审稿》中的相关内容，保留了现行立法中的三种损害赔偿额计算方式之间的递进关系，以及《修订草案送审稿》中新增的侵权人举证义务和惩罚性赔偿规则，同时大幅提高了法定赔偿额的上限。具体规定如下："侵犯著作权或者与著作权有关的权利的，侵权人应当按照权利人的实际损失给予赔偿；实际损失难以计算的，可以按照侵权人的违法所得给予赔偿。对故意侵犯著作权或者与著作权有关的权利，情节严重的，可以在按照上述方法确定数额的一倍以上三倍以下给予赔偿"；"权利人的实际损失或者侵权人的违法所得不能确定的，由人民法院根据侵权行为的情节，判决给予三百万元以下的赔偿"；"赔偿数额还应当包括权利人为制止侵权行为所支付的合理开支"；"人民法院为确定赔偿数额，在权利人已经尽力举证，而与侵权行为相关的账簿、资料主要由侵权人掌握的情况下，可以责令侵权人提供与侵权行为相关的账簿、资料；侵权人不提供或者提供虚假的账簿、资料的，人民法院可以参考权利人的主张和提供的证据确定赔偿数额"。

而最终通过的2020年《著作权法》第三次修正案在此问题上又进行了改动。其一，将权利人的实际损失和侵权人的违法所得并列作为第一种计算方式，而将权利使用费和法定赔偿额作为第二、三种计算方式，彼此之间呈递进关系，并且进一步提高法定赔偿额的限制：侵犯著作权或者与著作权有关的权利的，侵权人应当按照权利人因此受到的实际损失或者侵权人的违法所得给予赔偿；权利人的实际损失或者侵权人的违法所得难以计算的，可以参照该权利使用费给予赔偿；权利人的实际损失、侵权人的违法所得、权利使用费难以计算的，由人民法院根据侵权行为的情节，判决给予 500 元以上 500万元以下的赔偿。其二，加重惩罚性赔偿的力度：对故意侵犯著作权或者与著作权有关的权利，情节严重的，可以在按照第一种或第二种计算方法确定数额的 1 倍以上 5 倍以下给予赔偿。其三，沿用草案中新增的侵权人举证义务规定，仅进行文字性调整。

最后，2020 年《著作权法》第三次修正案新增了对于侵权复制品、制造侵权复制品的材料设备等的处理方式："人民法院审理著作权纠纷案件，应权利人请求，对侵权复制品，除特殊情况外，责令销毁；对主要用于制造侵权复制品的材料、工具、设备等，责令销毁，且不予补偿；或者在特殊情况下，责令禁止前述材料、工具、设备等进入商业渠道，且不予补偿。"

（二）行政处理方法

1. 现行立法规定

《著作权法》第 48 条列举了 8 种可能需要承担行政责任和刑事责任的侵权行为，并且规定了对这些侵权行为的行政处理方法。具体而言，著作权行政管理部门可以责令行为人停止侵权行为，没收违法所得，没收、销毁侵权复制品，并可处以罚款；情节严重的，著作权行政管理部门还可以没收主要用于制作侵权复制品的材料、工具、设备等。对于这些行政处罚，当事人不服的，可以自收到行政处罚决定书之日起 3 个月内向人民法院起诉，期满不起诉又不履行的，著作权行政管理部门可以申请人民法院执行。

2. 立法新动向

《著作权法修订草案（送审稿)》对侵权行为的行政处罚规定进行了三个方面的修改。

（1）分别对普通的著作权侵权行为和损害技术保护措施与权利管理信息的侵权行为做出了规定，并在处罚内容上对现行立法作了改动。具体而言，对普通的著作权侵权行为，"可以由著作权行政管理部门责令停止侵权行为，予以警告，没收违法所得，没收、销毁侵权制品和复制件，非法经营额 5 万元以上的，可处非法经营额一倍以上五倍以下的罚款，没有非法经营额、非法经营额难以计算或者非法经营额5万元以下的，可处25万元以下的罚款；情节严重的，著作权行政管理部门可以没收主要用于制作侵权制品和复制件的材料、工具、设备等"。对损害技术保护措施与权利管理信息的侵权行为，"可以由著作权行政管理部门予以警告，没收违法所得，没收主要用于避开、破坏技术保护措施的装置或者部件；情节严重的，没收相关的材料、工具和设备，非法经营额5万元以上的，可处非法经营额一倍以上五倍以下的罚款，没有非法经营额、非法经营额难以计算或者非法经营额5万元以下的，可处25万元以下的罚款"。

（2）新增了著作权行政管理部门对侵权行为的查处职权规定："著作权行政管理部门对涉嫌侵权和违法行为进行查处时，可以询问有关当事人，调查与涉嫌侵权和违法行为有关的情况；对当事人涉嫌侵权和违法行为的场所和物品实施现场检查；查阅、复制与涉嫌侵权和违法行为有关的合同、发票、账簿以及其他有关资料；对于涉嫌侵权和违法行为的场所和物品，可以查封或者扣押。""著作权行政管理部门依法行使前款规定的职权时，当事人应当予以协助、配合，无正当理由拒绝、阻挠或者拖延提供前款材料的，可以由著作权行政管理部门予以警告；情节严重的，没收相关的材料、工具和设备；构成犯罪的，依法追究刑事责任。"

（3）完善了对不服行政处罚的救济程序："当事人对行政处罚不服的，可以自收到行政处罚决定书之日起六十日内向有关行政机关申请行政复议，或者自收到行政处罚决定书之日起三个月内向人民法院提起诉讼，期满不申请行政复议或者提起诉讼，又不履行的，著作权行政管理部门可以申请人民法院执行。"

《修订草案送审稿修改稿》基本保留了《修订草案送审稿》中有关著作权侵权行为的行政处罚内容和著作权行政管理部门对侵权行为的查处职权的规定，仅仅作了些许修改，至于对不服行政处罚的救济程序，则继续沿用现行立法的规定。而最终通过的2020年《著作权法》第三次修正案仅仅保留了修订草案中著作权主管部门对侵权行为的查处职权的规定，并作了些许调整，但对于有关著作权侵权行为的行政处罚内容和对不服行政处罚的救济程序则进行了较大改动。具体而言，在有关著作权侵权行为的行政处罚方面，不区分普通的著作权侵权行为和损害技术保护措施与权利管理信息的侵权行为，一律适用以下规定："由主管著作权的部门责令停止侵权行为，予以警告，没收违法所得，没收、无害化销毁处理侵权复制品以及主要用于制作侵权复制品的材料、工具、设备等，违法经营额五万元以上的，可以并处违法经营额一倍以上五倍以下的罚款；没有违法经营额、违法经营额难以计算或者不足五万元的，可以并处二十五万元以下的罚款。"在不服行政处罚的救济程序方面，对现行立法中和修订草案中的条款均予删除，如此处理符合立法的科学性，因为这属于行政程序法的内容，应在相关立法中规定，而不必也不宜置于著作权法中。

（三）刑事处理方法

《刑法》对侵犯著作权的行为设定了以下两个罪名：

第 217 条规定侵犯著作权罪，涵盖 4 种侵犯著作权的行为，具体表述如下："以营利为目的，有下列侵犯著作权或者与著作权有关的权利的情形之一，违法所得数额较大或者有其他严重情节的，处三年以下有期徒刑，并处或者单处罚金；违法所得数额巨大或者有其他特别严重情节的，处三年以上十年以下有期徒刑，并处罚金：（一）未经著作权人许可，复制发行、通过信息网络向公众传播其文字作品、音乐、美术、视听作品、计算机软件及法律、行政法规规定的其他作品的；（二）出版他人享有专有出版权的图书的；（三）未经录音录像制作者许可，复制发行、通过信息网络向公众传播其制作的录音录像的；（四）未经表演者许可，复制发行录有其表演的录音录像制品，或者通过信息网络向公众传播其表演的；（五）制作、出售假冒他人署名的美术作品的；（六）未经著作权人或者与著作权有关的权利人许可，故意避开或者破坏权利人为其作品、录音录像制品等采取的保护著作权或者与著作权有关的权利的技术措施的。"

第 218 条规定销售侵权复制品罪，具体为："以营利为目的，销售明知是本法第二百一十七条规定的侵权复制品，违法所得数额巨大或者有其他严重情节的，处五年以下有期徒刑，并处或者单处罚金。"[①]

第九节　计算机软件的著作权法律制度

计算机软件作为作品的一种，当然受著作权法保护。但是，考虑到该种

---

① 2020 年 12 月 26 日通过的《刑法修正案（十一）》对涉及知识产权犯罪的条款进行了多处修改，本书所称《刑法》均指根据《刑法修正案（十一）》修正之后的刑法规定。

作品比较特殊，国务院制定了专门的《计算机软件保护条例》，在遵循著作权法基本原理的基础上，对计算机软件的著作权法律问题作了更加细致的规定。

一、软件著作权的保护客体

（一）软件的概念

计算机软件简称软件，是指计算机程序及其有关文档。

其中，计算机程序是指为了得到某种结果而可以由计算机等具有信息处理能力的装置执行的代码化指令序列，或者可以被自动转换成代码化指令序列的符号化指令序列或者符号化语句序列。同一计算机程序的源程序和目标程序为同一作品。实践中，常见的计算机程序包括两种：①系统程序，其主要功能是控制和协调计算机及外部设备，使它们可以正常、协调地运行和工作，进而支持应用软件的开发和运行，[①] 例如 windows 软件、linux 软件、dos 软件等。②应用程序，主要是满足用户不同领域、不同问题的应用需求而设计的，能够满足用户解决某种具体问题的需要，[②] 包括：各种办公软件，例如 office 软件、wps 软件；浏览器软件，例如 ie 浏览器、搜狗浏览器；聊天软件，例如 qq 软件、飞信软件，视频软件例如腾讯视频、暴风影音等。

文档是指用来描述程序的内容、组成、设计、功能规格、开发情况、测试结果及使用方法的文字资料和图表等，例如程序设计说明书、流程图、用户手册等。

（二）软件的保护条件

作为作品的一种，软件要获得著作权法保护，首先应当具备独创性。相比于文字作品、美术作品等普通作品，软件的独创性要求较低，只要求软件是由开发者独立开发，并非抄袭、剽窃他人的结果就行。至于软件中是否体现了开发者的独立个性，则不作硬性要求。对此，《计算机软件保护条例》第29 条明确规定："软件开发者开发的软件，由于可供选用的表达方式有限而

---

① 参见百度百科"系统软件"，载 https：//baike. baidu. com/item/% E7% B3% BB% E7% BB% 9F% E8% BD% AF% E4% BB% B6/215962？ fr＝aladdin，2017 年11 月1 日访问。

② 参见百度百科"应用软件"，载 https：//baike. baidu. com/item/% E5% BA% 94% E7% 94% A8% E8% BD% AF% E4% BB% B6/216367？ fr＝aladdin，2017 年11 月1 日访问。

与已经存在的软件相似的，不构成对已经存在的软件的著作权的侵犯。"同时，与普通作品一样，软件的独创性要求仅针对该软件所使用的具体表达，软件中体现的思想则不要求具备独创性，当然，对软件著作权的保护也仅限于具体的表达方式，不延及开发软件所用的思想、处理过程、操作方法或者数学概念等。

软件要获得著作权法保护，必须具备的第二个条件是固定性。这与普通作品不同。普通作品只要求具备可复制性，因此未被固定下来、但以某种有形形式表现并能进行复制的作品，例如口述作品可以受著作权法保护。而软件必须具备固定性，即已固定在某种有形物体上，实践中通常是固定在某种存储介质上，例如硬盘、光盘（CD）、U 盘、SD 卡、记忆棒等。

（三）立法新动向

《著作权法修订草案（送审稿）》中没有采用"计算机软件"的表述，而是使用了"计算机程序"一词，并对其定义进行了调整，规定"计算机程序是指以源程序或者目标程序表现的、用于电子计算机或者其他信息处理装置运行的指令，计算机程序的源程序和目标程序为同一作品"。至于现行立法中规定的文档，送审稿未作明确提及，而是将之纳入文字作品的范畴进行统一规定。据此，在《著作权法》第三次修订过程中，计算机软件中的文档不再和计算机程序一起适用特殊规定，而是适用文字作品的一般性规定。

最终通过的 2020 年《著作权法》第三次修正案则完全延续了现行立法的规定，而未保留前述修改之处。

二、软件著作权的权利主体

（一）本国主体和外国主体

在我国，享有软件著作权的主体按其国籍，可以分为本国主体和外国主体，他们受著作权法保护的条件不同。

本国主体是指具有我国国籍的自然人、法人或者其他组织。此类主体对其所开发的软件，不论是否发表，都享有著作权。

外国主体包括外国人和无国籍人，他们在两种情形下受我国著作权法保护。其一是软件首先在我国境内发行；其二是依照其开发者所属国或者经常居住地国同我国签订的协议或者依照我国参加的国际条约享有著作权。

（二）软件著作权归属的一般规则

根据著作权法基本原理，作品的著作权原则上归创作者所有。软件著作权遵循这项基本原理，除法律法规另有规定以外，一般属于软件开发者。但是，考虑到软件开发与普通作品的创作不同，除了智力劳动外，往往还需要投入大量资金、结合众多人员通力协作，因此，软件开发者除了依靠自己具有的条件独立完成软件开发并对软件承担责任的自然人之外，还包括实际组织开发、直接进行开发，并对开发完成的软件承担责任的法人或者其他组织，后者与法人作品情形下法人被视为作者、享有作品著作权的情况具有一定的相似性。

此外，软件开发者的认定规则与普通作品的作者认定规则相同，采取根据署名进行推定的方法，即如无相反证明，在软件上署名的自然人、法人或者其他组织为开发者。实践中，如果未署名的第三人主张自己是某软件的开发者，则应当由他承担举证责任。

（三）软件著作权归属的特殊规则

1. 合作开发软件的著作权归属

合作开发软件是指由两个以上的自然人、法人或者其他组织合作开发的软件。实践中，可以是自然人与自然人合作开发、单位与单位合作开发，也可以是自然人与单位合作开发。需要注意的是，现在软件日益复杂，开发难度也越来越大，往往一项软件的开发完成需要有多人参与，但是这并不一定属于合作开发情形。如果这些人都是在单位的组织下进行开发，最终由单位对软件承担责任，或者其中只有一人从事实际开发工作、其他人都只是提供物质技术条件或者从事辅助工作，则不属于合作开发软件，而是可能构成职务开发或者独立开发情形。

合作开发软件的著作权归属与普通的合作作品不同，可以由合作开发者签订书面合同进行约定。无书面合同或者合同未作明确约定时，其著作权归属才与普通合作作品相似，区分可以分割使用的软件和不可分割使用的软件。其中，合作开发的软件可以分割使用的，开发者对各自开发的部分可以单独享有著作权；但是，行使著作权时，不得扩展到合作开发的软件整体的著作权。合作开发的软件不能分割使用的，其著作权由各合作开发者共同享有，通过协商一致行使；不能协商一致，又无正当理由的，任何一方不得阻止他方行使除转让权以外的其他权利，但是所得收益应当合理分配给所有合作开发者。

2. 委托开发软件的著作权归属

委托开发软件是指接受他人委托开发的软件，其著作权归属和普通的委托作品相似，一般由委托人和受托人通过合同约定。但是，考虑到软件开发通常需要投入高额成本，如果发生权属争议，对当事人极为不利，因此立法对委托开发软件的双方约定要求更加严格，规定必须由委托人和受托人签订书面合同进行约定。如果没有书面合同或者合同未作明确约定，则著作权由受托人享有。换言之，如果委托人和受托人仅是口头约定著作权归属，此约定无效，委托开发软件的著作权仍然由受托人享有。

3. 国家任务开发软件的著作权归属

随着计算机网络技术的普及，许多关系国计民生的重要领域也开始运用各种软件系统，其中有些需要开发并使用专用软件。对此，有权国家机关会下达软件开发任务，由相关单位承接具体工作。对于这些软件，其著作权归属和行使通常由项目任务书或者合同规定；如果项目任务书或者合同中未作明确规定，则由接受任务的法人或者其他组织享有。

4. 职务开发软件的著作权归属

简言之，职务开发软件是指自然人在法人或者其他组织中任职期间为完成工作任务所开发的软件。具体来说，包括以下三种情形：①针对本职工作中明确指定的开发目标所开发的软件；②开发的软件是从事本职工作活动所预见的结果或者自然的结果；③主要使用了法人或者其他组织的资金、专用设备、未公开的专门信息等物质技术条件所开发并由法人或者其他组织承担责任的软件。

与普通的职务作品不同，职务开发软件的著作权归属不区分一般情形和特殊情形。前述三种情形下，职务开发软件的著作权统一由该法人或者其他组织享有（包括各项著作人身权和各项著作财产权），该法人或者其他组织可以对开发软件的自然人进行奖励。

三、软件著作权的权利内容与限制

（一）著作人身权

1. 发表权

这是指软件著作权人享有决定软件是否公之于众的权利。与普通作品的著作权人一样，软件著作权人开发完成软件之后，可以决定是否公开软件内容，以及于何时何地、以何种方式进行公开。该权利是一次性权利，软件著作权人只可行使一次，一旦软件内容公布之后，第三人无论对该软件进行何种使用，都不会侵犯其发表权。实践中，软件的发表权常常与复制权、发行权以及信息网络传播权结合起来一同行使。

2. 署名权

这是指软件著作权人享有表明开发者身份、在软件上署名的权利。在一般情形下，软件的署名权规则与普通作品的相同，由软件开发者享有。但是在职务开发软件情形下，署名权的归属和行使与职务作品不同。职务作品，无论是一般职务作品还是特殊职务作品，署名权均由作者即从事职务创作的职工享有，而职务开发软件的署名权则统一归属于单位，职工只享有获得奖励的权利。

3. 修改权

这是指软件开发者享有对软件进行增补、删节，或者改变指令、语句顺序的权利。这项权利与普通作品的修改权相同，包含积极和消极两个方面。其中，积极方面的修改权是指软件开发者可以自己或者授权他人对软件进行增补、删节，或者改变指令、语句顺序；消极方面的修改权是指软件开发者可以禁止他人擅自对软件进行增补、删节，或者改变指令、语句顺序。不过，这项权利并非绝对性的权利，存在例外情形，亦即，软件使用者为了对软件进行实际使用了可以对之进行必要的修改，以适用相关环境。

（二）著作财产权

1. 复制权

这是指软件著作权人享有将软件制作一份或者多份的权利。从理论上看，无论以何种方式复制软件，都属于复制权的控制范畴，实践中，软件的复制多发生在相同或者类似载体间，例如从光盘复制到光盘、从光盘复制到硬盘。普通作品中常见的从无形载体到有形载体的复制情形，在软件复制中不存在。

2. 发行权

这是指软件著作权人享有以出售或者赠予方式向公众提供软件的原件或者复制件的权利。与普通作品的发行权一样，软件的发行权也适用发行权穷竭原则，即软件由著作权人或经著作权人许可的人同意进行发行后，合法获得软件原件或者复制件的第三人可以进行自由转售或转赠，不再受著作权人控制。需要注意的是，由于软件的特殊性，现在发行软件除了传统的线下流通方式之外，越来越多的商家开始采用线上流通方式，即交易完全通过网络进行，购买者在网上支付价款后，商家将软件发送到购买者的信箱，或者向购买者提供用户名、密码，由购买者在商家网站上自行下载软件。这种软件销售行为常被称为"网络发行"，但究其实质，这其实属于信息网络传播权的范畴，而非发行权，因为发行属于有形利用的一种，发行权的行使必须伴随着软件载体的转移，显然网络发行不具备这一特征。

3. 出租权

这是指软件著作权人享有有偿许可他人临时使用软件的权利，但是软件不是出租的主要标的的除外。例如，出租计算机、数控机床或者其他内含计算机程序的设备，势必将硬件连同软件一起交付承租人使用，此时设备内含的计算机程序并非出租的主要标的，该出租行为不在出租权的控制范畴之内，可以不经软件著作权人许可。

4. 信息网络传播权

这是指软件著作权人享有以有线或者无线方式向公众提供软件，使公众可以在其个人选定的时间和地点获得软件的权利。信息网络传播权控制的是软件的无形传播行为，无论该传播是有偿还是无偿，都属于软件著作权人的专有性权利。

5. 翻译权

这是指软件著作权人享有将原软件从一种自然语言文字转换成另一种自然语言文字的权利。需要注意的是，此处的翻译特指在不同自然语言文字之间的转换，例如中文和英文之间、德文和法文之间、藏文和维文之间。而自然语言文字和计算机语言之间的转换，例如将中文指令转换成计算机可以识别的 C 语言，则属于程序运行所必需的步骤，通常由计算机自动进行。对此，软件著作权人不享有独占性的控制权。换言之，将自然语言文字转换成计算机语言，不需向软件著作权人寻求许可。

6. 应当由软件著作权人享有的其他权利

与普通作品的著作财产权一样，软件的著作财产权是一个开放性的范畴，除了立法明确列举的权项之外，对软件的其他使用行为也涵盖在著作权人的专有性权利范围内。《计算机软件保护条例》为防止列举不完全，规定了此项兜底性条款，以解决立法的滞后性问题，有利于满足实践发展的现实需要。

（三）权利限制

1. 软件合法复制品所有人的使用

《计算机软件保护条例》第 16 条规定，软件的合法复制品所有人可以在下列情形下使用软件，不会构成侵权行为：①根据使用的需要把该软件装入计算机等具有信息处理能力的装置内；②为了防止复制品损坏而制作备份复制品，这些备份复制品不得通过任何方式提供给他人使用，并在所有人丧失该合法复制品的所有权时，负责将备份复制品销毁；③为了把该软件用于实际的计算机应用环境或者改进其功能、性能而进行必要的修改；但是，除合同另有约定外，未经该软件著作权人许可，不得向任何第三方提供修改后的软件。

2. 学习研究使用

《计算机软件保护条例》第 17 条规定，为了学习和研究软件内含的设计思想和原理，通过安装、显示、传输或者存储软件等方式使用软件，可以不经软件著作权人许可，不向其支付报酬。这项权利限制的适用对象更广，可以适用于任何人，包括软件的合法复制品所有人以及其他第三人。但是如果该研究者通过使用软件，以该软件为基础开发出新软件，并且复制发行或者以其他方式公开使用新软件，则超出了本项权利限制的范围，应当经原软件著作权人许可，并向其支付报酬。

3. 立法新动向

《著作权法修订草案（送审稿）》在继承现行《计算机软件保护条例》规定的权利限制制度的基础上，对该项制度进行了进一步完善。一方面，对合法所有者的使用条款进行了修改完善，规定"计算机程序的合法授权使用者可以从事下列行为：（一）根据使用的需要把该程序装入计算机等具有信息处理能力的装置内；（二）为了防止计算机程序损坏而制作备份复制件；这些备份复制件不得通过任何方式提供给他人使用，并在本人丧失合法授权时，负责将备份复制件销毁；（三）为了把该程序用于实际的计算机应用环境或者实现其功能而进行必要的改动；未经该程序的著作权人许可，不得向任何第三方提供修改后的程序以及专门用作修改程序的装置或者部件。"另一方面，新增了一种合法所有者的合法使用情形，"计算机程序的合法授权使用者在通过正常途径无法获取必要的兼容性信息时，可以不经该程序著作权人许可，复制和翻译该程序中与兼容性信息有关的部分内容。适用前款规定获取的信息，不得超出计算机程序兼容的目的使用，不得提供给他人，不得用于开发、生产或者销售实质性相似的计算机程序，不得用于任何侵犯著作权的行为。"

《修订草案送审稿修改稿》和最终通过的 2020 年《著作权法》第三次修正案，对《修订草案送审稿》中的前述修改全部予以删除，而完全延续了现行立法。

四、软件著作权的权利取得与保护期限

（一）权利取得

软件著作权和普通作品的著作权一样，实行自动取得制度。软件开发完成，开发者便自动取得著作权。著作权人可以向国务院著作权行政管理部门认定的软件登记机构办理登记，取得登记证明文件。但是，此登记手续并非软件开发者取得著作权的必要条件，只是证明其获得软件著作权的初步证据，如果第三人能够举证证明自己才是软件开发者，则该第三人取得软件的著作权。

（二）保护期限

1. 自然人的软件著作权

自然人的软件著作权，保护期为自然人终生及其死亡后 50 年，截止于自然人死亡后第 50 年的 12 月 31 日；软件是合作开发的，截止于最后死亡的自然人死亡后第 50 年的 12 月 31 日。具体而言，该自然人生存时，其软件的一切著作权由他享有和行使，他死亡后，在软件著作权的保护期内，其继承人可以继承除署名权以外的其他权利。

2. 法人或者其他组织的软件著作权

法人或者其他组织的软件著作权，保护期为 50 年，截止于软件首次发表后第 50 年的 12 月 31 日，但软件自开发完成之日起 50 年内未发表的，不再受法律保护。如果在著作权保护期内，该法人或者其他组织变更、终止，则软件著作权由承受其权利义务的法人或者其他组织享有；没有承受其权利义务的法人或者其他组织的，著作权由国家享有。

五、软件著作权的许可使用和转让

（一）软件著作权的许可使用

软件著作权人可以许可他人行使其软件著作权，并有权获得报酬。许可他人行使软件著作权时，软件著作权人应当与被许可人订立许可使用合同，明确授权被许可人行使的权项内容、许可性质（即专有许可还是普通许可）、许可使用的时间和地域范围等。合同中软件著作权人未明确许可的权利，被许可人不得行使。通常情形下，如果合同未作特别约定，被许可人也不得再许可第三人行使软件著作权。

订立许可他人专有行使软件著作权的，当事人应当订立书面合同。没有订立书面合同或者合同中未明确约定为专有许可的，被许可行使的权利应当视为非专有权利。

订立许可他人专有行使软件著作权的许可合同，著作权人可以向国务院著作权行政管理部门认定的软件登记机构登记。不过这并非强制性要求，是否办理登记手续由著作权人自由决定。

此外，我国公民、法人或者其他组织向外国人许可软件著作权的，应当遵守《技术进出口管理条例》的相关规定。

（二）软件著作权的转让

软件著作权人可以全部或者部分转让其软件著作权，并有权获得报酬。但是，与普通作品的著作权转让不同，立法并未明确禁止软件著作权人转让软件的著作人身权，因此，根据法无明文禁止即许可的基本法理可以推知，软件著作权人可以将其著作人身权和著作财产权一并转让给受让人。

转让软件著作权的，当事人应当订立书面合同，明确转让的权项内容、转让价金等。合同中没有约定转让的权利，仍归原著作权人所有。

订立转让软件著作权合同，著作权人可以向国务院著作权行政管理部门认定的软件登记机构登记。同样，该登记并非必要手续，不登记不影响软件著作权转让的效力，受让人仍是从转让合同生效之日起取得受让的著作权。

此外，中国公民、法人或者其他组织向外国人转让软件著作权的，也应当遵守《技术进出口管理条例》的有关规定。

六、软件著作权的法律保护

（一）现行立法规定

《计算机软件保护条例》第 23 条和第 24 条列举了十几种侵权行为。与《著作权法》对著作权侵权行为的规定相似，第 23 条是不完全性列举，其中规定的侵权行为只需承担民事责任，第 24 条则是完全性列举，其中的侵权行为除了承担民事责任外，还可能承担行政责任甚至刑事责任，具体如下。

《计算机软件保护条例》第 23 条规定，有下列侵权行为的，应当根据情况，承担停止侵害、消除影响、赔礼道歉、赔偿损失等民事责任：①未经软件著作权人许可，发表或者登记其软件的；②将他人软件作为自己的软件发表或者登记的；③未经合作者许可，将与他人合作开发的软件作为自己单独完成的软件发表或者登记的；④在他人软件上署名或者更改他人软件上的署名的；⑤未经软件著作权人许可，修改、翻译其软件的；⑥其他侵犯软件著作权的行为。

《计算机软件保护条例》第 24 条规定，有下列侵权行为的，应当根据情况，承担停止侵害、消除影响、赔礼道歉、赔偿损失等民事责任；同时损害社会公共利益的，由著作权行政管理部门责令停止侵权行为，没收违法所得，没收、销毁侵权复制品，可以并处罚款；情节严重的，著作权行政管理部门并可以没收主要用于制作侵权复制品的材料、工具、设备等；触犯刑律的，依照刑法关于侵犯著作权罪、销售侵权复制品罪的规定，依法追究刑事责任：①复制或者部分复制著作权人的软件的；②向公众发行、出租、通过信息网络传播著作权人的软件的；③故意避开或者破坏著作权人为保护其软件著作权而采取的技术措施的；④故意删除或者改变软件权利管理电子信息的；⑤转让或者许可他人行使著作权人的软件著作权的。有前款第 1 项或者第 2 项行为的，可以并处每件 100 元或者货值金额 1 倍以上 5 倍以下的罚款；有前款第 3 项、第 4 项或者第 5 项行为的，可以并处 20 万元以下的罚款。

总体而言，侵犯软件的著作人身权只需承担民事责任，而侵犯软件的著作财产权以及损害著作权人的技术保护措施或权利管理电子信息，则可能在民事责任之外还需承担行政责任和刑事责任。

相比于普通作品的著作权保护，软件的著作权保护中存在一项特殊规定，即软件侵权复制品的持有人的法律责任。《计算机软件保护条例》第30条规定，软件的复制品持有人不知道也没有合理理由应当知道该软件是侵权复制品的，不承担赔偿责任；但是，应当停止使用、销毁该侵权复制品。如果停止使用并销毁该侵权复制品将给复制品使用人造成重大损失的，复制品使用人可以在向软件著作权人支付合理费用后继续使用。换言之，对软件的侵权复制品的持有人，立法实行过错责任原则，并且不强制令其停止使用和销毁该侵权复制品。这项规定是在保护软件著作权人合法权利的同时，兼顾善意使用者的利益，以维护社会的正常秩序。

此外，对侵犯软件著作权的行为，在损害赔偿额的计算方式、善意侵权的法律责任、诉前禁令、诉前财产保全和诉前证据保全等方面，适用《著作权法》中对普通作品著作权保护的相同规定。有关内容可以参照前文，此不赘述。

（二）立法新动向

《著作权法修订草案（送审稿）》对计算机程序的侵权复制件持有人的权利义务进行了修改。一方面，送审稿沿袭了《计算机软件保护条例》中对于复制件持有人不知道也不应当知道该程序是侵权复制件时不承担赔偿责任，但是应当停止使用、销毁该侵权复制件的规定；另一方面，对程序复制件持有人需要继续使用该计算机程序的情形，送审稿取消了类似于法定许可的规定，亦即，将付费后自由使用改为必须取得程序著作权人的许可。

《修订草案送审稿修改稿》和最终通过的2020年《著作权法》第三次修正案则完全保留了现行立法的模样，而删除了《修订草案送审稿》中的前述修改。

第三章
商标法

第一节　商标和商标法概述

一、商标概述

（一）商标的概念

商标，俗称品牌、牌子，是指自然人、法人或者其他组织用于商品或者服务上，以将自己的商品或者服务与他人的商品或者服务相区别的标志。根据2013年《中华人民共和国商标法》（以下简称《商标法》），可以构成商标的要素包括文字、图形、字母、数字、三维标志、颜色组合、声音等，以及这些要素的各种组合形式。

从外在表现形式来看，商标是一种可视或者可听的标志，通常表现为一幅平面或立体的文字或图形，或者一段声音。如果脱离商品，仅就这些标志本身来看，它们可能构成作品、享受著作权法保护，也可能属于普通的可视或者可听符号、不受著作权法保护。但是，一旦将它们与商品或者服务联系起来，用于识别商品或者服务的来源，它们便成为商标，受到商标法保护。

需要注意的是，商标是用于商品或者服务上的标志，但是并非所有存在于商品或者服务之上的标志都是商标。以商品为例，实践生活中，商品之上通常标示有四类标志：①商品名称；②商标；③商号；④商品装潢。它们之间各有差别。

1. 商标和商品名称

商品名称是为了区别不同类商品而对某类商品的通用称谓，例如大米、

142

衣服、手机。商标和商品名称的区别体现在两个方面：①构成要素不同。商标的构成要素比较多样，包括文字、图形、字母、数字、三维标志、颜色组合、声音等；商品名称只能是文字。②产生的权利不同。商标一经注册便产生注册商标专用权，只能由商标权人使用；而商品名称上通常不存在某种权利、不由某人独占，只有知名商品的特有名称具有一定的排他性，能够排斥其他经营者进行混淆性的擅自使用。

2. 商标和商号

商号，又称字号，是企业名称中的核心部分，也是用于标识和区别不同企业的关键标志。实践生活中，有些企业采用的商号和商标相一致，例如"王致和""三元"；也有些企业在商号之外，另行注册完全不同的商标，例如玛氏食品（中国）有限公司便在商号"玛氏"之外注册了"德芙"商标，上海家化联合股份有限公司在商号"家化"之外注册了"美加净""六神""佰草集""启初"等多项商标。商标和商号的区别主要体现在三个方面：①构成要素不同。商标的构成要素包括文字、图形、字母、数字、三维标志、颜色组合、声音等；商号则通常只能是汉字，民族自治地方的企业可以同时使用本民族自治地方通用的民族文字。②标识的对象不同。虽然都用于经营活动，但是商号标识的是经营活动的主体，即企业；商标则标识经营活动的客体，即商品和服务。③产生的权利不同。商标经注册后产生注册商标专用权，在全国范围内具有排他性；商号经注册后产生商号权，仅在企业名称登记主管机关的管辖范围内具有排他性。

3. 商标和商品装潢

商品装潢是对商品进行的包装和装饰，其与商标具有三个方面的区别：①功能不同。商标的主要功能是识别，即在同类商品和服务中区别不同经营者所提供的各自商品和服务。为此目的，商标往往十分稳定，尤其是注册商标不得随意变更。而商品装潢则侧重于美化，以吸引消费者眼球，刺激消费者的购买欲望。为此目的，商品装潢经常变化，以迎合消费者不同时段下的关注重点和审美需求。②构成要素不同。虽然在实践中，除了声音之外，商标和商品装潢的构成要素大致相同，都包含文字、图形、数字、颜色组合等视觉元素，但这些元素的具体要求有所区别。为实现识别功能，商标一般采用比较简单的标志，且通常不能使用商品通用名称或者其他表明商品原料、功能等特征的内容。商品装潢通常比较花哨复杂，且往往会含有商品通用名称以及表明商品原料、功能等特征的内容，以达到直观宣传商品、吸引消费者的效果。③产生的权利不同。商标经注册后产生注册商标专用权，具有独占性。商品装潢则只在两种情形下具有一定的排他性，一种是知名商品特有的包装装潢可以排斥其他经营者进行混淆性的擅自使用，另一种是具有独创性的商品装潢可以构成美术作品，享受著作权保护。

（二）商标的类型

根据不同的分类标准，可以将商标分为如下不同的类型。

1. 注册商标和未注册商标

根据商标是否注册，可以将商标分为注册商标和未注册商标。

注册商标是指经法定程序，在国务院工商行政管理部门商标局进行注册的商标。未注册商标则指未经注册而实际使用的商标。我国以自愿注册为原则，因此大多数情形下，注册商标和未注册商标都可以使用，但是二者的法律地位不同。注册商标享有注册商标专用权，商标注册人可以排斥第三人在相同或者类似的商品或者服务上注册和使用。未注册商标通常情形下没有专用权，其他人也可以使用。只有当未注册商标经过实际使用获得了一定的知名度，成为驰名商标或者有一定影响的商标后，商标使用人才享有一定的排他性权利。

2. 商品商标和服务商标

根据商标的识别对象，可以将商标分为商品商标和服务商标。

早期的商标都是商品商标，用以区别不同经营者提供的商品，具体又包括制造者使用的制造商标和销售者使用的销售商标。需要说明的是，从法理来看，制造者和销售者享有相同的权利，都可以在商品上使用自己的商标，且我国立法没有规定一件商品只能使用一件商标，因此在理论上，同一件商品上可能同时存在制造商标和销售商标。但是在实践中，这种现象可能会给消费者认牌购物带来混乱，不利于实现商标的识别功能，因此宜予避免。

服务商标出现较晚。我国1982年《商标法》只规定了商品商标，1993年修改时才新增服务商标，并且明确"有关商品商标的规定适用于服务商标"。根据《商标注册用商品和服务国际分类尼斯协定》，目前可以注册商标的服务共11类，包括金融服务、运输旅行服务、餐饮住宿服务等。

3. 视觉商标和听觉商标

根据商标的构成要素，可以将商标分为视觉商标和听觉商标。

早期的商标都是视觉商标，以文字、图形、颜色组合等元素组成，可以通过视觉感知。其中，最传统的视觉商标是平面商标，包括文字商标、图形商标、颜色商标、组合商标等。需要注意的是，单一颜色在我国不能进行商标注册，因为肉眼可以识别的颜色种类有限，如果允许某单个主体将某颜色注册为商标，便意味着授予他对该颜色的独占权，这对其他经营者不公平。而颜色组合可以有很多选择，不至于产生有违公平的垄断，可以注册为商标。

相对于平面商标，立体商标出现较晚，我国直到 2001 年《商标法》才规定"三维标志可以作为商标申请注册"。实践中，注册为立体商标的三维标志多是商品的包装物形状，例如"可口可乐"饮料的饮料瓶商标，以及与商品毫不相关的某种形状，例如"劳斯莱斯"汽车的飞天女神商标。仅由商品自身的性质产生的形状，为获得技术效果而需有的商品形状，以及使商品具有实质性价值的形状，均不得作为立体商标注册，例如由三个扇页组成的风扇形状便不得注册为电风扇的立体商标。这是因为，这些形状是商品为实现某种功能所必需的，如果允许某单个主体作为商标注册，将可能排斥其他经营者对该形状的正常使用、影响他们的商品制造和销售。这对其他经营者不公平，也会妨碍相关行业内的市场竞争。

2013 年《商标法》修改后，新增了听觉商标，即声音商标。自然界中存在的天然声响和人类创作的乐曲都可以注册为听觉商标。申请听觉商标注册时，应当提交符合要求的声音样本，并对声音进行描述。以天然声响申请商标的，应当以文字加以描述；以乐曲申请商标的，应当以五线谱或者简谱加以描述并附加文字说明。2016 年我国第一件听觉商标获得注册，为中国国际广播电台申请的"中国国际广播电台广播节目开始曲"。

4. 联合商标、防御商标、集体商标和证明商标

严格而言，联合商标、防御商标、集体商标和证明商标并非对商标的一种分类，而是众多商标中比较特殊的四种。

（1）联合商标，是指商标注册人在同一商品上注册的多个近似商标，例如"娃哈哈""娃娃哈"和"哈哈娃"。在商标注册人的这一系列商标中，真正使用的商标是正商标，例如"娃哈哈"，其他与之近似的商标是联合商标，例如"娃娃哈"和"哈哈娃"。与普通商标不同，联合商标中，除了正商标，其余商标通常并不使用，其注册的目的是预防第三人在相同商品上注册和使用与正商标近似的商标、造成消费者混淆。此外，转让商标时，联合商标必须作为一个整体一并转让，商标权人不能保留正商标而单独转让联合商标，也不能将若干个联合商标分开转让给不同的受让人。

（2）防御商标，是指商标注册人在不同类别商品上注册同一个商标。其中，真正使用的商标是正商标，其他类别商品上注册的是防御商标。与联合商标相似，除正商标外，防御商标的注册不是为了使用，而是预防第三人在其他商品上注册和使用与正商标相同的商标、引起消费者的误认或者联想，从而借正商标的商誉搭便车，却导致正商标与其商品之间的联系被淡化。在某种程度上，注册防御商标其实是一种商标囤积行为，会造成商标资源减少，因此，普通商标不得进行防御商标的注册。一般情况下，只有驰名商标可以注册防御商标，例如"可口可乐"虽然只在饮料上使用，但是可以在酒类、食品类等其他商品上注册而不使用。

（3）集体商标，是指以团体、协会或者其他组织名义注册，供该组织成员在商事活动中使用，以表明使用者在该组织中的成员资格的标志。与普通商标不同，集体商标的注册人和使用人是区分开的，其注册人是某团体、协会或者其他组织，使用人是该组织的成员。一般情况下，集体商标注册人的集体成员，在履行该集体商标使用管理规则规定的手续后，都可以使用该集体商标；而对于非集体成员，注册人不得许可其使用集体商标。

（4）证明商标，是指由对某种商品或者服务具有监督能力的组织所控制，而由该组织以外的单位或者个人使用于其商品或者服务，用以证明该商品或者服务的原产地、原料、制造方法、质量或者其他特定品质的标志，例如绿色食品标志和纯羊毛标志。与集体商标相似，证明商标的注册人和使用人也是区分开的，其注册人一般是具有某种商品质量检验能力的组织机构，其他经营者只要符合证明商标管理规则的规定条件，在履行该证明商标使用管理规则规定的手续后，都可以使用该证明商标，注册人不得拒绝。

原国家工商行政管理总局于 2003 年出台了《集体商标、证明商标注册和管理办法》，对集体商标和证明商标的注册条件、注册程序和使用管理规则等方面做出了特别规定。

二、商标法的历史沿革

（一）世界范围内的商标法沿革

商标的产生和发展伴随着商品贸易的进程，具有比较悠久的历史。但是，商标法的诞生较晚。世界上第一部现代意义的商标法产生于 19 世纪，是 1857

年法国的《关于以使用原则和不审查原则为内容的制造标记和商标的法律》，不过其中的许多内容都在后来发生了重大变化，例如：不审查原则变成了审查原则，在商品商标之外新增了服务商标等。

目前，绝大多数国家都制定实施了商标法。为了统一和协调各国的商标法律制度、促进国际贸易发展，国际社会通过了多部有关商标注册和保护的国际公约，例如《保护工业产权巴黎公约》、TRIPs 协议、《商标国际注册马德里协定》、《商标注册用商品和服务国际分类尼斯协定》等，逐渐形成了一套商标国际保护制度。

（二）我国的商标法沿革

作为文明古国之一，我国古代的商品制造和商业活动已较为发达，因此商标出现也比较早。据考证，在北宋年间，山东济南刘家针铺使用的白兔商标是我国目前有据可查的最早的一件商标。但是，直到清朝末年，商标法的概念和制度才随着西方列强的入侵和不平等条约的签订逐渐被确立起来。

我国历史上第一部现代意义的商标法是 1904 年清政府颁布的《商标注册试办章程》，该法于同年开始实施。国民政府建立后，北洋政府和南京国民政府也都颁布了各自的商标法，对促进当时的商标保护和商品流通起到了一定的积极作用。

中华人民共和国成立后，对商业发展十分重视，先后制定了《商标注册暂行条例》等多部法律。改革开放后，为了进一步加强商标管理、保护商标专用权、促进商品经济的发展，第五届全国人民代表大会常务委员会于 1982 年颁布了《中华人民共和国商标法》。该法经过 1993 年、2001 年和 2013 年三次修订，形成了我国现行商标法律制度的基础。2019 年，《商标法》通过了第四次修正案，并于同年 11 月 1 日起施行。此次修订对现行立法的改动幅度不大，仅涉及条文 6 条，主要是增加了对不以使用为目的的恶意商标注册的法律规制，同时加大对商标侵权行为的打击力度，以进一步优化营商环境。此外，国务院、原国家工商行政管理总局等部门还出台了《商标法实施条例》《集体商标、证明商标注册和管理办法》《驰名商标认定和保护规定》等多部法律文件，对商标注册和保护的具体问题制定了更加细致的规则。同时，我国也加入了《巴黎公约》、TRIPs 协议等国际公约，这些公约中的相关规定也成为我国商标法律制度的一部分。

三、商标法的诚实信用原则

(一) 诚实信用原则在商标法中的规定

诚实信用原则是指在民事活动中，人们行使权利、履行义务应当意图诚实、善意、讲信用，行使权利不侵害他人与社会的利益，履行义务、信守承诺和遵守法律规定。[①] 诚信原则是民事法律的基本原则，被称为民法的帝王条款，适用于整个民法领域，且具有极高的地位，是立法和司法活动的指导思想。

商标法作为民事法律之一种，从其诞生之日起就天然地适用诚实信用原则。例如，1993 年《商标法》中"商标不得使用夸大宣传并带有欺骗性的标志"，"已经注册的商标，……是以欺骗手段或者其他不正当手段取得注册的，由商标局撤销该注册商标；其他单位或者个人可以请求商标评审委员会裁定撤销该注册商标"，"使用注册商标，其商品粗制滥造，以次充好，欺骗消费者的，由各级工商行政管理部门区别不同情况，责令限期改正，并可以予以通报或者处以罚款，或者由商标局撤销其注册商标"等相关条款，都蕴含了诚信原则。2001 年《商标法》在继承这些规定的基础又增加了一些要求，例如"为申请商标注册所申报的事项和所提供的材料应当真实、准确、完整"等，均体现了诚信原则。2013 年《商标法》修订，对诚信原则的重视程度更是达到了前所未有的高度，不仅沿袭了暗含诚信原则的具体制度和规定，更是在相关条款中明确提出了"应当遵循诚实信用原则"的要求，并使之适用于与商标法律关系有关的一切民事主体，包括商标注册和使用人以及商标代理机构。

(二) 诚实信用原则在商标法中的具体体现

1. 诚实信用原则对商标注册和使用人的具体要求

2013 年《商标法》第 7 条第 1 款明确规定："申请注册和使用商标，应当遵循诚实信用原则。"这是对商标注册和使用人提出的总的要求，而随后的商标注册和使用制度中的一些具体规定则是对该要求的细化体现。

(1) 商标注册中的诚信要求。具体如下：

[①] 参见《中华人民共和国商标法释义》，载中国人大网，http://www.npc.gov.cn/npc/flsyywd/minshang/2013 - 12/24/content_ 1819929. htm，2017 年 7 月 27 日访问。

首先，商标法列举了一些因违背诚信原则而不得作为商标注册的情形。例如，带有欺骗性，容易使公众对商品的质量等特点或者产地产生误认的，不得作为商标使用；就相同或者类似商品申请注册的商标是复制、摹仿或者翻译他人未在中国注册的驰名商标，容易导致混淆的，不予注册并禁止使用；就不相同或者不相类似商品申请注册的商标是复制、摹仿或者翻译他人已经在中国注册的驰名商标，误导公众，致使该驰名商标注册人的利益可能受到损害的，不予注册并禁止使用；不得以不正当手段抢先注册他人已经使用并有一定影响的商标；等等。

其次，商标法在实行先申请原则的基础上，辅之以先使用原则。即，数个商标注册申请人同一天在同种或者类似商品上以相同或者近似商标申请注册的，使用在先者获得核准。作为一种符号，商标的核心功能是识别商品，而这只有通过在实际使用中与商品相结合才能完成。因此，本项规定有利于鼓励人们将商标投入实际使用，于使用中实现商标的价值，同时也在一定程度上有利于制止纯抢注行为。

（2）商标使用中的诚信要求。具体如下：

首先，商标法对商标注册后提出了实际使用的要求，无正当理由连续3年不使用的予以撤销。这是从侧面保障商标注册是出于使用目的、符合诚信原则，而非出于囤积商标以囤积居奇、抢注商标以阻止竞争者使用等恶意意图。

其次，商标法对商标转让和许可使用提出了诚信要求。例如，商标转让不得产生容易导致混淆的结果或者有其他不良影响；商标许可使用中，许可人应当监督被许可人使用其注册商标的商品质量，被许可人则应当保证自己的商品质量，还应在商品上如实标明自己而非许可人的名称和商品产地。

再次，商标法对在商标注册人申请注册前他人已经使用并取得一定知名度的商标授予先使用权，并提出了具体要求。即，商标注册人申请商标注册前，他人已经在同种或者类似商品上先行使用与注册商标相同或者近似并有一定影响的商标的，可以在原使用范围内继续使用，注册商标专用权人无权禁止；但是，先使用权人应当附加适当的区别标识，以免引起和注册商标专用权人之间的混淆，方便消费者辨认和购买。

最后，商标法针对未注册商标也提出了具体的使用要求。例如，未注册商标不得使用带有欺骗性、易使公众对商品的质量等特点或者产地产生误认等违背诚信原则的标志；未注册商标在使用中不得冒充注册商标；等等。

2. 诚实信用原则对商标代理机构的具体要求

2013 年《商标法》第一次对商标代理机构提出了诚信要求。

（1）商标法在总体上规定，商标代理机构应当遵循诚实信用原则，遵守法律、行政法规，按照被代理人的委托办理商标注册申请或者其他商标事宜；对在代理过程中知悉的被代理人的商业秘密，有保密义务。

（2）针对实践中最易出现的商标代理机构违背诚信原则、擅自将委托人准备注册的商标作为自己的商标进行注册、损害委托人利益的情形，商标法设专款规定，未经授权，代理人以自己的名义将被代理人的商标进行注册，被代理人提出异议的，不予注册并禁止使用。

（3）商标法对商标代理机构违背诚信原则的行为规定了明确的法律责任。即，商标代理机构违反诚实信用原则，侵害委托人合法利益的，应当依法承担民事责任，并由商标代理行业组织按照章程予以惩戒。

第二节　商标权的取得

一、商标权的取得方式

从理论上看，商标权的取得包括原始取得和继受取得两种情形。但是，作为一种民事权利，商标权的继受取得与其他权利并无二致，可以通过转让、继承等方式进行。因此，本节主要介绍商标权的原始取得方式。

（一）使用取得

使用取得是世界上最早产生的一种商标权的取得方式，指商标不以注册为要件，根据实际使用的事实即可取得商标权。这种取得方式简便易行，对商标的最先使用人十分有利，但是弊端也不容忽视。一是公示性和公信力较弱。商标使用事实并不具有较强的公示性，而根据商标权的地域性，在一国境内任何一个地方使用商标即可获得在全国范围内的商标权，这很难符合公信力的要求，对国内其他地方的潜在商标使用人也难谓公平。二是存在举证困难。当两个或两个以上的商标使用人对同一商标主张商标权时，很难客观公正地认定谁对该商标使用在先，从而很难判断是非曲直。因此，目前世界上采取使用取得商标权方式的国家较少，只有美国等少数国家，大多数国家都采取注册取得方式。

（二）注册取得

1. 注册取得的概念

注册取得是指商标权的取得以注册为要件，只有履行了法定的注册登记程序，才能取得商标权。相比于使用取得，注册取得的最大优势在于注册登记程序具有很强的公示性和公信力，有利于避免其他潜在的商标使用人在不知情的情况下使用与在先商标相同的商标，也能够在出现商标权属纠纷的时候提供确切证据从而促进纠纷的正确解决。因此，目前包括我国在内的大多数国家都采取注册取得方式。当然，这种取得方式也存在一定的问题，容易出现只注册不使用的商标囤积行为，这便需要在商标法中做出相应的对策安排，即提出注册商标的实际使用要求。对此，我们将在后文予以详细阐释，此处不赘述。

2. 注册取得的原则

（1）自愿注册原则。商标法属于民事法律，应当遵循当事人意志自由原则。这反映在商标注册制度中即为自愿注册原则，即，是否提出商标注册申请取决于当事人的意愿。换言之，商标注册并非商标使用的必要条件，通常情形下，未注册商标也可以在市场上正常使用，只不过法律对未注册商标的保护力度弱于注册商标。但是，考虑到商品种类繁多、特色各异，有些商品和社会安全、公共利益密切相关，必须加强管理，因此，我国立法对自愿申请原则作了补充规定，实行以自愿注册为主、强制注册为辅的原则。《商标法》第6条规定，法律、行政法规规定必须使用注册商标的商品，必须申请商标注册，未经核准注册的，不得在市场销售。目前，部分烟草制品即实行商标的强制注册制度。①《烟草专卖法》第19条规定："卷烟、雪茄烟和有包装的烟丝必须申请商标注册，未经核准注册的，不得生产、销售。"

（2）诚信注册原则。《商标法》第7条明确，申请注册商标，应当遵循诚实信用原则。据此，商标法列举了一系列违背诚信原则而不得成功获准注册的情形，例如，带有欺骗性、容易使公众对商品的质量等特点或者产地产生

---

① 根据《烟草专卖法》第2条，烟草制品包括卷烟、雪茄烟、烟丝和复烤烟叶。其中，适用商标的强制注册制度的只有卷烟、雪茄烟和有包装的烟丝，而复烤烟叶和无包装的烟丝不适用。

误认的标志，不得作为商标注册和使用；不得以不正当手段抢先注册他人已经使用并有一定影响的商标；不得以提供虚假信息等欺骗手段进行注册；等等。违背诚信注册原则，商标局通常都不予核准；如果商标局未注意到这一点，对商标注册申请进行了初步审定，社会公众可以提出商标异议，阻断其商标注册之路；即使社会公众未来得及在异议阶段提出，商标局核准了注册申请，也可以在注册后通过无效宣告程序使该商标恢复到未注册时的状态。

（3）先申请原则。先申请原则是指当两个或者两个以上的商标申请人在同种商品上以同一商标提出注册申请时，商标局应当核准先申请者的注册申请。这其实是注册取得方式的题中应有之义，有利于敦促商标使用人尽早提出注册申请，从而通过商标注册登记的公示性来避免其他潜在的商标使用人使用或者注册相同商标、造成市场混淆。

考虑到商标注册申请中的各种不同情况，我国《商标法》对先申请原则作了补充规定，实行以先申请为原则、先使用为补充的商标注册原则。具体而言：①两个或者两个以上的商标注册申请人，在同一种或者类似商品上，以相同或者近似的商标申请注册的，应当核准注册申请在先的商标；此申请日期以商标局收到申请文件的日期为准。②同一天申请的，各申请人应当自收到商标局通知之日起30日内提交其申请注册前在先使用该商标的证据，商标局核准注册使用在先的商标。③同日使用或者均未使用的，各申请人可以自收到商标局通知之日起30日内自行协商，并将书面协议报送商标局。④不愿协商或者协商不成的，商标局通知各申请人以抽签的方式确定一个申请人，驳回其他人的注册申请。商标局已经通知但申请人未参加抽签的，视为放弃。

（4）优先权原则。优先权原则是指当两个或者两个以上的商标申请人在同种商品上以同一商标提出注册申请时，其中一个申请人符合某种条件时，可以享有相对于其他申请人的优先权，从而获准注册。根据我国商标法规定，优先权包括两种情形：申请优先权和展览优先权。

其中，申请优先权是指商标注册申请人自其商标在外国第一次提出商标注册申请之日起6个月内，又在我国就相同商品以同一商标提出商标注册申请的，依照该外国同我国签订的协议或者共同参加的国际条约，或者按照相互承认优先权的原则，可以享有优先权。例如，甲乙双方都申请在某商品上注册某商标，甲于2015年3月1日提出申请，乙于2015年6月1日提出申请，但是乙曾于2015年2月1日在巴黎公约某成员国第一次提出相同的商标注册申请，则乙可以享有优先权，获得该商标的注册。法律规定申请优先权，是对那些意图进行商标国际注册的商标申请人给予一定的宽限，使他们可以在6个月的时间内比较从容地准备不同文字的申请材料、办理不同国家的申请手续，最终促进商标国际注册的开展。

展览优先权是指商标在我国政府主办的或者承认的国际展览会展出的商品上首次使用的，自该商品展出之日起6个月内，该商标的注册申请人可以享有优先权。展览优先权的确立，主要是为了促进商品的国际展览，这进而有利于推动商品的国际贸易和流通。

需要注意的是，申请优先权和展览优先权都不是自动产生的。《商标法》第25条第2款和第26条第2款规定，商标注册申请人要求优先权的，应当在提出商标注册申请的时候提出书面声明，并且在3个月内提交有关商标第一次国外申请或者国际展览会的证明材料；未提出书面声明或者逾期未提交证明材料的，视为未要求优先权。

二、商标注册条件

（一）主体条件

1. 国内申请人和国外申请人

我国商标法对国内主体申请商标注册没有做出任何限制。《商标法》第4条规定，自然人、法人或者其他组织在生产经营活动中，对其商品或者服务需要取得商标专用权的，应当向商标局申请商标注册。换言之，国内的所有民事活动主体都可以提出商标注册申请。同时，《商标法》第18条第1款明确，国内主体申请商标注册，可以自行办理，也可以委托依法设立的商标代理机构办理。

对于国外主体，我国商标法则做出了两点特别规定：一是能够申请商标注册的主体范围受到一定的限制。《商标法》第17条规定，外国人或者外国企业在我国申请商标注册的，应当按其所属国和我国签订的协议或者共同参加的国际条约办理，或者按对等原则办理。二是国外主体的商标注册申请手续实行强制代理制。《商标法》第18条第2款规定，在我国没有经常居所或者营业所的外国人或者外国企业在我国申请商标注册和办理其他商标事宜的，应当委托依法设立的商标代理机构办理。如此，既遵循国际公约和通行惯例，符合公平理念，也有利于保障商标注册工作的顺利进行。

2. 共同申请人

我国商标法允许多个申请人共同提出商标注册申请。《商标法》第5条规定，两个以上的自然人、法人或者其他组织可以共同向商标局申请注册同一商标，共同享有和行使该商标专用权。实践中，同一商标上存在共同申请人的情形主要有两种：一是两个或者两个以上的申请人同一天各自就同一商标向商标局提出注册申请，他们在此前又恰好同日使用或者都未使用该商标，收到商标局通知后30日内，他们协商达成一致，共同享有和使用该商标。二是两个或者两个以上的申请人事先即一致认可作为某商标的共同所有人，并作为共同申请人向商标局提出一份商标注册申请。

（二）客体条件

《商标法》第9条规定，申请注册的商标，应当有显著特征，便于识别，并不得与他人在先取得的合法权利相冲突。据此，在我国，商标要获得注册，除了具备可视性或者可听性（即属于视觉商标或者听觉商标）之外，还必须符合显著性和合法性条件。

1. 显著性

显著性，又称可识别性，是指申请注册的商标具有显著特征，能够将不同经营者提供的同种商品或者服务区分开。显著性是商标注册的基本要求，是商标实现识别功能的题中应有之义。

（1）显著性的判断。某商标标识是否具备显著性，必须和该标识所适用的商品或者服务结合起来判断。如果该标识与其适用的商品或者服务之间的联系越紧密，其作为商标的显著性便越弱；反之，如果该标识与其适用的商品或者服务之间的联系越松散，其作为商标的显著性则越强。

实践中，显著性最强的是由商标注册申请人臆造的原本并不具有某种含义的标识，例如"索尼""可口可乐"，其通常可以作为任何一种商品或者服务的商标进行注册。显著性最弱的是某种商品或者服务的通用名称或者图形，其绝对不能作为该种商品或者服务的商标注册，例如"白酒""衣服"。根据《最高人民法院关于审理商标授权确权行政案件若干问题的规定》，此通用名称涵盖法定的商品名称和约定俗成的商品名称。其中：法定的商品名称包括依据法律规定或者国家标准、行业标准属于商品通用名称的；约定俗成的商品名称则包括被专业工具书、辞典等列为商品名称的。

介于这两极之间的情形则比较复杂。一般情形下，如果某标识具有的含义与商品甲或者服务甲无关，而与商品乙或者服务乙有关，则其可以作为商品甲或者服务甲的商标注册，但不能作为商品乙或者服务乙的商标注册。例如，"苹果"可以作为手机商标注册，但是不能作为水果商标注册。

以外文标志作为商标标识时，应当根据我国相关公众的通常认识，对其是否具有显著性进行判断。如果标识中外文的含义可能影响其在商品上的显著性，但相关公众对该含义的认知程度较低，能够以该标识识别商品来源，则可以认定具备显著性。[①]

需要说明的是，以上所述通常都是针对某标识内在的、天生具有的显著性，除此之外，某标识还可能具备"获得显著性"。所谓获得显著性，是指某标识由于具有某种含义，因此对其所适用的商品或者服务来说本不具备显著性，但是通过长期使用，产生了区别于其原本含义的第二含义，从而使该标识对其所适用的商品或者服务来说获得了显著性，并能够识别来源，最终便可以作为该种商品或者服务的商标进行注册。例如，"两面针"是一种常见的生产牙膏的主要原料，其与牙膏的联系十分紧密，作为牙膏商标来说本不具备显著性。但是经过长期使用，消费者不再将两面针作为此种牙膏的原料描述，而是作为一种来源描述，标示该牙膏是区别于其他同种商品的由柳州两面针股份有限公司提供的特定商品，由此"两面针"便产生了获得显著性，可以作为牙膏商标进行注册。

（2）显著性的丧失。商标标识的显著性是动态的、可变的。一个原本不具备显著性的标识可以通过长期使用获得显著性；反之，一个原本具备显著性的标识也可能经过长期使用逐渐削弱甚至丧失显著性。最典型的情形是注册商标成为其所适用的商品的通用名称，例如 aspirin（阿司匹林）、优盘。这时将会引起注册商标的撤销程序。对此，下文将于第四章中进行详述。

（3）不符合显著性的具体情形。商标注册的显著性条件突出体现在我国《商标法》第 11 条中。该条第 1 款明确列举了 3 种因不符合显著性要求而不得作为商标注册的情形：①仅有本商品的通用名称、图形、型号的；②仅直接表示商品的质量、主要原料、功能、用途、重量、数量及其他特点的；③其他缺乏显著特征的。同时，该条第 2 款对获得显著性进行了补充规定，"前款所列标志经过使用取得显著特征，并便于识别的，可以作为商标注册"。据此，我们不得在杀虫剂上注册"农药"或"驱虫"商标，不得在服装上注

---

① 参见《最高人民法院关于审理商标授权确权行政案件若干问题的规定》第 8 条。

册"M"或"纯棉"商标，不得在大米上注册"10kg"商标，不得在手机上注册"蓝牙"商标，也不得在胶水上注册"502"商标。

2. 合法性

《商标法》规定了数个禁止性和限制性条款，明确了许多不得作为商标注册或者使用的标志，商标权人注册和使用的商标必须遵守这些规定，此即商标的合法性要求。总体而言，合法性要求大致可以分为以下四类。

（1）不得违背禁止性和限制性条款。《商标法》第 10 条至第 12 条规定了两种禁止性和限制性条款：一种规定了不得作为商标注册和使用的标志；另一种则规定了禁止作为商标注册的标志。

一是不得作为商标注册和使用的标志。《商标法》第 10 条第 1 款规定了八种绝对不得作为商标的标志。换言之，以下这八种标志既不得向商标局申请商标注册，也不得作为未注册商标在市场中使用：

• 同中华人民共和国的国家名称、国旗、国徽、国歌、军旗、军徽、军歌、勋章等相同或者近似的，以及同中央国家机关的名称、标志、所在地特定地点的名称或者标志性建筑物的名称、图形相同的。例如"中国""中华""CHINA""五星红旗""人民大会堂"。[①]

• 同外国的国家名称、国旗、国徽、军旗等相同或者近似的，但经该国政府同意的除外。例如"美国""摩洛哥""德意志""大韩"。

• 同政府间国际组织的名称、旗帜、徽记等相同或者近似的，但经该组织同意或者不易误导公众的除外。例如"WTO""WIPO""APEC""EU""ADB"。

• 与表明实施控制、予以保证的官方标志、检验印记相同或者近似的，但经授权的除外。例如"国家免检产品"标志。

• 同"红十字""红新月"的名称、标志相同或者近似的。例如"红十字""白十字"。

• 带有民族歧视性的。例如"黑鬼""红毛子""鞑子"。

• 带有欺骗性，容易使公众对商品的质量等特点或者产地产生误认的。例如"国酒"。[②]

• 有害于社会主义道德风尚或者有其他不良影响的。此处"其他不良影

[①] 参见《商标审查及审理标准》"第一部分不得作为商标的标志的审查"。

[②] 参见《商标审查及审理标准》"第一部分不得作为商标的标志的审查"。

响"主要是指对我国社会公共利益和公共秩序产生消极、负面影响①，例如政治经济宗教领域的公众人物姓名（包括正面人物和反面人物）。②

此外，根据《商标法》第10条第2款，地名作为商标会受到一定的限制。具体而言，县级以上行政区划的我国地名和公众知晓的外国地名，通常不得作为商标，除非该地名具有其他含义或者作为集体商标、证明商标的组成部分；而已经注册的使用地名的商标继续有效。据此，"北京""成都""巴黎"等地名都不得作为商标；"凤凰"等地名则因为具有其他含义可以注册。

二是不得作为商标注册的标志。《商标法》第11条列举了三种不得作为商标注册的标志：①仅有本商品的通用名称、图形、型号的；②仅直接表示商品的质量、主要原料、功能、用途、重量、数量及其他特点的；③其他缺乏显著特征的。但是，这些标志经过使用取得显著特征并便于识别的除外。对此，我们应当注意两点：第一是这些标志并非绝对禁止作为商标，它们仅是不得向商标局申请商标注册，但是可以作为未注册商标在市场中使用。第二是虽然在立法上，我们可以将它们列入禁止性和限制性条款，但从理论上严格来说，这3种标志应当属于不具备显著性从而不能注册为商标的情形。

此外，三维标志中也存在不得作为商标注册的情形。《商标法》第12条规定，以三维标志申请注册商标的，仅由商品自身的性质产生的形状、为获得技术效果而需有的商品形状或者使商品具有实质性价值的形状，不得注册。此即立体商标的非功能性要求。③换言之，为实现商品性能所必需的形状，即功能性形状，不得向商标局申请注册为立体商标，但是可以作为未注册商标在市场中使用。

（2）不得损害他人在先合法权利。《商标法》明确提出，申请商标注册不得损害他人现有的在先权利。根据《最高人民法院关于审理商标授权确权行政案件若干问题的规定》，此在先权利包括他人在商标申请日之前享有的民事权利或者其他应予保护的合法权益。实践中，该项要求主要体现为以下三个方面：

一是不得侵犯他人商标权。首先，不得侵犯他人的注册商标专用权。具体而言，申请注册的商标，不得与同种或者类似商品上他人已经注册或者初

---

① 参见《最高人民法院关于审理商标授权确权行政案件若干问题的规定》第5条。
② 参见《商标审查及审理标准》"第一部分不得作为商标的标志的审查"。
③ 关于商标的非功能性问题，详见黄晖：《商标法》，法律出版社2004年版，第74－79页。

步审定并公告的商标相同或者近似。其次，不得侵犯他人的驰名商标权。具体而言，如果他人的驰名商标在我国尚未注册，则就相同或者类似商品上申请注册的商标是复制、摹仿或者翻译该驰名商标、容易导致混淆的，不予注册并禁止使用。如果他人的驰名商标在我国已经注册，则就不相同或者不相类似商品申请注册的商标是复制、摹仿或者翻译该驰名商标、误导公众、致使该驰名商标注册人的利益可能受到损害的，不予注册并禁止使用。

二是不得侵犯他人地理标志权。所谓地理标志，是指标示某商品来源于某地区，该商品的特定质量、信誉或者其他特征，主要由该地区的自然因素或者人文因素所决定的标志。在我国现行法律体系中，地理标志可以作为集体商标、证明商标进行商标注册，也可以向国家市场监督管理总局申请地理标志产品注册和保护，除此之外，农产品地理标志还可以向农业农村部申请农产品地理标志登记。

如果某地理标志经商标局注册为集体商标或证明商标，则根据此商标权，第三人不得再将该地理标志进行商标注册申请或者擅自使用，否则即为侵犯他人的商标权。如果某地理标志进行了地理标志产品注册或农产品地理标志登记，则第三人在将该地理标志作为商标时也需符合一定的要求。对此，《商标法》第 16 条明确规定："商标中有商品的地理标志，而该商品并非来源于该标志所标示的地区，误导公众的，不予注册并禁止使用；但是，已经善意取得注册的继续有效。"

三是不得侵犯他人姓名权、肖像权、著作权等其他民事权益。根据法理和立法规定，姓名、肖像、作品、商号、知名商品特有的名称、包装和装潢等均受法律保护，因此，未经许可，不得擅自将其作为商标申请注册，否则不仅不符合商标注册的合法性要求，还可能构成姓名权、肖像权、著作权、商号权等民事权益的侵权行为，需要承担相应的法律责任。

（3）不得抢注他人商标。与前述三种侵权类型不同，抢注他人商标具有一定的主观恶意。具体而言，本项要求主要包括两点：

一是不得抢注他人有一定影响的商标。《商标法》第 32 条规定，不得以不正当手段抢先注册他人已经使用并有一定影响的商标。该行为是恶意注册，即明知他人已经使用某商标且该商标具有了一定影响，为了借助他人的商誉搭便车或者在市场竞争中获益等目的，抢在他人之前将该商标进行注册。这种抢注违反诚实信用原则，会对社会风气带来不良影响，也会破坏公平有序的市场竞争秩序。但是，如果注册申请人是在不知情的前提下进行善意注册，则不构成本条所规定的抢注行为。

此外需要说明的是，严格来说，有一定影响商标只在一定程度上受法律保护，享有相应的合法利益，但尚未构成一项法定权利，不宜以"商标权"来称呼。

二是不得抢注特定关系人的商标。《商标法》第 15 条规定："未经授权，代理人或者代表人以自己的名义将被代理人或者被代表人的商标进行注册，被代理人或者被代表人提出异议的，不予注册并禁止使用。""就同一种商品或者类似商品申请注册的商标与他人在先使用的未注册商标相同或者近似，申请人与该他人具有前款规定以外的合同、业务往来关系或者其他关系而明知该他人商标存在，该他人提出异议的，不予注册。"

需要注意两点：①本项注册条件中的特定关系人范围较广，除了立法中明确提出的代理人、代表人、合同业务往来关系人之外，还包括其他具有某种特定关系的人，例如亲属、朋友、总公司、子公司、所属员工等。②特定关系人具有主观恶意，即，明知他人已使用该商标或者准备注册该商标，而仍抢先注册与之相同或者近似的商标。

据此，商标代理机构除对其代理服务申请商标注册外，不得申请注册其他商标，尤其不得将委托人的商标申请注册为自己的商标。经营者也不得在明知其合作企业、上游企业、下游企业或者其他业务往来企业已经使用某商标的情形下将该商标作为自己的商标进行注册。

（4）不得采用不正当手段进行注册。以不正当手段进行注册，主要包括以下两种情形：

一是以欺骗手段进行注册。商标注册需要提交相关申请文件和证明资料，如果申请人隐瞒真实信息或者提供虚假信息，例如使用虚假的身份证、营业执照等，以欺骗手段进行注册，将不符合商标注册的合法性条件。

二是以其他不正当手段进行注册。这是指商标注册人采取欺骗以外的损害公共利益、不正当占用公共资源等不正当方式进行注册，例如商标注册人申请注册大量商标，且明显缺乏真实使用意图。①

---

① 参见商标局《商标审查及审理标准》"第十一部分审查意见书的适用"之"六、以欺骗手段或者其他不正当手段取得商标注册审理标准"。

（三）立法新动向

2019 年《商标法》第四次修正案在现行立法规定的主体条件和客体条件之外，新增了一项商标注册条件，即必须以使用为目的进行善意注册。该法第 4 条规定："不以使用为目的的恶意商标注册申请，应当予以驳回。"立法提出这项要求，是考虑到我国商标权取得方式是注册取得，注册前不要求使用商标，这在便利当事人注册商标、取得商标专用权的同时，也容易助长只注册不使用的商标囤积行为。实践中，囤积商标可能出于多种动机，例如囤积居奇以待将来高价出售或出租商标从而谋取暴利，或者阻挡竞争对手从而妨碍其正常经营。无论何种动机，都不符合诚实信用原则对商标注册和使用的要求，也使得商标与商品在实际生活中脱节，背离了商标制度保障商标用于识别商品来源这一基本功能实现的立法初衷，严重扰乱商标管理秩序和市场经济秩序。因此，2019 年立法修改，明确提出了商标注册应以使用为目的，有利于从源头遏制那些恶意的商标注册行为，使商标注册回归到为商标使用服务的正轨上来。换言之，商标注册和商标使用密切相关，注册是为使用进行铺垫或提供保障，其目的是为了商标使用人能够更好地使用商标。

以此规定为指导，2019 年《商标法》第四次修正案在多个具体制度中进行了相应修改，主要涉及商标注册前的审查、注册后的救济（即商标无效宣告）、作为商标注册辅助的商标代理、对恶意注册商标的行政处罚等。

三、商标注册程序

（一）商标申请注册的普通程序

1. 申请

（1）申请的提交。商标注册，首先应由申请人向商标局提出申请，做出希望注册某商标的意思表示。此时，申请人应当提交符合法律规定的申请文件，缴纳申请注册费用，并采取合适的方式提交申请。

一是申请文件。具体包括以下几点内容：

● 申请书。每一件商标注册申请应当向商标局提交《商标注册申请书》1 份。这是由商标局制定的格式文本，申请人应当如实填写。

● 商标图样。申请人应当向商标局提交商标图样 1 份。以颜色组合或者着色图样申请商标注册的，应当提交着色图样，并提交黑白稿 1 份；不指定颜色的，应当提交黑白图样。商标图样应当清晰，便于粘贴，用光洁耐用的纸张印制或者用照片代替，长和宽应当不大于 10 厘米，不小于 5 厘米。此外，以三维标志申请商标注册的，应当在申请书中予以声明，说明商标的使用方式，并提交能够确定三维形状的图样，提交的商标图样应当至少包含三面视图。以颜色组合申请商标注册的，应当在申请书中予以声明，说明商标的使用方式。以声音标志申请商标注册的，应当在申请书中予以声明，提交符合要求的声音样本，对申请注册的声音商标进行描述，说明商标的使用方式。对声音商标进行描述，应当以五线谱或者简谱对申请用作商标的声音加以描述并附加文字说明；无法以五线谱或者简谱描述的，应当以文字加以描述；商标描述与声音样本应当一致。申请注册集体商标、证明商标的，应当在申请书中予以声明，并提交主体资格证明文件和使用管理规则。商标为外文或者包含外文的，应当说明含义。

● 申请人身份证明。申请人应当向商标局提交其身份证明文件，商标注册申请人的名义与所提交的证明文件应当一致。

此外，申请人委托商标代理机构申请商标注册的，应当提交代理委托书，代理委托书应当载明代理内容及权限；外国人或者外国企业的代理委托书还应当载明委托人的国籍。申请人要求优先权的，应当提交书面声明，并随后提供相关证明材料。

二是申请方式。商标注册申请采取分类填报和合并申请的方法。具体而言，商标注册申请人应当按规定的商品和服务分类表填报使用商标的商品或者服务项目名称，提出注册申请。但是，商标注册申请人可以通过一份申请就多个类别的商品申请注册同一商标。

（2）申请的受理。商标注册申请手续齐备、按照规定填写申请文件并缴纳费用的，商标局予以受理并书面通知申请人；申请手续不齐备、未按照规定填写申请文件或者未缴纳费用的，商标局不予受理，书面通知申请人并说明理由。申请手续基本齐备或者申请文件基本符合规定，但是需要补正的，商标局通知申请人予以补正，限其自收到通知之日起 30 日内，按照指定内容补正并交回商标局。在规定期限内补正并交回商标局的，保留申请日期；期满未补正的或者不按照要求进行补正的，商标局不予受理并书面通知申请人。

2. 审查

（1）审查的程序。商标局对受理的商标注册申请，应当依法进行审查。

此审查内容涉及《商标法》及其实施条例所规定的全部商标注册要求，尤以显著性和合法性条件为审查重点。在审查过程中，商标局认为商标注册申请内容需要说明或者修正的，可以要求申请人做出说明或者修正。申请人未做出说明或者修正的，不影响商标局做出审查决定。2013年《商标法》修订时，还对商标局的审查期限做出了明确规定，要求其必须自收到商标注册申请文件之日起9个月内审查完毕，以确保审查工作的及时进行，尽早确定能否授予申请人以注册商标专用权。这是防止商标局久拖不决、以维护商标注册申请人利益的一大有力举措。

（2）审查的结果。经审查，对于符合规定的商标注册申请，商标局应当予以初步审定，并在商标局颁布的《商标公告》上进行公告。对于不符合规定或者在部分指定商品上使用商标的注册申请不符合规定的，商标局应当予以驳回或者驳回在部分指定商品上使用商标的注册申请，书面通知申请人并说明理由。

需要说明的是，商标局决定驳回申请、不予核准的注册申请，除了前述不符合商标注册要求、不满足商标注册条件的情形之外，还包括一类，即，与此前一年内被撤销、被宣告无效或者期满不再续展的商标相同或者近似的商标注册申请。对此，本书将在第四章中予以详述。

（3）对申请被驳回的救济。对于商标注册申请被驳回、不予公告的，申请人在收到商标局的书面通知后15日内可以向商标评审委员会申请复审。商标评审委员会应当自收到申请之日起9个月内做出决定，并书面通知申请人。有特殊情况需要延长的，经国务院工商行政管理部门批准，可以延长3个月。当事人对商标评审委员会的决定仍然不服的，可以自收到通知之日起30内向人民法院起诉。

3. 异议

对初步审定公告的商标，自公告之日起3个月内是异议期。相关主体可以对该商标注册提出异议。换言之，异议程序是任何一件商标注册中的必经程序，其目的是通过给予相关主体对商标注册提出意见的机会，通过社会的力量保证商标注册审查工作的质量。[1]

（1）异议主体和异议事由。有资格提出异议的主体根据异议的不同事

---

[1] 参见《中华人民共和国商标法释义》，载中国人大网，http://www.npc.gov.cn/npc/flsyywd/minshang/2013-12/24/content_1819927.htm，2017年7月27日访问。

由分为两种情形：商标注册申请只涉及某个人的私权的，该个人作为异议人；商标注册申请涉及社会公共利益的，任何人都可以作为异议人。具体如下：

一是以初步审定公告的商标违反《商标法》第10条、第11条、第12条规定作为异议事由的，任何人都可以向商标局提出异议。

二是以初步审定公告的商标违反《商标法》第13条第2款和第3款、第15条、第16条第1款、第30条、第31条、第32条规定作为异议事由的，只有在先权利人、利害关系人可以向商标局提出异议。

（2）异议的处理程序。异议人对商标局初步审定予以公告的商标提出异议的，应当向商标局提交商标异议申请书和相关材料，阐明明确的请求和事实依据，并附送证据材料。商标局应当将商标异议材料副本及时送交被异议人，由其进行答辩。然后，商标局应当听取异议人和被异议人的双方陈述，经调查核实后，自公告期满之日起12个月内做出是否准予注册的决定，并书面通知异议人和被异议人。有特殊情况需要延长的，经国务院工商行政管理部门批准，可以延长6个月。

（3）异议的处理结果及其救济。具体分为以下两种：

一是异议成立。经审理，商标局决定异议成立的，应当做出不予注册决定。

对此，被异议人不服的，可以自收到通知之日起15日内向商标评审委员会申请复审。商标评审委员会应当自收到申请之日起12个月内做出复审决定，并书面通知异议人和被异议人。有特殊情况需要延长的，经国务院工商行政管理部门批准，可以延长6个月。被异议人对商标评审委员会的决定不服的，可以自收到通知之日起30日内向人民法院起诉。人民法院应当通知异议人作为第三人参加诉讼。

二是异议不成立。经审理，商标局决定异议不成立的，应当做出准予注册决定。对此，异议人不服的，不得再以同一理由提出异议，但是可以依法向商标评审委员会请求宣告该注册商标无效。

4. **核准注册**

对于初步审定公告的商标，如果异议期满、无人提出异议，或者虽有人提出异议，但经审理商标局决定异议不成立，商标局都做出准予注册的决定，发给商标注册证，并予公告。这是商标注册程序的最终环节，标志着商标局对于某件商标注册申请的决定结果，也标志着申请人正式获得了某注册商专用权。

5. 立法新动向

2019 年《商标法》第四次修正案针对不以使用为目的的恶意商标注册申请，对商标注册程序进行了两处改动。

首先，在审查环节，明确"不以使用为目的的恶意商标注册申请，应当予以驳回"。亦即，商标局在审查中如果发现某商标注册申请是不以使用为目的的恶意申请，应当驳回、不予注册。

其次，在异议环节，在商标注册申请涉及社会公共利益、任何人都可以作为异议人的情形中，新增了两项异议事由：一是初步审定公告的商标违反《商标法》第 4 条规定（即属于不以使用为目的的恶意注册申请）；二是初步审定公告的商标违反《商标法》第 19 条第 4 款规定（即商标代理机构知道或者应当知道委托人申请注册的商标属于不以使用为目的的恶意注册申请而仍接受其委托）。如此，既有利于阻止商标注册申请人的恶意注册行为，也有利于杜绝商标代理机构帮助商标注册申请人从事恶意注册。

（二）几种特殊的商标申请程序

1. 另行申请

前文已述，商标注册申请采取分类填报和合并申请的方法，即，商标注册申请人按规定的商品分类表填报使用商标的商品类别和商品名称，提出注册申请。一旦经商标局核准注册，申请人即取得该种商品上的注册商标专用权。如果注册商标需要在其他类别的商品上取得商标专用权，应当另行提出注册申请。否则，虽然根据自愿注册原则，商标权人未经另行注册申请，也可以在其他商品上使用其商标，但其不得加注注册标记、冒充注册商标，并且，通常情形下无法排斥其他人在该其他商品上使用相同商标。

2. 重新申请

商标经核准注册后，商标注册人在使用过程中应当严格遵照其注册申请时提交的商标图样。如果商标注册人想改变商标标识，应当重新提出注册申请，经商标局审查核准。否则，商标注册人在使用注册商标的过程中，自行改变注册商标的，由地方工商行政管理部门责令限期改正；期满不改正的，由商标局撤销其注册商标。

3. 变更申请

注册商标需要变更注册人的名义、地址或者其他注册事项的，例如：商标注册人改变名称、迁移地址，应当提出变更申请。未经申请，自行改变这些注册事项，将由地方工商行政管理部门责令限期改正；期满不改正的，由商标局撤销其注册商标。

四、注册商标的有效期限和续展

（一）注册商标的有效期限

《商标法》第 39 条规定："注册商标的有效期为 10 年，自核准注册之日起计算。"换言之，自注册商标核准注册之日起 10 年时间内，商标注册人对该商标享有排他性的专有权，超过该期限，商标专有权不复存在。

此外，《商标法》第 36 条第 2 款规定："经审查异议不成立而准予注册的商标，商标注册申请人取得商标专用权的时间自初步审定公告 3 个月期满之日起计算。自该商标公告期满之日起至准予注册决定做出前，对他人在同一种或者类似商品上使用与该商标相同或者近似的标志的行为不具有追溯力；但是，因该使用人的恶意给商标注册人造成的损失，应当给予赔偿。"立法做出这项规定的主要目的，在于尽早对商标注册申请人授予商标专用权，从而尽早对其提供法律保护。为此目的，2013 年立法修订时，对商标局的审查期限做出了明确规定，防止其久拖不决。而商标注册申请中的异议程序则是维护第三人和社会公众的合法权利，避免因商标注册不当给他们造成损害。但是，实践中有些异议人可能出于误解甚至恶意阻碍申请人获得商标专用权而提出异议申请，人为拖延了申请人获准商标注册的时间。在此过程中，商标注册申请人没有任何过错，其合法权利仍应受到保障。因此，在这种情形下，立法对商标注册人给予追溯保护，使其自初步审定公告 3 个月期满之日起即获得注册商标专用权。

（二）注册商标的续展

商标的主要功能是识别不同经营者提供的同种商品或者服务的来源，便于消费者选择和购买。为促进这项功能的实现，经营者在商标注册后、实际使用中，除了大力投入来提高商品和服务质量，通常还会投入大量的人财物力进行广告宣传，以增加品牌知名度。一般情形下，一个商标从初始注册、投入使用到具备良好口碑、占据一定市场，往往需要较长时间的积累，少则数年，多则数十年。相形之下，注册商标专用权的 10 年有效期限便显得太短促，不足以对经营者给予充分的商标权保护，也无法对其投入给予足够回报。考虑到这一点，加之商标不同于作品、发明等智力创造成果，对商标授予较长时期的专用权不会阻碍社会文明进步、也不至于妨害市场公平竞争，立法规定了注册商标的续展制度。

所谓注册商标的续展，是指注册商标的有效期限届满时，商标注册人可以向商标局提出申请以使其有效期限延续，从而维持注册商标专用权的制度。《商标法》第 40 条规定："注册商标有效期满，需要继续使用的，商标注册人应当在期满前十二个月内按照规定办理续展手续；在此期间未能办理的，可以给予六个月的宽展期。每次续展注册的有效期为十年，自该商标上一届有效期满次日起计算。期满未办理续展手续的，注销其注册商标。""商标局应当对续展注册的商标予以公告。"

1. 续展的方式

注册商标的续展，与商标原始注册一样，实行自愿原则。商标权人自主选择是否向商标局提出续展申请，商标局不得依职权决定对某注册商标进行续展。商标权人决定进行续展的，应当向商标局提交商标续展注册申请书。

2. 续展的主体

有权办理注册商标续展申请的是商标权人，包括原始注册并一直持有注册商标专用权的人，也包括未进行原始注册而是通过继承或转让而继受注册商标专用权的人。

3. 续展的办理时间

根据我国商标法规定，注册商标的续展期是 12 个月，一般情形下，商标注册人应当在商标有效期满前 12 个月内办理续展手续。但是，考虑到实践中有些商标注册人可能由于疏忽或者其他原因而未及在该续展期内进行续展，商标法又给予了 6 个月的宽展期，即，商标注册人还可以在商标有效期满后 6 个月内办理续展手续。在此 18 个月的时间之外，商标注册人无法成功办理商标续展。

4. 续展的法律效力

一般而言，只要商标没有丧失显著性或存在其他被宣告无效的情形，商标注册人可以进行无限次续展，从而使注册商标专用权一直持续下去。每一次续展注册的有效期限和原始注册相同，都是 10 年。无论商标注册人在续展期内还是宽展期内办理续展手续，此 10 年有效期均从商标上一届有效期满次日起计算。换言之，在现行的续展制度下，注册商标专用权是无缝衔接一直存续的。因此，商标注册人在宽展期内提出续展申请、未获核准前，对他人侵犯其注册商标专用权的行为也可以提起侵权诉讼。

第三节 商标权的内容、利用和限制

一、商标权的内容

商标权有广义和狭义之分。从广义上看，商标权涵盖所有注册商标和未注册商标的权益。其中，注册商标具有排他的专有性权利，未注册商标则只享有一定的权益，在一定程度上受法律保护。实践中，商标权通常采取狭义概念，仅指注册商标专有权。

（一）注册商标专有权

1. 专用权

注册商标专用权是注册商标专有权中最重要的内容，指商标权人对其注册商标享有的独占性的使用权。从本质上说，专用权是注册商标专有权的基础，禁止权、许可权等项权利内容都是从专用权派生出来的。我国商标法中采用"注册商标专用权"一语，而"注册商标专有权"是学理上为了更加完整的描述注册商标的权利，涵盖禁止权、许可权等其他权利内容所采用的称谓。通常来说，社会上将注册商标专有权和注册商标专用权作混同性使用。据此，除非个别之处需作明确说明外，本书对此二词不作特别区分。

根据《商标法》第56条规定，注册商标专用权，以核准注册的商标和核定使用的商品为限。换言之，商标权人只在其核定使用的商品上对其核准注册的商标标识享有排他性的专用权，在其他商品上或者对其他商标标识均无此权利。如果商标权人要扩大其注册商标专用权的范围，在其他商品上也享有专用权，则需另行提出注册申请。同样，如果商标权人想对与其注册商标不同的其他商标标识享有专用权，则需重新提出注册申请。

2. 禁止权

注册商标禁止权是指商标权人排斥第三人未经许可擅自使用其注册商标

的权利。从理论上说，禁止权和专用权属于一个权利的正反两个方面，应当具有相同的适用范围。但是注册商标比较特殊，其与大多数民事权利不同，禁止权和专用权的适用范围有所差异。根据我国商标法规定，商标权人有权禁止第三人在相同或者类似的商品上使用与其注册商标相同或者近似的商标。换言之，在我国，注册商标禁止权的适用范围是与核准注册的商标相同或者近似的商标以及与核定使用的商品相同或者类似的商品。

3. 转让权

注册商标转让权是指商标权人有权将其注册商标转让给第三人。转让后，受让人将取代原商标权人成为新的商标权人，享有对该注册商标的所有权利，也可以将该注册商标再次转让。

4. 许可权

注册商标许可权是指商标权人有权将其注册商标许可给第三人使用。授予使用许可权后，商标权并未转移，商标权人仍然享有对商标的支配性权利，被许可人则根据许可的不同类型而享有对该商标进行普通的、排他的或者独占的使用的权利。

5. 标记权

《商标法》第9条第2款规定："商标注册人有权标明'注册商标'或者注册标记。"《商标法实施条例》第63条则进一步明确，"使用注册商标，可以在商品、商品包装、说明书或者其他附着物上标明'注册商标'或者注册标记"，"注册标记包括注和®。使用注册标记，应当标注在商标的右上角或者右下角"。据此，标注"注册商标"和使用注册标记都是商标权人的权利而非义务。换言之，商标权人可以自主决定是否使用这些标志。实践中，即使商标权人使用其注册商标但未标注"注册商标"和注册标记，也不妨碍其享有注册商标专用权，侵权人不能以商标权人未标注这些标志作为抗辩事由。

（二）未注册商标的权益

与注册商标不同，未注册商标并不普遍享有专有性权利，只有符合一定条件的未注册商标才在一定程度上受到法律的保护。在我国，此条件主要是指具备较高的知名度，具体包括未注册的驰名商标和未注册的有一定影响的商标。

1. 驰名商标

驰名商标是指在我国境内为相关公众广为知晓的商标。可以说，在众多商标中，驰名商标的知名度最高、享有盛誉。在我国立法中，驰名商标拥有一整套完整的认定制度，本书将在第六章中予以详述。

根据《商标法》第 13 条第 2 款，未注册的驰名商标有权排斥第三人在相同或者类似商品上注册或者使用与其驰名商标相同或者近似的商标。据此，未注册的驰名商标具有和普通注册商标相同的禁止权，其范围及于与驰名商标使用商品相同或者类似的商品、与驰名商标相同或者近似的商标，排斥的第三人行为涵盖注册和使用。

2. 有一定影响的商标

有一定影响的商标是指已经使用并在相关公众中具有较高的知名度、具备一定影响的商标。相对于驰名商标，有一定影响的商标在知名度上稍微弱一些，未达到享有盛名的程度，但其相对于普通商标来说已具有较大的名声。《最高人民法院关于审理商标授权确权行政案件若干问题的规定》对于有一定影响的商标提出了比较具体的认定标准。该司法解释第 23 条第 2 款规定："在先使用人举证证明其在先商标有一定的持续使用时间、区域、销售量或者广告宣传的，人民法院可以认定为有一定影响。"

由于有一定影响的商标在知名度上稍逊于驰名商标，因此，法律对它的保护也相对较弱。根据《商标法》第 32 条，有一定影响的商标可以排斥第三人以不正当手段进行抢注。换言之，有一定影响的商标无权排斥第三人在相同或者类似商品上使用其商标，只能排斥第三人的注册行为，并且它只能排斥一部分注册行为即不正当抢注，如果善意第三人在不知情的情况下以合法、正当的手段进行注册，则有一定影响的商标无权禁止。

此外，有一定影响的商标还享有先使用权，本书将在本章第三节中对此予以详述。

二、商标权的利用

（一）商标的使用

1. 商标使用的概念

2013 年《商标法》新增了对于商标使用的明确界定。《商标法》第 48 条规定，商标的使用，是指将商标用于商品、商品包装或者容器以及商品交易文书上，或者将商标用于广告宣传、展览以及其他商业活动中，用于识别商品来源的行为。换言之，商标的使用必须具备两个要素。

（1）商标的实际使用。实际使用商标主要包括以下几种方式：①将商标用于商品上，常见的如将汽车的商标标识镶嵌于车头上，[①] 将服装的商标标识印制在衣服领标上；②将商标用于商品的包装上，例如在服装、鞋帽的包装袋或包装盒上印制商标标识；③将商标用于商品容器上，例如大多数酒的酒瓶上都粘贴有商标标识，而轩尼诗 XO 更是将酒瓶本身即作为其酒的立体商标；④将商标用于商品交易文书上，例如一些大型企业经常将商标印制在合同书上，凸显品牌理念[②]；⑤将商标用于广告宣传中，无论是商品提供者还是服务提供者，这都是最常见的一种商标使用方式；⑥将商标用于展览中，例如参加商品展销会的经营者在其展销摊位上标注商标标识；⑦将商标用于其他商业活动中，这是一项兜底性列举，不过通说认为此种使用也应是实际使用，如果只是名义上的使用，例如仅仅公布商标注册信息、声明享有注册商标专用权，应当不符合这项要求。

（2）具有识别作用。商标的最主要功能是识别商品来源，除此之外，有的商标还具有美化商品、说明商品特征的作用。据此，如果对某商标标识的运用是非识别性的，只用于美化或说明，便不能称为商标法意义上的商标使用。

2. 商标使用的意义

（1）对商标权人的意义。商标标识作为一种符号，其本身并无太大意义，只有和商品相结合、识别商品来源，才具有实际价值、受到法律保护。从此角度来说，商标法对商标的保护应当以其使用为基础。在该理念指导下，我国《商标法》虽然不要求商标申请人在申请注册商标前使用商标，以利于其尽早获得商标专用权，但是在注册后对商标权人提出了使用的要求，否则，连续 3 年不使用，将会导致商标被撤销。换言之，在我国，商标使用并非商标获准注册的要求，但是注册商标专用权得以维持的必要条件。

---

① 参见《中华人民共和国商标法释义》，载中国人大网，http：//www.npc.gov.cn/npc/flsyywd/minshang/2013 – 12/24/content_ 1819923. htm，2017 年 7 月 27 日访问。

② 参见《中华人民共和国商标法释义》，载中国人大网，http：//www.npc.gov.cn/npc/flsyywd/minshang/2013 – 12/24/content_ 1819923. htm，2017 年 7 月 27 日访问。

（2）对侵权人的意义。商标标识作为一种符号，被第三人运用的情形多种多样，但是只有在商标法意义上的使用才可能构成侵权。诸如第三人在描述自己商品特征时运用商标权人的商标、新闻报道中出于报道的需要运用商标权人的商标等情形，虽然运用了商标标识，但不构成商标法意义上的商标使用，不会妨碍商标的识别功能发挥，都不属于侵犯商标权的行为。据此，对商标侵权行为而言，商标使用也是一项构成要件。

（二）商标的转让

1. 商标转让的要求

商标属于新型的无形财产，具有可转让性。通常情形下，商标的转让取决于当事人的自由意志，当事人可以选择将企业的业务和商标一同转让，或者仅转让商标而保留企业的业务。但是考虑到在商标的识别作用下，商标的转让可能带来引起消费者混淆、扰乱市场的不利后果，我国商标法对商标转让做出了下述具体要求。

（1）联合商标及其类似商标应当一并转让。《商标法》第42条第2款规定，转让注册商标，商标注册人对其在同一种商品上注册的近似的商标，应当一并转让。同时，该条还规定，在类似商品上注册的相同或者近似的商标，商标注册人也应当一并转让。这是对联合商标及其类似商标的特殊要求，目的是避免在消费者中产生混淆误认，将注册商标的禁止权适用范围一以继之的贯彻下去。

（2）商标局应当审查并决定是否准许注册商标的转让。《商标法》第43条第3款规定，对容易导致混淆或者有其他不良影响的转让，商标局不予核准，书面通知申请人并说明理由。注册商标转让虽然是一种私权行为，但其与广大消费者的利益、市场经济秩序密切相关，因此我们对之不能完全适用意思自由原则，国家公权力应当在一定程度上介入、把关，以确保当事人的私权行为不会损害社会公共利益。

（3）受让人应当保证使用该注册商标的商品质量。转让注册商标后，该商标便成为受让人的所有物，再与原商标权人无关。此时虽然在严格意义上，该商标无法发挥识别商品来源的作用，但是，考虑到商标是消费者据以认牌购物的标志，而实践中消费者认牌购物的依据不是从该商标能确切知悉商品提供者，而是从该商标能判断出标有该商标的商品一贯具有某种品质，因此，从此角度出发，受让人使用该商标，仍然应当保证商品具有商标转让前的一贯品质，以保障商标的识别功能的继续发挥。

2. 商标转让的程序

（1）转让注册商标，转让人和受让人应当签订转让协议。与著作权转让不同的是，注册商标的转让应当涵盖专用权、禁止权等各项权利内容。除此之外，对该转让协议，商标法没有另行提出特别要求，因此应当适用合同法的一般性规定，例如合同的条款、合同的生效等。

（2）转让注册商标，转让人和受让人应当向商标局提出申请。对此，《商标法实施条例》明确提出，转让人和受让人应当共同办理转让注册商标申请手续。

（3）商标局审查核准。商标局应当对注册商标转让申请进行审查，对不会导致混淆也不存在不良影响的，应予核准并进行公告。受让人自公告之日起享有商标专用权。

（三）商标的许可使用

1. 商标许可使用的类型

根据《最高人民法院关于审理商标民事纠纷案件适用法律若干问题的解释》第3条和第4条，商标许可包括以下三类。

（1）独占使用许可。这是指商标注册人在约定的期间、地域和以约定的方式，将该注册商标仅许可一个被许可人使用，商标注册人依约定不得使用该注册商标。此时，只有被许可人一人可以使用该商标，其他任何人包括商标注册人自己都不得使用。发生注册商标专用权被侵害时，被许可人可以直接向法院起诉。

（2）排他使用许可。这是指商标注册人在约定的期间、地域和以约定的方式，将该注册商标仅许可一个被许可人使用，商标注册人依约定可以使用该注册商标但不得另行许可他人使用该注册商标。此时，可以使用该商标的主体包括商标注册人和被许可人双方。发生注册商标专用权被侵害时，被许可人可以和商标注册人共同起诉，也可以在商标注册人不起诉的情况下，自行提起诉讼。

（3）普通使用许可。这是指商标注册人在约定的期间、地域和以约定的方式，许可他人使用其注册商标，并可自行使用该注册商标和许可他人使用其注册商标。此时，可以使用该商标的主体较多，除了商标注册人、被许可人，还可能包括其他获得普通许可的被许可人。发生注册商标专用权被侵害时，被许可人只有经商标注册人明确授权，才可以提起诉讼。

2. **商标许可使用当事人的权利义务**

（1）许可人的权利义务。具体内容如下：

一是维护被许可人的合法权益。一方面，在注册商标有效期限内，不得申请注销其注册商标；另一方面，发生第三人侵犯注册商标专用权时，排他使用许可和普通使用许可的许可人应当及时采取提起诉讼等相关措施，维护注册商标专用权、保障被许可人的合法权益。

二是监督被许可人使用其注册商标的商品质量。许可人应当采取各种有效措施，督促被许可人保证其使用该注册商标的商品维持一贯的质量标准，以维护广大消费者的合法利益。

（2）被许可人的权利义务。具体内容如下：

一是保证使用注册商标的商品质量。被许可人不仅应当接受许可人的合理监督，还应当自觉提高并维持生产技术，保证使用注册商标的商品符合其一贯的质量标准。

二是在使用注册商标的商品上标明被许可人的名称和商品产地。虽然从理论上说，在被许可人负有保证使用该注册商标的商品质量的义务要求下，被许可人的商品也应会维持其一贯的质量标准，但实践中，被许可人和许可人之间、不同的被许可人之间，由于并非使用同一套生产设备和技术、生产原料存在差异等各种现实原因，很难保证商品质量完全一致。此时，为了维护广大消费者的知情权、利于他们选购商品，被许可人仍应在商品上标明自己的名称和商品产地，以便和许可人及其他被许可人区分开。

3. **商标许可使用的程序**

（1）商标注册人和被许可人应当签订商标使用许可合同。该合同应当符合合同法的一般规定，并且注明使用许可的类型。

（2）许可人应当将其商标使用许可报商标局备案。此备案并非商标使用许可的生效要件，只具有对抗善意第三人的效力。《最高人民法院关于审理商标民事纠纷案件适用法律若干问题的解释》第19条规定："商标使用许可合同未经备案的，不影响该许可合同的效力，但当事人另有约定的除外。""商标使用许可合同未在商标局备案的，不得对抗善意第三人。"

另外，实践中可能出现商标注册人先行授予商标使用许可、在许可期内又将商标转让给他人的情形，此时，被许可人和受让人同时使用商标可能产生利益冲突。对此，《最高人民法院关于审理商标民事纠纷案件适用法律若干问题的解释》第 20 条明确规定："注册商标的转让不影响转让前已经生效的商标使用许可合同的效力，但商标使用许可合同另有约定的除外。"换言之，除非商标使用许可合同另有约定，商标注册人先授予商标使用许可、后转让注册商标的，在后的商标受让人不得以其商标专用权对抗在先的被许可人，双方对商标的使用并行不悖。

三、商标权的限制

（一）正当使用

前文已述，有一些词汇，例如仅有本商品的通用名称、图形、型号，或者仅直接表示商品的质量、主要原料、功能、用途、重量、数量及其他特点的，由于不具备显著性，通常不得作为商标注册。但是，如果这些词汇经过使用、获得了显著性，或者和其他文字相结合而具备了显著性，则符合显著性要求，可以进行注册。与此相似的，县级以上行政区划的我国地名或者公众知晓的外国地名，不得作为商标，但是地名具有其他含义的除外。换言之，这些原本缺乏显著性、不应作为商标的词汇经过处理或者使用，产生了不同于原本含义的第二含义，才可以注册为商标。但此时，这些词汇原本的含义仍然存在，他人仍有在原本含义上使用这些词汇的需要。我们不能一味强调这些词汇作为商标的第二含义，而忽视它们的原本含义。亦即，我们不能因为强调商标权人的商标权，而妨碍他人对这些词汇的正常使用，毕竟这些词汇不是商标权人自创的，而是属于社会公众的共享资源。据此，《商标法》第 59 条第 1 款明确规定："注册商标中含有的本商品的通用名称、图形、型号，或者直接表示商品的质量、主要原料、功能、用途、重量、数量及其他特点，或者含有的地名，注册商标专用权人无权禁止他人正当使用。"例如，对于其他牙膏生产厂商在其产品上标明牙膏的生产原料中含有两面针，柳州两面针股份有限公司作为"两面针"牙膏的商标注册人，不得反对。再如，青岛啤酒股份有限公司不得以其对"青岛"的注册商标专用权来反对青岛市其他酒厂在产品上标明自己的厂商名称时使用"青岛"二字。

同理，我国商标法规定，三维标志中仅由商品自身的性质产生的形状、为获得技术效果而需有的商品形状或者使商品具有实质性价值的形状，不得注册。但是，如果商标注册人将这些形状和其他形状结合起来，使之获得了显著性，也可以作为立体商标进行注册。此时，商标权人在商标的意义上使用这些形状，不得排斥他人出于实现商品功能的正当目的对这些形状的正常使用。此即《商标法》第 59 条第 2 款规定："三维标志注册商标中含有的商品自身的性质产生的形状、为获得技术效果而需有的商品形状或者使商品具有实质性价值的形状，注册商标专用权人无权禁止他人正当使用。"

（二）权利用尽

权利用尽，也称首次销售原则，是指商标权人或其许可的人将带有商标的商品售出后，第三人可以自由利用该商品，进行使用、转售等行为。该项原则的确立，目的是限制商标权人对其商标的控制权，保障商品的自由流通和使用，防止商标权人借助商标权垄断市场、阻碍贸易和自由竞争。

1. 权利用尽的适用条件

权利用尽，以使用注册商标的商品在转售时没有发生变化为要件。换言之，如果商标权人或其许可的人将带有商标的商品售出后，第三人为消费的目的使用（包括自用或者借给他人使用）该带有商标的商品，自然不存在侵权问题，无须符合任何条件。如果商标权人或其许可的人将带有商标的商品售出后，第三人为流通的目的转售该带有商标的商品，则必须符合未对该商品等做出实质性改变的要求。这是因为，如果对商品作了变动，或者改变了商品装潢、商标等，将会妨碍商标的识别性功能，改变商标权人原本建立的特定商品和特定商标标识之间的具体、特定的联系。这不仅不符合权利用尽原则的适用要求，还可能构成反向假冒等商标侵权行为。当然，该项要件并未要求不能对转售时的商品做出任何改变，一些非实质性的改变，例如经销商将整批商品分开进行零售、在纯外文的商品装潢上加贴中文说明等，并不违背商标的识别功能，不应禁止。

2. 权利用尽的地域范围

权利用尽的地域范围是指商标权人或其许可的人将带有商标的商品售出后，其商标权是仅在该国范围内用尽，还是在世界范围内都用尽。这涉及商品的平行进口问题。目前有些跨国公司的商品在世界范围内销售时采取区别定价政策，即，同种商品在不同国家间存在价格差异。这便推动了商品的平行进口现象，一些经营商往往会从定价较低的国家购买商品后转售到定价较高的国家，赚取中间差价。这种行为不同于常见的商标侵权，因为经营商转售的不是假冒商标的产品，并未破坏商品和商标标识之间的联系，没有影响商品的识别功能，但它却在实际上降低了商标权人在世界范围内的销售总收入，损害了商标权人的合法利益。对于这种商品平行进口行为，商标权人能否禁止？关键在于确定商标权利用尽的地域范围。如果将商标权利用尽的地域范围限于一国境内，则平行进口构成商标权侵权；反之，如果将商标权利用尽的地域范围拓展至世界范围，则平行进口不构成侵权。

目前，国际社会在这一问题上尚未达成共识，我国立法对此也未做出明确规定，学者观点不一。就司法实践来看，认可商标权利用尽的地域范围及于世界范围、平行进口不构成商标权侵权的观点占主流地位。例如，作为2013 年第 13 期最高人民法院公报案例，在维多利亚的秘密商店品牌管理有限公司诉上海锦天服饰有限公司侵害商标权及不正当竞争纠纷案中，法院认为，国外某品牌拥有者在国内就该品牌注册了商标，但又在国外将该品牌商品授权他人处分，国内经销商通过正规渠道从该被授权人处进口该品牌正牌商品并在国内转售的，根据商标权利用尽原则，该进口并转售的正牌商品不会造成相关公众对所售商品来源的混淆、误认，不构成商标侵权。[1]

(三) 先使用权

前文已述，有一定影响的商标在一定程度上受商标法保护，可以禁止他人在相同或者类似商品上以不正当手段进行抢注。换言之，如果他人是采取正当手段，则可以在相同或者类似商品上注册与该商标相同或者近似的商标。这便带来一个疑问，我们应当如何处理在后的注册者和在先的使用者之间的利益冲突？

从立法来看，我国虽然采取先申请原则，但并非"唯注册论"，使用也具有十分重要的法律意义，例如，在同日申请时，商标权授予使用在先者。应当承认，这种理念具有相当的合理性。商标的识别功能其实是在特定商品和商标标识之间建立某种联系，使消费者一看到某商标标识就能确切的联系到某商品、知晓该商品的特定品质，而这种联系只有通过商标的实际使用才能建立起来。只是考虑到实践中使用时间的举证困难，我们才强调注册手续，以注册的公示性和公信力来减少纠纷或者促进纠纷的解决。但是，这不能从

---

① 参见北大法宝网，http://bjlx. pkulaw. cn/case/pfnl_ 1970324839087855. html？keywords = 维多利亚的秘密商店品牌管理有限公司诉上海锦天服饰有限公司侵害商标权及不正当竞争纠纷案 &match = Exact，2017 年 7 月 18 日访问。

根本上排除使用在商标法中的重要作用，尤其是在商标通过实际使用产生了一定的知名度、具有较高的商业价值的情况下。据此，对于虽未注册但经过使用有一定影响的商标而言，虽然不授予它排斥他人正当注册的权利，但是相对于注册者，立法也应给予它一定的利益，此即有一定影响的商标的先使用权。

我国《商标法》于 2013 年修改时，对该问题做出了十分明确的规定。依据该法第 59 条第 3 款，商标注册人申请商标注册前，他人已经在同一种商品或者类似商品上先于商标注册人使用与注册商标相同或者近似并有一定影响的商标的，注册商标专用权人无权禁止该使用人在原使用范围内继续使用该商标，但可以要求其附加适当区别标识。这款规定具有很强的合理性，一方面确认了有一定影响的商标的先使用权，另一方面也对它提出了附加适当区别标识的要求，以免引起消费者的混淆误认。

（四）非商标性使用

从外表来看，商标是一种可视性或者可听性的符号，如果符合原创性条件，即可构成作品，用于文学艺术科学领域，而非在商业领域中用于商品上。例如，康师傅的图形商标可以构成美术作品，中国国际广播电台的"中国国际广播电台广播节目开始曲"听觉商标可以构成音乐作品。此时，如果第三人在作品的意义上利用这些符号，例如将它们汇编出版，则虽然可能涉及著作权问题，但是不会构成商标权侵权。

此外，其他社会生活领域中也可能存在对商标标识的运用，例如，在新闻报道中报道某品牌商品获得某种荣誉、取得某种成就，或者披露某品牌商品存在相关问题、受到惩罚处理等。此时对商标标识的运用与商标的识别功能无关，不构成商标法意义上的商标使用，因此也不属于侵犯商标权的行为。当然，如果新闻报道中存在歪曲、失实等情形，则可能产生名誉权等其他权利的侵权问题。

第四节　商标权的终止

商标权的终止，也称商标权的消灭，是指注册商标专用权产生之后由于某种特定事由的出现而丧失。此时，该项商标权的丧失是绝对的、完全的，任何人都不再享有这项注册商标专用权，而非如商标权的转让那样只是一个主体丧失该权利、另一个主体取得该权利。根据我国商标法规定，商标权的终止包括三种情形：因注销而终止，因撤销而终止，以及因无效宣告而终止。

一、商标的注销

（一）商标注销的事由

在三种商标权终止情形中，商标的注销相对温和，多为注册商标专用权人自愿放弃商标权。具体而言，在我国《商标法》中，商标注销的事由主要包括以下两种。

1. 期满未续展

在我国，注册商标的 10 年有效期限届满时，商标注册人可以在期满前的 12 个月续展期内或者期满后的 6 个月宽展期内办理续展手续。如果直到 6 个月的宽展期结束仍未办理续展手续，则无论出于何种原因，该注册商标都应当注销。

实践中，注册商标有效期满未续展存在两种情形：一是商标注册人未在法定的续展期和宽展期内提出续展申请。此时不考虑商标注册人的主观状态，无论是明知期满而不愿进行续展，还是由于疏忽大意而错过办理续展的期限，都不影响其注册商标被注销的结果。二是商标注册人在法定期限内提出续展申请，但因不符合法定要求，而未能成功办理续展注册。例如，商标注册人未提交身份证明文件，或者提交的商标续展注册申请书不符合填写要求，或者未足额缴纳续展注册费，等等。

2. 商标权人申请注销

在注册商标的 10 年有效期限届满之前，商标注册人也可以主动放弃其注册商标专用权或者在部分指定商品上的注册商标专用权。例如，商标注册人在服装和布料上都注册了某商标，他可以放弃其全部的注册商标专用权，也可以保留在服装上的该商标而放弃在布料上的商标专用权。无论哪种情形，商标注册人所放弃的那部分注册商标都将被注销。

（二）商标注销的程序

商标注销的主管机关是商标局。具体来说，注册商标因有效期满未续展而注销的，商标局应当依职权主动办理注销手续。

注册商标因商标权人主动放弃而注销的，商标注册人应当向商标局提交商标注销申请书，并交回原《商标注册证》，该《商标注册证》作废，商标局应予公告。如果商标注册人仅申请注销其商标在部分指定商品上的注册，则商标局还应重新核发《商标注册证》，并予以公告。

（三）商标注销的法律后果

1. 商标权终止

商标注销的直接后果是该注册商标专用权终止。具体而言，注册商标因有效期满未续展而注销的，该注册商标专用权自有效期满之日起终止。商标注册人申请注销其注册商标或者注销其商标在部分指定商品上的注册，经商标局核准注销的，该注册商标专用权或者该注册商标专用权在该部分指定商品上的效力自商标局收到其注销申请之日起终止。

2. 相同或者近似商标禁止注册

从理论上说，注册商标被注销后，其注册商标专用权即告终止，此时其他申请人提出与该商标相同或者近似的商标注册申请，应当不存在"与在先权利相冲突"的问题，不妨碍其商标注册。但是，在实践中，被注销商标的商品通常还会在市场上再流转一段时间，此时如果立即核准在后申请人的相同或者近似的商标注册申请，将产生两种后果：一是在后申请人享有该注册商标专用权，在理论上他可以依据该权利排斥在先商标的使用，这显然不合理；二是在后申请人不排斥在先商标的使用，此时市场上同时存在先后两个商标注册人的商品，其上使用相同或者近似的商标，这势必会引进消费者混淆，对消费者权益保护和市场经济秩序不利。

因此，《商标法》第50条规定，注册商标期满不再续展的，自注销之日起一年内，商标局对与该商标相同或者近似的商标注册申请，不予核准。这是对相同或者近似商标注册设置了一年的延后期限，以便于在先商标注册人的商品能够基本在市场上流转完毕、进入消费领域，避免和在后商标注册人投入市场的商品发生混淆误认。

二、商标的撤销

（一）商标撤销的事由

商标注册后，应当实际使用、依法使用，如果商标注册人囤积不用或者在使用中出现不合法或不合理的情形，将可能导致商标被撤销。具体而言，我国商标法规定了以下三种商标撤销事由。

1. 丧失显著性

显著性是商标注册的要件之一。满足显著性条件的最典型情形是一件标识与生俱来地具备显著性。而实践中往往会出现其他情形。例如，一件原本不具备显著性的标识如果经过使用获得了显著性，将也符合显著性要求，可以作为商标进行注册。同理，一项原本具备显著性的标识也可能在使用中丧失了显著性，此时它便不再符合注册商标的必要条件，当然不能再作为注册商标持续下去。从商标注册人的角度来看，原本具备显著性的商标在使用中丧失显著性，很可能是商标注册人自己使用不当，最典型的是商标注册人在广告宣传中过分突出商标而忽视商品名称，使得公众谈及此种商品时往往以商标来指代，最终导致商标成为商品的通用名称。

对此，我国《商标法》第49条第2款明确规定，注册商标成为其核定使用的商品的通用名称的，任何单位或者个人可以向商标局申请撤销该注册商标。

2. 连续3年不使用

我国实行先申请原则，商标注册人申请注册商标时，不以实际使用为条件。因此，实践中，相比于实际使用，经营者更重视申请，往往是先提出商标注册申请，以争取申请在先的地位，经核准注册后再予使用。这便可能带来一种不利后果，即商标注册人抢先注册商标却并不为了使用，而是为了排斥竞争者或者囤积居奇的目的。这虽然不违背先申请原则，但显然不符合该原则的立法本意，容易导致公共资源减少，也不利于市场公平竞争。

因此，我国商标法对商标注册后的实际使用提出了明确要求，并规定，注册商标没有正当理由连续3年不使用的，任何单位或者个人可以向商标局申请撤销该注册商标。《商标法实施条例》第67条进一步明确，此正当理由包括：①不可抗力；②政府政策性限制；③破产清算；④其他不可归责于商标注册人的正当事由。

3. 使用中存在违法情形

注册商标一经注册，相关注册事项即不能随意改变。例如，商标注册人若要改变商标标识，应当重新提出注册申请；若要改变注册人名义、地址和其他注册事项，应当提出变更申请。商标注册人未遵守这些规定，自行改变注册商标、注册人名义、地址或者其他注册事项的，属于在使用注册商标的过程中存在违法行为。这破坏了商标管理制度，可能导致市场秩序紊乱，构成可由商标局撤销其注册商标的一项事由。

（二）商标撤销的程序

1. 商标局的撤销

商标撤销的主管机关是商标局。

具体来说，因注册商标丧失显著性或者连续 3 年不使用而导致撤销的，任何人都可以向商标局提出申请，请求撤销该注册商标。商标局应当自收到申请之日起 9 个月内做出决定。有特殊情况需要延长的，经国务院工商行政管理部门批准，可以延长 3 个月。

商标注册人在使用注册商标的过程中，自行改变注册商标、注册人名义、地址或者其他注册事项的，由地方工商行政管理部门责令限期改正。在地方工商行政管理部门限定的期限内，当事人改正合格的，其注册商标继续存续；在地方工商行政管理部门限定的期限届满时仍不改正的，由商标局撤销其注册商标。

2. 对商标局撤销或者不予撤销决定的救济

注册商标专用权是商标注册人的一项合法权利，撤销商标即剥夺这项权利，这对商标注册人的影响重大。为维护商标注册人的合法利益，我国商标法对商标局的撤销或者不予撤销注册商标的决定设置了救济程序。

根据《商标法》第 54 条，商标局撤销或者不予撤销注册商标的决定不具有终局效力。当事人对此决定不服的，可以自收到通知之日起 15 日内向商标评审委员会申请复审。商标评审委员会应当针对商标局做出撤销或者不予撤销注册商标决定和当事人申请复审时所依据的事实、事由及请求进行审查，并自收到申请之日起 9 个月内做出决定，书面通知当事人。有特殊情况需要延长的，经国务院工商行政管理部门批准，可以延长 3 个月。

当事人对商标评审委员会的决定仍然不服的，可以自收到通知之日起 30 日内向人民法院起诉。此为行政诉讼，应当以商标评审委员会作为被告。

需要注意的是，在对商标局撤销或者不予撤销注册商标决定的救济程序中，商标评审委员会的复审是法院的司法审查的必经前置程序，当事人不能不经复审而直接向法院起诉。

最后，法定期限届满，当事人对商标局做出的撤销注册商标的决定不申请复审或者对商标评审委员会做出的复审决定不向人民法院起诉的，撤销注册商标的决定、复审决定生效。

（三）商标撤销的法律后果

1. 商标权终止

《商标法》第55条第2款规定，被撤销的注册商标，由商标局予以公告，该注册商标专用权自公告之日起终止。应当注意，在商标被撤销的情形下，注册商标专用权的终止时间以商标局的公告时间为准，而非以商标局撤销注册商标的决定的生效时间、商标评审委员会维持撤销决定的复审决定的生效时间，或者法院对此进行判决的生效时间来确定。[①] 实践中，商标局的公告时间往往晚于商标局撤销注册商标的决定的生效时间和商标评审委员会维持撤销决定的复审决定的生效时间。

2. 相同或者近似商标禁止注册

与商标注销制度下相似，为避免市场上同时存在先后两个商标注册人使用相同或者近似的商标从而导致消费者混淆的情形出现，立法对商标撤销制度也规定了在后注册相同或者近似商标的一年延后期。《商标法》第50条规定，注册商标被撤销的，自撤销之日起一年内，商标局对与该商标相同或者近似的商标注册申请，不予核准。

（四）商标撤销和商标注销的区别

商标撤销和商标注销是导致商标权终止的两种情形，二者在许多方面都具有相似性，例如，都由商标局作为主管机关，立法都做出了一年内对相同或者近似商标禁止注册的规定。但是，二者也存在较大差别，主要包括以下两个方面。

1. 法定事由不同

引起商标撤销的事由主要是商标权人在商标注册后未合法、合理的使用，具体包括商标丧失显著性，无正当理由连续3年不使用商标，以及商标使用中存在违法情形。引起商标注销的事由则主要是商标权人自愿放弃注册商标专用权，具体包括注册商标期满未续展，以及商标权人主动申请注销。

---

① 参见《中华人民共和国商标法释义》，载中国人大网，http：//www. npc. gov. cn/npc/flsyywd/minshang/2013 – 12/24/content_ 1819923. htm，2017 年 7 月 27 日访问。

2. 法定程序不同

在商标注销情形下，商标权人往往是自愿放弃商标权，此时商标局的注销决定与其意愿相符，不至于损害商标权人的合法权利，因此商标局的决定即具有法律效力。而在商标撤销情形下，商标撤销并不符合商标权人的主观意愿，而是由商标局强制终止其注册商标专用权，可能会损害商标权人的合法利益。因此，立法对商标撤销规定了救济程序。亦即，在商标撤销制度中，商标局的决定要受到商标评审委员会的复审审查和法院的司法审查，当事人对商标局的撤销或者不予撤销商标的决定不服的，首先可以申请商标评审委员会复审，对复审决定仍然不服的，还可以向法院起诉。法院的判决具有最终效力。

三、商标的无效宣告

在 2013 年之前，我国《商标法》中并无"无效宣告"这一术语，立法措辞采用的是"撤销"一词。这便在法律适用中带来混乱，使得商标撤销制度和商标无效宣告制度很难准确区分。2013 年《商标法》修订时对此进行了改进，明确采用"无效宣告"一词，这既在立法技术上体现了科学性，也更加符合法理。

（一）商标无效宣告的事由

所谓商标无效宣告制度，是指商标不符合法定的注册条件却被商标局核准注册，在其有效期限内，由商标局或者商标评审委员会进行无效宣告，使该注册商标专用权溯及既往的不发生法律效力。据此，导致商标无效宣告的事由即为已经注册的商标不符合法定的注册条件。具体而言，该事由可以分为绝对事由和相对事由两大类。

1. 绝对事由

《商标法》第 44 条规定了下列两种无效宣告的绝对事由。

（1）违反禁止性和限制性条款。具体包括以下两方面：

一是使用《商标法》第 10 条禁止作为商标注册和使用的标志。具体包括以下八种标志：①同中华人民共和国的国家名称、国旗、国徽、国歌、军旗、军徽、军歌、勋章等相同或者近似的，以及同中央国家机关的名称、标志、所在地特定地点的名称或者标志性建筑物的名称、图形相同的；②同外国的国家名称、国旗、国徽、军旗等相同或者近似的，但经该国政府同意的除外；

③同政府间国际组织的名称、旗帜、徽记等相同或者近似的，但经该组织同意或者不易误导公众的除外；④与表明实施控制、予以保证的官方标志、检验印记相同或者近似的，但经授权的除外；⑤同"红十字""红新月"的名称、标志相同或者近似的；⑥带有民族歧视性的；⑦带有欺骗性，容易使公众对商品的质量等特点或者产地产生误认的；⑧有害于社会主义道德风尚或者有其他不良影响的。

此外，使用县级以上行政区划的我国地名或者公众知晓的外国地名，而该地名没有其他含义，也未作为集体商标、证明商标的组成部分，亦不属于已经注册的商标，则也构成商标无效宣告的绝对事由。

二是使用《商标法》第 11 条、第 12 条禁止作为商标注册的标志。具体包括以下三种标志：①仅有本商品的通用名称、图形、型号的；②仅直接表示商品的质量、主要原料、功能、用途、重量、数量及其他特点的；③其他缺乏显著特征的。但是，这些标志经过使用取得显著特征并便于识别的，除外。

此外，仅将商品自身的性质产生的形状、为获得技术效果而需有的商品形状或者使商品具有实质性价值的形状，作为立体商标进行注册的，同样构成商标无效宣告的绝对事由。

（2）以欺骗手段或者其他不正当手段取得注册。实践中，这主要是指商标注册人采取伪造证明材料、在申请文件中提供虚假信息、甚至贿赂胁迫商标审查人员等不合法、不正当的手段进行商标注册。

2. 相对事由

《商标法》第 45 条规定了下列两种无效宣告的相对事由。

（1）侵犯他人在先合法权利。具体包括以下几种：

一是侵犯他人商标权。这主要是指注册商标与他人在同种商品或者类似商品上先行注册或者初步审定的商标相同或者近似。

此外，如果注册商标违反先申请原则，也构成商标无效宣告的相对事由，具体包括两种情形：①两个或者两个以上的商标注册申请人先后在同种商品或者类似商品上以相同或者近似的商标申请注册，在后申请人获准注册；②两个或者两个以上的商标注册申请人同一天在同种商品或者类似商品上以相同或者近似的商标申请注册，在后使用商标的申请人获准注册。

二是侵犯他人驰名商标权。具体包括两种情形：①在相同或者类似商品上注册的商标是复制、摹仿或者翻译他人未在我国注册的驰名商标，容易导致混淆的；②在不相同或者不相类似商品上注册的商标是复制、摹仿或者翻译他人已经在我国注册的驰名商标，误导公众，致使该驰名商标注册人的利益可能受到损害的。

三是侵犯他人地理标志权。这是指除了已经善意取得注册的外，其他的注册商标中含有商品的地理标志，而该商品并非来源于该标志所标示的地区，误导公众。

四是侵犯他人其他合法权利。除前述在先权利外，注册商标侵犯他人的其他在先权利，例如姓名权、肖像权、著作权、外观设计专利权、商号权等，都构成商标无效宣告的相对事由。

（2）不正当抢注他人商标。具体包括以下两种：

一是抢注特定关系人的商标。具体包括两种情形：①未经授权，代理人或者代表人以自己的名义将被代理人或者被代表人的商标进行注册，被代理人或者被代表人提出异议的；②在同种商品或者类似商品上注册的商标与他人在先使用的未注册商标相同或者近似，商标注册人与该他人具有合同、业务往来等其他关系而明知该他人商标存在，该他人提出异议的。

二是抢注有一定影响的商标。如果注册商标与他人在先使用并有一定影响的商标相同，并且商标注册人具有恶意，目的在于借助他人的商誉搭便车或者与在先使用人进行不公平竞争等，则通常可以认定为其是以不正当手段抢注他人有一定影响的商标，同样构成商标无效宣告的相对事由。

3. 立法新动向

围绕着禁止商标恶意注册的立法思路，2019 年《商标法》第四次修正案对商标无效宣告的事由规定做出了相应改动。具体而言，在《商标法》第 33 条列举的导致商标无效宣告的绝对事由中，新增了两项内容：一是已经注册的商标违反《商标法》第 4 条规定（即属于不以使用为目的的恶意商标注册申请）；二是已经注册的商标违反《商标法》第 19 条第 4 款规定（即商标代理机构知道或者应当知道委托人申请注册的商标属于不以使用为目的的恶意注册申请而仍接受其委托）。如此，商标无效宣告程序与商标注册前的审查程序相呼应，在商标注册前后形成两道屏障，既可以在注册前阻止恶意的商标注册，又可以在注册后给予及时补救，有利于对商标恶意注册进行有效打击。

（二）商标无效宣告的程序

我国《商标法》第 44 条和第 45 条分别针对商标无效宣告的绝对事由和

相对事由设置了两套完全不同的无效宣告程序。

1. 绝对事由的无效宣告程序

存在商标无效宣告绝对事由时，该注册商标可以有两种无效宣告途径。

（1）商标局宣告无效。对无效宣告绝对事由，商标局可以依职权主动宣告该注册商标无效，此时无须其他人提出申请。

商标局做出宣告无效的决定，应当书面通知当事人。当事人对商标局的决定不服的，可以自收到通知之日起 15 日内向商标评审委员会申请复审。商标评审委员会应当针对商标局的决定和申请人申请复审的事实、理由及请求进行审理，并自收到申请之日起 9 个月内做出决定，书面通知当事人。有特殊情况需要延长的，经国务院工商行政管理部门批准，可以延长 3 个月。当事人对商标评审委员会的决定不服的，可以自收到通知之日起 30 日内向人民法院起诉。

（2）商标评审委员会宣告无效。对无效宣告绝对事由，商标评审委员会也可以做出无效宣告，但是不得自己主动进行，必须由他人提出请求。此时，由于无效事由都是涉及社会公共利益的，任何单位或者个人都可以向商标评审委员会提出商标无效宣告请求。商标评审委员会收到申请后，应当书面通知有关当事人，并限期提出答辩，然后针对当事人申请和答辩的事实、理由及请求进行审理。商标评审委员会应当自收到申请之日起 9 个月内做出维持注册商标或者宣告注册商标无效的裁定，并书面通知当事人。有特殊情况需要延长的，经国务院工商行政管理部门批准，可以延长 3 个月。当事人对商标评审委员会的裁定不服的，可以自收到通知之日起 30 日内向人民法院起诉。人民法院应当通知商标裁定程序的对方当事人作为第三人参加诉讼。

2. 相对事由的无效宣告程序

与绝对事由情形不同，存在商标无效相对事由时，该注册商标只有一种无效宣告途径，即，由商标评审委员会做出无效宣告。

具体而言，由于商标无效相对事由都是涉及某个体的私权利益，应当由该在先权利人或者利害关系人向商标评审委员会做出商标无效宣告请求。而考虑到此无效宣告涉及在先权利人或者利害关系人与商标注册人双方之间的利益纠纷，如果距离商标注册时间太长，相关证据可能难以收集、无法准确做出判断，因此立法设置了期限要求。即，在先权利人或者利害关系人应当自商标注册之日起 5 年内提出商标无效宣告请求，但对恶意注册的，驰名商标所有人不受此时间限制。

商标评审委员会收到宣告注册商标无效的申请后，应当书面通知有关当事人，并限期提出答辩。商标评审委员会应当针对当事人申请和答辩的事实、理由及请求进行审理，并自收到申请之日起 12 个月内做出维持注册商标或者宣告注册商标无效的裁定，书面通知当事人。有特殊情况需要延长的，经国务院工商行政管理部门批准，可以延长 6 个月。当事人对商标评审委员会的裁定不服的，可以自收到通知之日起 30 日内向人民法院起诉。人民法院应当通知商标裁定程序的对方当事人作为第三人参加诉讼。

商标评审委员会在对无效宣告请求进行审查的过程中，所涉及的在先权利的确定必须以人民法院正在审理或者行政机关正在处理的另一案件的结果为依据的，可以中止审查。中止原因消除后，应当恢复审查程序。

3. 无效宣告决定的生效时间

注册商标无效宣告决定一旦生效，便会发生相应的法律后果，而当事人也不得再通过复审审查和司法审查来寻求救济。因此，此无效宣告决定的生效时间是无效宣告程序中一个十分重要的问题。对此，《商标法》第 46 条做出了明确规定："法定期限届满，当事人对商标局宣告注册商标无效的决定不申请复审或者对商标评审委员会的复审决定、维持注册商标或者宣告注册商标无效的裁定不向人民法院起诉的，商标局的决定或者商标评审委员会的复审决定、裁定生效。"据此，商标无效宣告决定的生效时间根据无效宣告的具体程序而有所不同。

（1）绝对事由下无效宣告决定的生效时间。具体包括：

一是商标局宣告无效时无效宣告决定的生效时间。商标局做出注册商标无效宣告决定后，如果当事人在 15 日内未向商标评审委员会申请复审，则 15 日期满，该决定生效。如果当事人在 15 日内向商标评审委员会申请复审，而商标评审委员会做出复审决定后，当事人在 30 日内未向人民法院起诉，则期限届满后，该决定也生效。

二是商标评审委员会宣告无效时无效宣告决定的生效时间。商标评审委员会做出注册商标无效宣告裁定后，如果当事人在 30 日内未向人民法院起诉，则 30 日期满，该裁定生效。

（2）相对事由下无效宣告决定的生效时间。商标评审委员会做出注册商标无效宣告决定后，如果当事人在 30 日内未向人民法院起诉，则期限届满时，该裁定生效。

（三）商标无效宣告的法律后果

1. 注册商标专用权视为自始即不存在

《商标法》第47条第1款规定，宣告无效的注册商标，由商标局予以公告，该注册商标专用权视为自始即不存在。换言之，商标无效宣告具有溯及力，可以追溯到商标核准注册时，使此后的相关法律关系都能恢复到该商标未注册时的状态，就像该注册商标专用权自始就不曾存在过一样。

但是，考虑到有关司法或执法处理决定的权威性以及客观事件的公平合理性，《商标法》第47条第2款对此溯及力做出了例外规定："宣告注册商标无效的决定或者裁定，对宣告无效前人民法院做出并已执行的商标侵权案件的判决、裁定、调解书和工商行政管理部门做出并已执行的商标侵权案件的处理决定以及已经履行的商标转让或者使用许可合同不具有追溯力。但是，因商标注册人的恶意给他人造成的损失，应当给予赔偿。"换言之，商标无效宣告对这三种情形没有溯及力，已经执行的相关司法和执法处理决定及已经履行的商标转让和使用许可合同可以继续保持下去，已经支付的商标侵权赔偿金、商标转让费、商标使用费不必返还。当然，如果"依照前款规定不返还商标侵权赔偿金、商标转让费、商标使用费，明显违反公平原则的，应当全部或者部分返还"。

2. 相同或者近似商标禁止注册

与商标注销和商标撤销制度下相似，在商标无效宣告制度下，立法也规定了在后注册相同或者近似商标的1年延后期。《商标法》第50条规定，注册商标被宣告无效的，自宣告无效之日起一年内，商标局对与该商标相同或者近似的商标注册申请，不予核准。

（四）商标无效宣告和商标撤销的区别

2013年之前，《商标法》中对商标无效宣告制度和商标撤销制度都采用"撤销"一词，直到2013年立法修订时才明确区分。其实，这是两种完全不同的制度，二者存在较大区别，主要包括以下四个方面。

1. 主管机关不同

商标撤销统一由商标局主管，商标无效宣告则可以由商标局或者商标评审委员会进行。

2. 法定事由不同

引起商标撤销的事由主要是商标权人在商标注册后未合法、合理的使用，具体包括商标丧失显著性，无正当理由连续 3 年不使用商标，以及商标使用中存在违法情形。引起商标无效宣告的事由则是该注册商标不符合注册的法定条件，原本就不应获得注册，其具体情形较多，包括绝对事由和相对事由两大类。

3. 期限要求不同

商标撤销没有时间限制，随时发现问题随时都可以撤销。商标无效宣告则区分绝对事由和相对事由，绝对事由下也没有时间限制，但相对事由下通常须在商标注册后 5 年内提出。

4. 法律后果不同

商标撤销没有溯及力，注册商标专用权自公告之日起终止。而商标无效宣告通常情形下有溯及力，注册商标专用权视为自始即不存在，只有三种情形例外：对宣告无效前人民法院做出并已执行的商标侵权案件的判决、裁定、调解书和工商行政管理部门做出并已执行的商标侵权案件的处理决定以及已经履行的商标转让或者使用许可合同没有追溯力。

第五节 商标的管理

一、商标使用管理

（一）注册商标使用管理

1. 注册商标使用管理的一般规定

前文已述，商标在注册前不必进行实际使用，但是注册之后即产生了合法使用的要求。对于注册商标的使用，商标局和地方工商行政管理部门有权进行监督管理，主要包括以下三个方面。

（1）对商标注册事项的管理。根据《商标法》第49条，商标注册人在使用注册商标的过程中，不得自行改变注册商标、注册人名义、地址或者其他注册事项，否则由地方工商行政管理部门责令限期改正；期满不改正的，由商标局撤销其注册商标。

（2）对《商标注册证》的管理。《商标注册证》是商标局颁发给商标注册人以证明其注册商标专用权的法定证件，商标注册人应当妥善保管、正当使用。《商标注册证》遗失或者破损的，应当向商标局提交补发《商标注册证》申请书。《商标注册证》遗失的，应当在《商标公告》上刊登遗失声明。破损的《商标注册证》，应当在提交补发申请时交回商标局。商标注册人申请注销其注册商标或者注销其商标在部分指定商品上的注册的，也应向商标局交回原《商标注册证》。伪造或者变造《商标注册证》或者其他商标证明文件的，依照刑法关于伪造、变造国家机关证件罪或者其他罪的规定，依法追究刑事责任。

（3）对商标许可使用的管理。依据《商标法》第43条第2款，经许可使用他人注册商标的，被许可人必须在使用该注册商标的商品上标明自己的名称和商品产地。违反这项规定的，由工商行政管理部门责令限期改正；逾期不改正的，责令停止销售，拒不停止销售的，处10万元以下的罚款。

2. 集体商标、证明商标管理的特殊规定

集体商标和证明商标作为两种特殊的注册商标，在使用过程中除必须遵守注册商标管理的一般规定之外，还必须遵守《集体商标、证明商标注册和管理办法》等其他法律规范对它们做出的一些特殊规定。

（1）集体商标和证明商标的使用管理规则。具体如下：①使用集体商标的宗旨；②使用该集体商标的商品的品质；③使用该集体商标的手续；④使用该集体商标的权利、义务；⑤成员违反其使用管理规则应当承担的责任；⑥注册人对使用该集体商标商品的检验监督制度。

证明商标的使用管理规则包括：①使用证明商标的宗旨；②该证明商标证明的商品的特定品质；③使用该证明商标的条件；④使用该证明商标的手续；⑤使用该证明商标的权利、义务；⑥使用人违反该使用管理规则应当承担的责任；⑦注册人对使用该证明商标商品的检验监督制度。

集体商标和证明商标的使用管理规则应当公开，商标局进行初步审定公告时，应当公告该商标的使用管理规则的全文或者摘要。集体商标、证明商标注册人对使用管理规则的任何修改，应当报经商标局审查核准，并自公告之日起生效。

（2）集体商标和证明商标的使用条件。集体商标注册人的集体成员，在履行该集体商标使用管理规则规定的手续后，可以使用该集体商标。同样的，凡符合证明商标使用管理规则规定条件的，在履行该证明商标使用管理规则规定的手续后，可以使用该证明商标，注册人不得拒绝办理手续。

集体商标不得许可非集体成员使用。证明商标的注册人不得在自己提供的商品上使用该证明商标。

违反前述规定的，由工商行政管理部门责令限期改正；拒不改正的，处以违法所得3倍以下的罚款，但最高不超过3万元；没有违法所得的，处以1万元以下的罚款。

此外，使用集体商标的，注册人应发给使用人《集体商标使用证》；使用证明商标的，注册人应发给使用人《证明商标使用证》。

（3）集体商标的注册事项管理。集体商标注册人的成员发生变化的，注册人应当向商标局申请变更注册事项，由商标局公告。注册人未提出变更申请的，由工商行政管理部门责令限期改正；拒不改正的，处以违法所得3倍以下的罚款，但最高不超过3万元；没有违法所得的，处以1万元以下的罚款。

（4）集体商标和证明商标的使用管理控制。集体商标、证明商标注册人应当对商标的使用进行有效管理和控制，未做到这一点，致使该商标使用的商品达不到其使用管理规则的要求，对消费者造成损害的，由工商行政管理部门责令限期改正；拒不改正的，处以违法所得3倍以下的罚款，但最高不超过3万元；没有违法所得的，处以1万元以下的罚款。

（5）集体商标和证明商标的转让、许可。申请转让集体商标、证明商标的，受让人应当具备相应的主体资格，并符合《商标法》及其实施条例与《集体商标、证明商标注册和管理办法》的规定。

证明商标注册人准许他人使用其商标的，注册人应当在一年内报商标局备案，由商标局公告。

（二）未注册商标使用管理

大多数情形下，未注册商标也可以在我国使用，因此对未注册商标的管理也是商标局和地方工商行政管理部门的职责之一。

1. 对违反商标强制注册要求的行为的管理

依据《商标法》第6条，法律、行政法规规定必须使用注册商标的商品，必须申请商标注册，未经核准注册的，不得在市场销售。违反这项规定的，地方工商行政管理部门责令限制申请注册，违法经营额5万元以上的，可以处违法经营额20%以下的罚款，没有违法经营额或者违法经营额不足5万元的，可以处 1 万元以下的罚款。

2. 对冒充注册商标使用的未注册商标的管理

使用"注册商标"字样和注册标记⊕和®都是注册商标的权利人的专有权利，未注册商标不得使用。如果违反这项规定，将未注册商标冒充注册商标使用，由地方工商行政管理部门予以制止，限期改正，并可以予以通报，违法经营额 5 万元以上的，可以处违法经营额 20% 以下的罚款，没有违法经营额或者违法经营额不足 5 万元的，可以处 1 万元以下的罚款。

3. 对使用禁用条款的未注册商标的管理

《商标法》第 10 条列举了我国国家名称等 8 种绝对禁止作为商标的标志，并规定了将地名作为商标的限制性条件。这些规定既适用于注册商标，也适用于未注册商标。注册商标违反这些规定的，可以由商标局或者商标评审委员会宣告无效。未注册商标违反这些规定的，由地方工商行政管理部门予以制止，限期改正，并可以予以通报，违法经营额 5 万元以上的，可以处违法经营额 20% 以下的罚款，没有违法经营额或者违法经营额不足 5 万元的，可以处 1 万元以下的罚款。

二、商标印制管理

（一）商标印制与商标印制管理的概念

商标印制是指印刷、制作商标标识的行为，此处的商标标识指与商品配套一同进入流通领域的带有商标的有形载体，包括注册商标标识和未注册商标标识。常见的商标印制方式包括印刷、印染、制版、刻字、织字、晒蚀、印铁、铸模、冲压、烫印、贴花等。

商标印制管理是指商标主管机关依法对商标印制行为进行监督检查，并对非法印制商标标识的行为进行处罚处理的行为。

（二）商标印制管理制度

1. 商标印制单位

商标印制单位是指依法登记从事商标印制业务的企业和个体工商户。商标印制是商标使用的前提，关系着商标权人的合法权利、消费者的合法利益以及整个市场经济秩序，因此必须由专门的商标印制单位印制，其他任何单位和个人包括商标权人自己都不得擅自印制商标。擅自设立商标印刷企业或者擅自从事商标印刷经营活动的，由所在地或者行为地工商行政管理局依照《印刷业管理条例》的有关规定予以处理。

根据 2004 年《商标印制管理办法》，商标印制单位在承印商标印制业务时，应当符合下列规定。

（1）商标印制单位应当对商标印制委托人提供的证明文件和商标图样进行核查。商标印制委托人未提供法定的证明文件，或者其要求印制的商标标识不符合法律规定的，商标印制单位不得承接印制。

（2）商标印制单位承印符合法律规定的商标印制业务的，商标印制业务管理人员应当按照要求填写《商标印制业务登记表》，载明商标印制委托人所提供的证明文件的主要内容，《商标印制业务登记表》中的图样应当由商标印制单位业务主管人员加盖骑缝章。

（3）商标标识印制完毕，商标印制单位应当在 15 天内提取标识样品，连同《商标印制业务登记表》《商标注册证》复印件、商标使用许可合同复印件、商标印制授权书复印件等一并造册存档。

（4）商标印制单位应当建立商标标识出入库制度，商标标识出入库应当登记台账。废次标识应当集中进行销毁，不得流入社会。商标印制档案及商标标识出入库台账应当存档备查，存查期为两年。

商标印制单位违反前述法律规定的，由所在地工商行政管理局责令其限期改正，并视其情节予以警告，处以非法所得额 3 倍以下的罚款，但最高不超过 3 万元，没有违法所得的，可以处以 1 万元以下的罚款。

商标印制单位未履行核查义务承接印制业务，且印制的商标与他人注册商标相同或者近似的，构成商标侵权行为，由所在地或者行为地工商行政管理局依《商标法》的有关规定予以处理。

商标印制单位的违法行为构成犯罪的，所在地或者行为地工商行政管理局应及时将案件移送司法机关追究刑事责任。

2. 商标印制委托人

商标印制委托人是指要求印制商标标识的商标注册人、未注册商标使用人、注册商标被许可使用人以及符合《商标法》规定的其他商标使用人。

根据《商标印制管理办法》，商标印制委托人在委托商标印制单位印制商标时，应当符合下列规定。

（1）商标印制委托人应当出示营业执照副本或者合法的营业证明或者身

份证明。

（2）商标印制委托人委托印制注册商标的，应当出示《商标注册证》或者由注册人所在地县级工商行政管理局签章的《商标注册证》复印件，并另行提供一份复印件。

（3）签订商标使用许可合同使用他人注册商标，被许可人需印制商标的，还应当出示商标使用许可合同文本并提供一份复印件；商标注册人单独授权被许可人印制商标的，除出示由注册人所在地县级工商行政管理局签章的《商标注册证》复印件外，还应当出示授权书并提供一份复印件。

3. 所委托印制的商标标识

（1）注册商标的商标标识。委托印制注册商标的，商标印制委托人提供的有关证明文件及商标图样应当符合下列要求：①所印制的商标样稿应当与《商标注册证》上的商标图样相同；②被许可人印制商标标识的，应有明确的授权书，或其所提供的《商标使用许可合同》含有许可人允许其印制商标标识的内容；③被许可人的商标标识样稿应当标明被许可人的企业名称和地址；其注册标记的使用符合《商标法实施条例》的有关规定。

（2）未注册商标的商标标识。委托印制未注册商标的，商标印制委托人提供的商标图样应当符合下列要求：①所印制的商标不得违反《商标法》第10条的规定；②所印制的商标不得标注"注册商标"字样或者使用注册标记。

第六节　商标权的保护

一、商标侵权行为的认定

（一）商标侵权行为的认定标准

一般而言，商标侵权行为是指侵犯注册商标专用权的行为，包括未经许可擅自使用他人的注册商标以及妨碍商标权人使用其注册商标等情形。

实践中，商标侵权行为形态各异、涉及多个领域，除了在商标领域中假冒他人注册商标这种最常见的侵权行为，还包括在商号、商品装潢等领域使用他人的注册商标。对此，我们应当把握一个核心点，即商标侵权行为的认定标准。在我国现行商标法律制度中，认定商标侵权行为的标准是混淆可能性，即，如果第三人的商标使用行为可能造成与商标权人的注册商标之间发生混淆，引起消费者误认，则构成商标侵权行为。

以混淆可能性作为商标侵权行为的认定标准，是由商标的识别功能决定的。商标的根本作用不是展示商标注册人在"创造"商标标识时做出了多少智力贡献、体现了多少思想火花，而是在同类商品和服务中区别不同经营者所提供的各自商品和服务，以帮助消费者选择和购买，维护市场经济秩序。只要能够实现识别性，便应当允许各个经营者自由使用其商标，这既符合民法的意思自治原则，也有利于促进市场活跃和自由贸易。据此，即使实践中有两个经营者使用的商标具有一定的相似性，也不应一律认定存在商标侵权而禁止其中一方继续使用。反之，如果不同经营者使用的商标相似，进而在消费者之间产生混淆误认，则可能出现不法经营者借他人商誉搭便车而降低商标权人的商誉、破坏市场中的经济秩序和正常竞争等不利后果，对此应当认定为商标侵权行为并予以禁止。

何为混淆，我国现行立法并未做出明确界定。从词源上看，混淆是指混合在一起，难以区分。以此为基础，再结合我国现行学界观点和司法实践，我们可以从以下三个方面来认定混淆。

首先，混淆包括混同性混淆和关联性混淆。混同性混淆是最典型的混淆形式，指由于第三人的商标使用行为，消费者误将其商品误认为商标权人的商品，例如假冒商标产品。而随着商品经济的发展，很多经营者开始扩大经营规模、增加经营方式，例如以投资设立分公司、和其他企业发生赞助、许可等关系从而与其他经营者产生关联。此时如果第三人的商标使用行为虽然不会引起消费者的混同性混淆，即不会使消费者将第三人的商品误认为商标权人的商品，但可能引起关联性混淆，即，使消费者误认为该第三人与商标权人之间存在某种特定关联，便也属于借他人商誉搭便车的不正当竞争行为，可能降低商标权人的商誉、损害消费者利益。对于此种关联性混淆，现在我们通常也将之纳入混淆范畴，可以认定商标侵权成立。

其次，混淆的认定不要求实践中已经发生了消费者误认误购的实例。如果实践中确实发生了消费者将第三人的商品误认为商标权人的商品或者误认为第三人和商标权人之间存在某种特定关联而购买第三人的商品的事实，我们当然可以认定第三人构成商标侵权。但是这并非必要条件。司法案例中，只要第三人的商标与商标权人的商标足够相似，容易使消费者混淆误认，即使此类事实尚未及发生，我们也可认定混淆成立、第三人构成商标侵权。

最后，混淆不以消费者在做出商品或者服务的购买决定时确实存在认识错误为限。传统的混淆是由于第三人的商标使用行为，消费者在决定购买他的商品的当时，误认为是商标权人的商品或者误认为该第三人和商标权人之间存在特定关联。但是随着商品贸易的发展，现代社会日益成为眼球经济，尤其在网络环境下，购买决定之前的混淆越来越常见。例如，第三人将商标权人的商标作为关键词在搜索引擎网站上进行商业推广，但其网站页面及商品介绍中都明确将自己与商标权人区分开，消费者输入关键词搜索到该第三人网站时误认为是商标权人的网站或其关联企业网站，但是打开具体网址后即能明确二者之间并无关系。换言之，这种现象是在消费者购买前发生混淆，而在做出购买决定时并无混淆。虽然这不同于传统的混淆形式，但也是不正当地利用了商标权人的商标、吸引了商标权人的潜在客户，造成商标权人的可得利益损失。因此，现在的司法实践中日益将此也认定为混淆，从而判定商标侵权成立。①

（二）商标侵权行为的具体情形

在混淆理论的指导下，我国商标法列举了9种商标侵权行为，涉及商标、商品装潢、商号、域名等多个领域。与著作权法一样，商标法对侵权行为的列举也是非穷尽性的，除了法律列举的情形外，其他给他人的注册商标专用权造成损害的行为也属于商标侵权的范畴。

1. 商标领域的商标侵权行为②

（1）使用侵权。2013年《商标法》对使用商标的侵权行为条款作了调整，将2001年立法中的"未经商标注册人的许可，在同一种商品或者类似商品上使用与其注册商标相同或者近似的商标"分列为2项进行规定，分别构成第57条第1项的假冒商标行为和第2项的近似性使用行为。

一是假冒商标。这是最典型的商标侵权行为，指未经商标注册人的许可，

---

① 有学者将此称为售中混淆和售前混淆。参见张今：《知识产权法》，中国人民大学出版社2011年版，第242页。

② 本部分中各种商标侵权行为的名称借鉴了吴汉东主编：《知识产权法（第五版）》，法律出版社2014年版，第296－297页。

在同一种商品上使用与其注册商标相同的商标。从实践来看，在同种商品上使用和他人相同的商标，必定会引起消费者的混同性混淆，因此这种行为当然符合混淆标准，构成商标侵权。

二是近似性使用。这是指未经商标注册人的许可，在同一种商品上使用与其注册商标近似的商标，或者在类似商品上使用与其注册商标相同或者近似的商标，容易导致混淆。具体来看，该使用行为包括三种情形：一是在相同商品上使用近似商标；二是在类似商品上使用相同商标；三是在类似商品上使用近似商标。与假冒商标不同，近似性使用不一定引起消费者混淆，从而未必构成商标侵权。例如，日本的本田株式会社和韩国的现代汽车公司分别在汽车上注册和使用了近似的商标，本田使用了带方框的 H，现代使用了带椭圆边框的斜体 H。从表面来看，他们属于在相同商品上使用近似商标，但在实践中，这并未引起消费者混淆，因此不属于商标侵权行为，两个商标可以在市场上并行不悖。据此，在 2013 年《商标法》修订时，立法对这种使用行为明确提出了"容易导致混淆"的构成要件。换言之，近似性使用只有在满足混淆标准时，才构成商标侵权。

在司法实践中，由于一方面容易导致混淆是对商标进行近似性使用的结果，近似性使用是引发侵权的源头，另一方面混淆的判断具有一定的主观性，对商标的近似性使用相对而言客观性较强，因此对近似性使用的判断成为侵权认定的关键。《最高人民法院关于审理商标民事纠纷案件适用法律若干问题的解释》中对此做出了明确规定。

第一，对商标相同或者近似的判断。商标相同是指被控侵权的商标与原告的注册商标相比较，二者在视觉上基本无差别。商标近似，是指被控侵权的商标与原告的注册商标相比较，其文字的字形、读音、含义或者图形的构图及颜色，或者其各要素组合后的整体结构相似，或者其立体形状、颜色组合近似，易使相关公众对商品的来源产生误认或者认为其来源与原告注册商标的商品有特定的联系，例如"全聚德"和"仝聚德"、"microsoft"和"micr0s0ft"。

商标相同或者近似的判断应当按照三项原则进行：一是以相关公众的一般注意力为标准，尽量客观、排除判断者的主观因素；二是既要进行对商标的整体比对，又要进行对商标主要部分的比对，比对应当在比对对象隔离的状态下分别进行；三是判断商标是否近似时，应当考虑请求保护注册商标的显著性和知名度。

第二，对商品相同或者类似的判断。商品相同是指被控侵权的商品和原告的商品属于同一种商品。商品类似是指被告和原告的商品在功能、用途、生产部门、销售渠道、消费对象等方面相同，或者相关公众一般认为其存在特定联系、容易造成混淆，例如服装和布料。与之相似的，服务类似是指原告和被告的服务在服务的目的、内容、方式、对象等方面相同，或者相关公众一般认为存在特定联系、容易造成混淆，例如茶座和咖啡厅。商品和服务类似，是指商品和服务之间存在特定联系，容易使相关公众混淆，例如食品和餐饮服务。

实践中，商品或者服务相同极易判断，较为困难的是商品或者服务类似。对此，《最高人民法院关于审理商标民事纠纷案件适用法律若干问题的解释》明确，应当以相关公众对商品或者服务的一般认识综合判断；《商标注册用商品和服务国际分类表》《类似商品和服务区分表》可以作为判断类似商品或者服务的参考。

（2）销售侵权。根据《商标法》第57条第3项，销售侵权是指销售侵犯注册商标专用权的商品。据此，销售以下四种商品，均构成销售侵权：①在相同商品上使用与注册商标相同的商标的；②在相同商品上使用与注册商标近似的商标且容易导致混淆的；③在类似商品上使用与注册商标相同的商标且容易导致混淆的；④在类似商品上使用与注册商标近似的商标且容易导致混淆的。

需要注意的是，凡是销售侵犯注册商标专用权的商品，即构成侵权行为，需要承担侵权责任，不以存在主观过错为要件。但是，销售不知道是侵犯注册商标专用权的商品，能证明该商品是自己合法取得并说明提供者的，在承担的侵权责任形式上有所区分，只需停止销售，不承担赔偿责任。以下情形属于能证明该商品是自己合法取得的情形：①有供货单位合法签章的供货清单和货款收据且经查证属实或者供货单位认可的；②有供销双方签订的进货合同且经查证已真实履行的；③有合法进货发票且发票记载事项与涉案商品对应的；④其他能够证明合法取得涉案商品的情形。

（3）标识侵权。根据《商标法》第57条第4项，标识侵权是指伪造、擅自制造他人注册商标标识或者销售伪造、擅自制造的注册商标标识。具体而言，标识侵权包括四种情形：①伪造他人注册商标标识，即未经许可，模仿他人注册商标的图样或者实物，制作出与他人注册商标标识相同的商标标识。[1] ②擅自制造他人注册商标标识，即未经许可，制作他人注册商标标识；这通常发生在加工承揽活动中，即承揽人在承揽制作他人注册商标标识时，未经同意，在约定的印数之外，又私自加印商标标识。[2] ③销售伪造的注册商标标识。④销售擅自制造的注册商标标识。

严格而言，标识侵权由于未将商标标识和商品结合起来，没有给他人的注册商标专用权带来实际损害，因此从侵权法角度来看，这只是为将来的商标侵权提供条件和可能。但是，在实践中如果放任此种行为，将会便利实际的商标侵权发生、给商标权人带来重大损失。因此，我国立法将标识侵权明确规定为商标侵权，以利于从源头遏止侵犯商标权的行为发生。

（4）反向假冒。根据《商标法》第 57 条第 5 项，反向假冒是指未经商标注册人同意，更换其注册商标并将该更换商标的商品又投入市场。这是一种新型的商标侵权行为，与传统的假冒商标截然相反，不是在自己的商品上使用他人的商标、将自己的商品冒充他人的商品，而是在他人的商品上使用自己的商标、将他人的商品冒充自己的商品。从商标的识别功能来看，反向假冒同样会割裂商标标识和商品之间的特定联系，妨碍消费者辨认商品的来源从而认牌购物，破坏商标的识别性；同时，反向假冒也对消费者构成欺骗，扰乱了正常的市场秩序，因此应当为法所禁止。

需要注意的是，反向假冒必须满足两个构成要件：未经商标权人同意；商品更换商标后又投入市场。据此，以下两种行为不属于反向假冒：①贴牌生产，即，经营者甲委托经营者乙为其生产产品或者零部件，再加贴经营者甲的商标进行销售。这常见于跨国公司在商品销售目的国寻找企业进行代工的情形中，有利于商标权人降低制造和运输成本、缩短商品流通环节。在贴牌生产中，经营者乙的商品上使用经营者甲的商标是经甲授权的，与商标许可使用具有相似之处，不会损害甲的权益，因此应受法律许可。②消费者更换商标。实践生活中，消费者可能出于某种原因，将购买的商品更换商标后进行使用。由于此时商品已经脱离流通领域，商标指示商品来源、帮助消费

---

① 参见《中华人民共和国商标法释义》，载中国人大网，http：//www. npc. gov. cn/npc/flsyywd/minshang/2013－12/24/content_ 1819922. htm，2017 年 7 月 24 日访问。

② 参见《中华人民共和国商标法释义》，载中国人大网，http：//www. npc. gov. cn/npc/flsyywd/minshang/2013－12/24/content_ 1819922. htm，2017 年 7 月 24 日访问。

者选购商品的功能已经终止，因而此时的更换商标行为不会破坏商标的识别功能，不会损害商标权人的合法权利，也不属于侵权。

（5）帮助侵权。根据《商标法》第57条第6项，帮助侵权是指故意为侵犯他人商标专用权行为提供便利条件，帮助他人实施侵犯商标专用权行为。《商标法实施条例》第75条进一步明确，此处的提供便利条件包括为侵犯他人商标专用权提供仓储、运输、邮寄、印制、隐匿、经营场所、网络商品交易平台等。

从侵权法角度来看，此种侵权属于间接侵权，应当和直接侵权人一起承担连带责任。但是，考虑到间接侵权人毕竟只是提供了辅助性行为、对侵权的发生不起主导性作用，一律对其课以侵权责任未免失之过严，因此，《商标法》提出了主观过错的要求。亦即，在帮助侵权情形中，行为人应当具备主观故意，明知第三人侵犯他人商标专用权而为之提供便利条件，希望或者放任侵权的发生。

2. 商品装潢领域的商标侵权行为

根据《商标法实施条例》第76条，在同一种商品或者类似商品上将与他人注册商标相同或者近似的标志作为商品名称或者商品装潢使用、误导公众的，构成侵犯注册商标专用权的行为。具体而言，此类侵权行为包括以下八种情形：①在同种商品上将与他人注册商标相同的标志作为商品名称使用，误导公众；②在同种商品上将与他人注册商标相同的标志作为商品装潢使用，误导公众；③在同种商品上将与他人注册商标近似的标志作为商品名称使用，误导公众；④在同种商品上将与他人注册商标近似的标志作为商品装潢使用，误导公众；⑤在类似商品上将与他人注册商标相同的标志作为商品名称使用，误导公众；⑥在类似商品上将与他人注册商标相同的标志作为商品装潢使用，误导公众；⑦在类似商品上将与他人注册商标近似的标志作为商品名称使用，误导公众；⑧在类似商品上将与他人注册商标近似的标志作为商品装潢使用，误导公众。

与最典型的商标侵权相比，此类商标使用行为发生在商品装潢领域而非商标领域，但是它同样损害了商标的识别功能，可能造成消费者混淆，损害商标权人的合法权益，因此也应属于侵权行为。具体而言，商品包装十分复杂，为尽可能清晰地说明商品特征并吸引消费者注意，一般都会标识商品名称、商标和商品装潢，且这些元素往往混合在一起，难以清晰区分。这种复杂性在商标注册人未对其注册商标加注注册标记的情形下程度更甚。而从消费者角度来看，对熟悉品牌的商品的包装通常也十分熟悉，购买商品时往往是看包装整体来选购，不会刻意去辨别其中的商标标识，而对不熟悉品牌的商品则是很难从纷繁杂乱的包装中去区分何者为商标。显然，无论哪种情形下，如果第三人将商标注册人的商标作为自己的商品名称或者商品装潢，都容易导致消费者混淆误认，因为消费者往往不会或者不能准确辨认该标识是第三人商品的商标还是商品名称或者商品装潢。这便符合商标侵权行为的混淆认定标准，可以构成侵权行为。当然，如果第三人将他人注册商标作为自己商品的名称使用，还可能给商标权人带来进一步的损害，即可能使该商标在使用中逐渐丧失显著性、退化为此类商品的通用名称，从而面临被商标局撤销的危险。

需要说明的是，实践中认定这种侵权行为时不应绝对化，我们还需保障第三人对相关标识的正当使用的权益，亦即，对于注册商标中含有的本商品的通用名称、图形、型号，或者直接表示商品的质量、主要原料、功能、用途、重量、数量及其他特点，或者含有的地名，第三人作为商品名称或者商品装潢进行正当使用、不会引起消费者混淆的，不构成侵权，商标权人无权禁止。

3. 商号领域中的商标侵权行为

《商标法》第 58 条规定，将他人注册商标、未注册的驰名商标作为企业名称中的字号使用，误导公众，构成不正当竞争行为的，依照《中华人民共和国反不正当竞争法》处理。

商号，又称字号，是企业名称中的核心元素，是借以识别和区分企业的关键性标志。虽然商号和商标适用于不同对象，分别标识商品和商品提供者，但是实践中许多经营者在确定商号和商标时使用同一词汇，消费者也往往将二者相混同。于是，第三人将他人商标作为自己的商号使用，容易使消费者将第三人的企业误认为商标权人的，从而引起公众混淆。在第三人和商标权人提供相同或者类似商品的情形下，这极易吸引走商标权人的部分潜在顾客，从而减少商标权人的销售收入；在第三人和商标权人提供不同商品的情形下，也可能使第三人借助商标权人的商誉搭便车，获取不正当利益。

据此，最高人民法院《关于审理商标民事纠纷案件适用法律若干问题的解释》中把"将与他人注册商标相同或者相近似的文字作为企业的字号在相同或者类似商品上突出使用，容易使相关公众产生误认的"行为明确规定为商标侵权行为，2013 年《商标法》修订时，进一步提出"将他人注册商标、未注册的驰名商标作为企业名称中的字号使用，误导公众，构成不正当竞争行为的，依照《反不正当竞争法》处理"。

需要说明的是，除去前述两部法律文件之外，国家工商行政管理局《关于解决商标与企业名称中若干问题的意见》中对商标和企业名称混淆案件的处理也做出了具体规定。按照该意见，处理此类案件，必须自企业名称登记之日起 5 年内提出请求（含已提出请求但尚未处理的），但恶意登记的不受此限。商标与企业名称混淆的案件，发生在同一省级行政区域内的，由省级工商行政管理局处理；跨省级行政区域的，由国家工商行政管理局处理。具体来说，对要求保护商标专用权的案件，由省级以上工商行政管理局的企业登记部门承办；对应当变更企业名称的，承办部门会同商标管理部门根据企业名称登记管理的有关规定做出处理后，交由该企业名称核准机关执行，并报国家工商行政管理局商标局和企业注册局备案。①

4. 域名领域的商标侵权行为

依据最高人民法院《关于审理商标民事纠纷案件适用法律若干问题的解释》，将与他人注册商标相同或者相近似的文字注册为域名，并且通过该域名进行相关商品交易的电子商务，容易使相关公众产生误认的，属于商标侵权行为。

这种商标侵权行为与商号领域中的商标侵权行为类似。虽然商标和域名属于不同领域，但由于商标权人在注册域名时多采用自己的商标，而消费者在网上搜索商标权人的网站时，也往往通过其商标进行查找，因此第三人将他人的商标作为自己的域名注册，并在其上进行相关商品交易，容易使相关公众产生误认，符合混淆认定标准，构成商标侵权。

需要注意的是，在实践中认定此种商标侵权行为时应当谨慎。根据最高人民法院《关于审理涉及计算机网络域名民事纠纷案件适用法律若干问题的解释》，并非域名注册人的域名和商标注册人的商标相同或者近似、容易造成混淆，就一定构成侵权，还必须符合两项条件：①域名注册人对该域名或其主要部分不享有权益，也无注册、使用该域名的正当理由；②域名注册人对该域名的注册、使用具有恶意，例如曾要约高价出售、出租或者以其他方式

---

① 参见《中华人民共和国商标法释义》，载中国人大网，http://www.npc.gov.cn/npc/flsyywd/minshang/2013-12/24/content_1819922.htm，2017 年 7 月 27 日访问。

转让该域名获取不正当利益等。

二、对商标侵权行为的法律处理方法

（一）民事处理方法

商标权是民事权利的一种，因此对商标侵权行为的民事处理方法遵循《民法》的一般规定：可以由当事人协商解决，不愿协调或者协商不成的，可以向人民法院起诉；对认定构成侵权的，课以停止侵害、排除妨碍、消除危险、赔礼道歉、赔偿损失等法律责任。但是，作为一种知识产权，商标权又与普通的民事权利有所区别，因而商标法在商标侵权行为的民事处理方面做出了两点比较特殊的规定：①规定了诉前禁令、诉前财产保全和诉前证据保全；②采取较为特殊的损害赔偿额计算方法。

1. **诉前禁令、诉前财产保全和诉前证据保全**

（1）诉前禁令。诉前禁令，是指商标注册人或者利害关系人有证据证明他人正在实施或者即将实施侵犯其注册商标专用权的行为，如不及时制止将会使其合法权益受到难以弥补的损害的，可以依法在起诉前向人民法院申请采取责令停止有关行为的措施。相比于传统的强制性措施，诉前禁令能够有效地预防损害发生、避免损失，将侵权行为扼杀在摇篮里，对商标权人的保护十分及时。

最高人民法院《关于诉前停止侵犯注册商标专用权行为和保全证据适用法律问题的解释》对诉前禁令做出了进一步具体的规定。依该司法解释，商标注册人或者利害关系人向人民法院提出诉前禁令申请时，应当递交书面申请状和相关证据，并应提供担保。人民法院接受申请后，经审查符合条件的，应当在48小时内做出书面裁定；裁定责令被申请人停止侵犯注册商标专用权行为的，应当立即开始执行。当事人对裁定不服的，可以在收到裁定之日起10日内申请复议一次，复议期间不停止裁定的执行。商标注册人或者利害关系人在人民法院采取停止有关行为的措施后15日内不起诉的，人民法院应当解除裁定采取的措施。申请人不起诉或者申请错误造成被申请人损失的，被申请人可以向有管辖权的人民法院起诉请求申请人赔偿，也可以在商标注册人或者利害关系人提起的侵犯注册商标专用权的诉讼中提出损害赔偿请求，人民法院可以一并处理。

（2）诉前财产保全。诉前财产保全，是指商标注册人或者利害关系人有证据证明他人正在实施或者即将实施侵犯其注册商标专用权的行为，如不及时制止将会使其合法权益受到难以弥补的损害的，可以依法在起诉前向人民法院申请采取财产保全的措施。相比于传统的财产保全，诉前财产保全有利于最大限度的控制侵权人的财产，避免在侵权人应当向商标权人进行损害赔偿的情形中由于侵权人财产事先转移或流失而无法弥补商标权人的损失。

具体来看，《民事诉讼法》中有关财产保全的规定适用于商标侵权情形下的诉前财产保全。据此，商标注册人或者利害关系人向人民法院申请采取保全措施的，应当提供担保；不提供担保的，裁定驳回申请。人民法院接受申请后，必须在48小时内做出裁定；裁定采取保全措施的，应当立即开始执行。申请人在人民法院采取保全措施后30日内不依法提起诉讼或者申请仲裁的，人民法院应当解除保全。保全限于请求的范围，或者与本案有关的财物；具体可以采取查封、扣押、冻结或者法律规定的其他方法。人民法院保全财产后，应当立即通知被保全财产的人。被申请人提供担保的，人民法院应当裁定解除保全。申请有错误的，申请人应当赔偿被申请人因保全所遭受的损失。

（3）诉前证据保全。诉前证据保全，是指为制止侵权行为，在证据可能灭失或者以后难以取得的情况下，商标注册人或者利害关系人可以依法在起诉前向人民法院申请保全证据。

依据《民事诉讼法》和最高人民法院《关于诉前停止侵犯注册商标专用权行为和保全证据适用法律问题的解释》，商标注册人或者利害关系人向人民法院提出诉前保全证据的申请，应当递交书面申请状，并应提供担保；不提供担保的，裁定驳回申请。人民法院接受申请后，必须在48小时内做出裁定；裁定采取保全措施的，应当立即开始执行。申请人在人民法院采取保全措施后30日内不依法提起诉讼或者申请仲裁的，人民法院应当解除保全。申请有错误的，申请人应当赔偿被申请人因保全所遭受的损失。

2. 损害赔偿额的计算

（1）现行立法规定。《商标法》第63条规定："侵犯商标专用权的赔偿数额，按照权利人因被侵权所受到的实际损失确定；实际损失难以确定的，可以按照侵权人因侵权所获得的利益确定；权利人的损失或者侵权人获得的利益难以确定的，参照该商标许可使用费的倍数合理确定。对恶意侵犯商标专用权，情节严重的，可以在按照上述方法确定数额的一倍以上三倍以下确定赔偿数额。赔偿数额应当包括权利人为制止侵权行为所支付的合理开支"；"人民法院为确定赔偿数额，在权利人已经尽力举证，而与侵权行为相关的账簿、资料主要由侵权人掌握的情况下，可以责令侵权人提供与侵权行为相关的账簿、资料；侵权人不提供或者提供虚假的账簿、资料的，人民法院可以参考权利人的主张和提供的证据判定赔偿数额"；"权利人因被侵权所受到的实际损失、侵权人因侵权所获得的利益、注册商标许可使用费难以确定的，由人民法院根据侵权行为的情节判决给予三百万元以下的赔偿"。

据此，商标侵权行为的损害赔偿额，应当按照以下方法进行计算：

一是权利人的实际损失。根据最高人民法院《关于审理商标民事纠纷案件适用法律若干问题的解释》，权利人的实际损失可以根据权利人因侵权所造成商品销售减少量或者侵权商品销售量与该注册商标商品的单位利润乘积计算。从法理来看，这种损害赔偿额的计算方法最符合侵权责任的损害填补原则。而在实践中，尤以侵权商品销售量与注册商标商品的单位利润乘积来计算的方法为常见，这在侵权人和商标权人之间构成混同性混淆的场合下具备很强的合理性和可操作性，因为此时二者存在竞争关系，侵权商品和注册商标商品的销售量之间是此消彼长的，且前者更易举证证明。

二是侵权人的侵权所得。在权利人的实际损失难以确定时，可以根据最高人民法院《关于审理商标民事纠纷案件适用法律若干问题的解释》来计算侵权人的侵权所得，并以此为基础确定损害赔偿额。具体的，我们可以根据侵权商品销售量与该商品单位利润乘积计算；该商品单位利润无法查明的，按照注册商标商品的单位利润计算。

三是商标许可使用费的倍数。如果商标权人曾向他人授予商标使用许可，则计算损害赔偿额时可以以此许可使用费作为基数，乘以一定的倍数来合理确定。结合实践来看，这种计算方法尤其适用于侵权人和商标权人之间构成关联性混淆的场合，此时二者不是竞争关系，而是类似于赞助、附属等情形下的许可关系，以商标许可使用费的倍数来确定此时的损害赔偿额，有利于弥补商标权人商誉被侵权人利用时可得利益的损失。

需要注意两点：①前述三种计算方式之间是递进关系，并非并列关系。也就是说，它们之间存在适用顺序，只有根据前一种计算方式难以确定的，才可适用后一种计算方式。②前述三种计算方式确定的数额并非人民法院最终判定的损害赔偿额。一方面，侵权人存在主观恶意且情节严重时，可以以前述计算方式确定的数额为基数，再乘以 1 至 3 之间的某个数字，作为惩罚性赔偿；另一方面，权利人为制止侵权行为所支付的合理开支，包括权利人或者委托代理人对侵权行为进行调查取证的合理费用、符合国家有关部门规定的律师费用等，都应当包含在人民法院最终判定的损害赔偿额之内。

四是法定赔偿额。当根据前述三种计算方式都难以确定损害赔偿额时，人民法院可以根据当事人的请求或者依职权在 300 万元以下确定损害赔偿额。具体的，人民法院应当考虑侵权行为的性质、期间、后果、商标的声誉，商标使用许可费的数额，商标使用许可的种类、时间、范围及制止侵权行为的合理开支等因素综合确定。

（2）立法新动向。2019 年《商标法》第四次修正案为有效阻吓商标侵权行为，加大了对商标侵权行为的损害赔偿力度：一方面将法定赔偿额的上限从 300 万提高到 500 万；另一方面将惩罚性赔偿的上限从 3 倍提高到 5 倍。

此外，2019 年《商标法》新增了对侵权商品、制造侵权商品的材料工具等的处理规定，"人民法院审理商标纠纷案件，应权利人请求，对属于假冒注册商标的商品，除特殊情况外，责令销毁；对主要用于制造假冒注册商标的商品的材料、工具，责令销毁，且不予补偿；或者在特殊情况下，责令禁止前述材料、工具进入商业渠道，且不予补偿"，"假冒注册商标的商品不得在仅去除假冒注册商标后进入商业渠道"。这项规定将销毁和禁止进入商业渠道作为最主要的处置手段，大幅提高了假冒注册商标行为人的违法成本，有利于形成有效威慑，同时也与商标法现行规定的行政机关的处理手段相平衡，使商标权的保护更加全面。[①]

（二）行政处理方法

对商标侵权行为，商标注册人或者利害关系人可以请求工商行政管理部门处理，同时，工商行政管理部门也可以依职权主动查处。

工商行政管理部门处理商标注册人或者利害关系人提出的商标侵权纠纷处理请求时，认定侵权行为成立的，责令立即停止侵权行为，没收、销毁侵权商品和主要用于制造侵权商品、伪造注册商标标识的工具，违法经营额5 万元以上的，可以处违法经营额 5 倍以下的罚款，没有违法经营额或者违法经营额不足 5 万元的，可以处 25 万元以下的罚款。对 5 年内实施两次以上商标

---

① 参见《商标法修改相关问题解读》，载中国政府网，http：//www.gov.cn/zhengce/2019 – 05/09/content_ 5390029.htm，2021 年 5 月 24 日访问。

侵权行为或者有其他严重情节的，应当从重处罚。销售不知道是侵犯注册商标专用权的商品，能证明该商品是自己合法取得并说明提供者的，由工商行政管理部门责令停止销售。

工商行政管理部门根据已经取得的违法嫌疑证据或者举报，对涉嫌侵犯他人注册商标专用权的行为进行查处时，可以行使下列职权：①询问有关当事人，调查与侵犯他人注册商标专用权有关的情况；②查阅、复制当事人与侵权活动有关的合同、发票、账簿以及其他有关资料；③对当事人涉嫌从事侵犯他人注册商标专用权活动的场所实施现场检查；④检查与侵权活动有关的物品；⑤对有证据证明是侵犯他人注册商标专用权的物品，可以查封或者扣押。工商行政管理部门依法行使前述职权时，当事人应当予以协助、配合，不得拒绝、阻挠。

在查处商标侵权案件过程中，对商标权属存在争议或者权利人同时向人民法院提起商标侵权诉讼的，工商行政管理部门可以中止案件的查处。中止原因消除后，应当恢复或者终结案件查处程序。

（三）刑事处理方法

侵犯注册商标专用权的行为构成犯罪的，还可能接受刑事制裁。对此，《商标法》和《刑法》相关条款中做出了呼应性的规定，涵盖以下三种行为。

1. 假冒注册商标

《商标法》第67条第1款规定："未经商标注册人许可，在同一种商品上使用与其注册商标相同的商标，构成犯罪的，除赔偿被侵权人的损失外，依法追究刑事责任。"对此，《刑法》第213条"假冒注册商标罪"中进一步明确，"未经注册商标所有人许可，在同一种商品、服务上使用与其注册商标相同的商标，情节严重的，处三年以下有期徒刑，并处或者单处罚金；情节特别严重的，处三年以上十年以下有期徒刑，并处罚金。"换言之，在使用侵权中，只有假冒商标行为可能需要同时承担民事责任与刑事责任，而近似性使用绝对不会涉及刑事责任。

2. 伪造、擅自制造他人注册商标标识或者销售伪造、擅自制造的注册商标标识

《商标法》第67条第2款规定："伪造、擅自制造他人注册商标标识或者销售伪造、擅自制造的注册商标标识，构成犯罪的，除赔偿被侵权人的损失外，依法追究刑事责任。"前文已述，该侵权行为具体包括四种情形，对应

的，这四种情形都可能构成犯罪，需承担刑事责任。《刑法》第215条"非法制造、销售非法制造的注册商标标识罪"中规定："伪造、擅自制造他人注册商标标识或者销售伪造、擅自制造的注册商标标识，情节严重的，处三年以下有期徒刑，并处或者单处罚金；情节特别严重的，处三年以上十年以下有期徒刑，并处罚金。"

3. 销售假冒注册商标商品

《商标法》第67条第3款规定："销售明知是假冒注册商标的商品，构成犯罪的，除赔偿被侵权人的损失外，依法追究刑事责任。"《刑法》第214条"销售假冒注册商标的商品罪"中进一步规定："销售明知是假冒注册商标的商品，违法所得数额较大或者有其他严重情节的，处三年以下有期徒刑，并处或者单处罚金；违法所得数额巨大或者有其他特别严重情节的，处三年以上十年以下有期徒刑，并处罚金。"据此，在明知是假冒注册商标的商品而仍销售的情形下，不仅需要停止销售、赔偿损失，还可能承担刑事责任。

三、驰名商标的特殊保护

驰名商标，是指在中国为相关公众所熟知的商标。相比于普通商标，驰名商标的最大特色是在公众中享有极高的知名度。我国对驰名商标的认定和保护开始于20世纪80年代，当时认定的第一件驰名商标是必胜客的"PIZZA HUT"商标。[①] 此后，在履行国际公约保护驰名商标义务的现实要求下，我国在2001年《商标法》中增加了有关驰名商标的规定，并于2003年出台了《驰名商标认定和保护规定》。现在，在总结多年的司法和执法经验的基础上，我国对驰名商标的相关法律规定进行了修订和改进，由《商标法》及其实施条例、最高人民法院2009年颁布的《关于审理涉及驰名商标保护的民事纠纷案件应用法律若干问题的解释》以及原国家工商行政管理总局2014年颁布的《驰名商标认定和保护规定》等共同构成了相对完善的驰名商标特殊保护制度。

---

① 参见黄晖：《商标法》，法律出版社，2004年版，第252页。

（一）驰名商标的认定

1. 认定的前提

《商标法》第 14 条规定:"驰名商标应当根据当事人的请求,作为处理涉及商标案件需要认定的事实进行认定。……生产、经营者不得将'驰名商标'字样用于商品、商品包装或者容器上,或者用于广告宣传、展览以及其他商业活动中。"据此,驰名商标认定的前提是存在需要处理的案件,也就是说,认定驰名商标的目的是为了处理相关案件,主要即为了加大对某些商标的保护力度;如果不存在此种事实需要,仅仅是为了给某商标增光添彩、进行宣传,或者是为了在相关行业中树立典范、推动其他经营者学习提高,都不得进行驰名商标认定。

2. 认定的方式

驰名商标认定实行个案认定、被动保护的原则,须由当事人提出申请,有权机关才能开启审查和认定程序。具体而言,在我国现行商标法律制度中,驰名商标有行政认定和司法认定两种方式,各自适用不同的认定机关和认定程序。

（1）行政认定。具体包括以下两方面:

一是在商标注册审查、工商行政管理部门查处商标违法案件过程中,当事人依照《商标法》第 13 条规定主张权利的,商标局根据审查、处理案件的需要,可以对商标驰名情况做出认定。

例如,甲在某种商品上拥有某注册商标,乙向商标局申请在不相同也不类似的商品上注册相同商标。在商标局初步审定并公告乙的商标注册申请后 3 个月内,甲依《商标法》第 13 条提出异议,可以向商标局提出驰名商标保护的书面请求并提交其商标构成驰名商标的证据材料,由商标局做出驰名商标认定后给予驰名商标保护。

二是在商标争议处理过程中,当事人依照《商标法》第 13 条规定主张权利的,商标评审委员会根据处理案件的需要,可以对商标驰名情况作出认定。

商标争议处理包括两类程序:①对商标局的驳回商标注册申请决定、商标异议处理决定不服而向商标评审委员会提出请求,由商标评审委员会进行复审的程序;②经请求由商标评审委员会进行无效宣告的裁定程序。在这两类程序中,商标评审委员会可以根据当事人的请求进行驰名商标认定。

例如,甲在某种商品上使用某商标但未予注册,乙向商标局申请在相同商品上注册相同商标并经核准。在乙核准注册后 5 年内，甲依《商标法》第 13 条向商标评审委员会申请宣告乙的注册商标无效，可以向商标评审委员会提出驰名商标保护请求并提交其商标驰名的证据材料，由商标评审委员会做出驰名商标认定后给予驰名商标保护。

（2）司法认定。在商标民事、行政案件审理过程中，当事人依照《商标法》第 13 条规定主张权利的，最高人民法院指定的人民法院根据审理案件的需要，可以对商标驰名情况做出认定。

具体而言，在以下 4 类案件中，人民法院可以认定驰名商标：①以违反《商标法》第 13 条的规定为由，提起的侵犯商标权诉讼；②以企业名称与其驰名商标相同或者近似为由，提起的侵犯商标权或者不正当竞争诉讼；③原告以被诉商标的使用侵犯其注册商标专用权为由提起民事诉讼，被告以原告的注册商标复制、摹仿或者翻译其在先未注册驰名商标为由提出抗辩或者提起反诉的诉讼；④由商标异议、无效宣告等引起的商标行政诉讼。

例如，甲在某种商品上拥有某注册商标，乙在不相同也不类似的商品上使用相同商标。甲依《商标法》第 13 条提起侵权诉讼，可以向法院提出驰名商标保护请求并提交其商标驰名的证据材料，由法院做出驰名商标的认定和保护。

3. 认定的标准

无论商标局、商标评审委员会还是人民法院，在认定驰名商标时，均应当考虑下列因素。

（1）相关公众对该商标的知晓程度。根据《驰名商标认定和保护规定》，所谓相关公众，并非社会广大群众，而是特指和驰名商标所标示商品相关的公众，包括与使用商标所标示的某类商品或者服务有关的消费者，生产前述商品或者提供服务的其他经营者以及经销渠道中所涉及的销售者和相关人员等。一般的，相关公众对该商标的知晓程度越高，越有利于驰名商标的认定。

（2）该商标使用的持续时间。任何商标，只有经过了较长时间的使用，才能在相关公众中逐渐积累起一定的口碑、获得较高知名度。因此，一般的，该商标使用的持续时间也和驰名商标的认定呈正相关关系。如果某商标使用的持续时间很短，通常不可能被认定为驰名商标。对此，《驰名商标认定和保护规定》中提出，认定某未注册商标为驰名商标的，应当提供证明其使用持续时间不少于 5 年的材料；认定某注册商标为驰名商标的，应当提供证明其注册时间不少于 3 年或者持续使用时间不少于 5 年的材料。

（3）该商标的任何宣传工作的持续时间、程度和地理范围。当今社会，商品琳琅满目、种类繁多，要想在众多同类商品中脱颖而出，除了质量本身优良之外，还需要投入较多的广告宣传，过去酒香不怕巷子深的时代已经一去不复返了。因此，在认定驰名商标时，我们应当考虑该商标广告宣传和促销活动的时间长度、地域范围、媒体种类及其覆盖面和影响力等，借此来判断该商标的知名度。

（4）该商标作为驰名商标受保护的记录。如果该商标曾经被作为驰名商标受过保护，则更有利于在本次案件中对它做出驰名商标认定。但是，这并不绝对，因为商标的知名度和显著性一样，是动态变化的，既可能随着不断的使用而提高，也可能随着时间的流逝而降低。因此，曾经的驰名商标保护记录只具有参考意义。另一方面，商标是否驰名以相关公众的认知度为准，因此我们应当主要考虑该商标在我国的驰名商标保护记录。当然，如果涉及行为人在我国抢注国外的驰名商标的案件，也应当考虑该商标在其他国家和地区作为驰名商标受保护的记录。

（5）该商标驰名的其他因素。结合《驰名商标认定和保护规定》与实践经验，这主要包括使用该商标的主要商品在近3年的销售收入、市场占有率、净利润、纳税额、销售区域、无形资产评估价值、商标转让费等。通常情形下，这些数据和商标的知名度也呈正相关关系。

需要说明的是，商标局、商标评审委员会和人民法院在认定驰名商标时，应当综合考虑前述各项因素，但不以满足全部因素为要件。

4. 认定的效力

驰名商标的认定是个案认定、个案有效。换言之，驰名商标的认定是在具体案件中、作为处理该案需要认定的事实进行的，其认定结果也仅对该案有效，只可以作为处理或者判决该案的依据，而不具有普遍的法律效力，对其他案件不一定适用。具体而言，在行政案件和司法案件中，驰名商标的认定效力如下。

（1）行政案件。商标注册审查、商标争议处理和工商行政管理部门查处商标违法案件过程中，当事人请求驰名商标保护时，可以提供该商标曾在我国作为驰名商标受保护的记录。如果当事人请求驰名商标保护的范围与已被作为驰名商标予以保护的范围基本相同，且对方当事人对该商标驰名无异议，或者虽有异议，但异议理由和提供的证据明显不足以支持该异议的，商标局、商标评审委员会、商标违法案件立案部门可以根据该保护记录，结合相关证据，给予该商标驰名商标保护。

（2）司法案件。向人民法院起诉的侵犯商标权或者不正当竞争行为发生前，曾被人民法院或者国务院工商行政管理部门认定驰名的商标，被告对该商标驰名的事实不持异议的，人民法院应当予以认定。被告提出异议的，原告仍应当对该商标驰名的事实负举证责任。

另外，需要注意，由于驰名商标的认定是在具体案件中、作为处理该案需要认定的事实进行的，因此人民法院对于商标驰名的认定，仅作为案件事由和判决理由，不写入判决主文；以调解方式审结的，在调解书中对商标驰名的事实不予认定。

（二）驰名商标的保护措施

与普通商标不同，驰名商标具有较高的知名度，因此应当受到更高程度的保护。简言之，相对于普通商标，驰名商标的保护范围更广，保护力度也更强。

1. 未注册驰名商标的保护

（1）未注册驰名商标的侵权认定标准。《商标法》第 13 条第 2 款规定："就相同或者类似商品申请注册的商标是复制、摹仿或者翻译他人未在中国注册的驰名商标，容易导致混淆的，不予注册并禁止使用。"对此，最高人民法院《关于审理涉及驰名商标保护的民事纠纷案件应用法律若干问题的解释》进一步明确，"容易导致混淆"是指"足以使相关公众对使用驰名商标和被诉商标的商品来源产生误认"（即混同性混淆），或者"足以使相关公众认为使用驰名商标和被诉商标的经营者之间具有许可使用、关联企业关系等特定联系"（即关联性混淆）。可见，对于未在我国注册的驰名商标，其侵权认定与普通的注册商标相同，采取混淆标准。据此，从理论上说，凡是引起和未注册驰名商标之间混淆的商标使用，都应当构成侵犯该未注册驰名商标权的行为。

（2）未注册驰名商标侵权行为的具体情形。我国现行《商标法》明确列举的未注册驰名商标侵权行为主要包括以下两种：

一是商标领域中的使用侵权。根据《商标法》第 13 条第 2 款，这具体包括两种情形：①假冒商标行为，即在相同商品上注册或者使用与他人未在我国注册的驰名商标相同的商标；②近似性使用，即在相同商品上注册或者使用与他人未在我国注册的驰名商标近似的商标、容易导致混淆，或者在类似商品上注册或者使用与他人未在我国注册的驰名商标相同或者近似的商标、容易导致混淆。

二是商号领域中的侵权。这是指将他人未注册的驰名商标作为企业名称中的字号使用、误导公众的行为。这种行为属于侵权行为，如果构成不正当竞争，则依照《反不正当竞争法》处理。

2. 注册驰名商标的保护

（1）注册驰名商标的侵权认定标准。《商标法》第 13 条第 3 款规定："就不相同或者不相类似商品申请注册的商标是复制、摹仿或者翻译他人已经在中国注册的驰名商标，误导公众，致使该驰名商标注册人的利益可能受到损害的，不予注册并禁止使用。"对此，最高人民法院《关于审理涉及驰名商标保护的民事纠纷案件应用法律若干问题的解释》进一步明确，"误导公众，致使该驰名商标注册人的利益可能受到损害"是指"足以使相关公众认为被诉商标与驰名商标具有相当程度的联系，而减弱驰名商标的显著性、贬损驰名商标的市场声誉，或者不正当利用驰名商标的市场声誉"。换言之，注册驰名商标的侵权认定采取联想标准，这与普通注册商标和未注册驰名商标不同，比之更加严格。原因在于，混淆标准无法对注册驰名商标给予足够的保护。

驰名商标之所以驰名，是因为具有极高的知名度，通常也具有良好的口碑，相关公众看到该商标，能够产生认可、喜欢、期盼等正面情绪。于是，实践中有些经营者便利用这一点，在自己的商品上使用与之相同或者近似的商标，例如在服装上使用"大众"商标、在食品上使用"茅台"商标、在文具上使用"海尔"商标。这些使用当然不会引起混同性混淆，在行为人的商品和商标权人的商品相差甚远时通常也不会引起关联性混淆。因此，使用混淆标准，无法将这些行为认定为侵权。但是，如果放任这些使用行为，久而久之，消费者看到"大众"，可能不再只想到汽车，而是想到服装等其他商品，该商标的显著性将会大大削弱；甚至如果"大众"服装粗制滥造，还会引起消费者对"大众"的负面情绪，进行影响"大众"汽车的商誉和口碑，损害商标权人的合法利益。退一步讲，即使"大众"服装质量优良，未引起人们的反感，其行为人也有借助"大众"汽车的知名度来搭便车之嫌，有违诚实信用和公平竞争。因此，对于这些未引起混淆、但引起人们对原商标的联想的行为，立法也应禁止，此即对注册驰名商标侵权认定的联想标准。

（2）注册驰名商标侵权行为的具体情形。我国商标法针对注册商标规定的各项具体侵权行为，包括在商标领域中、商号领域中、商品装潢领域中、域名领域中等，都适用于注册的驰名商标。而且，相对于普通的注册商标，注册驰名商标受到的保护力度更强，实行跨类保护原则，即，超越相同或者类似商品的范围，有权禁止他人在一切商品上使用与其相同或者近似的商标。

具体而言，商标权人诉称被告在不相类似商品上使用与自己注册驰名商标相同或者近似的商标或者企业名称构成侵权，并请求禁止被告行为的，人民法院应当根据案件具体情况，综合考虑以下因素后做出裁判：①该驰名商标的显著程度；②该驰名商标在使用被诉商标或者企业名称的商品的相关公众中的知晓程度；③使用驰名商标的商品与使用被诉商标或者企业名称的商品之间的关联程度；④其他相关因素。

第四章
专利法

第一节 专利和专利法概述

一、专利概述

（一）专利的概念

在我国专利法律和实践中，"专利"一词在不同的语境下有不同的含义。在法律上，专利是专利权的简称，指国务院专利行政管理部门经依法审查，授予发明人对其符合专利授权条件的发明创造的排他性的专有权。但在实践中，人们提及专利时还可能是指专利技术方案，即符合专利授权条件、受专利法保护的发明创造。

从词源来看，"专利"是从英文"patent"一词翻译而来的。英国最早出现 patent 时，是指由国王亲自签署的带有御玺印鉴的独占权利证书。这种证书的内容是公开的，享有的权利是垄断的。因此，patent 的核心内涵便由两点构成：一是内容公开；二是权利垄断。[①] 而这也成为现代专利制度的基本特征。

1. 内容公开

这是专利制度的基础，指获得专利权的技术方案必须向全社会公开，使广大公众都能知悉技术内容，权利人不得隐瞒或者藏私。如此，一方面有利

---

① 参见张今：《知识产权法》，中国人民大学出版社 2011 年版，第 107 页。

于让公众知晓某技术的研究进展，避免重复研发、浪费资源，进而也可以在此基础上进行改进革新，促进技术的进一步发展；另一方面，知悉是使用的前提，只有让公众知晓获得专利权的技术方案，才可能使用该方案，从而真正促进社会整体的技术进步，实现专利制度的最终目标。为实现这一点，专利法中设置了许多具体制度，例如先申请原则、延迟审查制度、说明书充分公开要求等。

2. 权利垄断

这是专利制度的主要表现。专利权的核心在于独占，即法律授予权利人对其发明创造有一定独占性的权利。如此，权利人才能从该专利的利用中获得收益，补偿自己进行发明创造时投入的时间和成本，进而有所得利。这符合公平正义的理念，也有利于激励人们从事发明创造。在此意义上，专利制度可以视为国家和专利权人之间的契约，国家以授予专利权人一定时间内对其发明创造的独占性使用权来换取专利权人公开其发明创造、使得社会公众可以在该时间之后对此发明创造进行广泛使用的自由。

（二）专利和商业秘密

1. 专利和商业秘密的区别

现代社会中，专利和商业秘密是对技术创新进行保护的两种最典型方式。但是，二者在许多方面都存在较大区别。

（1）适用范围不同。专利制度主要适用于发明和实用新型，二者都属于利用自然规律解决技术问题的技术方案；此外，外观设计也适用专利制度保护，它是一种追求美感的美化设计方案。商业秘密制度的适用范围则较广，涵盖技术信息和经营信息，前者与专利制度下的发明和实用新型本质上相同，都是利用自然规律解决技术问题的技术性内容，后者则无关于技术，而与市场相关，包括客户资料、进货和销售渠道、成本价格、投标条件、营销策略等。

（2）保护条件不同。发明创造要获得专利保护，必须符合法定的授权条件，这主要是指发明和实用新型应当具备新颖性、创造性和实用性。简言之，发明创造应当是发明人新创的，与现有技术不同且具有较大差异，而且能够投入实际使用并产生积极效果。商业秘密保护则与之不同，要求具有秘密性、保密性、实用性和价值性。其中，秘密性是指该项技术信息或经营信息在客观上尚未被公众所知悉；保密性是指权利人对其采取了相应的保密措施，在一般情形下能够保障其秘密性；价值性是指因不为公众所知悉而且有现实的或者潜在的商业价值，能够给经营者带来经济利益。从实践来看，专利保护的核心要求是该发明创造与现有技术之间存在显著差异，商业秘密保护的核心要求则是该项技术信息或经营信息在主观和客观上都处于秘密状态（主观上处于秘密状态即保密性，客观上处于秘密状态即秘密性）。

（3）权利取得方式不同。在我国，专利权不是自动产生的，必须经过申请审查程序，由国家专利行政管理部门明确授权。商业秘密则与著作权相似，采取自动产生原则，只要经营者开发出一项新技术或者获得一项经营信息并采取相应的保密措施，便可获得商业秘密保护，不必向任何部门申请授权，也不必在任何部门注册登记。

（4）权利排他性不同。总体而言，专利权的排他性强于商业秘密。虽然相对于普通的第三人，专利权和商业秘密都具有排他性，能够排斥他们未经许可擅自使用其技术，但是对于以下两类主体，二者的排他性程度不同。

一是对于其他独立的发明人。一项发明创造获得专利授权后，专利权人能够排斥其他独立的发明人在该项发明创造上再获得专利权，也能够排斥其实施该技术，除非该其他独立的发明人是先使用权人，即，在专利申请日前已经制造相同产品、使用相同方法或者已经作好制造、使用的必要准备，并且仅在原有范围内继续制造、使用。而一项发明创造享有商业秘密保护的，权利人无法排斥其他独立的发明人实施该技术，亦无法排斥其也采取商业秘密的方式保护自己。

二是对于反向研发者。专利权人不得排斥第三人对其专利进行为科学研究和实验目的的反向研究，但是如果反向研发成功，专利权人可以禁止反向研发者为生产经营目的实施此技术。而商业秘密保护不排斥反向研发，第三人既可以根据权利人的产品进行反向研发，也可以对反向研发得出的技术进行商业性使用。

（5）保护期限不同。专利权具有法定的保护期限，其中发明专利的保护期最长为 20 年。商业秘密则没有固定的保护期限，实践中，其保护时间的长短取决于权利人所采取保密措施的有效性。只要权利人的保密措施能够维持其技术信息和经营信息在客观上的秘密状态，商业秘密保护便可一直存续下去。反之，如果权利人的保密措施被第三人成功破解或者避开，其信息不再处于秘密状态，则商业秘密保护不复存在，即使该保护才刚刚开始。

2. 专利保护方式和商业秘密保护方式的选择

由上可知，在对技术方案提供保护方面，专利保护方式和商业秘密保护方式各有优势。一方面，专利保护需要经过复杂严格、历时较久的申请审查程序，能否获得授权尚未可知，且保护时间有限；而商业秘密保护具有即时性、便捷性，保护期限在理论上可以延及永远。另一方面，一旦获得授权，专利保护力度较大，在整个保护期内都具有极强的排他性；而商业秘密的保护力度较弱，无法确保社会中只有权利人独家实施其技术，也无法确保其商业秘密保护还能维持多久。

据此，对技术开发者而言，专利保护和商业秘密保护各有利弊，但二者分别以技术公开和技术保密为基础，因此无法同时并存，只能根据实际情况，综合考虑技术方案的创造高度、可被反向破解的难易程度、自己采取保密措施的有效性等，选择适用其中一种保护方式。

当然，从社会整体的角度来看，专利保护方式比之商业秘密更有利于公众获悉和使用最新技术，从而促进社会整体技术进步。因此，我们应当大力推动专利法律制度的完善和适用，以鼓励发明创造，推动发展创造的应用，促进科学技术进步和经济社会发展。

二、专利法概述

（一）世界范围内专利法的沿革

世界上第一部体现专利理念的法律是威尼斯 1474 年《专利法》，该法蕴含了专利制度的多项核心内容。例如，该法提出了专利授权条件的新颖性和实用性（"任何在本城市共和国做出了本国前所未有的新发明者，一旦其发明已被完成并且可以付诸应用和实施，就应向本城市共和国政府办公室登记"①），规定了专利权的排他性和时间性（"任何其他人在 10 年之内，在本城市共和国的领土范围之内，未经发明人的同意或许可，不得制造相同或相似的物品"②），等等。但是，该法并未明确专利的私权属性，而是规定政府

---

① 参见斯蒂芬·P. 拉达斯：《专利商标和有关权利》（英文版），美国哈佛大学出版社 1975 年第 1 卷，第 6 - 7 页。转引自汤宗舜：《专利法教程（第三版）》，法律出版社 2003 年版，第 7 页。
② 参见斯蒂芬·P. 拉达斯：《专利商标和有关权利》（英文版），美国哈佛大学出版社 1975 年第 1 卷，第 6 - 7 页。转引自汤宗舜：《专利法教程（第三版）》，法律出版社 2003 年版，第 7 页。

有权根据需要任意使用发明者的发明。从此角度来看，该法与真正现代意义上的专利制度仍然有所差别。

通说认为，世界上第一部现代意义上的专利法是英国1623年《垄断法》。该法规定了专利权的客体、主体、权利内容、保护期等方面，并且排除了英国皇室特权。这奠定了现代专利制度的基础，为后来许多国家所效仿。

目前，世界上大多数国家都制定实施了专利法。为了统一和协调各国的专利法律制度，国际社会通过了多部有关专利保护的国际公约，例如《保护工业产权巴黎公约》、TRIPs协议、《专利合作条约》（简称PCT）及其实施细则、《国际专利分类斯特拉斯堡协定》等，初步形成了专利国际注册和保护的制度体系。

（二）我国专利法的沿革

在师夷长技以制夷、促进中华科技进步的思想影响下，1898年清政府颁布了《振兴工艺给奖章程》，这是我国历史上第一部专利法。该法区别发明创造的不同种类，给予不同保护期限的专利权，例如武器类发明创造可获得50年专利，生活用品类可获得30年专利。

中华民国成立后，1912年制定了《奖励工艺品暂行章程》。这是我国历史上第一部真正施行的专利法，并于1923年进行了修订。

中华人民共和国成立后，专利法律制度的建立经过了一个比较复杂的历程。20世纪50年代，根据《保障发明权与专利权暂行条例》，我国实行发明权和专利权并行的双轨制模式，发明创造可以申请发明权或者专利权。发明权，其发明创造的采用和处理权属于国家，发明人享有领受奖金、奖章等荣誉的权利和署名权；专利权，其发明创造的实施、转让、许可、获酬等权利则属于发明人。[①] 20世纪60年代，双轨制模式废止，我国实行发明奖励制度，发明创造均属于国家所有，发明人有权获得奖励。[②] 到了20世纪80年代，随着改革开放的推进，我国逐渐恢复了专利制度。1984年3月12日，第六届全国人民代表大会常务委员会颁布《中华人民共和国专利法》（以下简称《专利法》）。该法经过1992年、2000年和2008年三次修订，对保障发明人权益、促进社会科技进步发挥了重要作用。以该法为基础，国务院2010年《专

---

① 参见1950年《保障发明权与专利权暂行条例》第2-7条。
② 参见1963年《发明奖励条例》第16、23条。

利法实施细则》以及最高人民法院《关于审理侵犯专利权纠纷案件应用法律若干问题的解释》《关于审理侵犯专利权纠纷案件应用法律若干问题的解释（二）》《关于审理专利纠纷案件适用法律问题的若干规定》等多部法律文件，对专利的审查授权和保护做出了更加细致的规定，形成了一套系统、具体的专利法律制度。

2012 年开始，在科技飞速发展的现实需要下，我国开始了《专利法》的第四次修订工作。2013 年国家知识产权局形成《专利法修订草案（送审稿）》并上报国务院，公开征求社会意见。2020 年《专利法》第四次修正案公布，并于 2021 年 6 月 1 日起正式施行。此次修订除进行文字性调整的条文（例如删除了所有"专利复审委员会"的表述，都改为"国务院专利行政部门"）外，进行实质性修改的条文有 20 多条，主要涉及加强专利保护力度、促进专利实施等内容。

（三）专利法的立法宗旨

1. 保障专利权人的合法权利

专利法的直接目的是保护专利权人对其发明创造的专有权，禁止第三人未经许可擅自实施，以保障专利权人可以通过独占性使用、转让、许可等方式从中收回投资、获取利益。为此目的，专利法规定了专利的申请审查制度、专利权的保护范围、专利侵权制度等一系列内容。可以说，保护专利权人是专利法的首要目标，因为专利权人是发明创造的源泉，只有维护他的合法权益、才能激励其创造积极性，提高社会的创新能力。

2. 维护社会公共利益

在专利法律制度中，专利权人和社会公众是天平的两端，我们不能一味强调专利权人的合法权利，也应保障社会公众利益。对此，专利法设置了许多具体制度，例如，根据专利的不同类型及其对社会进步的贡献大小规定了不同的保护期限，明确专为科学研究和实验的目的可以使用他人专利，规定了专利的强制许可制度以推动发明创造的实际应用、满足社会需要，等等。

就具体个案来说，维护社会公共利益可能会对专利权人的权利进行一定的限制。但是从长远来看，维护社会公共利益和保障专利权人的合法权利并不相悖。因为每个专利权人也是社会公众的一分子，他不仅需要实施自己的技术以获得经济利益，也需要掌握、使用他人的技术以满足自己的其他需求或者作为自己发明创造的基石。因此，维护社会公共利益，自然也保障了其中每一位专利权人的个人权利。

3. 促进社会科技进步和经济发展

从某种意义上说,促进社会科技进步和经济发展是专利法的最终目标。这不仅是保障专利权人合法权利的必然结果,也是维护社会公共利益的题中应有之义。具体而言,一方面,保障专利权人的合法权益、激励其创造积极性,有利于丰富全社会的新知识和新技术总库;而另一方面,维护社会公共利益,使大众都能从专利权人的发明创造中获益,必然也会推动社会整体的文明和经济进步。对此,美国联邦宪法以暗示的方式做出了规定。该法第1条第8款提出,通过对发明人授予一定时间内对其发明创造的排他性权利,以促进科学进步。换言之,在美国联邦宪法看来,授予专利权只是促进科学进步的手段,其最终目标是实现科学进步。具体就我国专利法来说,专利授权条件、无效宣告制度、基础发明和改进发明互相强制许可等内容都是保障科技创新高度、促进科技成果使用、实现本项立法目标的具体表现。而专利法第四次修订过程中提出的《专利法修改草案(征求意见稿)》更是新增一条,提出"行使专利权……不得损害公共利益,不得不正当地排除、限制竞争,不得阻碍技术进步",明确了促进社会科技进步对于专利法的终极意义。

(四)专利法的诚实信用原则

1. 诚实信用原则在专利法中的规定

与商标法一样,专利法作为民事法律的一种,从其诞生之日起就天然地适用诚实信用原则。例如,2000年《专利法》中"以非专利产品冒充专利产品、以非专利方法冒充专利方法的,由管理专利工作的部门责令改正并予公告,可以处五万元以下的罚款"等条款,即蕴含了诚信原则。2020年《民法典》正式颁布,其以民事法律总纲的形式,明确规定民事主体从事一切民事活动都应"遵循诚信原则,秉持诚实,恪守承诺"。据之,2020年《专利法》第四次修订时,除了延续在具体制度中暗含诚信原则的立法传统之外,在总则中也明确规定了诚信原则的条款,并将之适用于专利权的申请、行使和保护的全过程。

2. 诚实信用原则在专利法中的具体体现

2020年《专利法》新增第20条明确提出:"申请专利和行使专利权应当遵循诚实信用原则。"与此同时,该法对与专利权的申请、行使和保护有关的民事主体都提出了遵循诚信原则的具体要求。

（1）诚实信用原则对专利申请人和专利权人的要求。

第一，专利权申请中的诚信要求。我国对专利权的取得实行先申请原则，因此申请日的早晚对申请人能否获得专利权极为重要。为免申请人在发明创造尚未完成或尚不完善时即行申请以抢占先机而在申请后再继续完成或完善发明创造，专利法对申请人在专利申请过程中修改专利申请文件的权利有所限制。

第二，专利权行使中的诚信要求。具体有以下几点：

首先，专利法为遏制仅申请不实施的专利囤积行为，明确专利权人在获得专利授权后负有一定的实施义务。例如，对于专利权人自专利授权之日起满3年且自专利申请之日起满4年、无正当理由未实施或未充分实施其专利的，专利法规定了强制许可制度，第三人可以通过强制许可实施其专利。

其次，专利法对于专利权人的专利实施行为也基于诚信原则提出了具体要求。例如，专利法规定，专利权人行使权利时不得滥用专利权损害公共利益和他人合法权益，不得排除或限制竞争，否则不仅可能承担《反垄断法》上的责任，还可能引发对其专利的强制许可。

再次，专利法对专利权人的权利行使做出了一定限制，明确其不得排除先用权人的在先使用权，同时也对先用权人的在先使用权提出了具体要求。即，第三人在专利申请日前已经制造相同产品、使用相同方法或者已经做好制造、使用的必要准备的，在专利授权后，可以继续制造、使用而不被视为专利权侵权，但必须限于原有范围。如此，既能在先申请原则下维护其他独立发明人的合法权益，又能避免其他独立发明人损害专利权人的经济利益，实现诚信原则下的双赢。

最后，专利法在专利侵权制度中实行禁止反悔原则。在专利授权和无效宣告程序中，为获得或者维持专利，专利权人可能明确放弃对某项技术内容的权利，但在授权之后，在专利侵权程序中可能又重新对该技术内容主张专利权。此种行为显然有违诚信原则。对此，专利法基于"秉持诚实、恪守承诺"的理念，对专利权人的事后反悔主张不予支持。

（2）诚实信用原则对专利代理机构的要求。专利法规定，专利代理机构应当遵守法律、行政法规，按照被代理人的委托办理专利申请或者其他专利事务；对被代理人发明创造的内容，除专利申请已经公布或者公告的以外，负有保密责任。

（3）诚实信用原则对第三人的要求。专利法规定，发明专利申请公布后至专利权授予前使用发明的，使用人应支付适当使用费。严格来说，此时专利尚未授权，对该项发明创造尚不存在独占性的权利，第三人是可以自由使用的。但考虑到该发明创造毕竟是发明人的智力成果，其中凝聚了发明人的心血和投入，因此出于诚信原则，使用人仍应支付适当的费用，在专利授权后，专利权人可以起诉主张该项使用费。

第二节　专利权的客体

在不同国家立法和国际公约中，专利权客体涵盖的范围不一。例如，《巴黎公约》中将专利、实用新型和工业品外观设计分列，其专利的客体仅指发明；PCT 则规定，其专利包括发明和实用新型。相形之下，我国专利法对专利权的客体规定得最为宽泛，涵盖发明、实用新型和外观设计三种。虽然这三种客体各有特色，在申请审查程序和授权条件等方面均有差异，但是考虑到它们本质上都属于工业产权的范畴，是工业领域（而非文学艺术领域）新创造出来的智力成果，因此我国将它们置于一部统一的立法中加以规定，并统称为发明创造。

一、发明

（一）发明的概念

发明是最主要的专利权客体，几乎所有国家的专利法中都明确保护发明。

根据《专利法》第 2 条第 2 款，发明是指对产品、方法或者其改进所提出的新的技术方案。对此，我们可以从以下三个方面来理解。

首先，发明属于技术方案。所谓技术方案，必然是解决技术问题并产生技术效果。为此，发明必须利用而不能违背自然规律。具体而言，一方面，自然规律本身不是发明。自然规律是自然界客观存在的，不是人类创造的，甚至在人类出现之前就早已存在，并且对人类和其他生物都平等地发挥作用，例如万有引力定律。因此根据公平原则，对于自然规律，全体生物都应平等的共享，人类不应独占，更不应由人类中的某一个体享有排他性的使用权。换言之，自然规律不是专利权的客体，不属于发明。另一方面，违背自然规律的所谓"发明创造"，也不是法律意义上的发明。因为这只能是空想，不可能真正创造出来，更不可能解决某种技术问题，例如违背能量守恒定律的永动机。

进一步来看，发明必须利用自然规律设计出具体的技术特征，如此才能真正解决技术问题并产生实际效果。仅仅停留在自然规律或者科学原理层面，只提出一种笼统的设计思路或者设想，而未落实成具体的技术特征，是无法真正解决技术问题的。因此这种设计思路或者设想也不属于技术方案，无法构成专利法意义上的发明。

其次，发明是新的技术方案。发明必须是社会中本不存在、由发明人新创造出来的，此即新颖性的核心要求，也是发明获得专利权的首要条件。换言之，发明的技术方案不是对社会现有技术的简单重复，必须有所创新。如此，才能不断丰富社会的新知识和新技术总库，促进人类文明和科技发展，实现专利法的终极目标。当然，这并不排斥发明人利用已有的技术方案，以此为基础进行改进和创新。实践中，这种情形占绝大多数，毕竟完全脱离已有技术而凭空创造是很难做到的。

最后，发明是针对产品或者方法提出的新的技术方案。在三种专利权客体中，发明涵盖的范围最广，包括有形的产品，例如机器、材料、食品、交通工具等，和无形的方法，例如产品加工方法、通讯方法等。据此，一种新创造出来的产品以及对该产品的改进，一种新创造出来的方法以及对该方法的改进，都可以构成发明而获得专利权。

（二）发明的类型

1. 产品发明和方法发明

产品发明是针对产品提出的发明创造，其技术方案表现为有形的物体，可以是一个完整、独立的物品，也可以是该物品中的一个零部件。方法发明则是针对方法提出的发明创造，其技术方案表现为无形的工艺和流程，可以是一套完整的操作过程，也可以是该操作过程中的一个单独的步骤。

产品发明和方法发明主要存在两点区别。

（1）保护对象不同。产品发明仅保护产品，不涉及此产品的生产方法。亦即，专利权人能够排斥第三人未经许可擅自制造、使用、许诺销售、销售、进口其产品，但是如果第三人只是使用了其制造产品的方法，将该方法用于制造其他产品，则专利权人无权禁止。而方法发明不仅保护方法，还涉及依该专利方法直接获得的产品。亦即，专利权人不仅可以排斥第三人未经许可擅自使用其专利方法，还可以排斥第三人未经许可擅自使用、许诺销售、销售、进口依照该专利方法直接获得的产品。

（2）侵权诉讼中的举证责任不同。对侵犯产品发明专利权的行为，依据民事诉讼法的一般规则，适用谁主张谁举证，即由专利权人举证证明被告存在侵权行为。而对侵犯新产品制造方法的发明专利权的行为，适用举证责任倒置，由被告证明自己不侵权。对此，《专利法》第61条第1款明确，专利侵权纠纷涉及新产品制造方法的发明专利的，制造同样产品的单位或者个人应当提供其产品制造方法不同于专利方法的证明。这种举证责任倒置的规定十分符合客观实际，具有相当的合理性。因为产品制造方法是无形的，且是各个单位或个人内部采用的，他人无从知晓，如果亦适用举证责任一般规则，则专利权人通常都会因无法举证证明而承担不利后果，这显然对专利权人不公平。

2. 基础发明和改进发明

基础发明和改进发明是相对应的一组发明。如果两项发明之间存在技术依存关系，甲发明是乙发明的技术基础，乙发明在甲发明的基础上做出了技术改进，则甲发明是基础发明，乙发明是改进发明。例如，人类创造的第一辆汽车是基础发明，以之为基础创造的电动汽车即是改进发明。

基础发明和改进发明都可以申请专利权。就权利内容和保护期限来看，基础发明的专利权和改进发明的专利权完全一致。但是，双方权利人不能互相行使对方的专利，他们只能分别对自己的发明创造实施并享有独占性的权利。对此，我国专利法规定了一项强制许可制度，即，改进发明比基础发明具有显著经济意义的重大技术进步、其实施又有赖于基础发明时，改进发明的专利权人可以向国务院专利行政部门申请实施基础发明的强制许可，如果此申请被批准，则基础发明的专利权人也可以向国务院专利行政部门申请实施改进发明的强制许可。后文第五章将对此进行详细介绍，此不赘述。

二、实用新型

（一）实用新型的概念

根据《专利法》第2条第3款，实用新型，是指对产品的形状、构造或者其结合所提出的适于实用的新的技术方案。对此，我们可以从以下三个方面来理解：

首先，实用新型是一种新的技术方案。与发明一样，一方面，实用新型必须是利用自然规律设计出具体的技术特征，解决技术问题并产生技术效果；另一方面，实用新型必须是发明人新创的，和现有技术相比具有进步性。

其次，实用新型是针对产品的形状、构造或者其结合提出的新的技术方案。一方面，实用新型只可能存在于产品之上，此产品是指经过产业方法制造的，有确定形状、构造且占据一定空间的物体，一切方法以及未经人工制造的自然存在的物品不属于实用新型。① 另一方面，产品包括有一定形状、构造的产品和没有固定形状、构造的产品，其中，只有具备一定形状、构造的产品才可能申请实用新型专利，而无固定形状、构造的产品例如液体类、气体类、粉末状的产品都不属于实用新型的范畴。实践中，能够申请实用新型专利的情形包括三种：产品的新形状，产品的新构造，产品的新形状和新构造的结合。

具体而言，产品的形状是指产品所具有的、可以从外部观察到的确定的空间形状，此形状对于该产品的技术效果具有实质性作用。② 据此，不能以摆放、堆积等方法获得的非确定的形状作为产品形状申请实用新型专利。③ 而如果产品虽有固定形状，但该形状与产品的技术效果无关，则也不符合实用新型的要求。例如，驱肠虫类药品"宝塔糖"所采取的圆锥形状便与其药性、疗效无关，该形状无法申请实用新型专利。

产品的构造是指产品的各个组成部分的安排、组织和相互关系，包括机械构造和线路构造。物质的分子结构、组分、金相结构等不属于此种所称的产品构造，无法获得实用新型专利权。④

最后，实用新型是适于实用的技术方案。对产品的形状、构造或者其结合所提出的技术方案应当具有实用性，能够产生积极效果。例如，对座椅靠背弯曲度的改变如果能够符合人体工程学原理，给人体腰背以更有力的支撑，促进人体健康，可以申请实用新型专利。再如，对传统二折伞的内部结构进行改变，使之成为五折伞，有利于缩小体积、提高便捷性，也可以申请实用

---

① 参见《专利审查指南》第一部分第二章。
② 参见张今：《知识产权法》，中国人民大学出版社 2011 年版，第 115 页。
③ 参见《专利审查指南》第一部分第二章。
④ 参见《专利审查指南》第一部分第二章。

新型专利。

（二）实用新型和发明的区别

在三类专利客体中，实用新型和发明比较相近，二者同属于技术方案，都能够产生技术效果，对提高工业科技水平具有直接作用。但是，纵观整个专利制度，实用新型和发明也存在较多区别，主要包括以下四个方面：

首先，适用范围不同。发明涵盖一切产品和方法；实用新型的适用范围则窄得多，不适用于方法，也不适用于没有固定形状、构造的产品。

其次，创新高度不同。发明需要满足极高的创造性条件，必须比现有技术具有突出的实质性特点和显著的进步；实用新型在此方面的要求则稍低一些，只需比现有技术具有实质性特点和进步。为此，实用新型常被称为"小发明"，其设立的目的是为那些创新度达不到发明要求的小技术提供法律保护。

再次，审查程序不同。发明的审查程序十分复杂，需要经过初步审查、请求实质审查、实质审查等多个步骤，往往需要耗费三四年甚至更久的时间；实用新型则只需经过初步审查，过程简单、历时较短，可以尽快对发明人提供专利权保护。

最后，保护期限不同。虽然发明和实用新型的专利权保护期都是从申请日起计算，但是期限长短不同，发明可以享有 20 年的专利权保护，实用新型则短得多，只有 10 年。对二者实行区别对待的原因在于：一方面，实用新型的创新高度低于发明，其对社会技术进步的贡献便小于发明，因此对其权利人授予稍弱一些的法律保护符合公平原则；另一方面，一般情形下，技术含金量较低的技术，其市场寿命也较短，[①] 据此，对创新高度较低的实用新型给予太久的法律保护在实践中几无必要。

三、外观设计

（一）外观设计的概念

1. 现行立法规定

根据《专利法》第 2 条第 4 款，外观设计，是指对产品的形状、图案或

---

① 参见吴汉东：《知识产权法》，法律出版社 2014 年第 5 版，第 162 页。

者其结合以及色彩与形状、图案的结合所做出的富有美感并适于工业应用的新设计。我们可以从以下三个方面来理解这一概念:

首先,外观设计是设计方案,而非技术方案。换言之,外观设计没有利用自然规律,无法解决技术问题也不会带来技术效果。它与现有技术的不同只能带来艺术欣赏效果。进一步来看,在此方面,专利法明确提出了"富有美感"一词,似乎对外观设计有较高的艺术水平的要求,但是通说认为,对此我们可以作泛化理解。与《著作权法》中美术作品须"有审美意义"一样,由于美感具有较强的主观性和时代性,会随着判断者的个人好恶与不同时代的艺术发展水平而产生较大差别,因此,只要不是过分特立独行、不是社会公众普遍不能接受的,通常都认为符合富有美感的要求。

其次,外观设计是针对产品的形状、图案或者其结合以及色彩与形状、图案的结合做出的设计方案。与实用新型一样,外观设计仅仅针对有形的产品,方法不能申请外观设计专利。实践中,能够申请外观设计专利的情形包括六种:产品的新形状、产品的新图案、产品的新形状和新图案的结合、产品的新色彩和新形状的结合、产品的新色彩和新图案的结合、产品的新色彩新形状与新图案的结合。换言之,仅仅对产品的色彩提出的新设计无法获得外观设计专利权。这是因为人眼能够辨别的色彩种类有限,如果对产品的色彩授予外观设计专利权,则意味着该权利人对此色彩享有独占性的权利,这对其他人不公平,也不利于开展正常的市场竞争。需要注意的是,能够申请外观设计专利权的产品可以是平面的,也可以是立体的,其中如果对平面产品的图案或者色彩和图案的结合做出某种设计,我们需要判断此种设计主要是起到美化作用还是标识作用,前者可以申请外观设计专利,后者则不行。

最后,外观设计是适于工业应用的设计方案。外观设计应当能够投入产业使用并进行批量生产,如果不能满足这一点,则无法申请外观设计专利,最多可以成为著作权保护的作品。例如,植物盆景虽然可以体现栽培者的独特构思,在形状等方面做出富有美感的新设计,但它必须依靠自然因素才能实现,无法进行批量生产,因此不属于外观设计的保护对象。

2. 立法新动向

2020 年《专利法》第四次修正案对外观设计的定义进行了一定改动,增加了局部外观设计的概念。该法第 2 条第 4 款规定:"外观设计,是指对产品的整体或者局部的形状、图案或者其结合以及色彩与形状、图案的结合所做出的富有美感并适于工业应用的新设计。"

（二）外观设计和实用新型的区别

外观设计和实用新型都是针对产品做出的发明创造，不适用于方法，二者在专利审查程序、专利保护期限等方面具有较多相似性。但是，从本质上来看，外观设计和实用新型是两种完全不同的专利类型，二者之间存在根本性的区别，具体表现在以下几方面：

首先，智力成果的类型不同。实用新型是技术方案，着眼于解决技术问题，产生技术上的效果。为此，它必然对某项自然规律进行了利用和体现。而外观设计是设计方案，着眼于提高产品的美化效果，与技术无关，因此不必利用自然规律。以座椅为例。如果利用了人体测量学和生物力学中的规律，对椅背弯曲度进行改变，使之更符合人体工学原理，从而有利于促进人体健康和工作效率，则可以申请实用新型专利；如果只是根据当代的审美观念，对椅背的图案、色彩进行了改变，或者在椅背上雕刻精美的花纹，使消费者产生美感，则应当申请外观设计专利。

其次，保护条件不同。实用新型与发明相似，应当符合专利保护条件的三性要求，即新颖性、创造性和实用性；外观设计则应当满足新颖性、创造性和非冲突性，且其创造性要求与实用新型、发明不同。对此，本书将于第四章进行详述。

最后，权利限制不同。实用新型虽然在创新高度上低于发明，但它仍然属于技术方案，对社会科技发展具有直接影响，因此，为保障社会公共利益、促进文明整体进步，立法对实用新型专利规定了强制许可制度等相关内容，对专利权人的权利进行一定程度的限制。而外观设计只是一种艺术设计，与科技进步无关，因此立法不必对它进行限制，亦即，外观设计不适用于强制许可制度。

（三）外观设计保护和著作权保护的关系

外观设计涉及产品的形状、图案、色彩，且要求具有美感效果，而这些往往是著作权法所保护的美术作品的重要元素。在英国等国家，外观设计更是被称为工业版权，可见外观设计制度和著作权制度之间存在密切联系。

就我国而言，外观设计保护的客体和著作权保护的客体在一定程度上存在交叉，实用美术作品既可以获得著作权保护，也可以申请外观设计保护，二者并行不悖。但是，从保护的具体内容和效果来看，两种保护方式存在以下三点区别：

首先，权利产生方式不同。著作权保护是自动产生的，无须进行申请审批，也不必进行注册登记。而外观设计保护需要向国家知识产权局提出专利申请，经审查授予专利权。

其次，保护条件不同。实用美术作品要获得著作权保护，应当满足独创性和可复制性条件。其中，独创性侧重于该作品由作者独立创作完成，如果两个作者分别独立创作，恰巧创做出相似甚至相同的实用美术作品，则可以各自享有著作权。而要获得外观设计保护，应当符合新颖性、创造性和非冲突性条件。其中新颖性要求该项外观设计是由设计者首创的。据此，在后做出相同外观设计的设计者通常无法获得专利权也无法使用此设计，除非他先于在先设计者提出专利申请。①

最后，保护期限不同。著作权保护期限较长，通常延续至作者终生和死亡后50年。外观设计的保护期限则短得多，只有10年。

综上可知，对实用美术作品来说，外观设计保护和著作权保护各有优势之处，既然我国立法目前没有限制二者只能择其一，那么在实践中，设计者可以进行外观设计专利申请以同时享有两种保护，在遇到侵权纠纷时，结合具体情况选择一种更加合适的保护方式来维护自己的合法权益。

四、不授予专利权的项目

（一）违法性的发明创造

《专利法》第5条第1款规定："对违反法律、社会公德或者妨害公共利益的发明创造，不授予专利权。"据此，该种不授予专利权的项目包括以下三小类。

1. 违反法律的发明创造

此处所称法律，特指全国人民代表大会及其常委会依据立法权限和程序制定并颁布的法律文件，不包括国务院制定的行政法规和国务院各部委制定的规章等其他法律规范。

违反法律的发明创造是指这项发明创造本身的目的即与法律相悖，例如

---

① 参见汤宗舜：《专利法教程》，法律出版社2003年第3版，第50页。

专用于残杀他人的设备或工具、专用于伪造货币的机器或方法。如果发明创造的目的具有合法性，但其可能被滥用而违反相反法律规定，则不属于此种情形，例如用于医疗的麻醉剂、镇静剂，用于娱乐的棋牌桌。对此，《专利法实施细则》第10条规定："专利法第五条所称违反法律的发明创造，不包括仅其实施为法律所禁止的发明创造。"据之，对于这种发明创造，我们可以授予专利权，但在权利人实施专利时应当依法进行相应的限制或禁止。

2. 违反社会公德的发明创造

社会公德是指公众普遍认为是正当的、并被接受的伦理道德观念和行为准则。[①] 社会公德的认定具有相当的地域性和时间性，不同国家和地区、受不同文化影响的民众对社会公德的认定可能存在较大差别，而即使同一地域，民众对社会公德的认定也会随着时间推移而发生变化。据此，在我国申请专利，应当根据我国民众当前的认知来判断某发明创造是否违反社会公德。通说认为，克隆的人或克隆人的方法、非医疗目的的人造性器官或者其替代物等属于违反社会公德的发明创造，不能授予专利权。[②]

3. 妨害公共利益的发明创造

妨害公共利益，是指发明创造的实施或使用会给公众或社会造成危害，或者会使国家和社会的正常秩序受到影响。例如，使盗窃者双目失明的防盗装置、严重污染环境或破坏生态平衡的产品制造方法，都不能授予专利权。但是，发明创造被滥用而可能带来不利后果，或者发明创造在产生积极效果的同时还存在个别缺点的，不属于此类。[③]

（二）违法获取和利用遗传资源完成的发明创造

《专利法》第5条第2款规定："对违反法律、行政法规的规定获取或者利用遗传资源，并依赖该遗传资源完成的发明创造，不授予专利权。"《专利法实施细则》和《专利审查指南》对此做出了进一步说明：遗传资源是指取自人体、动物、植物或者微生物等含有遗传功能单位并具有实际或者潜在价值的材料，既包括整个生物体，也包括生物体的某些部分，例如器官、组织、血液、体液、细胞、基因组、基因、DNA 或者 RNA 片段等；依赖遗传资源完

---

① 参见《专利审查指南》第二部分第一章。
② 参见《专利审查指南》第二部分第一章。
③ 参见《专利审查指南》第二部分第一章。

成的发明创造，是指利用了遗传资源的遗传功能完成的发明创造，即对遗传功能单位进行分离、分析、处理等，完成发明创造，实现其遗传资源的价值。①

遗传资源是维持生物多样性、保障各种生物（包括人类）可持续发展的重要资源。1992 年联合国通过了《生物多样性公约》（简称 CBD 公约），对遗传资源的获取和利用规定了事先知情同意和事后惠益分享原则。作为 CBD 公约缔约国之一，我国当然应该遵守这些原则，目前除《专利法》外的其他法律法规中也已做出了有关规定。据此，在我国获取和利用遗传资源应当符合这些法律和行政法规的规定，否则做出的发明创造不能在我国获得专利权。

（三）科学发现

科学发现，是指对自然界中客观存在的物质、现象、变化过程及其特性和规律的揭示。② 这些物质、现象等是自然界中原本存在的，不是人类新创的，也不以人的意志为转移，人们对它的发现不是一个从无到有的创造性过程，只能原样展现其本来的面貌，无法加入人类的印迹，因此，不应由人类、更不应由某个人对其享有排他性的专有权利。

需要注意的是，发现虽然和发明有着本质的区别，但它往往是发明的基础；对发现本身不能授予专利权，而依据发现做出的发明却是最典型的专利权的保护客体。例如，三七是一种天然植物，具有止血、化瘀的功效。发现自然界中存在三七以及发现三七具有这种特性，都不能仅凭发现获得专利权。但是，根据这种发现，利用三七制成的外伤金疮药可以申请发明专利。

（四）智力活动的规则和方法

智力活动是指人的思维运动，智力活动的规则和方法即指导人们进行思维、表述、判断和记忆的规则和方法③，例如计算方法、经营管理策略、竞赛规则等。这种规则和方法与自然规律无关，没有利用技术手段解决技术问题，也没有产生技术效果，不属于发明或者实用新型；同时它也并非对产品的外形做出的富有美感的新设计，不属于外观设计。因此，智力活动的规则

---

① 参见《专利法实施细则》第 26 条、《专利审查指南》第二部分第一章。
② 参见《专利审查指南》第二部分第一章。
③ 参见《专利法实施细则》第 26 条、《专利审查指南》第二部分第一章。

和方法不属于我国专利法所保护的任何一种客体，无法获得专利权。据之，计算机程序本身属于智力活动的规则和方法，无法获得专利，但是如果将计算机程序和技术手段相结合，例如一种利用计算机程序对橡胶模压成型工艺进行控制的方法①，就不再属于智力活动规则和方法的范畴，可以申请专利权。

（五）疾病的诊疗方法

疾病的诊疗方法，包括疾病的诊断方法和治疗方法，是指以有生命的人体和动物体为直接实施对象，进行识别、确定或者消除病因、病灶的过程。②西医、中医、蒙医、维医等各种医疗的诊断和治疗方法都属于此类不授予专利权的对象，例如超声诊断法、望闻问切诊断法、化疗法、放疗法、针灸法、推拿法等。

疾病的诊疗方法直接以有生命的人体和动物体为实施对象，实际操作时需要根据不同实施对象的个体差异采取有针对性的诊疗方案，无法如其他发明创造一样进行大量的完全一样的使用，而且其诊疗结果也会因实施对象的个体差异而有不同，不具备可重复性，因此，不能成为专利权的客体。但是，用于诊断和治疗疾病的仪器、设备、药品等可以申请专利权。

（六）动植物品种

根据《专利法》第25条第4项，对动物和植物品种不授予专利权。其中，动物是指不能自己合成，而只能靠摄取自然的碳水化合物和蛋白质来维系其生命的生物；植物是指可以借助光合作用，以水、二氧化碳和无机盐等无机物合成碳水化合物、蛋白质来维系生存，并通常不发生移动的生物。③

自然界中天然存在的动物和植物品种不能申请专利，其理由与科学发现不能申请专利相同。而经过人工加工、培育获得的新的动物品种和植物品种也不能申请专利。其中，新的动物品种之上不存在任何知识产权，以防止知识产权的私权属性激励人们培养一些违背动物伦理的怪异物种；新的植物品

---

① 参见《专利法实施细则》第 26 条、《专利审查指南》第二部分第九章。
② 参见《专利法实施细则》第 26 条、《专利审查指南》第二部分第一章。
③ 参见《专利法实施细则》第 26 条、《专利审查指南》第二部分第一章。

种则可以通过植物新品种权而非专利权进行保护。

需要注意两点：①对动物和植物品种的生产方法，可以授予专利权。此生产方法是指非生物学的方法，不包括生产动物和植物的主要是生物学的方法。一种方法是否属于"主要是生物学的方法"，取决于在该方法中人的技术介入程度。如果人的技术介入对该方法所要达到的目的或者效果起了主要的控制作用或者决定性作用，这种方法便不属于"主要是生物学的方法"。例如，采用辐照饲养法生产高产牛奶的乳牛的方法，属于可以授予专利权的客体。②微生物和微生物方法可以获得专利保护。此微生物包括各种细菌、真菌、病毒等。①

（七）用原子核变换方法获得的物质

用原子核变换方法获得的物质，主要是指用加速器、反应堆以及其他核反应装置生产、制造的各种放射性同位素。② 这些物质关系到国防安全和国家利益，不应为某个体所独占，因此不应成为专利保护客体。不过，生产、制造这些物质的仪器、设备可以申请专利权。

2020 年《专利法》第四次修正案对该项内容进行了改动，除了用原子核变换方法之外，新增了"原子核变换方法"。据此，核聚变、核裂变等原子核变换方法本身，以及用这些方法获得的物质，都被排除在专利权的客体范围之外。

（八）对平面印刷品的图案、色彩或者二者的结合做出的主要起标识作用的设计

平面印刷品主要是指平面包装袋、瓶贴、标贴等用于装入被销售的商品或者用于附着于其他产品之上、不单独向消费者出售的二维印刷品。③ 这些平面印刷品并非产品本身，对它们的设计很难说属于外观设计的范畴；再加之本项条款规定的对这些平面印刷品的设计主要起标识作用，而非美化作用，这便更无法纳入外观设计，而是具有类似商标的属性。因此，对这类设计不应以专利法进行保护。

---

① 参见《专利法实施细则》第 26 条、《专利审查指南》第二部分第一章。
② 参见《专利法实施细则》第 26 条、《专利审查指南》第二部分第一章。
③ 参见张楚：《知识产权法》，高等教育出版社 2014 年第 3 版，第 114 页。

234

第三节　专利权的主体

一、发明人和设计人

（一）发明人和设计人的概念

根据《专利法实施细则》第 13 条，发明人或者设计人，是指对发明创造的实质性特点做出创造性贡献的人。

一方面，发明人和设计人是自然人。即法人和其他组织不能成为发明人或者设计人。发明创造属于智力创造成果，需要进行脑力劳动，而这只有自然人能够做到。实践中，有些技术研发活动是由法人或者其他组织主导的，指派本单位的职工完成。虽然此种情形下研发成果可能归属于单位，但其发明人或者设计人仍然是自然人，是被指派从事具体研发行为的职工，而非单位本身。此外，做出发明创造的自然人都可以成为发明人或者设计人，而无论其民事行为能力如何。做出发明创造的行为是事实行为，而非法律行为，因此其行为人不必具有相应的民事行为能力。换言之，即使某自然人在做出发明创造时是无民事行为能力人或者限制民事行为能力人，他仍然可以作为该项发明创造的发明人或者设计人。

另一方面，发明人和设计人对发明创造的实质性特点做出了创造性贡献。现代社会中，科技研发的难度日益增大，往往需要多人参与。其中，只有对发明创造的实质性特点做出创造性贡献的人，亦即，直接参与了技术方案或者设计方案的内容设计、修改、完善的人，才是发明人或者设计人。只负责组织工作的人、为物质技术条件的利用提供方便的人或者从事其他辅助工作的人，虽然也做出了一定的贡献，但其贡献与技术方案或者设计方案的核心内容无关，因此都不是发明人或者设计人。

（二）发明人和设计人的权利

1. 署名权

与作者享有署名权、可以在其作品上表明身份一样，发明人和设计人也有署名权，可以表明其在发明创造中的身份。对此，《专利法》第 17 条明确，发明人或者设计人有权在专利文件中写明自己是发明人或者设计人。即使在职务发明中，单位作为专利申请人，也不得排斥或者妨碍发明人和设计人行使自己的署名权。

2. 申请权

在独立发明情形下，发明人和设计人即为专利申请人，可以向国家知识产权局提出专利申请。此时，他处于专利申请人的地位，享有专利申请人的一切权利，可以自主决定是否提出专利申请，也可以决定是否转让专利申请权。

二、专利申请人

（一）专利申请人的概念和类型

专利申请人是指有权对发明创造提出专利申请的人。一旦此申请经审查合格、被授予专利，专利申请人便自动成为专利权人。

1. 自主发明的专利申请人

自主发明和职务发明、委托发明相对，是指发明人依靠自己的财力和智力，自主决定的启动和完成的发明创造。根据参与自主发明的人数的多少，可以分为独立发明和合作发明。

（1）独立发明的专利申请人。独立发明是指由一个发明人自主决定的启动和完成的发明创造。这种情形最为简单。此时，发明人即为专利申请人，他可以自主决定与专利申请有关的一切事项。

（2）合作发明的专利申请人。合作发明又称共同发明，是指两个以上单位或者个人合作完成的发明创造。《专利法》第8条规定，对合作发明，除另有协议的以外，申请专利的权利属于共同完成的单位或者个人；申请被批准后，申请的单位或者个人为专利权人。换言之，在合作发明情形中，当事人有约定的，依其约定，未作约定或者约定不明确的，专利申请权由各方共有。

对于这项共有的专利申请权，我国《合同法》中做出了更加细致的规定。该法第340条规定：①当事人一方转让其共有的专利申请权的，其他各方享有以同等条件优先受让的权利；②当事人一方声明放弃其共有的专利申请权的，可以由另一方单独申请或者由其他各方共同申请；申请人取得专利权的，放弃专利申请权的一方可以免费实施该专利；③当事人一方不同意申请专利的，另一方或者其他各方不得申请专利。据此，对合作发明，如果数个发明人意见不一，有人主张以专利方式进行保护，有人主张以商业秘密方式进行保护，则应当采取商业秘密保护方式，而不得申请专利权。

2. 职务发明的专利申请人

（1）职务发明的概念和类型。根据《专利法》第6条第1款，职务发明是指执行本单位的任务或者主要是利用本单位的物质技术条件所完成的发明创造。换言之，在职务发明中，发明人或者设计人与单位之间应当存在劳动关系，无论此劳动关系是正式的、长期的，还是非正式的、临时的。据此，职务发明包括两种类型。

一是执行本单位任务所完成的发明创造。根据《专利法实施细则》第12条，执行本单位任务所完成的发明创造包括以下三种情形：

第一，在本职工作中做出的发明创造。本职工作是指职工和单位的劳动关系中所确定的职工的工作任务和职责范围。在实践中，这主要通过双方订立的劳动合同中的相关条款来认定，而不以职工的专业为判断标准。例如，甲和乙均为某大学汽车工程专业的学生，毕业后应聘于 A 汽车制造公司，甲的职位是研发人员，乙的职位是营销人员。如果甲乙各研发出一项汽车节能技术，则甲的发明创造属于执行本单位任务所完成的发明创造，而乙的不是。

第二，履行本单位交付的本职工作之外的任务所做出的发明创造。有些研发项目比较复杂，需要投入大量人力，为此，单位可能进行人员调整，将原非研发岗位的职工调入研发小组、参与该项目。此时，如果单位是将某职工正式调入研发部门，他的职位变成正式研发人员，则他做出的发明创造属于在本职工作中完成的发明创造；如果单位只是临时抽调该职工参与研发项目，并未进行正式的人事关系变动，则他在完成该项具体研发任务的过程中所做出的发明创造便是履行本单位交付的本职工作之外的任务所做出的发明创造，亦属于职务发明。例如，前例中的乙如果被单位临时抽调参与汽车节能技术研发项目，则他研发出的汽车节能技术构成职务发明。

第三，退休、调离原单位后或者劳动、人事关系终止后 1 年内做出的，与其在原单位承担的本职工作或者原单位分配的任务有关的发明创造。此种情形必须同时满足两项条件，一是该项发明创造的时间是在与原单位的劳动、人事关系终止后 1 年内；二是该项发明创造与发明人在原单位承担的本职工作或者原单位分配的工作任务有关。仍以前例中的汽车节能技术发明创造为例：甲调离 A 公司后 1 年内做出的该种发明创造属于 A 公司的职务发明；而甲调离 A 公司后 2 年做出的同种发明创造，以及 A 公司的另一营销人员丙

（与乙不同，丙并未被公司指派参与汽车节能技术研发项目）调离 A 公司后 1 年内做出的同种发明创造，则都不属于 A 公司的职务发明。

立法之所以将这种离开原单位之后的发明创造作为职务发明之一种，是出于诚信的考虑。现代社会的科研工作越来越难，一项发明创造的完成往往耗时日久，而单位职工的人员流动性却日益增强。这就可能出现某单位职工在职期间已经完成了研发工作的大部分内容甚至是全部内容，却出于私利而隐瞒不报，待到离职后将该发明创造作为个人的独立发明申请专利，或者将之带往新单位以求更多的个人利益。这种行为无疑有悖于诚信原则，对原单位极不公平。因此，立法将这种情形作为原单位的职务发明，有利于维护原单位的合法利益。

二是主要利用本单位的物质技术条件所完成的发明创造。本单位的物质技术条件，是指本单位的资金、设备、零部件、原材料或者不对外公开的技术资料等。这些物质技术条件对于发明创造的完成具有十分重要的作用，可以说，若无这些条件，该项发明创造便不可能做出。显然，此种情形与某自然人完全依据自己的财力物力和智力独立自主地进行发明创造的独立发明不同，应当属于职务发明。

应当注意，本项职务发明中，单位的物质技术条件应当在研发工作中发挥主要作用。如果职工只是利用了单位的电脑、纸、笔等普通物质资料，则这些资料对发明创造的贡献不占主导地位，即便没有这些资料，也不妨碍发明创作的做出，该项发明便不属于本项职务发明。

（2）职务发明的专利申请。现行专利法规定，职务发明申请专利的权利属于单位，单位被批准后，该单位为专利权人。换言之，对于执行本单位任务所完成的发明创造，以及主要利用本单位的物质技术条件所完成的发明创造，其专利申请人都是单位，没有例外情形。

需要说明的是，《专利法》第 6 条第 3 款规定，利用本单位的物质技术条件所完成的发明创造，单位与发明人或者设计人订有合同，对申请专利的权利和专利权的归属做出约定的，从其约定。据之，有观点认为，职务发明的第二种情形，其专利申请权可由单位和职工双方协商约定。对此，我们不甚赞同。职务发明的第二种情形是主要利用本单位的物质技术条件所完成的发明创造，其专利申请权统一归属于单位，不可由双方约定；而本款规定针对的是利用（不是主要利用）本单位的物质技术条件所完成的发明创造，这不属于职务发明，其专利申请权可依双方协商确定。

（3）发明人和设计人的权利。对于职务发明，无论是哪种情形，其专利申请权都由单位享有，而发明人或者设计人另外享有以下两项权利：

一是署名权，即在专利文件中写明自己是发明人或者设计人。据之，在职务发明中，发明人或者设计人是职工，专利申请人是单位。

二是获得奖励和报酬权。根据《专利法》第16条，被授予专利权的单位应当对职务发明的发明人或者设计人给予奖励；发明创造专利实施后，根据其推广应用的范围和取得的经济效益，对发明人或者设计人给予合理的报酬。对此，《专利法实施细则》专设一章即第六章，对职务发明中发明人或者设计人的奖励和报酬，从给付方式和数额方面，作了更加细致的规定。具体而言，该细则第76条规定："被授予专利权的单位可以与发明人、设计人约定或者在其依法制定的规章制度中规定专利法第十六条规定的奖励、报酬的方式和数额"；"企业、事业单位给予发明人或者设计人的奖励、报酬，按照国家有关财务、会计制度的规定进行处理"。第77条规定："被授予专利权的单位未与发明人、设计人约定也未在其依法制定的规章制度中规定专利法第十六条规定的奖励的方式和数额的，应当自专利权公告之日起3个月内发给发明人或者设计人奖金。一项发明专利的奖金最低不少于3 000元；一项实用新型专利或者外观设计专利的奖金最低不少于1 000元"；"由于发明人或者设计人的建议被其所属单位采纳而完成的发明创造，被授予专利权的单位应当从优发给奖金"。第78条规定："被授予专利权的单位未与发明人、设计人约定也未在其依法制定的规章制度中规定专利法第十六条规定的报酬的方式和数额的，在专利权有效期限内，实施发明创造专利后，每年应当从实施该项发明或者实用新型专利的营业利润中提取不低于2%或者从实施该项外观设计专利的营业利润中提取不低于0.2%，作为报酬给予发明人或者设计人，或者参照上述比例，给予发明人或者设计人一次性报酬；被授予专利权的单位许可其他单位或者个人实施其专利的，应当从收取的使用费中提取不低于10%，作为报酬给予发明人或者设计人。"

（4）立法新动向。有关职务发明的规定是《专利法》第四次修订的主要内容之一。在《专利法修改草案征求意见稿》中，有关职务发明的规定作了较大改动，规定"执行本单位任务所完成的发明创造为职务发明创造"，"职务发明创造申请专利的权利属于该单位；申请被批准后，该单位为专利权人"，"利用本单位的物质技术条件所完成的发明创造，单位与发明人或者设计人订有合同，对申请专利的权利和专利权的归属做出约定的，从其约定；

没有约定的，申请专利的权利属于发明人或者设计人"。2020 年最终通过的《专利法》第四次修正案没有采纳《专利法修改草案征求意见稿》，而是在基本沿用现行立法的基础上，新增了以下两点内容：

其一，《专利法》第四次修正案第 6 条在遵循现行立法有关职务发明的概念和权利归属于单位的原则基础上，补充规定："该单位可以依法处置其职务发明创造申请专利的权利和专利权，促进相关发明创造的实施和运用。"这其实并未对现行立法做出实质性变动，因为单位作为职务发明的申请权人和专利权人，可以依法处置其申请权和专利权是题中应有之义，新法只是进一步明确这一点而已，以促进职务发明的实施和运用。

其二，《专利法》第四次修正案第 15 条在遵循现行立法有关职务发明中发明人和设计人的获得奖励和报酬权的基础上，新增第 2 款规定："国家鼓励被授予专利权的单位实行产权激励，采取股权、期权、分红等方式，使发明人或者设计人合理分享创新收益。"如前所述，现行立法在《专利法实施细则》中对单位应给予发明人和设计人的奖励和报酬作了十分详细的数额上的规定，其初衷是保障发明人和设计人的获得奖励和报酬权，但在实践操作中却难免产生问题。一方面，随着社会经济的发展，该条款中规定的数额可能不足以保障发明人和设计人的经济利益；另一方面，对处于创立初期、财力不够雄厚的企业来说，这笔数额又可能负担过重。因此，新法对发明人和设计人的收益权做出比较原则性的规定，给实践操作留出较大空间。

3. 委托发明的专利申请人

（1）委托发明的概念。委托发明，是指一个单位或者个人接受其他单位或者个人委托所完成的发明创造。在实践中，委托发明主要包括四种情形：个人委托个人完成的发明创造，单位委托单位完成的发明创造，个人委托单位完成的发明创造，以及单位委托个人完成的发明创造。

（2）委托发明的专利申请。根据《专利法》第 8 条，委托发明，除另有协议的以外，申请专利的权利属于完成的单位或者个人；申请被批准后，申请的单位或者个人为专利权人。据此，和委托作品一样，委托发明的专利申请权可以由委托人和受托人双方约定，如果双方未作约定或者约定不明确，则归属于受托人。

此外，《合同法》对委托发明中双方当事人的其他权利义务做出了进一步的规定，主要包括：①委托人应当按照约定支付研究开发经费和报酬；提供技术资料、原始数据；完成协作事项；接受研究开发成果；②受托人应当按照约定制定和实施研究开发计划；合理使用研究开发经费；按期完成研究开发工作，交付研究开发成果，提供有关的技术资料和必要的技术指导，帮助委托人掌握研究开发成果；③在受托人享有专利申请权的情形下，受托人取得专利权的，委托人可以免费实施该专利；受托人转让专利申请权的，委托人享有以同等条件优先受让的权利。

4. 专利申请权的受让人

专利申请一经批准，申请人便成为专利权人，享有对其发明创造的排他性专有权。从此角度来说，专利申请权也具有财产权的属性，可以在将来带来经济利益。据之，专利申请权和其他财产权一样，可以转让。此时，专利申请权便归属于专利申请权的受让人，他可以依法提出专利申请。

5. 外国申请人

根据《专利法》第 18 条，以下三种情形下，外国人可以在我国申请专利：①该外国人的所属国和我国签订有专利保护协议；②该外国人的所属国和我国共同参加了保护专利的国际公约，例如《巴黎公约》、TRIPs 协议等；③该外国人的所属国对我国公民的发明创造给予专利保护，则依照互惠原则，我国也允许其国民在我国申请专利。此外，根据《巴黎公约》第 3 条"本联盟以外各国的国民，在本联盟国家之一的领土内设有住所或者有真实和有效的工商业营业所的，应当享有与本联盟国家国民同样的待遇"之规定，如果外国人在我国有经常居所或者营业所，则无论其国籍国如何，他也可以在我国提出专利申请。

（二）专利申请人的权利

1. 申请权

申请专利是专利申请人的主要权利，由专利申请人排他性的享有。专利申请人向国家知识产权局提出符合法律要求的专利申请，国家知识产权局应当受理。

2. 申请转让权

专利申请人可以将自己的专利申请权转让给第三人。对此，应当注意以下三点。

（1）中国单位或者个人向外国人、外国企业或者外国其他组织转让专利申请权的，应当依照有关法律、行政法规的规定办理手续。

（2）转让专利申请权，当事人应当订立书面合同，并向国务院专利行政部门登记，由国务院专利行政部门予以公告。专利申请权的转让自登记之日起生效。

（3）合作发明情形中转让专利申请权，不必合作各方全体同意；但是如果其中一方转让专利申请权，其他各方在同等条件下享有优先受让权。

三、专利权人

（一）专利权人的概念

专利权人是对发明创造享有排他性专有权的人。他既可能是最初向国家知识产权局提出专利申请的人，也可能是在专利申请人获得授权后从其处受让专利权的人。据此，在专利法中，专利权人和发明人、专利申请人三个概念都不相同，彼此之间互有交叉。例如，在独立发明情形中，甲完全运用自己的智力劳动和物质技术条件，独立自主地做出一项发明创造后，向国家知识产权局提出专利申请并获得授权，此时该项专利的发明人、专利申请人和专利权人都是甲；而在职务发明情形下，甲单位的职工乙在本职工作中作出一项发明创造，甲就此发明创造向国家知识产权局提出专利申请，经审查授权后，甲将该专利权转让给丙，此时该项专利的发明人、专利申请人和专利权人便分别为乙、甲、丙三者。

（二）专利权人的权利

1. 实施权

专利权的核心内涵即为专利权人对其专利的排他性实施权。换言之，除法律另有规定的以外，只有专利权人可以实施其专利，其他单位或者个人未经许可，都不得擅自实施，否则便构成侵权。此实施的具体内容根据专利的不同类型而有区别，本书将于第五章中详述。

2. 转让权

作为一项知识产权，专利权具有财产权属性，可以依法继承和转让。专利的转让权即是指专利权人有权依自己的意志将其专利转让给第三人。转让后，受让人取代原专利权人成为新的专利权人，享有对该专利的所有权利，也可以将该专利再次转让。

3. 许可权

专利的许可使用包括自愿许可和强制许可两种。其中，许可权针对的是自愿许可，指专利权人可以依自己的意志将其专利许可给第三人使用。授予使用许可权后，专利权并未转移，专利权人仍然享有对专利的支配性权利，而被许可人根据许可的不同类型享有对该专利进行普通的、排他的或者独占的使用的权利。强制许可则与专利权人的意志无关，是由国务院专利行政部门授予使用许可权，并且被许可人只享有对专利进行普通使用的权利。

4. 标记权

根据《专利法》第 17 条第 2 款，专利权人有权在其专利产品或者该产品的包装上标明专利标识。国家知识产权局还制定了《专利标识标注办法》，对此进行了详细、具体的规定。需要注意三点：①标记权是专利权人特有的权利，专利申请人不享有。换言之，某发明创造提出专利申请后、尚未授权前，不得使用专利标识，只能以中文标明中国专利申请的类别和专利申请号，并标明"专利申请，尚未授权"字样。②专利权人对其产品标注专利标识，应当符合立法规定的形式，即，应以中文标明专利权的类别，例如中国发明专利、中国实用新型专利、中国外观设计专利，并且标明国家知识产权局授权专利权的专利号。③与商标权人的标记权一样，专利权人的标记权是其权利而非义务。因此，在实践中即使专利权人未在其产品上加注专利标识，也不会带来不利的法律后果，未经许可擅自实施专利的侵权人不能以专利权人未加注专利标识作为自己的抗辩事由。

第四节　专利权的取得

一、专利的申请原则

（一）书面申请原则

《专利法实施细则》第 2 条提出，专利法和本细则规定的各种手续，应当以书面形式或者国务院专利行政部门规定的其他形式办理。目前为止，在专利申请程序中实行书面原则，即，专利申请人应当以书面形式申请专利，提交相关申请文件。

专利申请之所以采取书面原则，是为了便利专利审查的进行。一方面，专利法律制度实行技术先期公开、审查后续进行的方式，以便于社会公众能够充分了解专利技术方案的具体内容；另一方面，国家知识产权局在对专利申请的实质审查环节，需要将专利技术方案与现有技术进行详细比较，以判断其是否满足专利授权条件。只有采取书面原则，将专利技术方案以文字形式记录下来，才能确保前述专利审查程序的顺利进行。

（二）申请单一性原则

1. 申请单一性原则的概念

申请单一性原则是指一件专利申请只能针对一项发明创造。对此，《专利法》第31条明确提出，一件发明或者实用新型专利申请应当限于一项发明或者实用新型，一项外观设计专利申请应当限于一项外观设计。

与书面申请原则一样，专利申请实行单一性原则，主要是为了便利专利审查的进行。专利审查尤其实质审查是一项十分复杂的工作，需要将申请专利的技术方案与所有的现有技术进行一一对比，这便需要根据专利申请的主题进行检索和比较。如果将两项或者两项以上的发明创造放在一件专利申请中，势必给技术检索和比较带来极大的困难。此外，实行申请单一性原则，也有利于防止申请人只支付一件专利费用而获得几项技术的专利保护，以维持公平原则。因此，如果专利申请人在一件专利申请中包含有两项以上发明、实用新型或者外观设计的，可以向国务院专利行政部门提出分案申请。分案申请不得改变原申请的类别，并应依法办理有关手续。

2. 申请单一性原则的例外

《专利法》第31条在规定申请单一性原则的同时，还提出了两种例外情形。

（1）属于一个总的发明构思的两项以上的发明或者实用新型，可以作为一件申请提出。可以作为一件专利申请提出的属于一个总的发明构思的两项以上的发明或者实用新型，应当在技术上相互关联，包含一个或者多个相同或者相应的特定技术特征，其中特定技术特征是指每一项发明或者实用新型作为整体，对现有技术做出贡献的技术特征。实践中，产品和专用于制造该产品的方法，方法和为实施该方法而专门设计的设备，产品、专用于制造该产品的方法和为实施该方法而专门设计的设备，都可以作为属于一个总的发明构思的两项以上的发明，在一件申请中提出。①

（2）同一产品两项以上的相似外观设计，或者用于同一类别并且成套出售或者使用的产品的两项以上外观设计，可以作为一件申请提出。例如，采用统一设计方案的咖啡杯、咖啡壶，采用统一设计方案的茶杯、茶壶、茶盏、茶碟等，都可以在一件申请中提出。

3. 发明专利和实用新型专利的同时申请

一件专利申请只能针对一项发明创造，但是，一项发明创造却可以提出多项专利申请，此即发明专利和实用新型专利的同时申请。对此，《专利法》第9条第1款规定，同一申请人同日对同样的发明创造既申请实用新型专利又申请发明专利，先获得的实用新型专利权尚未终止，且申请人声明放弃该实用新型专利权的，可以授予发明专利权。

具体而言。产品发明创造既属于发明专利的保护范围，也属于实用新型专利的保护范围，当事人可以在二者之中自由选择。但是，两种专利申请各有利弊：发明专利的保护期限更长，但其所需创造性要求更高；而实用新型专利的创造性要求较低、更易授权，但保护期较短。此时，为给发明人以更有利的保障，一方面尽量确保其能够获得专利权，另一方面使其能够获得更长时间的保护，立法允许发明人同时提起发明专利申请和实用新型专利申请，两件申请的专利审查各自进行。不过，由于同样的发明创造之上只能存在一件专利权，而实用新型专利审查必定先于发明专利审查进行完毕，因此申请人获得实用新型专利权后，若想再获得发明专利权，必须放弃原实用新型专利权。

《专利法实施细则》第41条第2～5款对发明专利和实用新型专利的同时申请做出了更加细致的规定："同一申请人在同日（指申请日）对同样的发明创造既申请实用新型专利又申请发明专利的，应当在申请时分别说明对同样的发明创造已申请了另一专利；未作说明的，依照专利法第九条第一款关于同样的发明创造只能授予一项专利权的规定处理。""国务院专利行政部门公告授予实用新型专利权，应当公告申请人已依照本条第二款的规定同时申请了发明专利的说明。""发明专利申请经审查没有发现驳回理由，国务院专利行政部门应当通知申请人在规定期限内声明放弃实用新型专利权。申请人声明放弃的，国务院专利行政部门应当做出授予发明专利权的决定，并在公告授予发明专利权时一并公告申请人放弃实用新型专利权声明。申请人不同意

① 参见《专利审查指南》第二部分第六章。

放弃的，国务院专利行政部门应当驳回该发明专利申请；申请人期满未答复的，视为撤回该发明专利申请。""实用新型专利权自公告授予发明专利权之日起终止。"

（三）先申请原则

由于同样的发明创造只能授予一项专利权，因此，当两个以上的申请人分别就同样的发明创造申请专利时，只能由其中一方获得专利权。对此，我国专利法明确采取先申请原则，专利权授予最先申请的人。申请时间的先后，以国务院专利行政部门收到专利申请文件之日为准；如果申请文件是邮寄的，以寄出的邮戳日为申请日。此外，如果两个以上的申请人在同一天就同样的发明创造申请专利，各方应当在收到国务院专利行政部门的通知后自行协商确定申请人。

总体来看，先申请原则在实践中具有很强的合理性。一方面，专利申请的提出时间比发明创造的完成时间更加明确、容易举证，因此该原则有利于清晰确定的解决专利权属纠纷；另一方面，该原则也有利于促进发明创造人尽早向国家知识产权局提出专利申请，从而尽早将发明创造的技术方案公开，避免他人重复研发。不过应当承认，该原则对完成发明创造在先但提出专利申请在后的发明人有些不公平，对此，我国专利法规定了先使用权制度，本书将于第五章中详述。

（四）优先权原则

与商标法下相似，专利法中的优先权原则是指当两个或者两个以上的专利申请人分别以同样的发明创造申请专利时，其中一个申请人符合某种条件的，可以享有相对于其他申请人的优先权，从而获得专利权。根据我国《专利法》第29条，优先权包括两种情形：国际优先权和国内优先权。

1. 国际优先权

国际优先权又称外国优先权，是指申请人自发明或者实用新型在外国第一次提出专利申请之日起12个月内，或者自外观设计在外国第一次提出专利申请之日起6个月内，又在我国就相同主题提出专利申请的，依照该外国同我国签订的协议或者共同参加的国际条约，或者依照相互承认优先权的原则，可以享有优先权。例如，甲乙双方都向我国国家知识产权局提出某项发明创造的发明专利申请，甲于2016年6月1日提出申请，乙于2016年7月1日提出申请，但是乙曾于2015年9月1日在巴黎公约某成员国第一次提出相同的专利申请，则乙可以享有优先权，获得该项发明专利权。国际优先权的确立，给发明创造人进行国外专利申请、寻求多国专利权保护提供了极大的便利，使他们可以有较长的准备时间来选择申请国家、完善申请文件，最终推动发明创造的国际保护。

2. 国内优先权

国内优先权又称本国优先权，是指申请人自发明或者实用新型在我国第一次提出专利申请之日起12个月内，又向国务院专利行政部门就相同主题提出专利申请的，可以享有优先权。

申请人要求国内优先权，包括两种具体情形。

（1）在我国提出的先后两次专利申请为相同类型，即，申请人自发明在我国第一次提出专利申请之日起12个月内，又向国务院专利行政部门就相同主题提出发明专利申请，或者自实用新型在我国第一次提出专利申请之日起12个月内，又向国务院专利行政部门就相同主题提出实用新型专利申请。此时，立法授予申请人以优先权，是便于申请人在法律规定的限度内修改申请文件、完善在先申请。

（2）在我国提出的先后两次专利申请为不同类型，即，申请人自发明在我国第一次提出专利申请之日起12个月内，又向国务院专利行政部门就相同主题提出实用新型专利申请，或者自实用新型在我国第一次提出专利申请之日起12个月内，又向国务院专利行政部门就相同主题提出发明专利申请。前文已述，有关产品技术方案的发明创造既可以申请发明专利，又可以申请实用新型专利，二者各有利弊，据之，法律授予申请人此种优先权，有利于弥补申请人第一次申请时因经验不足或考虑不周而选择了不适当的专利类型的缺憾，最大限度地维护申请人的合法利益。也正因此，国内优先权仅适用于发明和实用新型，不适用于外观设计。

需要说明的是，《专利法修改草案（征求意见稿）》中对国内优先权进行了修改，将其适用范围扩张至全部专利类型："申请人自发明或者实用新型在中国第一次提出专利申请之日起十二个月内，或者外观设计在中国第一次提出专利申请之日起六个月内，又向国务院专利行政部门就相同主题提出专利申请的，可以享有优先权。"

3. 优先权的主张

与《商标法》一样，《专利法》中的优先权需要专利申请人提出主张，国家知识产权局不得依职权主动认定。《专利法》第30条明确，专利申请人要求优先权的，应当在申请时提出书面声明，并且在3个月内提交第一次提出的专利申请文件的副本；未提出书面声明或者逾期未提交专利申请文件副本的，视为未要求优先权。

4. **立法新动向**

《专利法》第四次修正案对优先权原则做出了两点改动。

（1）增加了外观设计的国内优先权。《专利法》第四次修正案第29条第2款规定："申请人自发明或者实用新型在中国第一次提出专利申请之日起十二个月内，或者自外观设计在中国第一次提出专利申请之日起六个月内，又向国务院专利行政部门就相同主题提出专利申请的，可以享有优先权。"据此，发明、实用新型和外观设计三种专利都可以适用国内优先权。

（2）修改了专利申请人主张优先权的具体要求。《专利法》第四次修正案第30条规定："申请人要求发明、实用新型专利优先权的，应当在申请的时候提出书面声明，并且在第一次提出申请之日起十六个月内，提交第一次提出的专利申请文件的副本"；"申请人要求外观设计专利优先权的，应当在申请的时候提出书面声明，并且在三个月内提交第一次提出的专利申请文件的副本"；"申请人未提出书面声明或者逾期未提交专利申请文件副本的，视为未要求优先权"。从效果上看，这项改动实际上是延长了专利申请人主张优先权时提交相关材料的时间限制，对专利申请人更加有利。

（五）诚信原则

《专利法》第四次修正案新增第20条，明确规定申请专利应当遵循诚实信用原则。实践中常见的不诚信的专利申请主要包括恶意申请和以欺骗手段进行申请。例如，不以实施专利为目的或者不是以保护自己的发明创造免受他人随意使用为目的，而是为了阻止竞争对手使用某项技术以妨碍其正常经营为目的的专利申请，即属于恶意申请。而在专利申请过程中伪造文件或资料，提供虚假信息或隐瞒真实信息，属于以欺骗手段进行申请。此外，除符合职务发明、委托发明等法律规定的情形外，非发明人擅自将他人的发明创造以自己的名义申请专利，甚至是将以盗窃、贿赂、欺诈、胁迫等不正当手段获取的他人发明创造申请专利，也违背诚信原则，不应获得专利授权。

二、专利的申请文件

专利申请实行书面申请原则，因此申请人提交的申请文件对于专利审查和授权能否顺利进行至关重要。我国专利法对发明、实用新型和外观设计专利申请所需提交的文件做出了具体的、不同的规定。

（一）发明专利的申请文件

1. 请求书

请求书是专利申请人向国务院专利行政部门提出的请求授予专利权的书面文件。在实践中，这通常表现为国家知识产权局印制的表格。

发明的请求书中应当写明这样一些事项：①发明的名称；②申请人是中国单位或者个人的，其名称或者姓名、地址、邮政编码、组织机构代码或者居民身份证件号码；申请人是外国人、外国企业或者外国其他组织的，其姓名或者名称、国籍或者注册的国家或者地区；③发明人的姓名；④申请人委托专利代理机构的，受托机构的名称、机构代码以及该机构指定的专利代理人的姓名、执业证号码、联系电话；⑤要求优先权的，申请人第一次提出专利申请（以下简称在先申请）的申请日、申请号以及原受理机构的名称；⑥申请人或者专利代理机构的签字或者盖章；⑦申请文件清单；⑧附加文件清单；⑨其他需要写明的有关事项。

此外，就依赖遗传资源完成的发明创造申请专利的，申请人还应在请求书中予以说明，并填写国家知识产权局制定的表格，载明该遗传资源的直接来源和原始来源。

2. 说明书

说明书是专利申请人向国务院专利行政部门说明申请专利的技术方案的具体内容的书面文件。说明书中载明的发明名称须与请求书中的一致，应当简短、准确的表明发明专利申请要求保护的主题和类型。同时，说明书应当包括下列内容。

（1）技术领域：写明要求保护的技术方案所属的技术领域。

（2）背景技术：写明对发明的理解、检索、审查有用的背景技术；有可能的，并引证反映这些背景技术的文件。

（3）发明内容：写明发明所要解决的技术问题以及解决其技术问题采用

的技术方案，并对照现有技术写明发明的有益效果。

（4）附图说明：说明书有附图的，对各幅附图作简略说明。

（5）具体实施方式：详细写明申请人认为实现发明的优选方式；必要时，举例说明；有附图的，对照附图。

例如，发明专利申请包含一个或者多个核苷酸或者氨基酸序列的，说明书还应当包括符合国务院专利行政部门规定的序列表。申请人应当将该序列表作为说明书的一个单独部分提交，并按照国务院专利行政部门的规定提交该序列表的计算机可读形式的副本。

说明书是发明专利的一项重要申请文件，申请人应当按照前述方式和顺序进行撰写，并且满足两点要求：一是清楚规范，即说明书应当用词规范、语句清楚，不得措辞模糊，也不得使用商业性宣传用语。二是具体完整，说明书应当对技术方案的具体内容进行完整说明，使得本领域技术人员根据说明书就可以实施该项技术。此即专利制度"技术公开"的要求，也是发明人对其发明创造获得一定时期内排他性专有权所必须支付的对价。当然，如果某些细节性的诀窍不妨碍此项技术的实施，只是在实施效果上稍有影响例如降低成本、节约资源等，则申请人可予以保密，不必全部公开。

3. 说明书附图

有些发明例如机械类产品的申请应当提交说明书附图，以在文字描述之外对技术内容做出更加清晰、直观的说明。说明书及其附图之间应当符合对应关系，即，说明书文字部分中未提及的附图标记不得在附图中出现，附图中未出现的附图标记不得在说明书文字部分中提及。附图中除必需的词语外，不应含有其他注释。

4. 权利要求书

权利要求书记载的是专利申请人请求国务院专利行政部门给予保护的技术范围，这是专利授权后确定专利保护范围的主要依据。

权利要求书应当有独立权利要求，也可以有从属权利要求。独立权利要求应当从整体上反映发明的技术方案，记载解决技术问题的必要技术特征；从属权利要求应当用附加的技术特征，对引用的权利要求作进一步限定。权利要求书有几项权利要求的，应当进行顺序编号。

权利要求书中使用的科技术语应当与说明书中使用的科技术语一致，但是不得有插图。

此外，《专利法》第 26 条第 4 款明确规定，权利要求书应当以说明书为依据，清楚、简要地限定要求专利保护的范围。据之，一方面，权利要求书应当与说明书一样用词规范、语句清楚，不得使用商业性宣传用语；另一方面，权利要求书中记载的技术特征应在说明书中已有记载，亦即，权利要求书要求保护的技术范围不得超出说明书公开的技术范围，否则超过部分无效。

5. 说明书摘要

发明专利应当提交说明书摘要，写明发明专利申请所公开内容的概要，即，写明发明的名称和所属技术领域，并清楚地反映所要解决的技术问题、解决该问题的技术方案的要点以及主要用途。说明书有附图的，申请人还应提交一幅最能说明该发明技术方案主要技术特征的附图作为摘要附图。

说明书摘要只是一种技术情报，不具有法律效力，其内容不属于发明原始公开的内容，不能作为以后修改说明书或者权利要求书的根据，也不能用来解释专利权的保护范围。[1]

（二）实用新型专利的申请文件

实用新型专利的申请文件与发明专利的申请文件大致相似，所不同者，是实用新型专利申请的说明书中必须含有表示要求保护的产品的形状、构造或者其结合的附图，并应对图示的内容作简要说明。

（三）外观设计专利的申请文件

1. 请求书

外观设计专利的请求书与发明、实用新型专利相似，唯一区别在于，其记载的第一项不是外观设计的名称，而是使用外观设计的产品名称。此产品名称一般应当符合国际外观设计分类表中小类列举的名称，一般不超过20个字。[2]

2. 外观设计的图片或者照片

外观设计的图片或者照片是外观设计专利授权后确定权利保护范围的主要依据。因此，《专利法》及其实施细则以及《专利审查指南》对其做出了十分细致的规定。

申请人提交的有关图书或者照片应当清楚地显示要求专利保护的产品的

---

① 参见张楚：《知识产权法》，高等教育出版社2014年第3版，第145页。
② 参见《专利审查指南》第一部分第三章。

外观设计；请求保护色彩的，应当提交彩色图片或者照片。

就立体产品的外观设计而言，产品设计要点涉及六个面的，应当提交六面正投影视图；产品设计要点仅涉及一个或几个面的，应当至少提交所涉及面的正投影视图和立体图，并应在简要说明中写明省略视图的原因。

就平面产品的外观设计而言，产品设计要点涉及一个面的，可以仅提交该面正投影视图；产品设计要点涉及两个面的，应当提交两面正投影视图。

必要时，申请人还应提交该外观设计产品的展开图、剖视图、剖面图、放大图以及变化状态图。此外，申请人还可以提交参考图，以用于表明使用外观设计的产品的用途、使用方法或者使用场所等。①

3. 对外观设计的简要说明

外观设计的简要说明应当写明外观设计产品的名称、用途，外观设计的设计要点，并指定一幅最能表明设计要点的图片或者照片。省略视图或者请求保护色彩的，应当在简要说明中写明。

对同一产品的多项相似外观设计提出一件外观设计专利申请的，应当在简要说明中指定其中一项作为基本设计。

简要说明不得使用商业性宣传用语，也不能用来说明产品的性能。

此外，国务院专利行政部门认为必要时，可以要求外观设计专利申请人提交使用外观设计的产品样品或者模型。易腐、易损或者危险品不得作为样品或者模型提交。

三、专利申请的提出、修改和撤回

（一）专利申请的提出

《专利法》第 19 条规定："在中国没有经常居所或者营业所的外国人、外国企业或者外国其他组织在中国申请专利和办理其他专利事务的，应当委托依法设立的专利代理机构办理。""中国单位或者个人在国内申请专利和办理其他专利事务的，可以委托依法设立的专利代理机构办理。"

因此，专利申请的提出方式根据申请人的国籍不同而有区别。我国公民和单位申请专利，可以选择自主办理或者委托代理；而在我国没有经常居所

---

① 参见《专利审查指南》第一部分第三章。

或者营业所的外国人、外国企业或者外国其他组织则必须委托依法设立的专利代理机构办理，立法对其设定了强制代理制度。

当然，在委托代理专利申请事务的情形下，专利代理机构代理的行为将直接对专利申请人的利益产生重大影响，因此，专利法对专利代理机构提出了明确的要求：专利代理机构应当遵守法律、行政法规，按照被代理人的委托办理专利申请或者其他专利事务；对被代理人发明创造的内容，除专利申请已经公布或者公告的以外，负有保密责任。

（二）专利申请的修改

专利申请人提出申请后，可以对其专利申请文件进行修改。

在修改的方式上，申请人可以主动对专利申请提出修改，也可以根据国务院专利行政部门的要求进行修改。具体而言，发明专利申请人在提出实质审查请求时以及在收到国务院专利行政部门发出的发明专利申请进入实质审查阶段通知书之日起的 3 个月内，可以对发明专利申请主动提出修改；实用新型或者外观设计专利申请人自申请日起 2 个月内，可以对实用新型或者外观设计专利申请主动提出修改。此外，国务院专利行政部门进行审查后，在审查意见通知书中对申请提出问题的，申请人在收到通知书后应当针对通知书指出的缺陷进行修改。

在修改的内容上，申请人对专利申请文件的修改必须遵守一定的限制，不得超出原技术公开和要求保护的范围。换言之，对发明和实用新型专利申请文件的修改不得超出原说明书和权利要求书记载的范围，对外观设计专利申请文件的修改不得超出原图片或者照片表示的范围。法律作此要求，是因为实践中可能有一些发明人在进行发明创造后，为获得申请在先的地位，在发明创造尚未完善前甚至在发明创造尚未全部完成前，抢先于其他发明人提出申请，而在审查过程中再行完善或完成技术方案。这种情形显然对那些先认真踏实完成并完善发明创造、而后提出专利申请的诚信发明人极不公平。因此，立法对专利申请的修改提出限制性要求，有利于维护诚信发明人的合法利益。

（三）专利申请的撤回

专利申请人提出申请后，可以在被授予专利权之前随时撤回其专利申请。申请人撤回专利申请的，应当向国务院专利行政部门提出声明，写明发明创造的名称、申请号和申请日。国务院专利行政部门收到撤回声明后，应当终止对专利申请的审查和授权。

此外，专利法还规定了三种专利申请被视为撤回的情形：①申请人无正当理由逾期不请求实质审查；②发明专利已经在外国提出过申请的，申请人无正当理由逾期不提交该国为审查其申请进行检索的资料或者审查结果的资料；③国务院专利行政部门对发明专利申请进行实质审查后，认为不符合法律规定而要求申请人陈述意见或者对申请进行修改，申请人无正当理由逾期不答复。

四、专利申请的审查和复审

我国针对不同的专利类型适用不同的审查制度。其中，对发明专利的审查制度比较复杂，实行"早期公开、延迟审查"制，对外观设计和实用新型专利的审查制度则比较简单，实行初步审查制。

（一）发明专利申请的审查

国务院专利行政部门收到发明专利申请的请求书、说明书和权利要求书后，应当明确申请日、给予申请号，并通知申请人。随后，对于此项发明专利申请的审查程序开启。

1. 初步审查

在初步审查阶段，国家知识产权局主要进行以下两方面的审查：①发明专利申请是否提交请求书、说明书及其摘要和权利要求书等文件，这些文件是否符合规定的格式。②发明专利申请是否明显属于不授予专利权的项目，是否明显不符合发明的范畴，是否不符合立法有关申请人的规定，是否明显不符合申请单一性原则等。

2. 公布申请

经初步审查认为符合专利法要求的，国家知识产权局自申请日起满 18 个月，应当公布专利申请。申请人提出请求的，国家知识产权局也可以根据申请人的请求早日公布其申请。此即"早期公开、延迟审查"制中的早期公开。

对发明专利申请实行早期公开，有利于尽早让公众知悉相关技术，一方面可以避免其他发明人在不知情的情形下进行重复研发、浪费社会资源，另一方面也有利于其他发明人及早站在此项发明创造的基础上进行技术改进和更新，推动社会整体科技发展。与此同时，对发明专利申请实行早期公开，

第四章
专利法

还可以为专利审查和授权的社会监督提供有利条件。①《专利法实施细则》第
48条规定，"自发明专利申请公布之日起至公告授予专利权之日止，任何人
均可以对不符合专利法规定的专利申请向国务院专利行政部门提出意见，并
说明理由。"如此，有利于促进专利审查的科学性，使那些不符合专利法规定
的专利申请能够尽早被排除在授权范围之外，而不必等到授权之后再通过无
效宣告程序终止其专利权。

当然，早期公开也存在一定的弊端，因为此时发明创造并未获得专利授
权，从而不具备法律上的垄断性，但其客观上却已公开而可能被他人知悉和
利用，这对发明人不公平。为此，专利法设定了一个临时保护制度，规定第
三人使用该发明创造应当支付适当的使用费。《专利法》第68条明确，发明
专利申请公布后至专利权授予前使用该发明未支付适当使用费的，专利权人
要求支付使用费的诉讼时效为2年，自专利权人得知或者应当得知他人使用
其发明之日起计算，但是，专利权人于专利权授予之日前即已得知或者应当
得知的，自专利权授予之日起计算。

3. 请求实质审查

发明专利申请自申请日起3年内，申请人可以随时向国家知识产权局提
出实质审查的请求。申请人无正当理由逾期不请求实质审查的，该申请即被
视为撤回。换言之，对发明专利申请的实质审查不是国家知识产权局自动进
行的，通常应由申请人提出请求。

这项规定对发明人和社会双方均有利。一方面，因为实质审查需要缴纳实
质审查费，此时实行请求实质审查的方式，给予了申请人进一步考虑和选择的
机会，有利于其避免不必要的支出。具体来说，如果经过初步审查的时期，申
请人经过深思熟虑，认为其发明创造的技术含金量较低、不满足专利授权的条
件，或者某项技术所属领域内的技术情况和市场情况发生了变化，例如出现了
替代技术或者不具有较大的市场需求，则该技术即使通过实质审查、获得专利
授权，也不会给申请人带来实质性收益，那么申请人便可以不提出实质审查的
请求，避免支付审查费。另一方面，对于申请人不提出实质审查请求的专利申
请，国家知识产权局可以终止其审查进程。这有利于国家将有限的审查资源节
约出来，投入到那些具有更高的技术含金量和市场价值的发明创造的审查工作，
从而有利于加快这些发明创造的审查速度、提高其审查科学性。

---

① 参见张今：《知识产权法》，中国人民大学出版社2011年版，第140页。

4. 实质审查

通常情形下，国家知识产权局开展实质审查工作，应当以专利申请人的请求为依据。但是，在特别情形下，国家知识产权局认为必要时，也可以自行对发明专利申请进行实质审查。

实质审查的主要内容包括以下五个方面：①申请是否属于不可授予专利的项目；②申请是否违背申请单一性原则；③申请是否属于发明的范畴，是否具备新颖性、创造性和实用性；④申请的说明书和权利要求书的撰写是否符合法律规定；⑤申请人对专利申请文件进行修改的，其修改是否符合法律规定的限制。

国家知识产权局对发明专利申请进行实质审查后，认为不符合法律规定的，应当通知申请人，要求其在指定的期限内陈述意见，或者对其申请进行修改；无正当理由逾期不答复的，该申请即被视为撤回。

5. 授权

发明专利申请经实质审查没有发现驳回理由的，由国家知识产权局做出授予发明专利权的决定，发给发明专利证书，同时予以登记和公告。发明专利权自公告之日起生效。

（二）实用新型和外观设计专利申请的审查

1. 初步审查

实用新型和外观设计专利申请的初步审查主要包括两个方面：①专利申请是否具备专利法规定的必要文件，这些文件是否符合规定的格式。②实用新型专利申请是否明显属于不可授予专利的项目，是否不符合立法有关申请人的规定，是否明显不属于实用新型的范畴，是否明显不具备新颖性和实用性，是否明显不符合申请单一性原则；外观设计专利申请是否明显属于不可授予专利的项目，是否不符合立法有关申请人的规定，是否明显不属于外观设计的范畴，是否明显不具备新颖性，是否明显不符合申请单一性原则。

2. 授权

实用新型和外观设计专利申请经过初步审查没有发现驳回理由的，由国务院专利行政部门做出授予实用新型专利权或者外观设计专利权的决定，发给相应的专利证书，同时予以登记和公告。实用新型专利权和外观设计专利权自公告之日起生效。

（三）专利申请的复审

国务院专利行政部门设立专利复审委员会。专利申请人对国家知识产权局驳回申请的决定不服的，可以自收到通知之日起 3 个月内，向专利复审委员会请求复审。专利复审委员会复审后，做出决定，并通知专利申请人。换言之，复审并非每个专利申请都会经历的阶段，只有在国家知识产权局经审查决定驳回申请的情形下，才可能依据专利申请人的请求而启动复审程序。

具体的复审程序如下。

（1）复审请求人向专利复审委员会请求复审时，应当提交复审请求书，说明理由，必要时还应当附具有关证据。

（2）专利复审委员会进行形式审查后，应当将受理的复审请求书转交国家知识产权局原审查部门进行审查。

（3）原审查部门根据请求，同意撤销原决定的，专利复审委员会应当据此做出复审决定，并通知复审请求人；原审查部门仍维持原决定的，专利复审委员会应当开始进行复审审查。

（4）专利复审委员会进行复审后，认为复审请求不符合专利法规定的，应当通知复审请求人，要求其在指定期限内陈述意见。期满未答复的，该复审请求视为撤回；经陈述意见或者进行修改后，专利复审委员会认为仍不符合专利法规定的，应当做出维持原驳回决定的复审决定。

（5）专利复审委员会进行复审后，认为原驳回决定不符合专利法规定的，或者认为经过修改的专利申请文件消除了原驳回决定指出的缺陷的，应当撤销原驳回决定，由原审查部门继续进行审查程序。

专利复审委员会的复审决定不具有最终的法律效力。专利申请人对专利复审委员会的复审决定不服的，可以自收到通知之日起 3 个月内向人民法院起诉。

五、专利授权的条件

专利的授权条件是指发明创造要获得专利权所必须满足的实体性要求。从广义来看，专利的授权条件应当包括两个层面：①申请专利的发明创造相应的属于其所申请的专利类型的范畴，即相应属于发明、实用新型或者外观设计，而不属于不可授予专利的项目；②申请专利的发明创造满足专利的三性要求。但是通常情形下，专利的授权条件是指狭义含义，即仅指申请专利的发明创造应当满足专利的三性要求。进一步来看，在我国专利法中，专利的三性要求根据专利的不同类型而有区别，其中，发明和实用新型专利的三性要求是指新颖性、创造性和实用性，外观设计专利的三性要求则是指新颖性、创造性和非冲突性。

（一）发明和实用新型的专利授权条件

1. 新颖性

（1）新颖性的概念。新颖性是指该发明或者实用新型不属于现有技术，也没有任何单位或者个人就同样的发明或者实用新型在申请日以前向国务院专利行政部门提出过申请，并记载在申请日以后公布的专利申请文件或者公告的专利文件中。简言之，新颖性的核心要求是申请专利的发明创造是申请人新创的、与在先技术不同。

（2）破坏新颖性的情形。根据新颖性的概念可知，如果存在和申请专利的发明创造相同的现有技术或者存在抵触申请，该项发明创造将不符合新颖性要求。据此，破坏新颖性的情形包括以下两种。

一是存在现有技术。现有技术是指申请日以前在国内外为公众所知的技术。如果申请专利的发明创造和现有技术相同，意味着该发明创造的技术内容已被公开、为公众知晓，则该项发明创造并非申请人新创的、对社会无甚贡献，不应授予专利。认定现有技术，应当从以下四个方面进行：

第一，现有技术涵盖在公共领域能够获得的所有技术，包括正处于专利保护期内的技术，已届专利保护期的技术，提出专利申请并经初步审查公开但未获得专利授权的技术，以及未提出专利申请但以某种形式公开的技术。但是，处于商业秘密范畴内的技术信息不属于现有技术，这包括受保密协议约束的情形，以及在社会观念或商业习惯上被认为应当承担保密义务的情形。因为这部分技术虽然在客观上是社会上已经存在的，但由于处于秘密状态，公众无法知悉其内容。当然，如果当事人违反保密义务，使技术内容被公开，则他虽然应当依法承担相应的法律责任，该技术仍然落入现有技术的范畴，除非符合不丧失新颖性之规定的要求。

第二，判断现有技术的时间点以申请日为准；享有优先权的，则以优先权日为准。据此，申请日以前公开的技术都属于现有技术，而申请日及申请日以后公开的技术都不是。

第三，判断现有技术的地域范围涵盖全世界。换言之，只要某技术在世界范围内任何一个国家或者地区被公开，即使我国国内尚无一人知晓，它也构成现有技术。申请人以该项技术向我国国家知识产权局提出专利申请，将不符合新颖性条件。

第四，判断现有技术的公开方式不受限制。无论采取何种方式，只要在客观上导致某技术为公众知悉，都构成公开，该技术也便成为现有技术。实践中，常见的公开方式包括以下三种：

• 出版物公开。只要在某公开出版的出版物上记载了某项技术，该技术便成为现有技术，申请人将该技术申请专利的，不符合新颖性条件。此处的出版物范围较广，涵盖专利文献、科技杂志、科技书籍、学术论文、专业文献、教科书、技术手册、正式公布的会议记录或者技术报告、报纸、产品样本、产品目录、广告宣传册、视听资料、存在于互联网或其他在线数据库中的资料等。[①] 但是，如果某出版物只是某单位的内部刊物、不得外传，则在该刊物上记载技术不构成公开。

• 使用公开。这是指由于使用而导致技术方案公开，或者导致技术方案处于公众可以得知的状态，包括能够使公众得知其技术内容的制造、使用、销售、进口、交换、馈赠、演示、展出等方式。只要通过上述方式使有关技术内容处于公众想得知就能够得知的状态，无论实际上是否有公众已经得知，都构成使用公开。[②] 以产品展示为例，如果某产品展示没有给出任何有关技术内容的说明，所属技术领域的技术人员无法通过该产品获知其具体制造的技术方案，该产品展示不构成公开；但是，如果所属技术领域的技术人员可以通过拆解该产品来获知其制造技术，便构成使用公开。

• 其他方式公开。例如，口头交谈、做报告、在讨论会上发言、通过广播电视电影使公众得知技术内容等方式都可导致某技术公开而成为现有技术。

二是存在抵触申请。在对甲提出的专利申请进行的新颖性审查中，如果有第三人乙就同样的发明或者实用新型在甲的申请日以前向国家知识产权局提出过申请，并记载在甲的申请日以后公布的专利申请文件或者公告的专利文件中，则乙的申请称为抵触申请，它会破坏甲的申请的新颖性，使甲无法

---

① 参见《专利审查指南》第二部分第三章。
② 参见《专利审查指南》第二部分第三章。

获得专利授权。

　　具体而言，乙的抵触申请早于甲的申请，其技术公开时间也必然早于甲的公开时间，从此角度来看，甲的技术便不是新创的，而是前已有之。但是，由于抵触申请的公开时间在甲的申请日之后，据之，其不属于现有技术的范畴，而可以视为潜在的现有技术。因此，专利法将抵触申请和现有技术并列，作为破坏新颖性条件的两种情形。

　　（3）不丧失新颖性的情形。根据《专利法》第24条，申请专利的发明创造在申请日以前6个月内，有下列三种情形之一的，不丧失新颖性：

　　一是在我国政府主办或者承认的国际展览会上首次展出的。其中，我国政府主办的国际展览会是指国务院、各部委主办或者国务院批准的其他机关或地方政府举办的国际展览会；① 我国政府承认的国际展览会是指国际展览会公约规定的在国际展览局注册或者由其认可的国际展览会。

　　二是在规定的学术会议或者技术会议上首次发表的。此处的学术会议或者技术会议有一定的规格要求，是指国务院有关主管部门或者全国性学术团体组织召开的学术会议或者技术会议。

　　三是他人未经申请人同意而泄露其内容的。这包括两种情形：①合法知悉申请人的技术方案但对申请人负有保密义务的人，未经许可擅自泄露技术内容；②通过欺诈、胁迫、盗窃等非法手段获知申请人的技术方案的人，泄露技术内容。如果泄露行为发生在申请日以前6个月内，则虽然该技术内容在客观上已经处于公开状态，但法律做出特别规定，将其视为未公开而不丧失新颖性；如果泄露行为发生在申请日以前6个月之前，便落入现有技术的范畴，而不符合新颖性条件。

　　进一步来看，《专利法》规定的不丧失新颖性的三种情形均须发生在申请日以前6个月内，此6个月称为优惠期。优惠期的法律效力与优先权不同。在优惠期内，只有出现法律规定的三种情形之一而导致某项发明创造的内容在客观上被公开，才不会破坏新颖性；如果在优惠期内，第三人独立做出了相同的发明创造，并通过申请专利或者其他方式公开其内容，则申请人将不符合新颖性条件。而在优先权期限内，第三人独立做出并公开发明创造，仍无法妨碍申请人的新颖性审查。

---

① 参见张今：《知识产权法》，中国人民大学出版社2011年版，第122－123页。

（4）立法新动向。《专利法》第四次修正案在沿袭现行立法对于新颖性规定的基础上，新增了一种不丧失新颖性的情形，其第 24 条第 1 项规定，申请专利的发明创造在申请日以前 6 个月内，"在国家出现紧急状态或者非常情况时，为公共利益目的首次公开的"，不丧失新颖性。这有利于鼓励发明人在国家出现紧急状态或非常情况时及时公开发明创造。总体来看，这项规定与在国家出现紧急状态或者非常情况时或者为了公共利益的目的，第三人可以通过强制许可实施发明创造的规定，形成了前后呼应。如此，在专利权取得前和取得后，都有利于解决国家出现的紧急情况，保障公共利益。

2. 创造性

（1）创造性的概念。创造性，又称非显而易见性，是指与现有技术相比，该发明具有突出的实质性特点和显著的进步，该实用新型具有实质性特点和进步。创造性要求的核心是发明创造必须具有一定的创新高度，亦即，该发明创造不仅是申请人新创的、与在先技术不同，而且其不同之处必须达到一定的程度，对本领域技术人员来说不是显而易见的。

具体而言，发明所要达到的创造性要求与实用新型不同。发明的创造性要求具有突出的实质性特点和显著的进步。其中，突出的实质性特点是指发明并非对现有技术的细枝末节的改变，而是存在本质上的区别；显著的进步是指发明比现有技术有所改进和改良，能够产生有益的技术效果。相形之下，实用新型的创造性要求较低，只需具有实质性特点和进步，亦即，和现有技术相比，其在技术的区别性和有益性上均比发明的要求低一些。

（2）创造性的判断。具体体现在以下几方面：

一是判断主体。发明创造是否具备创造性，是由国家知识产权局的审查人员来判断的。但是，审查人员的主观因素很可能影响判断结果的科学性。如果审查人员的专业知识和技能在发明创造所属技术领域中处于专家地位，则许多发明创造在他看来都不具备创造性；反之，如果他在该技术领域中处于新手地位，则会认为大多数发明创造都具备创造性。因此，为促进创造性审查的科学性，审查人员不能站在自己的角度、根据自己的意愿来判断，而是必须将自己假定为一个客观的人，即，发明创造所属技术领域的技术人员。该人知晓申请日之前发明所属技术领域所有的普通技术知识，能够获知该领域中所有的现有技术，并且具有应用该日期之前常规实验手段的能力，但是不具有创造能力。如果所要解决的技术问题能够促使本领域的技术人员在其他技术领域寻找技术手段，他也应具有从该其他技术领域中获知该申请日之前的相关现有技术、普通技术知识和常规实验手段的能力。①

二是判断方法。判断一项发明创造是否具备创造性，关键是比较。首先，应当确定与发明创造最接近的现有技术。此现有技术与新颖性条件中的相同，包括所有在申请日以前公开的技术。继之，确定发明创造不同于最接近的现有技术的区别特征，以及发明创造实际解决的技术问题。然后，在前述二者之间进行比较，判断发明创造对本领域的技术人员来说是否显而易见，即，现有技术中是否给出将上述区别特征应用到该最接近的现有技术以解决其存在的技术问题的启示。如果存在这种技术启示，则发明创造是显而易见的，不具备创造性。②

三是判断时的参考因素③。《专利审查指南》给出了对发明创造进行创造性判断时的参考因素，包括以下四种情形：

第一，发明解决了人们一直渴望解决但始终未能获得成功的技术难题。人们一直渴望解决但始终未能成功，正说明了发明创造对本领域技术人员来说是非显而易见的。例如，人们一直渴望解决在农场牲畜身上无痛并且不损坏皮毛的打上永久性标记的技术问题，某发明人基于冷冻能使牲畜表皮着色这一发现而发明的一项冷冻"烙印"的方法成功地解决了这个技术问题，该发明创造具备创造性。

第二，发明克服了技术偏见。技术偏见体现了某领域内技术人员普遍的、存在时间较久的某种认识，在此技术偏见影响下，他们往往不会想到某种技术。如果发明人克服了该偏见，运用某技术解决了某问题，这对本领域技术人员来说当然是非显而易见的。例如，对于电动机的换向器和电刷间界面，通常认为越光滑接触越好，电流损耗也越小。一项发明将换向器表面制出一定粗糙度的细纹，结果电流损耗更小，优于光滑表面，则该发明具备创造性。

第三，发明取得了预料不到的技术效果。这是指发明与现有技术相比，其技术效果产生质的变化，具有新的性能；或者产生量的变化，超出人们预期的想象。这种质的或者量的变化，对所属领域的技术人员来说，事先无法

---

① 参见《专利审查指南》第二部分第四章。
② 参见《专利审查指南》第二部分第四章。
③ 本部分参见《专利审查指南》第二部分第四章。

预测或者推理出来。当发明产生了预料不到的技术效果时，说明其具有显著的进步，同时也反映出发明的技术方案是非显而易见的，具有创造性。

第四，发明在商业上获得成功。当发明的产品在商业上获得成功时，如果这种成功是由发明的技术特征直接导致的，则一方面反映了发明具有有益效果，同时也说明了发明是非显而易见的，具有创造性。但是，如果商业上的成功是由技术以外的原因带来的，例如由于销售方案的改进或者宣传力度的加强，则不属于具有创造性的证明。

需要说明的是，发明创造的创造性判断是一个相对客观的工作，应当只看发明创造的结果，不看过程，在某种程度上"只以成败论英雄"。换言之，判断发明创造是否具有创造性时，仅就发明创造的最终技术方案进行评价，而不考虑发明人做出此项技术方案的具体过程。实践中，有些发明创造经历了十分艰辛的试错过程，通过无数次试验、耗费巨额成本和时间，而有些发明创造则是误打误撞、无意间得到。虽然在这两种情形中，发明人的投入相差巨大，但只要最终的技术方案对本领域技术人员来说是非显而易见的、比现有技术进步，就于社会科技发展有所贡献，应当同样受到专利权保护。

3. **实用性**

（1）实用性的概念。实用性，是指该发明或者实用新型能够制造或者使用，并且能够产生积极效果。据此，发明创造应当具备以下两点，才能符合实用性要求：

一是能够投入产业应用。此处的产业是个广义概念，涵盖工业、农业、林业、水产业、畜牧业、交通运输业以及文化体育、生活用品和医疗器械等行业。[①] 要求发明创造能够投入产业应用、进行制造或者使用，便将那些纯理论的科研成果和违背自然规律的所谓发明都排除在专利权之外。

二是能够产生积极效果。与创造性要求中侧重于发明创造相比于现有技术具有有益的技术效果不同，实用性要求中的积极效果范围更广，涵盖经济、技术和社会领域。只要发明创造能够产生积极效果，无论是推动经济发展或技术进步，还是于社会有其他益处，例如改善环境、节约资源，都符合实用性要求。

（2）不具备实用性的情形。根据《专利审查指南》，下列情形通常认为不具备实用性：

---

① 参见《专利审查指南》第二部分第五章。

一是无再现性。再现性，是指所属技术领域的技术人员，根据公开的技术内容，能够重复实施专利申请中为解决技术问题所采用的技术方案。这种重复实施不得依赖任何随机的因素，并且实施效果是相同的。专利法律制度可以视为发明人和国家之间的一种协议，发明人以公开发明创造的内容、使公众知悉并可以在以后自由使用为对价，获得对该发明创造一定期限内的排他性使用权，最终推动社会科技进步。但是，如果发明创造的重复实施依赖某种随机因素，能否产生效果、能够产生何种效果都不确定，那么很难说其对社会具有价值、应予保护，因此不应享有专利权。

二是利用独一无二的自然条件的产品。例如三峡大坝，利用了当地独有的山体走势、水文规律等。这种产品对独特自然条件的依赖性，决定了其无法异地重现，因此不符合实用性要求。

三是无积极效果。同上，明显无益、脱离社会需要的发明创造也没有保护的价值，不应享有专利权。

（二）外观设计的专利授权条件

1. 新颖性

外观设计的新颖性，是指授予专利权的外观设计，应当不属于现有设计；也没有任何单位或者个人就同样的外观设计在申请日以前向国务院专利行政部门提出过申请，并记载在申请日以后公告的专利文件中。

具体来看，外观设计的新颖性要求和发明、实用新型的新颖性要求大致相同，都有两种破坏新颖性的情形：存在现有设计，存在抵触申请。此外，发明、实用新型专利中不丧失新颖性的规定对外观设计也适用。因此，对于外观设计的新颖性，本书不再赘述，具体可以参考前文内容。

2. 创造性

外观设计的创造性，是指授予专利权的外观设计与现有设计或者现有设计特征的组合相比，应当具有明显区别。换言之，外观设计不仅不得与现有设计不同，而且不得与现有设计近似。

与发明、实用新型的创造性判断一样，外观设计的创造性判断也是由国家知识产权局的审查人员进行的，但其不能依据自己的主观意愿，而是必须把自己设想成一个客观的人，即外观设计专利产品的一般消费者，以该消费者的知识水平和认知能力来进行比较和认定。如果在一般消费者看来，申请专利的外观设计与现有设计在整体视觉效果上基本相同或者没有实质性差异，则不符合创造性要求。

3. 非冲突性

外观设计的非冲突性，是指授予专利权的外观设计不得与他人在申请日以前已经取得的合法权利相冲突。对此，应当注意以下两点：

一是导致外观设计不符合非冲突性的他人在先权利范围很广，涵盖姓名权、肖像权、著作权、商标权、商号权等。实践中最易出现的是与他人在先著作权相冲突。例如，未经许可，将他人设计的花瓶作为外观设计提出专利申请，或者将他人的美术作品作为花瓶上的图案进行外观设计专利申请，都属于侵犯他人著作权的行为，不仅不符合非冲突性、不能获得专利权，还可能承担侵权责任。

二是导致外观设计不符合非冲突性的他人在先权利以申请日前已经取得的为准。据此，他人在申请日以后才取得的权利不妨碍外观设计的非冲突性条件。

第五节　专利权的内容

一、专利权人的权利和义务

（一）专利权人的权利

前文第三章第三节已述，专利权人的权利包括实施权、许可权、转让权和标记权四项。其中，实施权是专利权人诸项权利的核心，也是实践中判断专利侵权行为的基础和核心要素。而我国专利法中区分不同的专利类型，对实施权的内容有不同的具体规定。因此，本节对此再予以详述。

1. 实施权的概念

简言之，所谓实施权，是指为生产经营目的独占性的利用发明创造的权利。此概念包含以下两点要素。

（1）专利权人的实施权包括积极和消极两个方面。换言之，依据实施权，专利权人既可以自己对其发明创造进行各种利用，也有权禁止他人未经许可擅自利用。

（2）专利权人的实施权仅控制为生产经营目的利用其发明创造的权利。

据之，非为生产经营目的利用发明创造不属于专利权人的控制范畴，不会构成侵权，例如第三人为科研目的实施发明创造。

2. 实施权的具体内容

（1）发明和实用新型专利的实施权内容。《专利法》第 11 条第 1 款规定："发明和实用新型专利权被授予后，除本法另有规定的以外，任何单位或者个人未经专利权人许可，都不得实施其专利，即不得为生产经营目的制造、使用、许诺销售、销售、进口其专利产品，或者使用其专利方法以及使用、许诺销售、销售、进口依照该专利方法直接获得的产品。"具体来看，发明包括产品发明和方法发明，实用新型仅有产品，据此，发明和实用新型总体上可以分为产品和方法两类。

一是产品专利。产品专利包括产品发明专利和实用新型专利，其实施权的具体内容包括以下五项：

第一，制造权。为生产经营目的的制造专利产品是专利权人独占性的权利。只要为生产经营目的、根据获得专利权的技术方案制造了专利产品，无论采取何种制造方法（无论是采取和专利权人相同的制造方法，还是采取不同的制造方法），也无论制造的数量有多少，无论是为自己制造还是为他人制造，都属于制造权的控制范围，专利权人都可予以禁止。

第二，使用权。为生产经营目的的、根据专利产品的通常用途利用该产品，是专利权人独占性的权利。据此，如果第三人为生产经营目的的使用某专利产品，无论该产品是其自己制造还是他人制造的，都可能落入使用权的控制范围。当然，如果此种情形中，第三人使用的是专利权人允许制造和出售的，则第三人可以合法使用，不构成侵权。此外，如果第三人为消费目的的使用专利产品，则无论该产品是否专利权人允许制造和出售的，第三人均不构成侵权。

第三，销售权。此处的销售是指以专利产品为标的和他人订立买卖合同。通常情形下，买卖专利产品应经专利权人允许，否则可能构成侵权，无论该产品是销售方自己制造的还是他人制造的。当然，如果专利产品是专利权人允许制造和出售的，则对之进行转售属于合法行为，无须承担侵权责任。

第四，许诺销售权。根据《最高人民法院关于审理专利纠纷案件适用法律问题的若干规定》，许诺销售是指以做广告、在商店橱窗中陈列或者在展销会上展出等方式做出销售商品的意思表示。从合同的角度来看，销售权控制的是和他人订立买卖合同的行为，许诺销售权则控制的是向他人发出买卖合同要约的行为。将以专利产品为标的向他人发出买卖合同要约的行为也纳入专利权人控制的范畴，有利于从源头扼制专利产品的非法买卖，最大限度的保护专利权人的合法利益。

第五，进口权。进口权是指专利权人可以控制其专利产品进口到我国市场的行为，无论该产品是进口商自己制造的还是他人制造的。依据进口权，专利权人发现侵权嫌疑货物即将进口的，可以向海关提出扣留侵权嫌疑货物的申请，并进而向法院申请采取责令停止侵权行为或者财产保全的措施。如此，有利于扼制专利产品的进一步流通，尽量保护专利权人的合法利益。当然，如果第三人是为消费目的进口专利产品，即第三人购买专利产品后用于自己的生活消费（不包括生产消费），则不落入专利权人进口权的范围，可以自由进行。

二是方法专利。方法专利特指方法发明专利，其实施权的具体内容包括以下两个部分：

第一，对专利方法的使用权。专利方法可以分为两种：①可以产生产品的方法，例如产品的制造方法；②不产生产品的方法，例如测量方法。无论何种方法，为生产经营目的使用该方法的权利都由专利权人独占。换言之，第三人未经许可，为生产经营目的使用该专利方法，可能构成专利权侵权，无论其是单独实施该方法，还是把该方法作为自己生产制造的步骤之一。

第二，对依照专利方法直接获得的产品的使用、销售、许诺销售和进口权。对于上述第二种方法即产生产品的方法而言，专利权人不仅能够控制该方法本身，还能控制依该方法直接获得的产品。亦即，使用该方法（此即制造出产品），以及对使用该方法制造出的产品的使用、销售、许诺销售、进口的权利都由专利权人独占。对此，最高人民法院《关于审理侵犯专利权纠纷案件应用法律若干问题的解释》第13条明确，"依照专利方法直接获得的产品"是指使用专利方法获得的原始产品，而将该原始产品进一步加工、处理并获得后续产品不属于依照专利方法直接获得产品，而是属于对依照该专利方法直接获得的产品的使用行为。换言之，根据方法专利权，权利人有权控制对该方法的使用，对使用该方法获得的原始产品的销售、许诺销售、进口，以及对使用该方法获得的原始产品的进一步加工、处理而获得后续产品的行为。

（2）外观设计专利的实施权内容。《专利法》第11条第2款规定："外观设计专利权被授予后，任何单位或者个人未经专利权人许可，都不得实施其专利，即不得为生产经营目的制造、许诺销售、销售、进口其外观设计专利产品。"

与产品专利对应来看，外观设计专利的实施权内容缺少一项，即使用。换言之，为生产经营目的使用外观设计专利产品不由专利权人独占，其他第三人也可以行使。但是，为生产经营目的制造、销售、许诺销售和进口外观设计专利产品须经专利权人许可，否则可能构成侵权。其中，制造、销售、许诺销售和进口的含义与产品专利情形中的相同，此处不再赘述。

（二）专利权人的义务

1. 缴纳专利年费

专利年费是维持专利权有效的一项必要条件，专利权人应当自被授予专利权的当年开始，至专利权终止前，按期缴纳专利年费。没有按照规定缴纳年费的，专利权在期限届满前终止。

具体而言，授予专利权当年的年费，专利申请人应当在办理登记手续时缴纳。授予专利权当年以后的年费，应当在上一年度期满前缴纳。专利权人未缴纳或者未缴足的，国务院专利行政部门应当通知专利权人自应当缴纳年费期满之日起 6 个月内补缴，同时缴纳滞纳金；滞纳金的金额按照每超过规定的缴费时间 1 个月，加收当年全额年费的 5% 计算；期满未缴纳的，专利权自应当缴纳年费期满之日起终止。

专利年费的缴纳标准，由国务院价格管理部门、财政部门会同国务院专利行政部门规定。目前，专利年费根据专利类型和缴纳年限的不同而有区别。一方面，发明专利的年费标准比之实用新型和外观设计要稍高一些；另一方面，三种类型的专利年费都实行累进制，每三年提升一个缴费标准，且年限越高、提升的幅度越大。

就实践来看，实行此种年费缴纳规则具有相当的合理性。一方面，在缴纳年费义务的压力下，专利权人将会积极推动专利技术的成果转化，以获取的收益弥补年费支出。另一方面，专利权人也会衡量专利技术的市场效益，对于一些市场寿命较短的技术，专利权人为免于缴纳越来越高的年费，将会在专利有效期限届满前放弃专利。这有利于促进这些技术尽早为公众所用，增进社会福祉。

2. 实施专利

专利权人在申请专利前不必实施其技术方案，但是一旦获得专利授权，便产生了实施的义务。专利权人可以自己实施，也可以许可他人实施，但是绝不能将技术束之高阁、囤而不用。否则，将会引发强制许可程序，由国家知识产权局将其专利授权第三人使用。

专利法对专利权人课以实施义务，是为了防止出现"僵尸技术"，保障社会公共利益。具体而言，同样的发明创造只能存在一项专利权，一旦某人获得专利权，在后的其他独立发明人都不得就该项技术申请专利，也不得使用该项技术。此时，如果唯一有权使用该技术的专利权人也不使用，便意味着社会公众都无法从此项技术进步中获益。从某种角度甚至可以说，这种情形下，专利权人发明这项技术不仅不能促进社会进步，反而会起到妨碍作用——因为专利权的存在，其他独立发明人也不得利用该技术来推动社会进步。

二、专利权的利用

专利权人利用其专利，主要包括三种方式：①自己实施；②进行专利转让；③将专利许可他人实施。在法律上，自己实施专利最为简单，主要表现为专利权人制造专利产品并对该产品进行后续的使用、销售等行为，以及使用专利方法并对依该方法直接获得的产品进行后续的使用、销售等行为。而转让专利和将专利许可他人使用，因为涉及双方当事人，可能存在潜在的法律问题，因此专利法对其做出了比较细致的规定。

需要说明的是，专利权的利用制度是《专利法》第四次修订工作的主要内容之一，《修改草案征求意见稿》中将"专利的实施和运用"设为专章，明确提出"各级专利行政部门应当促进专利实施和运用，鼓励和规范专利信息市场化服务和专利运营活动"，并且新增了专利的当然许可、视为许可和专利的质押三种利用方式。

（一）专利的转让

专利权可以转让。我国专利法对专利权的转让规定了两项限制性规定：①中国单位或者个人向外国人、外国企业或者外国其他组织转让专利权的，应当依照有关法律、行政法规的规定办理手续。这有利于维护我国的国家利益，避免实践中一些关系国计民生的重要专利随意流失海外。②共有的专利权，其转让应当取得全体共有人的同意。如此，既符合共同共有的基本法理，又有利于维护合作发明中各方当事人的合法权利。

此外，《专利法》第10条还对专利权转让的程序性问题做出了明确规定。

转让专利权的，当事人应当订立书面合同，并向国务院专利行政部门登记，由国务院专利行政部门予以公告。专利权的转让自登记之日起生效。换言之，专利权转让合同和专利权转让的生效时间不同，前者适用合同法的一般规则，即，如果双方当事人不作特别约定，则合同订立时便生效；后者则以在国家知识产权局进行登记的日期为准。

（二）专利的许可使用

1. 许可使用的类型

根据被许可人所获得使用权的排他性程度，专利许可使用可以分为三类。

（1）普通许可，指专利权人授权被许可人在一定的时间、地域范围内实施其专利技术后，专利权人自己仍有权在该范围内实施该技术，也有权再授权其他人实施该技术。

（2）排他许可，指专利权人授权被许可人在一定的时间、地域范围内实施其专利技术后，在该范围内，专利权人自己可以实施该技术，但是不得再授权其他人实施该技术。

（3）独占许可，指专利权人授权被许可人在一定的时间、地域范围内实施其专利技术后，在该范围内，不得再授权其他人实施该技术，专利权人自己也不得实施该技术。

但是，与商标权的许可使用不同，立法未对专利权许可使用的不同类型的区分意义做出明确规定。亦即，在各种许可使用情形下，出现专利侵权行为时，被许可人能否单独向法院起诉，现行立法未予明确。我们认为，商标法中的相关规定十分合理，专利法中可以参考借鉴。

2. 许可使用的要求

（1）对合作发明来说，除另有约定的以外，通常情形下，共有人可以单独以普通许可方式许可他人实施该专利，而要授予排他许可或者独占许可的，需要各共有人一致同意。无论授予何种许可，收到的许可使用费应当在共有人之间合理分配。

（2）在职务发明情形下，以及在利用本单位的物质技术条件所完成的发明创造、单位与发明人约定专利权属于单位的情形下，获得专利权的单位许可第三人实施其专利的，应当从收到的使用费中提取不低于10%，作为报酬给予发明人或者设计人。

（3）无论何种许可，被许可人只可以自己实施该专利，而无权允许合同规定以外的其他单位或者个人实施该专利，即，不得授予分许可。

3. 许可使用的程序

专利权人授权被许可人实施专利的，应当与被许可人订立实施许可合同。同时，该专利实施许可合同应当自合同生效之日起 3 个月内向国务院专利行政部门备案。

（三）立法新动向

1. 《专利法修改草案征求意见稿》的规定

《专利法修改草案征求意见稿》在现行立法的基础上，新增了三种专利利用方式。

（1）专利的当然许可。专利的当然许可，是指在专利权人明确表示同意授权任何人实施其专利并且明确许可使用费的情形下，第三人可以实施其专利，但是应当向专利权人支付相应的使用费。这项制度在尊重专利权人意志自治的前提下，便利了专利许可的广泛推行，有利于促进专利的实施和运用，实现专利权人和使用人共赢的局面。

《专利法修改草案征求意见稿》中新增了专利的当然许可制度，并对其内容做出了比较细致的规定，具体如下：

"专利权人以书面方式向国务院专利行政部门声明其愿意许可任何人实施其专利，并明确许可费的，由国务院专利行政部门予以公告，实行当然许可。"

"就实用新型、外观设计专利提出当然许可声明的，应当提供专利权评价报告。"

"撤回当然许可声明的，专利权人应当以书面方式提出并由国务院专利行政部门予以公告。当然许可声明被撤回的，不影响在先被许可人的权益。"

"任何人希望实施当然许可的专利的，应当以书面方式通知专利权人，并支付许可费。"

"当然许可期间，专利权人不得就该专利给予独占或者排他许可、请求诉前临时禁令。"

"当事人就当然许可发生纠纷的，由国务院专利行政部门裁决。当事人不服的，可以自收到裁决通知书之日起十五日内向人民法院起诉。"

（2）专利的视为许可。《专利法修改草案征求意见稿》对参与国家标准制定的专利权人设定了一项视为许可的制度："参与国家标准制定的专利权人在标准制定过程中不披露其拥有的标准必要专利的，视为其许可该标准的实施者使用其专利技术。许可使用费由双方协商；双方不能达成协议的，由地方人民政府专利行政部门裁决。当事人对裁决不服的，可以自收到通知之日起三个月内向人民法院起诉。"

（3）专利的质押。专利的质押属于权利质押的一种，一般情形下，应当适用担保法有关质押的规定。此次《专利法修改草案征求意见稿》针对专利的特殊性，增设了专利质押的条款，具体如下："以专利权出质的，由出质人和质权人共同向国务院专利行政部门办理出质登记，质权自登记之日起生效"；"质押期间，被质押的专利权价值明显减少时，质权人可以要求出质人另行提供担保或者增加担保物；出质人不另行提供担保的，质权人可以处置该被质押的专利权"。

2. 《专利法》第四次修正案的规定

最终通过的 2020 年《专利法》第四次修正案没有采纳《专利法修改草案征求意见稿》中新增的专利视为许可和专利质押的规定，仅仅保留了专利当然许可，并且改称为"专利开放许可"，同时在具体内容方面做了一些调整。

详言之，2020 年《专利法》第四次修正案第 50 条规定了专利开放许可的实施条件，其主要内容与《专利法修改草案征求意见稿》基本相同："专利权人自愿以书面方式向国务院专利行政部门声明愿意许可任何单位或者个人实施其专利，并明确许可使用费支付方式、标准的，由国务院专利行政部门予以公告，实行开放许可。就实用新型、外观设计专利提出开放许可声明的，应当提供专利权评价报告"；"专利权人撤回开放许可声明的，应当以书面方式提出，并由国务院专利行政部门予以公告。开放许可声明被公告撤回的，不影响在先给予的开放许可的效力"。

第 51 条规定了被许可人的权利义务，其内容主要延续了《专利法修改草案征求意见稿》中的规定，但作了一些改动："任何单位或者个人有意愿实施开放许可的专利的，以书面方式通知专利权人，并依照公告的许可使用费支付方式、标准支付许可使用费后，即获得专利实施许可"；"开放许可实施期间，对专利权人缴纳专利年费相应给予减免"；"实行开放许可的专利权人可以与被许可人就许可使用费进行协商后给予普通许可，但不得就该专利给予独占或者排他许可"。

第 52 条规定了专利开放许可中的争议解决方式，但与《专利法修改草案征求意见稿》中的区别较大："当事人就实施开放许可发生纠纷的，由当事人协商解决；不愿协商或者协商不成的，可以请求国务院专利行政部门进行调解，也可以向人民法院起诉。"

三、专利权的限制

（一）专利的计划许可

专利的计划许可，在有些国家的专利法中也称为"国家征用"，它是国家行政机构在全面考虑国家利益的情况下，对某些重大发明创造有目的、有计划的安排实施，以迅速推广先进的专利技术。[①]

《专利法》第 14 条对专利的计划许可做出了明确规定："国有企业事业单位的发明专利，对国家利益或者公共利益具有重大意义的，国务院有关主管部门和省、自治区、直辖市人民政府报经国务院批准，可以决定在批准的范围内推广应用，允许指定的单位实施，由实施单位按照国家规定向专利权人支付使用费。"

据此，专利计划许可制度的主要内容如下：

首先，计划许可只适用于国有企业事业单位的发明专利。一方面，计划许可只适用于发明专利，不适用于实用新型和外观设计专利。这是因为计划许可是为了国家利益和公共利益来对专利权人的合法权利进行一定的限制、推广专利实施，而实用新型的技术含量较低，外观设计则与技术毫无关联，因此很难说它们会对国家利益或者公共利益有重大意义，也就无所谓为了国家利益或者公共利益来推广使用。另一方面，计划许可只适用于国有企业事业单位享有专利权的发明，不适用于其他个人、非国有法人或者其他组织拥有的发明。因为国有企业事业单位的财产最终属于国家，国家为了社会公共利益对自己的财产进行限制是合法的处分行为，应予允许。而其他个人、非国有法人或者其他组织的财产，国家没有直接的处分权，不能随意推广使用。

其次，计划许可须由国务院有关主管部门和省、自治区、直辖市人民政

---

① 参见张今：《知识产权法》，中国人民大学出版社 2011 年版，第 152 页。

府报经国务院批准，并决定实施的范围和单位。计划许可不等于自由使用，仍需获得实施许可证，只不过不同于普通许可和强制许可，其许可证的发放者不是专利权人，也非国家知识产权局，而是各有关行政部门。

最后，计划许可是有偿使用，实施单位应当专利权人支付使用费。收费标准由国家相关部门决定。

需要说明的是，2020 年《专利法》第四次修正案继续沿用了这项规定，但将该条从第一章总则部分挪到了第六章"专利实施的特别许可"中。这点调整颇具合理性，与该条款的性质和内容更加相符。

（二）专利的强制许可

1. 强制许可的概念

强制许可是指在法律规定的情形下，可以不经专利权人同意，而由国务院专利行政部门授予第三人实施发明专利或者实用新型专利的许可。

与计划许可相似，强制许可也是对专利权人的合法权利进行一定的限制，以维护社会公共利益。但是，与计划许可不同的是，强制许可的涵盖面较广，涉及一切发明和实用新型，而不限于国有企业事业单位拥有的专利，因此，专利法对强制许可的适用情形进行了明确规定，只有在法律列举的几种情形下，才可以实施强制许可。

2. 强制许可的具体情形

我国专利法明确列举了实施强制许可的五种情形。此种列举是穷尽性列举，换言之，除了下述情形之外，其他任何情形都不适用强制许可制度。

（1）促进专利实施的强制许可。《专利法》第 48 条第 1 项规定，专利权人自专利权被授予之日起满 3 年，且自提出专利申请之日起满 4 年，无正当理由未实施或者未充分实施其专利的，国家知识产权局根据具备实施条件的单位或者个人的申请，可以给予实施发明专利或者实用新型专利的强制许可。

前文已述，实施专利技术方案不是专利权人获得专利权的条件，但是其获得专利权后的义务。如果专利权人在一定期限内没有实施专利，也未许可他人实施，其技术将成为"僵尸专利"，不但于社会无益，反而会产生阻碍作用。此种情形下，为使社会公众能够真正从该项专利中获益，国家知识产权局可以颁发强制许可证。

进一步来看，实施此项强制许可，应当符合五项要求。①专利权人在一定期限内未依法实施其专利，此期限必须同时满足两点：其一，自专利申请之日起满 4 年；其二，自专利授权之日起满 3 年。②专利权人未依法实施其专利，包括两种情形：其一，完全将专利技术束之高阁，根本未实施；其二，虽进行了实施，但其实施规模不能满足国内对专利产品或者专利方法的需求；③专利权人未依法实施没有诸如因原材料市场断货而缺乏必要的制造原料等正当理由；④申请强制许可的申请人曾以合理的条件请求专利权人许可其实施专利，但未能在合理的时间内获得许可；⑤申请强制许可的申请人具备相应的实施条件，且其实施主要是为了供应国内市场。

（2）防止垄断的强制许可。《专利法》第 48 条第 2 项规定，专利权人行使专利权的行为被依法认定为垄断行为，为消除或者减少该行为对竞争产生的不利影响的，国家知识产权局根据具备实施条件的单位或者个人的申请，可以给予实施发明专利或者实用新型专利的强制许可。

专利权是一种排他性的专有权，具有一定的垄断性，但是专利法从社会公共利益出发，对该权利安排了种种限制，据之，依法行使专利权不会给社会经济和科技带来重大的负面影响。不过，如果超出法律的限制，滥用专利权，可能会对正常的竞争秩序产生妨碍作用。为消除该不利影响，我们可以实施强制许可。

实施防止垄断的强制许可，应当符合两项要求：①专利权人行使专利权的行为被依法认定为垄断行为，具体认定标准和认定方法依据《反垄断法》的相关规定；②申请强制许可的申请人具备相应的实施条件。

（3）维护公共利益的强制许可。《专利法》第 49 条规定，在国家出现紧急状态或者非常情况时，或者为了公共利益的目的，国务院专利行政部门可以给予实施发明专利或者实用新型专利的强制许可。此项强制许可主要适用于发生严重自然灾害、突发公共卫生事件等非常状态。例如，如果爆发了一场严重疫病，而某专利权人的一项医疗器械专利对该种疫病有较强的检测或治疗效果，则国家知识产权局可以不经专利权人许可，也不必某第三人提出申请，可以依职权颁发实施该项专利的强制许可证，以维护社会公共利益。据此，根据本项强制许可实施的专利，应当主要供应国内市场。

（4）对制造出口药品的强制许可。《专利法》第 50 条规定，为了公共健康目的，对取得专利权的药品，国务院专利行政部门可以给予制造并将其出口到符合中华人民共和国参加的有关国际条约规定的国家或者地区的强制许可。相比于其他强制许可情形，本项强制许可比较特殊，因为它维护的主要不是我国国内的公共利益，而是其他国家的公共健康。这是我国履行国际公约义务的一种体现，对于促进其他发展中国家和最不发达国家的民众健康具有重要意义。

实施该项强制许可，应当符合两项要求：①本项强制许可的适用对象限于取得专利权的药品，即解决公共健康问题所需的医药领域中的任何专利产品或者依照专利方法直接获得的产品，包括取得专利权的制造该产品所需的活性成分以及使用该产品所需的诊断用品。②适用本项强制许可制造的药品，应当出口到符合我国参加的有关国际条约规定的国家或者地区，主要即其他发展中国家和最不发达国家，而非用于国内市场。

（5）从属专利的强制许可。如果两项技术存在技术上的依存关系，不实施前一技术，便无法实施后一技术，而后一技术比前一技术有所改进，则前一技术称为基础专利，后一技术称为从属专利。基础专利和从属专利之间可以进行交叉许可。如果专利权人无法自愿达成交叉许可协议，则国家知识产权局可以颁发强制许可证。对此，《专利法》第51条明确规定：一项取得专利权的发明或者实用新型比前已经取得专利权的发明或者实用新型具有显著经济意义的重大技术进步，其实施又有赖于前一发明或者实用新型的实施的，国务院专利行政部门根据后一专利权人的申请，可以给予实施前一发明或者实用新型的强制许可；在依照前款规定给予实施强制许可的情形下，国务院专利行政部门根据前一专利权人的申请，也可以给予实施后一发明或者实用新型的强制许可。

具体而言，实施此项强制许可，应当符合三个条件：①前后两个专利之间是基础专利和从属专利的关系，在后的从属专利的实施有赖于在前的基础专利的实施，且其比在前的基础专利具有显著经济意义的重大技术进步；②在后的从属专利的权利人曾以合理的条件请求在前的基础专利的权利人许可其实施专利，但未能在合理的时间内获得许可；③实施此项强制许可，主要是为了供应国内市场。

除了以上五项强制许可外，我国专利法还对涉及半导体技术的发明创造的强制许可做出了明确限制，规定，强制许可涉及的发明创造为半导体技术的，其实施限于两种情形：①为了公共利益的目的；②在出现垄断行为的情形下，为消除或者减少该行为对竞争产生的不利影响。

3. 被许可人的权利和义务

强制许可的被许可人享有对该专利的普通的、非独占的实施权，亦即，取得强制许可证的单位或者个人仅可以自己实施该专利，既无权再允许其他人实施，也无权禁止他人实施。

与此同时，强制许可的被许可人应当向专利权人支付使用费。具体来说，取得实施强制许可的单位或者个人应当付给专利权人合理的使用费，或者依照我国参加的有关国际条约的规定处理使用费问题。付给使用费的，其数额由双方协商；双方不能达成协议的，由国务院专利行政部门裁决。

4. 强制许可的程序

（1）在促进专利实施的强制许可、防止垄断的强制许可以及从属专利的强制许可三种情形下，应当由请求给予强制许可的申请人向国家知识产权局提交强制许可请求书，说明理由并附具有关证明文件。

（2）国家知识产权局做出的给予实施强制许可的决定，应当及时通知专利权人，并予以登记和公告。给予实施强制许可的决定，应当根据强制许可的理由规定实施的范围和时间。强制许可的理由消除并不再发生时，国务院专利行政部门应当根据专利权人的请求，经审查后做出终止实施强制许可的决定。

（3）专利权人对国务院专利行政部门关于实施强制许可的决定不服的，专利权人和取得实施强制许可的单位或者个人对国务院专利行政部门关于实施强制许可的使用费的裁决不服的，可以自收到通知之日起 3 个月内向人民法院起诉。

四、专利权的期限、终止和无效

（一）专利权的保护期限

1. 现行立法规定

专利权的保护期限依据不同的专利类型而有不同。其中，发明专利权的保护期限最长，为 20 年，实用新型专利权和外观设计专利权的保护期限只有 10 年。这种区别保护具有相当的合理性，因为发明的技术含金量最高，对社会进步的贡献最大，应当对其专利权人给予较大力度的保护；而实用新型和外观设计的技术含金量较低、市场寿命有限，不必给予太久的法律保护。

应当注意的是，三种专利权的保护期限，均自申请日起计算，而非自授权之日起计算。换言之，专利授权具有一定的溯及力，使专利权人从申请日起即受法律保护。但是，鉴于在专利授权之前，该专利最终能否通过审查、能否获得专利权保护尚未可知，因此在这段时间倘若出现第三人未经许可擅自使用其发明而不支付适当使用费的行为，专利权人也无权立即提起侵权诉讼，必须在获得授权之后才可提出。具体而言，这种情形下，从专利权授予之日起2年内，专利权人可以起诉。当然，如果专利权人是在专利授权后才得知或者应当得知第三人擅自使用其发明的，该2年的诉讼时效从其知道或者应当知道之日起计算。

2. 立法新动向

对于专利权的保护期限，2020年《专利法》第四次修正案作了一些调整。

（1）除了发明和实用新型专利权的保护期限维持不变之外，将外观设计专利权的保护期限延长至15年。

（2）新增了发明专利期限补偿制度。2020年《专利法》第四次修正案在第42条中增设两款，分别针对非由申请人引起的专利授权过程中的不合理延迟和因新药上市审评审批占用时间规定了专利期限补偿。具体条文如下："自发明专利申请日起满四年，且自实质审查请求之日起满三年后授予发明专利权的，国务院专利行政部门应专利权人的请求，就发明专利在授权过程中的不合理延迟给予专利权期限补偿，但由申请人引起的不合理延迟除外"；"为补偿新药上市审评审批占用的时间，对在中国获得上市许可的新药相关发明专利，国务院专利行政部门应专利权人的请求给予专利权期限补偿。补偿期限不超过五年，新药批准上市后总有效专利权期限不超过十四年"。

（二）专利权的终止

一般情形下，专利权随着保护期限届满而终止。但是，在下列两种情形下，保护期限届满前，专利权也将终止。

1. 专利权人未按规定缴纳专利年费

我国专利法对每次专利费的缴纳时间都作了明确规定，专利权人应当按期缴费。超过此缴费期限的，专利法还给予了6个月的宽限期。宽限期满仍不缴费的，专利权自应当缴费期限之日起终止。

2. 专利权人以书面声明放弃其专利权

专利权属于专利权人的财产性权利，权利人有权自由处分，可以行使、转让和放弃。实践中，如果专利权人想将其专利技术无偿贡献给社会，或者经评估认为其专利技术没有市场价值，或者出于其他原因，都可以在专利期限届满前主动放弃专利权。但是，弃权是一种十分重大的处分行为，专利权人必须以书面声明的形式做出，如此，既给予专利权人再次考虑的机会，也利于在发生争议时举证证明。

在以上两种情形下，专利权终止，应由国家知识产权局进行登记和公告。

（三）专利权的无效宣告

专利权的无效宣告，是指对于不符合专利授权条件、本不应授予专利权的专利，由国务院专利行政部门进行宣告，使其效力归于消灭的法律制度。该项制度有利于弥补专利审查中的不足，避免受专利保护的发明创造良莠不齐，以促进专利制度的立法宗旨，提高社会的科学技术水平。

1. 导致专利权无效宣告的事由

导致专利权无效宣告的原因是获得授权的专利不符合法定的授权条件。具体而言，主要包括六种情形：①属于不可授予专利的项目；②相应的不属于发明、实用新型或者外观设计的范畴；③不符合专利三性要求；④违背申请单一性原则或者先申请原则；⑤申请文件的撰写不符合法律规定，尤其是说明书中未对技术方案做出清楚、完整的说明，权利要求书未以说明书为依据，未清楚、简要的限定要求专利保护的范围，以及外观设计的图片、照片未清楚显示要求专利保护的产品的外观设计；⑥专利申请文件修改时扩大了原公开或者请求保护的范围。

2. 专利权无效宣告的程序

（1）无效宣告程序的启动。专利权无效宣告的主管机关是专利复审委员会。与商标无效宣告不同，专利的无效宣告不得由主管机关依职权主动做出，而必须由请求人向专利复审委员会提出请求。此时，有权提出无效宣告申请的可以是任何单位或者个人，无论其与专利权人有无利害关系。这是因为，导致专利无效宣告的事由与社会公共利益相关，而不只是涉及某个个体的私权利益。因此，社会公众均有权提出专利无效宣告申请，使不符合法定授权条件的专利权归于无效，以实现促进社会科技进步的专利法宗旨。

同时，也正是因该原因，请求人提出专利无效宣告申请不受时间限制。自国家知识产权局公告授予专利权之日起，至该专利终止时的期间内，请求人认为专利权的授予不符合法律规定的，可以随时请求专利复审委员会宣告该专利权无效。

（2）无效宣告请求的审查。专利复审委员会受理专利无效宣告请求后，应当将专利权无效宣告请求书和有关文件的副本送交专利权人，要求其在指定的期限内陈述意见。专利权人和无效宣告请求人应当在指定期限内答复专利复审委员会发出的转送文件通知书或者无效宣告请求审查通知书；期满未答复的，不影响专利复审委员会审理。

在无效宣告请求的审查过程中，发明或者实用新型专利的专利权人可以修改其权利要求书，但是不得扩大原专利的保护范围。发明或者实用新型专利的专利权人不得修改专利说明书和附图，外观设计专利的专利权人不得修改图片、照片和简要说明。

专利复审委员会根据当事人的请求或者案情需要，可以决定对无效宣告请求进行口头审理。无效宣告请求人对专利复审委员会发出的口头审理通知书在指定的期限内未作答复，并且不参加口头审理的，其无效宣告请求视为撤回；专利权人不参加口头审理的，可以缺席审理。

专利复审委员会对无效宣告的请求做出决定前，无效宣告请求人可以撤回其请求。专利复审委员会做出决定之前，无效宣告请求人撤回其请求或者其无效宣告请求被视为撤回的，无效宣告请求审查程序终止。但是，专利复审委员会认为根据已进行的审查工作能够做出宣告专利权无效或者部分无效的决定的，不终止审查程序。

（3）无效宣告的决定。经审查，专利复审委员会对宣告专利权无效的请求做出决定的，应当通知请求人和专利权人。宣告专利权无效的决定，由国务院专利行政部门登记和公告。

对专利复审委员会宣告专利权无效或者维持专利权的决定不服的，可以自收到通知之日起 3 个月内向人民法院起诉。人民法院应当通知无效宣告请求程序的对方当事人作为第三人参加诉讼。

3. 专利权无效宣告的法律效力

（1）溯及既往的效力。宣告无效的专利权视为自始即不存在。换言之，专利无效宣告具有溯及力，自专利权产生之日起发生法律效力。但是，有三种情形例外。对此，《专利法》第 47 条明确："宣告专利权无效的决定，对在宣告专利权无效前人民法院做出并已执行的专利侵权的判决、调解书，已经履行或者强制执行的专利侵权纠纷处理决定，以及已经履行的专利实施许可合同和专利权转让合同，不具有追溯力。但是因专利权人的恶意给他人造成的损失，应当给予赔偿"；"依照前款规定不返还专利侵权赔偿金、专利使用费、专利权转让费，明显违反公平原则的，应当全部或者部分返还"。

例如，2005 年 2 月 1 日，某甲向国家知识产权局提出发明专利申请，

2008 年 11 月 5 日经审查获得授权。2015 年 6 月 1 日，经第三人申请，国家知识产权局做出宣告该专利权无效的决定。那么，自 2005 年 2 月 1 日起，该专利权视为即不存在。

情形一：如果在 2015 年 6 月 1 日前，某甲和某乙签订了专利许可合同，约定甲授权乙使用该专利，乙向甲支付使用费，则专利无效宣告的决定对该合同具有溯及力，合同不必履行，乙不必向甲支付使用费。

情形二：如果在 2015 年 6 月 1 日前，某甲和某乙签订了专利许可合同，并已履行完毕，则专利无效宣告的决定对该合同没有溯及力，合同应当维持其已履行的状态，乙向甲支付的使用费可由甲保持受领、甲不必返还。

在情形二中，如果因甲的恶意给乙造成了损失，例如甲以抄袭或者剽窃而来的技术申请专利，取得授权后又进行许可实施[1]，则甲应对乙因此遭受的损失进行损害赔偿。

在情形二中，如果不返还专利使用费明显违反公平原则，例如乙向甲一次性支付了全部的专利使用费且其数额很高，而乙尚未开始使用甲的技术，则甲应当全部或者部分返还乙所支付的使用费。

（2）一事不再理的效力。根据《专利法实施细则》第 66 条第 2 款，在专利复审委员会就无效宣告请求做出决定之后，又以同样的理由和证据请求无效宣告的，专利复审委员会不予受理。当然，如果请求人以其他理由就同一专利再次提出无效宣告请求，则不符合此项规定。

第六节　专利权的保护

一、专利权的保护范围

（一）专利权保护范围的确定原则

专利权的保护范围是确定专利权人排他性独占的利益和社会公共利益之间界限的标准，也是据之认定专利侵权行为的核心内容。司法实践中，如果能够认定第三人实施某技术的行为落入了专利权人的权利保护范围，又不属

---

[1]　参见张今：《知识产权法》，中国人民大学出版社 2011 年版，第 144 页。

于法定的例外情形，不属于专利权限制的情形，则可判定侵权成立。

在专利法律制度中，专利权的保护范围根据权利要求书来确定。如此，如何解释权利要求书，便成为确定专利权保护范围的关键。

世界范围内，对权利要求书的解释，主要遵循以下三项原则：

一是周边限定原则，即权利要求书的文字是划定专利权保护范围的最大界限，必须严格按照权利要求书的文字记载来确定专利权的保护范围，而不能超过此界限。该种解释方式的最大好处在于权利边界清晰、明确，有利于第三人遵循专利权保护的要求。但其弊端也很明显，即，对权利要求书的撰写要求太高，专利权人稍有不慎便会撰写不够周全，而导致自己的权利范围变狭窄。

二是中心限定原则，即权利要求书的文字只是确定专利权保护范围的中心，应从该中心向外作适当扩展，来划定专利权的保护范围。该种解释方式的利弊恰与周边限定原则相对，其好处在于能够对专利权人进行比较周全的保护，即使由于文字的限制、专利权人未在权利要求书中提到的内容，也可受法律保护；而其弊端则是权利边界太不确定，对社会公众极为不利，公众根据公开的权利要求书，无法确定自己能从事什么行为、不能从事什么行为。

三是折中原则。近年来，结合周边限定原则和中心限定原则产生的折中原则，被许多国家采用。考虑到周边限定原则失之保护过窄，中心限定原则又失之保护过宽，该原则力求在两种解释方式的中间地带寻求一种更加合理的解释方法，既重视权利要求书的记载内容，以使权利边界尽量清晰，又不拘泥于权利要求书的文字表述，以尽量降低权利要求书撰写必须十分精准的苛刻要求，给专利权人以公正、合理的保护。

（二）我国《专利法》规定的专利权保护范围

我国《专利法》采取折中原则，来确定各种类型的专利权的保护范围。

1. 发明和实用新型专利权的保护范围

《专利法》第59条第1款规定："发明或者实用新型专利权的保护范围以其权利要求的内容为准，说明书及附图可以用于解释权利要求的内容。"

（1）以权利要求的内容为准，是指以权利要求记载的技术内容为准，而不仅仅是权利要求的文字或者措辞的字面含义。[①]

[①] 参见国家知识产权局《专利侵权判定和假冒专利行为认定指南（试行)》第一编第一章。

（2）说明书和附图可以用于解释权利要求的内容，是指当权利要求书中的表述不清晰时，可以参考说明书和附图中关于该专利技术的相关定义、发明的目的、技术的作用与功效来解释权利要求书的内容。① 但是，相对于权利要求书，说明书和附图只处于辅助地位，亦即，如果权利要求书的表述十分清晰、据之已能确定专利权的保护范围，则不必再参考说明书和附图；尤其是当某技术内容在说明书中有记载而在权利要求书中无记载时，不能将该技术内容纳入专利权的保护范围中。

具体到实践操作时，专利权保护范围的认定者应将自己假想为专利所属技术领域的技术人员，即，知晓申请日或者优先权日之前该技术领域的所有普通技术知识，能够获知该领域的所有现有技术，并且具有应用该日期之前常规实验手段的能力，但不具有创造能力。② 然后，根据权利要求的记载，结合本领域普通技术人员阅读说明书及附图后对权利要求的理解，确定专利权的保护范围，③ 既不能将专利权的保护范围拘泥于权利要求书的字面含义，也不能将专利权的保护范围扩展到本领域普通技术人员在专利申请日前通过阅读说明书及附图后需要经过创造性劳动才能联想到的内容。④

2. 外观设计专利权的保护范围

《专利法》第 59 条第 2 款规定："外观设计专利权的保护范围以表示在图片或者照片中的该产品的外观设计为准，简要说明可以用于解释图片或者照片所表示的该产品的外观设计。"

（1）以表示在图片或者照片中的该产品的外观设计为准，是指以专利授权公告中的外观设计图片或者照片所示产品外观设计为准，专利权人提供的专利产品的实物或者照片仅能作为参考，不能作为确定依据。⑤

（2）简要说明可以用于解释图片或者照片所表示的该产品的外观设计，是指简单要说明是用于澄清、说明图片或者照片所表示的该产品的外观设计自身所包含的、隐含的内容，而不能超出图片或者照片表示的范围。⑥

---

① 参见张楚：《知识产权法》，高等教育出版社 2014 年第 3 版，第 153 页。
② 参见国家知识产权局《专利侵权判定和假冒专利行为认定指南（试行）》第一编第一章。
③ 参见最高人民法院《关于审理侵犯专利权纠纷案件应用法律若干问题的解释》第 2 条。
④ 参见北京市高级人民法院：《专利侵权判定指南（2017）》。
⑤ 参见国家知识产权局《专利侵权判定和假冒专利行为认定指南（试行）》第二编第一章。
⑥ 参见国家知识产权局《专利侵权判定和假冒专利行为认定指南（试行）》第二编第一章。

二、专利侵权行为的认定

（一）专利侵权行为的认定原则

认定专利侵权行为，应当将被控侵权的技术方案与专利技术方案进行对比。

在比较客体上，此处进行比较的客体是被控侵权的技术方案和专利技术方案，前者是被告实际使用的技术方案，后者则未必是专利权人实际使用的。实践中，如果专利权人申请专利并获得授权的技术方案与其实际实施中使用的技术方案不一致，以前者作为比较对象。亦即，不得将被控侵权的技术方案和专利权人的专利产品进行直接比较。

在比较方式上，应当采用技术特征逐一比对的方式。亦即，应当将专利技术方案和被控侵权的技术方案分解为具体的技术特征，即能够相对独立的执行一定功能、产生相对独立的技术效果的最小技术单元。[①] 然后，将分解出的这些技术特征进行一一比对。如果比较的结果符合全面覆盖原则、等同原则，且不存在现有技术抗辩等抗辩事由，则通常可以认定侵权成立。

1. 全面覆盖原则

根据最高人民法院《关于审理侵犯专利权纠纷案件应用法律若干问题的解释》第 7 条，判定被控侵权技术方案是否落入专利权的保护范围，应当审查权利人主张的权利要求所记载的全部技术特征。只有权利要求记载的全部技术特征在被控侵权技术方案中都有体现，才可能构成侵权；如果被控侵权技术方案的技术特征与权利要求记载的全部技术特征相比，缺少权利要求记载的一个以上的技术特征，或者有一个以上技术特征存在本质性差异，则侵权不成立。

据此，以下三种情形都符合全面覆盖原则：①被控侵权技术方案的全部技术特征和权利要求记载的全部技术特征完全相同，前者是对后者的原样复制。用公式表示，即专利权利要求的技术特征为 $A + B + C$，被控侵权技术方案的技术特征也为 $A + B + C$。②被控侵权技术方案的全部技术特征涵盖了权利要求记载的全部技术特征，此外还增加了其他技术特征。用公式表示，即专利

[①] 参见国家知识产权局《专利侵权判定和假冒专利行为认定指南（试行）》第一编第二章。

权利要求的技术特征为 $A+B+C$，被控侵权技术方案的技术特征为 $A+B+C+D$。③权利要求记载的技术特征是上位概念，被控侵权技术方案的技术特征为其相应的下位概念。用公式表示，即：专利权利要求的技术特征为 $A+B+C$；被控侵权技术方案的技术特征为 $a+b+c$；a、b、c 相应是 A、B、C 的下位概念。①

2. 等同原则

实践中，被控侵权技术方案使用与专利技术方案完全相同的技术特征的情形比较少见，因为这种原样复制在侵权认定中十分明显，被告很难逃脱侵权责任。为规避法律风险，被告往往会对专利技术方案进行一定的变动，采取一些等同技术来替代权利要求中的技术特征。此时，如果符合等同原则，我们仍可认定被告的技术方案落入专利权人的权利范围，可能构成侵权。这种侵权与原样复制有所差异，后者称为相同侵权，而此种情形称为等同侵权。

（1）等同原则的概念和判断。简言之，如果被控侵权技术方案的技术特征构成权利要求记载的技术特征的等同特征的，二者便符合等同原则。如果被控侵权技术和专利技术方案之间既符合等同原则，又符合全面覆盖原则，则前者落入后者的权利保护范围，可能构成侵权。对此，根据最高人民法院《关于审理侵犯专利权纠纷案件应用法律若干问题的解释》第7条规定，"被诉侵权技术方案包含与权利要求记载的全部技术特征相同或者等同的技术特征的，人民法院应当认定其落入专利权的保护范围；被诉侵权技术方案的技术特征与权利要求记载的全部技术特征相比，缺少权利要求记载的一个以上的技术特征，或者有一个以上技术特征不相同也不等同的，人民法院应当认定其没有落入专利权的保护范围。"

据此，在等同原则的适用中，等同特征的判断是关键。最高人民法院《关于审理专利纠纷案件适用法律问题的若干规定》第17条明确，"等同特征，是指与所记载的技术特征以基本相同的手段，实现基本相同的功能，达到基本相同的效果，并且本领域普通技术人员在被诉侵权行为发生时无须经过创造性劳动就能够联想到的特征。"换言之，如果被控侵权技术方案的某技术特征与专利权利要求记载的相应技术特征相比，是在基本相同的手段，实现基本相同的功能，达到基本相同的效果，并且对于本领域技术人员来说，是在侵权行为发生时通过阅读该专利的说明书、附图和权利要求书，无须经

---

① 参见国家知识产权局《专利侵权判定和假冒专利行为认定指南（试行）》第一编第二章。

过创造性劳动就能联想到的技术特征，则认为二者是等同特征。[1]

用公式表示，下列三种情形符合等同原则和全面覆盖原则，可能构成侵权：①专利权利要求的技术特征为 $A + B + C$，被控侵权技术方案的技术特征为 $a + B + C$，a 相应的是 A 的等同特征。②专利权利要求的技术特征为 $A + B + C$，被控侵权技术方案的技术特征为 $a + b + c$、a、b、c 相应的是 A、B、C 的等同特征。③专利权利要求的技术特征为 $A + B + C$，被控侵权技术方案的技术特征为 $a + b + c + d$，a、b、c 相应的是 A、B、C 的等同特征，d 则是被控侵权技术方案新增的技术特征。

（2）等同原则的限制。严格来说，等同原则是将专利权的保护范围进行一定程度的扩大，使之延伸至权利要求书记载的内容之外。如此，有利于更加全面的保护专利权人，防止由于文字的限制，专利权人未在权利要求书中完全列举其要求保护的技术及其可能采取的几种变通例，而使侵权人钻了文字的漏洞。但是，为避免对专利权保护范围进行过分的扩大，打破专利权人和社会公众之间的利益平衡，我们对于等同原则也应当予以一定的限制。具体来说，主要包括以下两种：

一是禁止反悔原则。禁止反悔原则，是指在专利授权和无效宣告程序中，为获得或者维持专利，专利权人通过修改文件或者陈述意见而放弃的技术内容，不得在专利侵权程序中再对其主张权利、重新纳入专利权的保护范围。这一方面是诚信原则的要求，禁止专利权人为了自己的利益而言行不一、翻手为云、覆手为雨；另一方面也增加专利公告文件的公信力和确定性，使社会公众能够据此决定行为的范围并对行为的结果做出准确预判。

实践中，禁止反悔原则主要用于与专利技术新颖性、创造性判断有关的内容。例如，在专利授权程序中，专利权人为证明自己的技术 A 符合创造性条件，明确表示 A 和现有技术 B 完全不同、存在实质性差别，那么在授权后，专利权人不得再主张 B 是 A 的等同技术特征，第三人使用 B 构成等同侵权。

二是捐献原则。捐献原则，是指对于仅在说明书或者附图中描述而在权利要求中未记载的技术方案，权利人不得在专利侵权纠纷中将其纳入专利权的保护范围。[2] 前文已述，专利权的保护范围以权利要求的内容为准，说明书及附图仅具有解释的辅助作用，不能单独作为确定专利权保护范围的依据。

---

[1] 参见国家知识产权局《专利侵权判定和假冒专利行为认定指南（试行）》第一编第二章。

[2] 参见国家知识产权局《专利侵权判定和假冒专利行为认定指南（试行）》第一编第二章。

如果说明书或者附图中记载的某技术方案未记载在权利要求中，则视为专利权人未对其提出保护要求，而是无偿捐献给社会。如此，有利于清晰确定专利权的保护范围，增强权利要求的公信力。

3. 现有技术抗辩

《专利法》第62条规定，在专利侵权纠纷中，被控侵权人有证据证明其实施的技术或者设计属于现有技术或者现有设计的，不构成侵犯专利权。

现有技术是申请日以前在国内外为公众所知的技术，它是全社会的共同财富，任何单位和个人都能够自由无偿使用。因此，使用现有技术当然不构成侵权。

需要注意两点：①现有技术抗辩是一种抗辩权，必须由被控侵权人行使，亦即由被控侵权人提出抗辩，法院或者国务院专利行政部门不得依职权主动调查适用。②在专利侵权纠纷中，被控侵权人提出现有技术抗辩，仅能对抗专利权人的侵权主张，使其侵权指控无法成立。但就专利制度整体来看，如果专利权人主张被控侵权人使用其专利技术或者等同技术构成侵权，而被控侵权人能够证明现有技术抗辩成立，则意味着专利技术属于现有技术或者现有技术的等同技术，那么该技术便不应符合新颖性或者创造性要求。此时，被控侵权人或者其他第三人还可以进一步提出专利无效宣告请求，由专利复审委员会对该专利做出无效宣告。

（二）不视为侵犯专利权的行为

《专利法》第69条列举了以下五种不视为侵犯专利权的行为。此种列举是完全性列举，具体如下。

1. 权利用尽

权利用尽，是指专利产品或者依照专利方法直接获得的产品，由专利权人或者经其许可的单位、个人售出后，使用、销售、许诺销售、进口该产品，不侵犯其专利权。立法规定此项侵权例外，是为了保障商品的自由流通和使用，防止专利权人借助专利权垄断市场，阻碍市场的正常经营和竞争秩序。

应当注意三点：①权利用尽只适用于专利产品或者依照专利方法直接获得的产品的首次进入市场是经专利权人授权的情形。如果某产品首次销售即是侵犯了专利权人的合法权利，例如是第三人擅自仿造专利产品生产出来的，则不适用本项侵权例外，此后对该产品的进一步销售、许诺销售等行为都构成侵权。②权利用尽只针对合法投入市场的产品的使用、销售、许诺销售和进口四种行为，不涵盖制造。换言之，根据合法投入市场的专利产品或者依照专利方法直接获得的产品再进行产品制造，仍然属于侵权，是仿造专利行为。③与商标的权利用尽不同，专利的权利用尽是国际用尽。申言之，由于专利的权利用尽可以限制产品的进口权，这意味着，无论专利产品或者依照专利方法直接获得的产品首次是合法投入何国市场，第三人将其进口到我国都不构成侵权。也就是说，该产品首次合法投入市场不必在我国境内。

2. 先使用权

先使用权，是指在专利申请日前已经制造相同产品、使用相同方法或者已经作好制造、使用的必要准备，并且仅在原有范围内继续制造、使用的，不属于侵犯专利权的行为。立法设置本项侵权例外，是为了在实行先申请原则的前提下，保障其他独立发明人等善意第三人的合法权益，维护公平。

适用本项侵权例外，应当满足三项条件：①先使用权人应当是善意使用人，通常是独立做出相同发明创造的人，或者从该独立发明人处一并受让其发明创造和企业的人。如果第三人以非法获得的发明创造主张先用权抗辩，例如第三人以胁迫、盗窃等方式从专利权人处获得技术方案，即使该行为发生在专利权人申请专利之前，法院也不应支持其先用权主张。②先使用权人在专利申请日前已经制造相同产品、使用相同方法或者已经作好制造、使用的必要准备，例如，已经完成实施发明创造所必需的主要技术图纸或者工艺文件，或者已经制造或者购买实施发明创造所必需的主要设备或者原材料等。如果在专利申请日前未从事这些行为，而是在专利授权之前甚至授权之后才开始从事，则不得适用先使用权抗辩。③先使用权人的使用限于原有范围。此处原有范围，包括专利申请日前已有的生产规模以及利用已有的生产设备或者根据已有的生产准备可以达到的生产规模。如果先使用权人扩大其生产规模，会与专利权人产生竞争关系而损害专利权人的应有收益，这将破坏他与专利权人之间的利益格局，不符合先使用权的要求。

最后，应当注意，先使用权是先使用权人的合法权利，与先使用权人之间具有一定的依附关系。一般情形下，先使用权人只能自己行使先使用权，亦即，先使用权人不得在专利申请日后将其已经实施或作好实施必要准备的发明创造转让或者许可他人实施，除非该发明创造是与其原有企业一并转让或者承继。

3. 临时过境

临时过境，是指临时通过中国领陆、领水、领空的外国运输工具，依照其所属国同中国签订的协议或者共同参加的国际条约，或者依照互惠原则，为运输工具自身需要而在其装置和设备中使用有关专利的，不视为侵犯专利权。

理解本项侵权例外，应当从三个方面着手：①本项侵权例外只适用于外国运输工具，例如外国的飞机、船舶等，不包括我国的运输工具。②该外国运输工具是临时通过我国境内，例如飞机遇到故障、紧急迫降在我国机场，船舶遇到海难、就近到我国某港口修理等。③该外国运输工具上的有关专利是为运输工具自身需要而在其装置和设备中使用的，不包括运输工具上运输的货物中含有专利的情形。

4. 科研使用

科研使用，是指专为科学研究和实验而使用有关专利的，不构成专利权侵权。人类所有的科技进步，都离不开前人的贡献和已有的社会文明，每一项发明创造都是社会前进道路上的基石。因此，为促进科技的进一步发展，我们必须允许第三人为科学研究和实验目的使用已有专利。此外，从实施权的概念也可以推论得出这一结论。前文已述，实施权是指为生产经营目的独占性的利用发明创造的权利。换言之，非为生产经营目的、为科研实验目的使用发明创造，不属于专利权人所独占的实施权的范畴，进而当然不构成侵权行为。

5. 医疗使用

医疗使用，是指为提供行政审批所需要的信息，制造、使用、进口专利药品或者专利医疗器械的，以及专门为其制造、进口专利药品或者专利医疗器械的，不视为侵犯专利权的行为。这是我国现行立法中数项侵权例外情形中最后一种被纳入法律规定的情形，又称为 Bolar 例外。

立法规定这项侵权例外，是考虑到药品专利对人类健康的重要作用以及药品上市销售的实际情形。药品、医疗器械与其他产品不同，其上市销售需要经过严格的行政审批手续，历时较长，但是从根本上说，该为行政审批进行制造、使用、进口的行为又属于为生产经营目的实施专利的范畴内，第三人必须在专利保护期限届满后才能进行。如此，便造成一个局面，即，在理论上，专利权人的药品专利和医疗器械专利在专利期限届满时便终止，但在事实上，在相当长一段时间内（即在其他药企为产品上市履行行政审批手续的时间内），市场上仍然只有专利权人一家的产品在销售。这等于在无形中延长了专利权人的垄断期限，使得这段时间内社会公众仍然只能从专利权人一家购买产品，从而势必会因产品的垄断性带来价格的垄断性，不利于满足社会公众的健康需求。于是，立法规定了本项 Bolar 例外，使得其他药企可以在专利权人的权利尚未届满之前便开始为自己的行政审批进行制造、使用等准备工作，一旦专利权届满便可以立即进行产品的上市销售，如此既有利于满足公众对专利药品和专利医疗器械的广大需求，又有利于降低这些产品的市场价格，增进社会福祉。

（三）专利间接侵权

我国现行专利法未对专利间接侵权行为做出特别规定，实践中往往根据《侵权责任法》对间接侵权的一般性规定来处理，即教唆、帮助他人实施侵权行为的，应当与直接侵权行为人承担连带责任。据此，专利间接侵权应当具备三个要件：①存在直接侵权人的直接侵权行为；②间接侵权人实施了间接侵权行为，诱导直接侵权人侵权，或者为直接侵权人从事侵权提供帮助；③间接侵权人的间接侵权行为对直接侵权产生了诱导或者帮助效果。

鉴于实践中专利间接侵权多为帮助侵权，而且在当今信息时代，网络服务商经常被卷入间接侵权事件中，《专利法》第四次修订以《侵权责任法》第 36 条"互联网专款"规定为基础，对网络服务商的专利间接侵权责任做出了特别规定。《专利法修改草案（征求意见稿）》第 71 条规定："网络服务提供者知道或者应当知道网络用户利用其提供的网络服务侵犯专利权，但未及时采取删除、屏蔽、断开侵权产品链接等必要措施予以制止的，应当与该网络用户承担连带责任。""专利权人或者利害关系人有证据证明网络用户利用网络服务侵犯其专利权的，可以通知网络服务提供者采取前款所述必要措施予以制止。网络服务提供者接到合格有效的通知后未及时采取必要措施的，对损害的扩大部分与该网络用户承担连带责任。""专利行政部门认定网络用户利用网络服务侵犯专利权的，应当通知网络服务提供者采取必要措施予以制止，网络服务提供者未及时采取必要措施的，对损害的扩大部分与该网络用户承担连带责任。"

最终通过的 2020 年《专利法》第四次修正案没有采纳《专利法修改草案（征求意见稿）》第 71 条。这一方面是因为网络服务商从事专利间接侵权行为与从事普通的间接侵权行为在本质上并无二致，应当适用侵权法的统一规则，其相关内容在侵权法中已有规定，不必再在专利法中赘述；另一方面，2020

年《民法典》在《侵权责任法》的基础上对网络侵权责任进行了修改和调整，相形之下《专利法修改草案（征求意见稿)》中的前述规定尚不完善，不应保留。

（四）假冒专利和冒充专利

从广义上说，凡是将非专利产品假称为专利产品，都是假冒专利行为。《专利法实施细则》第 84 条即据此对假冒专利行为进行了广义的列举。然而，仔细分析可以发现，这种行为其实可以分为两类，它们所损害的对象有所不同：其一是将自己的非专利产品假称为某专利产品，其实该专利产品并不存在，此时，该行为损害了广大消费者的信赖利益。其二是将自己的非专利产品假称为某专利权人的专利产品，此时其所假称的专利产品确实存在，那么该行为不仅欺骗了广大消费者，还会损害其所假称的专利权人的合法利益。鉴于此，我们将这两类行为区分开，并分别称为冒充专利和假冒专利。

在某种意义上，假冒专利可以视为一种专利侵权行为。常见的假冒专利主要包括四种情形：①未经许可在产品或者产品包装上标注他人的专利号；②在产品说明书等材料中未经许可使用他人的专利号；③销售前述两项中所述产品；④伪造或者变造他人的专利证书、专利文件或者专利申请文件。相比于冒充专利，假冒专利行为具有更强的欺骗性，更易对社会公众产生误导，而且会直接损害专利权人的合法权利，因此立法对其课以更重的法律责任。假冒他人专利，不仅需要承担民事责任，还可能构成假冒专利罪而承担刑事责任。

冒充专利与侵犯专利权无关，大多数情形下只是一种欺骗消费者的不正当竞争行为。常见的冒充专利主要包括六种情形：①在未被授予专利权的产品或者其包装上标注专利标识；②专利权被宣告无效后或者终止后继续在产品或者其包装上标注专利标识；③在产品说明书等材料中将未被授予专利权的技术或者设计称为专利技术或者专利设计，或者将专利申请称为专利，使公众将所涉及的技术或者设计误认为是专利技术或者专利设计；④销售前述三项中所述产品；⑤伪造专利证书、专利文件或者专利申请文件；⑥其他使公众混淆，将未被授予专利权的技术或者设计误认为是专利技术或者专利设计的行为。

三、对专利侵权行为的法律处理方法

（一）民事处理方法

1. 专利侵权的诉讼管辖

（1）级别管辖。根据最高人民法院《关于审理专利纠纷案件适用法律问题的若干规定》第2条，专利纠纷第一审案件，由各省、自治区、直辖市人民政府所在地的中级人民法院和最高人民法院指定的中级人民法院管辖。最高人民法院根据实际情况，也可以指定基层人民法院管辖第一审专利纠纷案件。

（2）地域管辖。最高人民法院《关于审理专利纠纷案件适用法律问题的若干规定》第5条明确，因侵犯专利权行为提起的诉讼，由侵权行为地或者被告住所地人民法院管辖。其中，侵权行为地包括：①被诉侵犯发明、实用新型专利权的产品的制造、使用、许诺销售、销售、进口等行为的实施地；②专利方法使用行为的实施地，依照该专利方法直接获得的产品的使用、许诺销售、销售、进口等行为的实施地；③外观设计专利产品的制造、许诺销售、销售、进口等行为的实施地；④假冒他人专利的行为实施地。上述侵权行为的侵权结果发生地。

此外，原告仅对侵权产品制造者提起诉讼，未起诉销售者，侵权产品制造地与销售地不一致的，制造地人民法院有管辖权；以制造者与销售者为共同被告起诉的，销售地人民法院有管辖权。销售者是制造者分支机构，原告在销售地起诉侵权产品制造者制造、销售行为的，销售地人民法院有管辖权。

2. 诉前禁令、诉前财产保全和诉前证据保全

（1）诉前禁令。《专利法》第66条规定，专利权人或者利害关系人有证据证明他人正在实施或者即将实施侵犯专利权的行为，如不及时制止将会使其合法权益受到难以弥补的损害的，可以在起诉前向人民法院申请采取责令停止有关行为的措施。此即诉前停止侵犯专利权行为，又称诉前禁令。最高人民法院于2015年出台了《关于对诉前停止侵犯专利权行为适用法律问题的若干规定》，对诉前禁令做出了更加细致的规定。

根据该司法解释，有权向法院申请诉前禁令的申请人是专利权人和利害关系人。其中，利害关系人包括专利实施许可合同的被许可人、专利财产权

利的合法继承人等。专利实施许可合同被许可人中，独占实施许可合同的被许可人可以单独向人民法院提出申请；排他实施许可合同的被许可人在专利权人不申请的情况下，可以提出申请。

申请人提出申请时应当提供担保，申请人不提供担保的，驳回申请。

法院接受专利权人或者利害关系人提出的诉前禁令申请后，经审查符合法律规定的，应当在 48 小时内做出书面裁定；裁定责令被申请人停止侵犯专利权行为的，应当立即开始执行。当事人对裁定不服的，可以在收到裁定之日起 10 日内申请复议一次。复议期间不停止裁定的执行。

专利权人或者利害关系人在人民法院采取停止有关行为的措施后 15 日内不起诉的，人民法院解除裁定采取的措施。申请人不起诉或者申请错误造成被申请人损失，被申请人可以向有管辖权的人民法院起诉请求申请人赔偿，也可以在专利权人或者利害关系人提起的专利权侵权诉讼中提出损害赔偿的请求，人民法院可以一并处理。

（2）诉前证据保全。《专利法》第 67 条规定，为了制止专利侵权行为，在证据可能灭失或者以后难以取得的情况下，专利权人或者利害关系人可以在起诉前向人民法院申请保全证据。人民法院采取保全措施，可以责令申请人提供担保；申请人不提供担保的，驳回申请。

人民法院应当自接受申请之时起 48 小时内做出裁定；裁定采取保全措施的，应当立即执行。

申请人自人民法院采取保全措施之日起 15 日内不起诉的，人民法院应当解除该措施。

（3）诉前财产保全。根据最高人民法院《关于对诉前停止侵犯专利权行为适用法律问题的若干规定》，人民法院可以根据专利权人或者利害关系人的申请，依照《民事诉讼法》的相关规定，对侵犯专利权的案件进行诉前财产保全。

据此，专利权人或者利害关系人向人民法院申请采取保全措施的，应当提供担保；不提供担保的，裁定驳回申请。人民法院接受申请后，必须在 48 小时内做出裁定；裁定采取保全措施的，应当立即开始执行。申请人在人民法院采取保全措施后 30 日内不依法提起诉讼或者申请仲裁的，人民法院应当解除保全。保全限于请求的范围，或者与本案有关的财物；具体可以采取查封、扣押、冻结或者法律规定的其他方法。人民法院保全财产后，应当立即通知被保全财产的人。被申请人提供担保的，人民法院应当裁定解除保全。

申请有错误的，申请人应当赔偿被申请人因保全所遭受的损失。

（4）立法新动向。2020年《专利法》第四次修正案对前述诉前措施进行了调整，具体内容与2020年《著作权法》第三次修正案相似。

首先，将诉前禁令扩张为诉前行为保全，即法院不仅可以禁止做出一定行为，还可以责令做出一定行为。同时，其适用范围不仅包括积极侵权（即主动侵犯权利人的权利），也包括消极侵权（即妨碍权利人实现权利）。

其次，对于诉前行为保全，删除了担保、48小时内做出裁定、对裁定不服可申请复议、错误申请应承担赔偿责任等具体的程序性要求。一方面，对专利侵权行为采取诉前行为保全和诉前财产保全属于民事诉讼程序中采取诉前行为保全和诉前财产保全的一种，适用民事诉讼法的统一规则即可，既不应在专利法中做出不同规定，也不必在专利法中赘述相同规定。另一方面，新修订的《民事诉讼法》对诉前行为保全和诉前财产保全规定了不同的程序性要求，《专利法》中的相关内容已不再适用，应予删除。

再次，对于诉前证据保全，也删除了责令申请人担保、48小时内做出裁定等具体的程序性要求。

最后，增加关于诉前财产保全的规定，从而将专利法中的诉前财产保全从最高法院的司法解释上升到法律的高度。

3. 损害赔偿额的计算

（1）现行立法规定。《专利法》第65条规定："侵犯专利权的赔偿数额按照权利人因被侵权所受到的实际损失确定；实际损失难以确定的，可以按照侵权人因侵权所获得的利益确定。权利人的损失或者侵权人获得的利益难以确定的，参照该专利许可使用费的倍数合理确定。赔偿数额还应当包括权利人为制止侵权行为所支付的合理开支。""权利人的损失、侵权人获得的利益和专利许可使用费均难以确定的，人民法院可以根据专利权的类型、侵权行为的性质和情节等因素，确定给予一万元以上一百万元以下的赔偿。"

据此，对专利权侵权行为的损害赔偿额，可以采取以下四种方法计算：

一是权利人的实际损失。根据最高人民法院《关于审理专利纠纷案件适用法律问题的若干规定》，权利人因被侵权所受到的实际损失，可以根据专利权人的专利产品因侵权所造成销售量减少的总数乘以每件专利产品的合理利润所得之积计算。权利人销售量减少的总数难以确定的，侵权产品在市场上销售的总数乘以每件专利产品的合理利润所得之积可以视为权利人因被侵权所受到的实际损失。

二是侵权人的侵权所得。侵权人因侵权所获得的利益可以根据该侵权产品在市场上销售的总数乘以每件侵权产品的合理利润所得之积计算。侵权人因侵权所获得的利益一般按照侵权人的营业利润计算,对于完全以侵权为业的侵权人,可以按照销售利润计算。

此时,权利人应当对侵权人因侵权所获得的利益进行举证;在权利人已经提供侵权人所获利益的初步证据,而与专利侵权行为相关的账簿、资料主要由侵权人掌控的情况下,法院可以责令侵权人提供该账簿、资料;侵权人无正当理由拒不提供或者提供虚假的账簿、资料的,法院可以根据权利人的主张和提供的证据认定侵权人因侵权所获得的利益。

三是专利许可使用费的倍数。权利人的损失或者侵权人获得的利益难以确定,有专利许可使用费可以参照的,人民法院可以根据专利权的类型、侵权行为的性质和情节、专利许可的性质、范围、时间等因素,参照该专利许可使用费的倍数合理确定赔偿数额。

四是法定赔偿额。当权利人的损失和侵权人获得的利益均难以确定,且没有专利许可使用费可以参照或者专利许可使用费明显不合理时,法院可以根据专利权的类型、侵权行为的性质和情节等因素,在 1 万元以上 100 万元以下确定一个数额,作为侵权人的损害赔偿额。

使用这些方法时需要注意三点:①这四种计算方式之间是递进关系,只有采取前一种计算方式无法确定数额时,才可以依序采取下一种计算方式。权利人不得在四种计算方式之间进行任意选择。②在确定侵权人最终应当支付的赔偿数额时,除了依据这四种计算方式确定的数额之外,还应当加上权利人为制止侵权为支付的合理开支,例如律师费、诉讼费等。③以这四种计算方式确定侵权人的损害赔偿额并非强制性规定。如果权利人、侵权人依法约定专利侵权的赔偿数额,或者约定赔偿计算方法,并在专利侵权诉讼中主张依据该约定确定赔偿数额的,法院应予支持。

(2) 立法新动向。在专利侵权损害赔偿额的计算方面,除了前述现行立法规定,《专利法修改草案(征求意见稿)》还新增了一款条款,规定了对故意侵权行为的惩罚性赔偿问题:"对于故意侵犯专利权的行为,人民法院可以根据侵权行为的情节、规模、损害后果等因素,将根据前两款所确定的赔偿数额提高至二到三倍。"这既加大了专利权的保护力度,有利于扼制故意侵权行为,又对故意侵权和过失侵权区分对待,符合公平理念。

最终通过的 2020 年《专利法》第四次修正案采纳了《专利法修改草案

（征求意见稿）》新增惩罚性赔偿的思路，但具体规定有所调整。

总体而言，相比于现行立法，《专利法》第四次修正案在专利侵权损害赔偿的问题上作了以下四处改动：

一是将权利人的实际损失和侵权人的侵权所得并列作为第一种计算方式，二者之间不存在递进关系。

二是新增了惩罚性赔偿，规定对故意侵犯专利权、情节严重的，可以按照权利人的实际损失或侵权人的侵权所得或专利许可使用费的倍数确定数额的 1 倍以上 5 倍以下赔偿数额。

三是大幅提高法定赔偿的限额，从 1 万以上 100 万元以下，提高至 3 万元以上 500 万元以下。

四是新增了确定损害赔偿额时的侵权人举证义务："人民法院为确定赔偿数额，在权利人已经尽力举证，而与侵权行为相关的账簿、资料主要由侵权人掌握的情况下，可以责令侵权人提供与侵权行为相关的账簿、资料；侵权人不提供或者提供虚假的账簿、资料的，人民法院可以参考权利人的主张和提供的证据判定赔偿数额。"

4. 药品专利纠纷的早期解决机制

2020 年《专利法》第四次修正案新增了一项药品专利纠纷的早期解决机制。该法第 76 条规定："药品上市审评审批过程中，药品上市许可申请人与有关专利权人或者利害关系人，因申请注册的药品相关的专利权产生纠纷的，相关当事人可以向人民法院起诉，请求就申请注册的药品相关技术方案是否落入他人药品专利权保护范围做出判决。国务院药品监督管理部门在规定的期限内，可以根据人民法院生效裁判做出是否暂停批准相关药品上市的决定"；"药品上市许可申请人与有关专利权人或者利害关系人也可以就申请注册的药品相关的专利权纠纷，向国务院专利行政部门请求行政裁决"；"国务院药品监督管理部门会同国务院专利行政部门制定药品上市许可审批与药品上市许可申请阶段专利权纠纷解决的具体衔接办法，报国务院同意后实施"。据此，对药品上市审评审批过程中发生的专利权纠纷，当事人可以请求法院对该药品是否落入他人药品专利权范围做出判决，也可以向国务院专利行政部门请求行政裁决。

（二）行政处理方法

对专利侵权行为，专利权人或者利害关系人可以请求专利行政主管部门处理。专利行政主管部门认定侵权成立的，可以责令侵权人立即停止侵权行为，当事人不服的，可以自收到处理通知之日起15日内向人民法院提起行政诉讼。侵权人期满不起诉又不停止侵权行为的，专利行政主管部门可以申请法院强制执行。同时，专利行政主管部门应当事人的请求，可以就侵犯专利权的赔偿数额进行调解；调解不成的，当事人可以向法院提起民事诉讼。

此外，对于假冒专利和冒充专利行为，专利行政主管部门根据已经取得的证据进行查处时，可以询问有关当事人，调查与涉嫌违法行为有关的情况；对当事人涉嫌违法行为的场所实施现场检查；查阅、复制与涉嫌违法行为有关的合同、发票、账簿以及其他有关资料；检查与涉嫌违法行为有关的产品，对有证据证明是假冒专利或者冒充专利的产品，可以查封或者扣押。对于前述情形，当事人应予协助、配合，不得拒绝、阻挠。如果专利行政主管部门认定假冒专利或者冒充专利行为成立，可以责令改正并予公告，没收违法所得，可以并处违法所得4倍以下的罚款；没有违法所得的，可以处20万元以下的罚款。需要注意的是，《专利法》第四次修订过程中，为有效遏制假冒专利行为，加大了对该行为的打击力度，提高了罚款数额，其第68条规定，可以处违法所得5倍以下的罚款；没有违法所得或者违法所得在5万元以下的，可以处25万元以下的罚款。

（三）刑事处理方法

我国《刑法》对涉及专利权的犯罪行为规定了一个罪名，即假冒专利罪。《刑法》第216条规定："假冒他人专利，情节严重的，处三年以下有期徒刑或者拘役，并处或者单处罚金。"需要注意，此处所称"假冒专利"与《专利法实施细则》第84条规定的不同，仅指狭义的假冒专利行为，即，将自己的非专利产品假称为某专利权人的专利产品，而不包括冒充专利的行为。换言之，冒充专利可能需要承担民事责任、行政责任，但是不构成犯罪，无须承担刑事责任。

第五章
反不正当竞争法与知识产权保护

第一节　反不正当竞争法概述

一、不正当竞争的概念

不正当竞争，是指经营者在生产经营活动中，违反法律规定，扰乱市场竞争秩序，损害其他经营者或者消费者的合法权益的行为。理解这一含义，我们应当注意以下三点：

首先，不正当竞争是违反诚信原则的行为。《巴黎公约》第 10 条之二即将不正当竞争定义为违反诚实信用的行为："凡在工商业事务中违反诚实习惯做法的竞争行为均构成不正当竞争行为。"① 我国《反不正当竞争法》虽未在不正当竞争的定义中明确提出这一点，但也可以从法律条款中做出此种推论。该法第 2 条第 1 款先提出"经营者在生产经营活动中，应当遵循自愿、平等、公平、诚信的原则，遵守法律和商业道德"，然后第 2 款便对不正当竞争进行界定，这即暗含了违反诚信原则、违反法律和商业道德的行为构成不正当竞争之意。

其次，不正当竞争是经营者的行为。反不正当竞争法中规定的一些行为，例如侵犯商业秘密、损害他人的商业信誉等在社会实践中广泛存在，各种主

---

① 参见《保护工业产权巴黎公约》，载国家知识产权局网站，http：//www. sipo. gov. cn/zcfg/gjty/201509/t20150910_ 1173625. html，2017 年 11 月 6 日访问。

体，无论是否进行商业经营，都可能从事这些行为。但是，只有经营者，即从事商品生产、经营或者提供服务的自然人、法人和非法人组织，进行此类行为才构成不正当竞争，受反不正当竞争法律的规制，其他普通的民事主体从事这些行为只属于一般侵权，应当依据民法规定承担相应的法律责任。

最后，不正当竞争具有较为严重的危害后果。从短期来看，多数不正当竞争行为直接损害的是其他经营者的合法权益，例如造成其声誉受损、商品销量下降、收入减少。与此同时，还有一些不正当竞争行为也损害了作为消费者的社会公众的合法利益，使其受到欺骗而误认误购了其他商品或服务。从长期来看，所有的不正当竞争行为都会扰乱正常、良性的市场竞争秩序，长此以往将形成两种结果，或者是遵循诚信、公平原则的经营者被排挤出市场，整个市场都被不良商家控制，或者是他们为求在市场中占得一席之地，"以暴制暴"，也加入了不正当竞争的行列。无论何种结果，对社会公众利益都将极为不利。

二、《反不正当竞争法》的制定与修改

作为一部以保护市场公平竞争、促进市场经济健康发展为主旨的法律，反不正当竞争法和反垄断法关系十分密切。世界范围内，有的国家采取统一立法模式，将反不正当竞争法和反垄断法置于同一部立法中进行规定，有的国家则采取单行法模式，将二者分开立法、分别规定。

20世纪70年代末80年代初，我国曾将反不正当竞争法和反垄断法作为一部立法进行起草，1992年《中美知识产权备忘录》的签订导致二法分离，推进了反不正当竞争法的立法进程。① 自此，我国便确立了以单行法对不正当竞争行为进行规制的立法模式。1993年第八届全国人民代表大会常务委员会第三次会议通过了《中华人民共和国反不正当竞争法》（以下简称《反不正当竞争法》），对社会中常见的不正当竞争行为进行了明确列举，并规定了相关机构的监督检查职权和不正当竞争行为应当承担的法律责任。经过二十多年的适用，随着商品经济的日益发展和市场竞争方式的不断革新，该法逐渐

---

① 参见朱宁宁：《反不正当竞争法24年首次大修专家：修法要给法的"适用"留下空间》，载《法制日报》，转引自新浪网，http：//news. sina. com. cn/o/2017 – 09 – 26/doc – ifymeswc9994139. shtml，2017年11月5日访问。

显露出了不尽完善之处。21 世纪初，相关机构开始着手《反不正当竞争法》的修订工作。2014 年起这项工作进程逐渐加快，并将高校学者和实务律师吸纳进来。2015 年，国务院法制办向社会公布了《反不正当竞争法修订草案（送审稿）》，并公开征求各界意见和建议。2017 年 11 月 4 日第十二届全国人民代表大会常务委员会第三十次会议通过《反不正当竞争法》修正案。2018 年 1 月 1 日开始，我国正式施行修订后的《反不正当竞争法》。

2017 年《反不正当竞争法》主要在以下四个方面做出了较大改动。一是调整了对不正当竞争行为的具体列举。一方面对具有独占地位的经营者限定他人购买指定商品等带有垄断性的行为进行了删除，另一方面新增了互联网领域的不正当竞争情形。二是完善了对相关不正当竞争行为的规定。例如，根据实践，补充、完善了对混淆性不正当竞争行为、侵犯商业秘密行为等的具体规定。三是完善了对涉嫌不正当竞争行为的调查程序。例如，扩大了监督检查部门的检查权限，新增规定了监督检查部门及其工作人员的保密义务，明确了监督检查部门接到涉嫌不正当竞争举报后的处理机制等。四是健全了对不正当竞争行为的法律责任规定。例如，明确规定了不正当竞争行为应当支付的损害赔偿数额的计算方式，加大对各种不正当竞争行为的行政惩罚力度、提高罚款数额，明确几种责任并存时的民事责任优先原则，等等。

2019 年《反不正当竞争法》又进行了一次修订，主要针对侵犯商业秘密行为的法律规定进行了补充和完善。

此外，以《反不正当竞争法》为基础，有关机构还制定颁布了其他法规、规章，形成了一套比较体系化的反不正当竞争法律制度。例如，原国家工商行政管理总局于 1993 年发布了《关于禁止有奖销售活动中不正当竞争行为的若干规定》和《关于禁止公用企业限制竞争行为的若干规定》，1995 年发布了《关于禁止仿冒知名商品特有的名称、包装、装潢的正当竞争行为的若干规定》和《关于禁止侵犯商业秘密行为的若干规定》（该规定于 1998 年进行了修订），1996 年发布了《关于禁止商业贿赂行为的暂行规定》，1998 年发布了《关于禁止串通招标投标行为的暂行规定》，2015 年发布了《网络商品和服务集中促销活动管理暂行规定》等。① 最高人民法院 2020 年颁布了《最高人民法院关于审理侵犯商业秘密民事案件适用法律若干问题的规定》。

---

① 参见国家市场监督管理总局网站政府信息公开目录，http://gkml.saic.gov.cn/，2017 年 11 月 6 日访问。

三、反不正当竞争法和知识产权保护的关系

反不正当竞争法和知识产权法是两个独立的领域，但彼此之间存在交叉。

一方面，反不正当竞争法的立法宗旨之一是保护经营者和消费者的合法权益，该合法权益自然包括知识产权。因此，反不正当竞争法所规制的不正当竞争行为中有一些涉及侵犯他人的知识产权，例如商业混淆行为、虚假宣传行为、侵犯商业秘密行为等。我国《反不正当竞争法》对这些不正当竞争行为进行了具体界定和明确规制，以期实现对知识产权的全面保护之效。《巴黎公约》更是将制止不正当竞争明确作为知识产权的一个重要组成部分。该公约第2条规定："工业产权的保护对象有专利、实用新型、工业品外观设计、商标、服务商标、厂商名称、产地标志或者原产地名称和制止不正当竞争。"[①] 第10条之二则进一步对不正当竞争做出了具体界定和列举。不过，反不正当竞争法所规制的不正当竞争行为类型多样，其中有一些主要是为了保护消费者合法利益的规定与知识产权无关，例如不正当有奖销售行为。因此，严格来说，反不正当竞争法并非知识产权法的下位概念。

另一方面，在当代社会，知识产权日益成为企业的重要财富，因此知识产权法在知识产权保护方面的许多规定也有利于排除相关行业中的不正当竞争行为。例如，著作权法中将出版他人享有专有出版权的图书作为一种侵犯著作权的行为，不仅需要承担民事责任，还可能承担行政责任甚至刑事责任；专利法中为消除或者减少专利权人的垄断行为对竞争产生的不利影响，规定国家知识产权局可以给予第三人实施专利的强制许可，禁止未经许可在产品或者产品包装上标注他人的专利号等假冒他人专利行为；商标法更是从保护商标注册人或使用者的正当竞争的角度出发，对法律制度做出了多项安排，例如禁止在相同或者类似商品上注册和使用与已有注册商标相同或者近似的商标，禁止注册和使用容易使公众对商品的特点或者产地产生误认的商标，禁止以不正当手段抢先注册他人已经使用并有一定影响的商标，禁止在商品、

---

① 参见《保护工业产权巴黎公约》，载国家知识产权局网站，http：//www.sipo.gov.cn/zcfg/gjty/201509/t20150910_1173625.html，2017年11月6日访问。

商品包装或者容器上或者广告宣传、展览及其他商业活动中使用"驰名商标"字样，等等。当然，作为私法的一种，知识产权法的根本目的不是维护市场正常秩序，而是保障权利人的私有权利，因此，知识产权法中还有许多制度与反不正当竞争无甚关联，例如著作权的归属和权利限制、专利审查和授权等等。

有观点认为，反不正当竞争法是对知识产权法的补充，对与各类知识产权有关、而相关法律又未作规定的部分给予兜底保护，以弥补知识产权立法中的空白地带。[①] 本书认为，从某种角度来看，这项观点颇具合理性。知识产权虽然是一个开放性的概念，其外延随着科技发展和社会进步在不断扩大，除了传统的著作权、商标权和专利权之外，现在将商号、地理标志等内容也涵盖其中。但是知识产权毕竟具有法定性，何种知识产品能够成为知识产权的客体、受到法律保护，能够享有何种权利内容、在多大范围内受保护，享有何种保护期限、在多长时间内受保护等等，都必须由法律做出明确规定。我国是成文法国家，立法的滞后性必然导致相关知识产权法无法随时因应社会实践需要，将最新出现的知识产品囊括进法律保护的范围。而反不正当竞争法的立法方式则具有较大的包容性，除了法律中明确列举的不正当竞争行为外，一切违反法律规定、扰乱市场竞争秩序、损害其他经营者或者消费者的合法权益的行为都可纳入不正当竞争行为而为法所禁止，因此，对于一些新兴的知识产权，在法无明文规定之前，可以作为被不正当竞争行为损害的权益（而非权利）、通过反不正当竞争法的规制获得及时保护。从此角度来看，反不正当竞争法是对知识产权的兜底性保护。

综上，从理论上说，反不正当竞争法和知识产权法互有交叉，同时反不正当竞争法又对知识产权保护有补充作用，一些尚未被知识产权立法明确规定的新兴知识产权可以由反不正当竞争法进行兜底保护。而考虑到立法的科学性，对于各种知识产权法已经明确规定的与知识产权有关的不正当竞争行为，反不正当竞争法都不再重复规定，而是仅就知识产权法中未涉及的内容进行立法规制。

[①] 参见吴汉东:《知识产权法》，法律出版社 2014 年第 5 版，第 364 页。

第二节　与知识产权保护有关的
反不正当竞争法律制度

一、不正当竞争行为的具体情形

《巴黎公约》第 10 条之二在对不正当竞争行为进行总体界定之后，具体列举了三种不正当竞争行为：①具有以任何手段对竞争者的营业所、商品或工商业活动产生混淆性质的一切行为；②在经营商业中，具有损害竞争者的营业所、商品或工商业活动的信用性质的虚伪陈述；③在经营商业中，使用会使公众对商品的性质、制作方法、特征、用途或数量易于产生误导作用的表示或陈述。[1] 简言之，《巴黎公约》列举的不正当竞争行为为包括商业混淆行为、商业诽谤行为和虚假宣传行为。这三种行为在我国的《反不正当竞争法》中也有明确规定，此次立法修改，更是对之做出了完善和修订。此外，我国《反不正当竞争法》还列举了两种常见的不正当竞争行为，即侵犯商业秘密和网络不正当竞争，详述如下。

（一）商业混淆行为

商业混淆行为是指经营者在商业性标识上使用与他人相同或者近似的标识，引人误以为是他人商品或者与他人存在特定联系。该行为一方面欺骗消费者，损害消费者的知情权，另一方面又借助其他经营者的商业声誉搭便车，吸引其潜在消费者，损害其经济利益，具有较大的社会危险性，应当受到法律规制。根据《反不正当竞争法》，商业混淆行为主要包括以下四种具体情形。

1. **擅自使用与他人有一定影响的商品名称、包装、装潢等相同或者近似的标识**

将他人有一定影响的商品名称、包装、装潢作为自己的商品名称、包装、

---

[1]　参见《保护工业产权巴黎公约》，载国家知识产权局网站，http：//www.sipo.gov.cn/zcfg/gjty/201509/t20150910_ 1173625. html，2017 年 11 月 6 日访问。

装潢，或者作为自己的商标使用，极易引起消费者混淆误认，既导致消费者因错买商品而无法真正满足实际需要，也减少被假冒之经营者的销售收入。而将与他人有一定影响的商品名称、包装、装潢近似的标识作为自己的标识使用，即使没有引起消费者混淆，也可能使消费者误以为该经营者与该他人存在特定联系，这是典型的搭便车，违背公平诚信原则，对消费者和其他合法经营者不公平。

2. 擅自使用他人有一定影响的企业名称（包括简称、字号等）、社会组织名称（包括简称等）、姓名（包括笔名、艺名、译名等）

在商业活动中冒用他人有一定影响的企业名称、社会组织名称、姓名，无论是作为自己的名称使用，还是作为商标、商品装潢等标识使用，都易使消费者发生混淆，误以为是该他人提供的商品或经该他人授权的商品，这既欺骗误导消费者，又损害被假冒之人的合法利益，或者不正当借用被假冒之人的社会影响，对被假冒之人甚至同行业其他经营者都不利。

3. 擅自使用他人有一定影响的域名主体部分、网站名称、网页等

随着计算机网络技术的普及，经营者的市场争夺重心开始向网络转移，绝大多数经营者都开辟了线上市场、开展电子商务。擅自使用他人有一定影响的域名主体部分、网站名称、网页从事经营活动，如果提供相同或类似商品，易使消费者发生混淆误认，在欺骗消费者的同时也侵占了被冒用之人的潜在市场，如果提供完全不同的商品，会使消费者误以为其与该他人存在特定联系，产生搭便车之效，损害同行业其他竞争者的合法利益。

四是其他足以引人误认为是他人商品或者与他人存在特定联系的混淆行为。这是一项兜底条款，防止前述列举不完全，以有效解决立法可能存在的滞后性问题。

（二）虚假宣传行为

现代社会商品繁多，经营者为使其商品从众多同种类商品中脱颖而出、吸引消费者，往往会采取各种营销策略，开展商业宣传是其中最为常见、同时也最为有效的一种。在消费者对某商品不熟悉的情形下，通常是依据经营者的广告宣传进行判断和做出购买决定。因而，经营者的宣传行为便具有极其重要的作用。此时，如果经营者对商品的性能、功能、质量、销售状况、用户评价、曾获荣誉等客观事实作虚假或者引人误解的商业宣传，欺骗、误导消费者购买，将极大地损害消费者的合法利益，同时也带来挤占市场份额、损害其他经营者的结果。这属于不正当竞争行为，应当为法所禁止。但是，考虑到在商业宣传中，经营者通常都会重点宣扬商品的优势，而忽略其不足之处，并不惜使用各种溢美之词，如"品质优良""价廉物美"等。这是人之深情，因此我们不应对之过于苛刻。如果在合理范围内，法律应当允许。例如，经营者只是未主动披露商品的不足之处，但当消费者询问时，经营者没有隐瞒掩饰，也未作模棱两可、令人误解的说明，而是如实告知，便不构成虚假宣传。再如，经营者在商品品质等客观方面未作虚假说明，只是在一定程度上进行了商业吹嘘，自我评价较高，也不宜作为虚假宣传处理。

除了前述实践中常见的经营者对自己的商品进行虚假宣传外，现在还出现了一种新型的虚假宣传行为，即，经营者通过组织虚假交易等方式，帮助其他经营者进行虚假或者引人误解的商业宣传。例如，甲企业和乙企业佯装进行交易，使消费者误认为乙企业的商品很受欢迎、市场火爆，从而决定购买乙企业的商品。此时甲企业虽未从消费者处获得直接利益，但其与乙合谋欺骗消费者，使消费者在对交易对象或交易商品存在误判的情形下做出购买决定，无疑侵犯了消费者的知情权，有时消费者甚至可能为抢购该商品还提高购买价格或者接受其他不利条件，造成其他利益受到侵害。另一方面，该行为也剥夺了同行业其他竞争对手的公平竞争机会，损害了他们的合法权益。因此，《反不正当竞争法》将此种情形也明确作为虚假宣传行为予以禁止。

（三）侵犯商业秘密行为

1. 商业秘密的概念和构成要件

商业秘密，是指不为公众所知悉、具有商业价值并经权利人采取相应保密措施的技术信息、经营信息等商业信息。《最高人民法院关于审理侵犯商业秘密民事案件适用法律若干问题的规定》对此做出了详细的列举。依据该规定，技术信息包括与技术有关的结构、原料、组分、配方、材料、样品、样式、植物新品种繁殖材料、工艺、方法或其步骤、算法、数据、计算机程序及其有关文档等信息；经营信息包括与经营活动有关的创意、管理、销售、财务、计划、样本、招投标材料、客户信息、数据等信息，其中客户信息又可进一步细化为客户的名称、地址、联系方式以及交易习惯、意向、内容等信息。

一项商业信息，要构成商业秘密，必须同时满足以下三项条件：

一是秘密性，指该信息客观上处于非公开状态，不为公众所知悉。亦即，该信息在被诉侵权行为发生时不为所属领域的相关人员普遍知悉和容易获得。这并非要求除了商业秘密的权利人之外，其他任何人都不知悉该信息的内容。对该信息负有保密义务的人，例如商业秘密权利人的职员、与权利人签订了保密协议进行授权生产的第三人等知悉其内容，并不破坏其秘密性。

根据《最高人民法院关于审理侵犯商业秘密民事案件适用法律若干问题的规定》，一项信息具有下列情形之一的，不符合秘密性要求：①该信息在所属领域属于一般常识或者行业惯例的；②该信息仅涉及产品的尺寸、结构、材料、部件的简单组合等内容，所属领域的相关人员通过观察上市产品即可直接获得的；③该信息已经在公开出版物或者其他媒体上公开披露的；④该信息已通过公开的报告会、展览等方式公开的；⑤所属领域的相关人员从其他公开渠道可以获得该信息的。当然，将为公众所知悉的信息进行整理、改进、加工后形成的新信息，有可能符合秘密性要求。

二是保密性，即权利人对该信息采取了相应的保密措施。这一方面是权利人对该信息宣示权利、表明要以商业秘密进行保护的主观状态的表现；另一方面也是维持该信息之秘密性的必要条件。要符合这项条件，权利人不仅需要采取保密措施，其措施还必须达到合理有效的程度，即一般情形下足以保证该信息处于秘密状态。从实践来看，再严谨的保密措施都不是万无一失的，可能存在被攻破的漏洞，因此，商业秘密的保密性条件并不要求绝对有效，只要在通常情况下合理有效即可。对此，《最高人民法院关于审理侵犯商业秘密民事案件适用法律若干问题的规定》指出，法院应当根据商业秘密及其载体的性质、商业秘密的商业价值、保密措施的可识别程度、保密措施与商业秘密的对应程度以及权利人的保密意愿等因素，认定权利人是否采取了相应保密措施。

具有下列情形之一，在正常情况下足以防止商业秘密泄露的，法院应当认定权利人采取了相应保密措施：①签订保密协议或者在合同中约定保密义务的；②通过章程、培训、规章制度、书面告知等方式，对能够接触、获取商业秘密的员工、前员工、供应商、客户、来访者等提出保密要求的；③对涉密的厂房、车间等生产经营场所限制来访者或者进行区分管理的；④以标记、分类、隔离、加密、封存、限制能够接触或者获取的人员范围等方式，对商业秘密及其载体进行区分和管理的；⑤对能够接触、获取商业秘密的计算机设备、电子设备、网络设备、存储设备、软件等，采取禁止或者限制使用、访问、存储、复制等措施的；⑥要求离职员工登记、返还、清除、销毁其接触或者获取的商业秘密及其载体，继续承担保密义务的；⑦采取其他合理保密措施的。

三是有价值性。企业的技术信息和经营信息多种多样，例如生产原料清单、制造流程、产品价格、职员名单等都属于其中。但是，能够成为商业秘密的信息必须因不为公众所知悉而具有现实的或者潜在的商业价值，能够给经营者带来经济利益。不具有价值的信息不会成为他人侵犯的目标，因此也没有保护的必要。该商业价值范围较广，例如提高商品产量、优化商品质量、减少原料消耗、降低经营成本等，都可以算在其中。

2. 侵犯商业秘密行为

《反不正当竞争法》第9条列举了五种侵犯商业秘密的行为。

（1）以盗窃、贿赂、欺诈、胁迫、电子侵入或者其他不正当手段获取权利人的商业秘密。从事此种侵权行为的可能是除权利人之外的其他经营者，也可能是权利人内部的某不知悉商业秘密内容的职员。其中，盗窃是指以违法占有为目的，避开他人的注意，从权利人或者掌握商业秘密的人员处秘密获取该商业秘密；贿赂是指通过给予财物、女色、子女入学机会或者其他利益，从掌握商业秘密的人员处获取该商业秘密；欺诈是指以提供虚假信息或隐瞒真实信息等欺瞒方式，从权利人或者掌握商业秘密的人员处骗取商业秘密；胁迫是指以对权利人或者掌握商业秘密的人员或者他们的亲属或其他关系密切之人的人身、财产、名誉等造成损害相要挟，迫使权利人或者掌握商业秘密的人员向其告知商业秘密。其他不正当手段是指以违反法律规定或者公众商业道德的方式获取商业秘密。

（2）披露、使用或者允许他人使用以前项手段获得的权利人的商业秘密。这是前项侵犯商业秘密行为的后续，因此，此项侵权行为的行为人是以非法手段获取商业秘密之人，而非其他第三人。实践中，非法获取商业秘密之人往往并不满足于获取本身，其最终目的是泄露或者使用非法获取的商业秘密。其中，披露是指公开宣布非法获取的商业秘密，使不特定第三人可以知悉该商业秘密的内容；使用是指将非法获取的商业秘密用于自己的经营活动，这可以是在生产经营活动中直接使用商业秘密，也可以是对商业秘密进行修改、改进后使用，还可以是根据商业秘密调整、优化、改进有关生产经营活动；允许他人使用是指将非法获取的商业秘密再告知某特定第三人，并允许其进行实际使用。

（3）违反保密义务或者违反权利人有关保守商业秘密的要求，披露、使用或者允许他人使用其所掌握的商业秘密。与前两项侵权行为不同，本项侵权行为的行为人不是非法获取权利人的商业秘密，其获取本身经过权利人的授权，是合法正当的，但其对合法获取的商业秘密进行了不正当的披露或使用，违反了法律规定或者合同约定或者权利人提出的保密义务。实践中，常见的本项侵权行为包括权利人内部掌握商业秘密的职员或者与权利人有业务往来并因此掌握其商业秘密的经营者或其职员，违反与权利人的约定或者违反权利人的保密要求，公布其所掌握的商业秘密，或者擅自许可第三人使用该商业秘密，或者自己开展同种经营活动并使用该商业秘密。此时，该行为人的行为既构成侵犯商业秘密的侵权行为，又构成对权利人的违约，是侵权责任和违约责任的竞合情形。当然，如果当事人未在合同中明确约定保密义务，但根据诚信原则以及合同的性质、目的、缔约过程、交易习惯等，行为人知道或应当知道其获得的信息属于权利人的商业秘密的，其披露、使用或者允许他人使用该商业秘密，也构成侵犯商业秘密的行为。

（4）教唆、引诱、帮助他人违反保密义务或者违反权利人有关保守商业秘密的要求，获取、披露、使用或者允许他人使用权利人的商业秘密。这属于间接侵犯商业秘密的行为，需要承担间接侵权责任。

需要说明的是，实践中，实施前述四种违法行为的侵权人多是经营者，且主要是与商业秘密权人存在竞争关系的经营者。但现在，越来越多的非经营者出于各种原因也开始实施这些违法行为。对此，2019 年新修订的《反不正当竞争法》第 9 条第 2 款明确规定："经营者以外的其他自然人、法人和非法人组织实施前款所列违法行为的，视为侵犯商业秘密。"

（5）第三人明知或者应知商业秘密权利人的员工、前员工或者其他单位、个人实施前述四种违法行为，仍获取、披露、使用或者允许他人使用该商业秘密。该项侵权行为的行为人并非直接实施非法获取商业秘密或者违反约定或保密要求而披露、使用商业秘密的行为的人，而是从直接侵权人处从事进一步获取、披露或使用行为的人。此种行为导致商业秘密权利人的损失进一步扩大，因此也构成对商业秘密的侵犯。不过，考虑到实践中第三人可能不知道向其提供商业秘密之人是侵权人，甚至不知道对方向自己提供的某种信息属于商业秘密，此时若一味要求该第三人承担法律责任未免失之过苛，因此，对于此种侵权行为，立法提出了主观要件，即第三人只有在明知或者应知的情形下才构成侵权，承担相应的法律责任。

3. 不属于侵犯商业秘密的行为

《最高人民法院关于审理侵犯商业秘密民事案件适用法律若干问题的规定》列举了两种不属于侵犯商业秘密的行为。

（1）通过自行开发研制获得相同信息。商业秘密保护与专利保护的最大区别在于，专利具有绝对的排他性，一项技术只要获得专利权，那么除了符合在先使用权的情形外，其他自行研发出相同技术的人都不得使用该技术；而商业秘密的排他性较弱，如果一项技术采取商业秘密保护，则不得排除其他自行研发出相同技术的人使用该技术。

（2）通过反向工程获得相同信息。反向工程是指通过技术手段对从公开渠道取得的产品进行拆卸、测绘、分析等而获得该产品的有关技术信息。自行研发是从手段到结果的正向研究过程，而反向工程则是从结果倒推手段的反向研究过程。但二者相同之处在于，无论采取何种研究方向，行为人都是借助公开渠道能够获取的信息和材料，依靠自己的智力活动，进行正常的、符合诚信要求的研究，从而获得了与权利人的商业秘密相同的信息。如果行为人先以不正当手段获取权利人的商业秘密，后再假借反向工程来掩饰，其行为仍然构成侵犯商业秘密权。

（四）商业诽谤行为

商业诽谤行为是指经营者编造、传播虚假信息或者误导性信息，损害竞争对手的商业信誉、商品声誉。

经营者为了在市场竞争中获得优势地位、多占市场份额，主要使用的宣传手段包括两种：①美化标榜自己；②贬低打压竞争对手，前者属于虚假宣传行为需要考察的范围，后者则可能构成商业诽谤。相比于虚假宣传，商业诽谤在损害消费者的知情权的同时，更多的是侵犯竞争对手的合法权益，造成其声誉降低、顾客流失、收入减少。

商业诽谤行为的核心是编造、传播非真实信息，包括确定的负面消息和可能引起他人误解的消息。这些消息可能是针对竞争对手的商品，例如谎称该商品以劣质原料代替合格原料、质量低下、具有某种副作用等；也可能是针对竞争对手的人格、信誉，例如谎称该竞争对手习惯拖欠货款、售后服务不负责任、经营状况恶化导致履约能力差等；可能是经营者亲自编造传播，例如在进行商品促销时将自己和竞争对手的商品进行比对、诋毁对方抬高自己；也可能是雇佣他人编造传播，例如网络经营者雇佣"水军"冒充其他经营者的买家发表评论、谎称其商品粗制滥造或以次充好，甚至雇佣他人去消费者协会或其他有关部门投诉。当然，如果经营者披露竞争对手的一些负面信息确系真实情况，例如竞争者确实资不抵债、面临破产，或者将二者商品的一些真实数据进行客观对比，则不属于编造传播非真实信息，即使也会造成竞争对手的商业信誉受损、商品声誉下降等不利后果，也不构成商业诽谤行为。

（五）网络不正当竞争行为

2017 年新修订的《反不正当竞争法》新增了网络不正当竞争行为的规定，其第 12 条列举了四种网络不正当竞争行为的具体情形，其中有两种可能与知识产权保护有关。

一是经营者利用技术手段，未经其他经营者同意，在其合法提供的网络产品或者服务中，插入链接、强制进行目标跳转。该行为阻止了其他经营者向客户提供网络产品或服务的正常经营活动，势必会造成其客户流失、收入减少，另一方面，当其他经营者向客户提供的产品是小说、电影、游戏等网络作品时，该行为还可能侵犯其他经营者的信息网络传播权。实践中，从事此种不正当竞争行为的经营者和被其插入链接的经营者之间可能是同行业的竞争者，也可能处于不同行业，此时前者是不正当利用和损害了后者的网络平台。例如，一些网络游戏经营者或商品卖家擅自在某小说网站或视频网站插入自己网站的链接，强制该网站用户跳转到自己网站，这影响了用户的正常阅读或观赏行为，久而久之将导致用户流失。

二是经营者利用技术手段，误导、欺骗、强迫用户修改、关闭、卸载其他经营者合法提供的网络产品或者服务。与前项行为相似，一方面，该项行为妨碍或者破坏其他经营者向客户提供网络产品或服务的顺利进行，影响其正常经营活动；另一方面，当其他经营向客户提供的产品是计算机程序等作品时，该行为还可能侵犯他的修改权和保护作品完整权，破坏他作品中的技术保护措施。实践中，从事此种不正当竞争行为的经营者和被其修改、关闭、卸载产品或服务的经营者之间大多存在同行业竞争关系。例如，某软件开发商在其软件中设置了一项程序，强行卸载安装该软件的用户电脑中的某项其他程序。

需要说明的是，《巴黎公约》第 10 条之二以"凡……均构成不正当竞争行为""下列各项尤其应当予以禁止"的措辞表明其对不正当竞争行为的列举是不完全性列举。① 我国《反不正当竞争法》虽然没有采取相似表述，但是通说认为，该法第二章"不正当竞争行为"也属于不完全性列举，除了该章明确规定的 8 种行为之外，凡是符合该法第二条对不正当竞争行为之界定的，即"经营者在生产经营活动中，违反本法规定，扰乱市场竞争秩序，损害其他经营者或者消费者的合法权益的行为"，也都属于不正当竞争行为，同样适用该法的相关规定。

二、对涉嫌不正当竞争行为的调查

（一）监督检查部门的职权范围和调查程序

2017 年《反不正当竞争法》修订时，对监督检查部门的职权范围进行了必要的扩充，并且明确了具体的调查程序。

据此，监督检查部门调查涉嫌不正当竞争行为，可以采取这样几项措施：①进入涉嫌不正当竞争行为的经营场所进行检查，以及时掌握第一手资料；②询问被调查的经营者、利害关系人及其他有关单位、个人，要求其说明有关情况或者提供与被调查行为有关的其他资料，此时被调查者应当如实提供有关资料或者情况，不得隐瞒真实信息，也不得提供虚假信息或误导性信息；③查询、复制与涉嫌不正当竞争行为有关的协议、账簿、单据、文件、记录、业务函电和其他资料，这些资料可能是涉嫌不正当竞争行为的经营者所有，也可能是与其存在业务往来或其他关系的第三人所有，在后者情形下，相关单位和人员应予配合；④查封、扣押与涉嫌不正当竞争行为有关的财物，这主要指涉嫌不正当竞争行为的经营者所有的财物，如果是第三人所有但可以作为证明经营者是否从事不正当竞争行为的证据，例如消费者已经购买的由经营者提供的商品，则应当遵循消费者意愿，不得随意查封、扣押；⑤查询涉嫌不正当竞争行为的经营者的银行账户，此时被查询的银行机构应予配合。

采取前述各项措施时，相关机构和人员应当向监督检查部门的主要负责人进行书面报告，并经负责人批准。其中，采取第 4 项和第 5 项措施，应当向设区的高级以上人民政府监督检查部门主要负责要进行书面报告，并经其批准。

此外，监督检查部门调查涉嫌不正当竞争行为，应当遵守《行政强制法》和其他有关法律、行政法规的规定，并应当将查处结果及时向社会公开。

（二）监督检查部门的保密义务

2017 年《反不正当竞争法》新增了监督检查部门的保密义务要求。具体而言，监督检查部门及其工作人员在调查涉嫌不正当竞争行为时，可能知悉相关经营者（包括被调查经营者、利害关系人及其他有关的经营者）的商业秘密，例如他们的技术诀窍、财务信息、客户名单、营销策略等。此时，监督检查部门及其工作人员首先应当严格控制自己所接触的商业秘密范围，不应主动接触与案件处理无关的技术信息和经营信息。其次，对于与案件处理有关的技术信息和经营信息，监督检查部门及其工作人员也应严格控制知悉者的范围，对与本案处理无关的其他人员，即使是同一监督检查部门的同事，也不应擅自披露。最后，监督检查部门及其工作人员对相关经营者的商业秘密应当负有全面的保密义务，在案件处理过程中和处理完毕之后，都不得泄露或不正当使用。此时，即使被调查者的行为被认定为不正当竞争，应当承担相应的法律责任，监督检查部门及其工作人员也应保护其合法的商业秘密。

（三）对群众举报的处理机制

此项机制也是 2017 年《反不正当竞争法》修订时新增的。该法第 16 条规定："对涉嫌不正当竞争行为，任何单位和个人有权向监督检查部门举报，监督检查部门接到举报后应当依法及时处理。监督检查部门应当向社会公开受理举报的电话、信箱或者电子邮件地址，并为举报人保密。对实名举报并提供相关事实和证据的，监督检查部门应当将处理结果告知举报人。"

反不正当竞争行为虽然会扰乱正常的市场竞争秩序、破坏市场经济发展，对社会公共利益不利，因此任何单位和个人都有举报的权利和责任，但是实践中，向监督检查部门举报的多是受到不正当竞争行为损害的其他经营者以及受到欺诈和损害的消费者。当然，少数情形下，也有不良商家利用此种手段，以图妨碍其他经营者的正常经营、损害其商业声誉。但是，无论哪种情况，接到举报的监督检查部门都应依法及时处理，不能仅凭经验或感觉就将一些举报作为诬告而置之不理。处理过程中，监督检查部门应当严格依据事实，客观、公正的进行判断和决定，不受被检查者以往的商业声誉和市场影响力所影响。同时，监督检查部门应当为举报人保密，以防被检查者对举报人进行打击报复。

经调查处理，监督检查部门应当及时做出结论。其中，如果举报人是实名举报并提供了相关事实和证据，监督检查部门应当将处理结果告知举报人，以作为对其举报行为的答复，并保障其知情权的实现。对于非实名举报，《反不正当竞争法》未做出进一步规定。本书认为，无论举报是否实名，监督检查部门经调查处理，认定举报属实、被调查者构成不正当竞争的，都宜向社会公告，以此保障社会公众的知情权，并且警示、敦促广大经营者合法经营、良性竞争。

三、不正当竞争行为的法律责任

（一）民事责任

1. 损害赔偿额的计算方式

经营者从事不正当竞争行为，给他人造成损害的，应当向被侵害的经营者承担损害赔偿责任。对此，1993 年《反不正当竞争法》规定了两种赔偿额的计算方式，即根据被侵害的经营者的损失计算以及根据侵权人的侵权所得利润计算。2017 年立法修订时，根据知识产权法通用的计算方式对此做出了变更。据之，今后确定赔偿数额时，可以采取以下三种方式进行计算：①根据受侵害的经营者因被侵权所受到的实际损失进行确定，实践中可以采用其因侵权减少的商品销售量乘以商品单位利润进行计算；②按照侵权人因侵权所获得的利益确定，即侵权人从侵权行为中获得的收入减去其花费的成本；③法定赔偿额，即由人民法院根据侵权行为的情节判决给予权利人 300 万元以下的赔偿。2019 年立法修订，进一步将其中的法定赔偿额的上限从 300 万元提高到 500 万元。

需要注意三点：①与著作权、商标权和专利权法律制度一样，对从事不正当竞争行为的经营者课以损害赔偿责任时，前述三种赔偿额的计算方式不是并列关系，而是递进关系。只有依据前一种计算方式难以确定数额时，才能依次适用后一种计算方式。②适用前两种计算方式时，赔偿数额中还应当包括受侵害的经营者为制止侵权行为所支付的合理开支，例如经营者或其委托代理人对侵权行为进行调查取证的合理费用、符合国家有关部门规定的律师费用等。③第三种计算方式即法定赔偿额并非适用于所有不正当竞争行为，只适用于商业混淆行为和侵犯商业秘密行为，并且只有在权利人因被侵权所受到的实际损失和侵权人因侵权所获得的利益均难以确定时才可适用。

2. 民事责任优先原则

2017 年《反不正当竞争法》修订时，新增第 27 条规定，"经营者违反本法规定，应当承担民事责任、行政责任和刑事责任，其财产不足以支付的，优先用于承担民事责任。"此即多种责任并存时的民事责任优先原则。换言之，如果某经营者的不正当竞争行为依法应当向受侵害的经营者进行损害赔偿，同时又被监督检查部门处以罚款或者（和）被法院判处罚金，而其财产不足以同时支付这多种责任形式下的应交数额，该经营者应当将其财产优先支付应向受侵害的经营者支付的损害赔偿金，剩余部分才去缴纳罚款或者（和）罚金。

民事责任优先原则是现代立法改革的一项趋势，近年来几部立法的修订完善过程中均采纳了这项原则。例如，2013 年修订的《消费者权益保护法》第 58 条即规定："经营者违反本法规定，应当承担民事赔偿责任和缴纳罚款、罚金，其财产不足以同时支付的，先承担民事赔偿责任。"2017 年制定颁布的《民法总则》更是将之作为民事法律的一项基本制度予以确立，并广泛适用于民法领域的各个方面："民事主体因同一行为应当承担民事责任、行政责任和刑事责任的，承担行政责任或者刑事责任不影响承担民事责任；民事主体的财产不足以支付的，优先用于承担民事责任。"

应当承认，民事责任优先原则的确立是立法的一大进步，体现了法律的人文关怀和国家对民众合法权益的保障。就《反不正当竞争法》而言，经营者的不正当竞争行为固然扰乱了整体社会市场秩序，对社会公共利益都带来较大损害，但从其不正当竞争行为中受到直接损害的是被侵害的经营者个人，该行为对他的损害是即时的、巨大的，给其营业带来了重创甚至是灭顶之灾。而相对于政府部门或者国家来说，被侵害的经营者个人的力量十分薄弱，如果缺少这笔损害赔偿金，他很可能就难以恢复正常状态，营业无法维系。因此，从对款项的依赖性和需求急迫性来看，我们都应将被侵害的经营者个人置于优先考虑的地位。确立民事责任优先原则，有利于最大限度地保障民众的合法权益，维护经营者的交易信心，也更能体现法律的人道和正义价值。

3. 对侵犯商业秘密行为的民事责任的特殊规定

《最高人民法院关于审理侵犯商业秘密民事案件适用法律若干问题的规定》结合司法实践，对侵犯商业秘密行为通常应承担的几种民事责任做出了如下特殊规定。

（1）停止侵权。法院对于侵犯商业秘密行为判决停止侵害的民事责任时，停止侵害的时间一般应当持续到该商业秘密已为公众所知悉时为止。不过，如果依此规定判决停止侵害的时间明显不合理的，法院可以在依法保护权利人的商业秘密竞争优势的情况下，判决侵权人在一定期限或者范围内停止使用该商业秘密。

（2）恢复原状。权利人可以请求侵权人返还或者销毁商业秘密载体，消除其控制的商业秘密信息。

（3）损害赔偿。具体有以下几方面：

首先，因侵权行为导致商业秘密为公众所知悉的，法院依法确定赔偿数额时，可以考虑商业秘密的商业价值，具体包括研究开发成本、实施该项商业秘密的收益、可得利益、可保持竞争优势的时间等因素。

其次，权利人请求参照商业秘密许可使用费确定因被侵权所受到的实际损失的，法院可以根据许可的性质、内容、实际履行情况以及侵权行为的性质、情节、后果等因素确定。

再次，根据侵权人的侵权获益计算损害赔偿额时，如果权利人已经提供侵权人因侵权所获得的利益的初步证据，但与侵犯商业秘密行为相关的账簿、资料由侵权人掌握时，则法院可以根据权利人的申请，责令侵权人提供该账簿、资料。侵权人无正当理由拒不提供或者不如实提供的，法院可以根据权利人的主张和提供的证据认定侵权人因侵权所获得的利益。

最后，如果适用法定赔偿额来确定侵权行为人应赔偿的数额，法院可以考虑商业秘密的性质、商业价值、研究开发成本、创新程度、能带来的竞争优势，侵权人的主观过错，以及侵权行为的性质、情节、后果等因素。最后，当事人还可以主张依据生效刑事裁判认定的实际损失或者违法所得确定涉及同一侵犯商业秘密行为的民事案件赔偿数额。

（二）行政责任

与民事责任的规定不同，《反不正当竞争法》对各种具体的不正当竞争行为都规定了详细、不同的行政责任。相比于 1993 年立法，修订后的新法对各种不正当竞争行为的行政惩罚力度都大为加强。

具体而言，经营者实施商业混淆行为的，由监督检查部门责令停止违法行为，没收违法商品。违法经营额 5 万元以上的，可以并处违法经营额 5 倍以下的罚款；没有违法经营额或者违法经营额不足 5 万元的，可以并处 25 万元以下的罚款。情节严重的，吊销营业执照。此外，经营者登记的企业名称构成商业混淆的，应当及时办理名称变更登记；名称变更前，由原企业登记机关以统一社会信用代码代替其名称。

经营者对其商品作虚假或者引人误解的商业宣传，或者通过组织虚假交易等方式帮助其他经营者进行虚假或者引人误解的商业宣传的，由监督检查部门责令停止违法行为，处 20 万元以上 100 万元以下的罚款；情节严重的，处 100 万元以上 200 万元以下的罚款，可以吊销营业执照。

经营者侵犯他人商业秘密的，由监督检查部门责令停止违法行为，处 10 万元以上 50 万元以下的罚款；情节严重的，处 50 万元以上 300 万元以下的罚款。

2019 年《反不正当竞争法》修订，又进一步加大了处罚力度，规定："经营者以及其他自然人、法人和非法人组织违反本法第九条规定侵犯商业秘密的，由监督检查部门责令停止违法行为，没收违法所得，处十万元以上一百万元以下的罚款；情节严重的，处五十万元以上五百万元以下的罚款。"

经营者从事商业诽谤行为，损害竞争对手商业信誉、商品声誉的，由监督检查部门责令停止违法行为、消除影响，处 10 万元以上 50 万元以下的罚款；情节严重的，处 50 万元以上 300 万元以下的罚款。

经营者从事网络不正当竞争行为，妨碍、破坏其他经营者合法提供的网络产品或者服务正常运行的，由监督检查部门责令停止违法行为，处 10 万元以上 50 万元以下的罚款；情节严重的，处 50 万元以上 300 万元以下的罚款。

经营者从事不正当竞争，受到行政处罚的，由监督检查部门记入信用记录，并依照有关法律、行政法规的规定予以公示。当事人对监督检查部门做出的决定不服的，可以依法申请行政复议或者提起行政诉讼。

此外，2017 年《反不正当竞争法》修订中，新增了一款规定："经营者从事不正当竞争，有主动消除或者减轻违法行为危害后果等法定情形的，依法从轻或者减轻行政处罚；违法行为轻微并及时纠正，没有造成危害后果的，不予行政处罚。"该项规定借鉴了刑法中对于犯罪中止从宽处理、降低惩罚力度的规定，把从事不正当竞争行为的经营者的主观态度和客观补救行为纳入考虑范围，将之与自始至终坚定从事不正当竞争的经营者进行区别对待，既符合法律评价的公平正义原则，也有利于鼓励那些误入歧途的经营者早日走回正道。

（三）刑事责任

《刑法》对涉及知识产权的不正当竞争行为规定了四个条文，具体如下。

《刑法》第219条规定了侵犯商业秘密罪："有下列侵犯商业秘密行为之一，情节严重的，处三年以下有期徒刑，并处或者单处罚金；情节特别严重的，处三年以上十年以下有期徒刑，并处罚金：（一）以盗窃、贿赂、欺诈、胁迫、电子侵入或者其他不正当手段获取权利人的商业秘密的；（二）披露、使用或者允许他人使用以前项手段获取的权利人的商业秘密的；（三）违反保密义务或者违反权利人有关保守商业秘密的要求，披露、使用或者允许他人使用其所掌握的商业秘密的"；"明知前款所列行为，获取、披露、使用或者允许他人使用该商业秘密的，以侵犯商业秘密论"；"本条所称权利人，是指商业秘密的所有人和经商业秘密所有人许可的商业秘密使用人"。将《刑法》中的这项规定与2019年《反不正当竞争法》中的侵犯商业秘密条款相比可以发现，《刑法》中规定的前三种犯罪行为与《反不正当竞争法》列举的前三种侵权行为措辞一致，《刑法》中规定的第4种犯罪行为与《反不正当竞争法》中的第5种侵权行为相似，但不包括"应知"的情形，而《反不正当竞争法》中列举的第4种侵权行为不构成犯罪行为。总体来看，《刑法》规定的构成侵犯商业秘密罪的行为，其外延小于《反不正当竞争法》规定的侵犯商业秘密行为。

《刑法》第220条对单位犯侵犯商业秘密罪做出了补充规定："单位犯本节第二百一十三条至第二百一十九条之一规定之罪的，对单位判处罚金，并对其直接负责的主管人员和其他直接责任人员，依照本节各该条的规定处罚。"

2019年《刑法修正案（十一）》在侵犯商业秘密的犯罪中新增了一条，即第219条之一，规定："为境外的机构、组织、人员窃取、刺探、收买、非法提供商业秘密的，处五年以下有期徒刑，并处或者单处罚金；情节严重的，处五年以上有期徒刑，并处罚金。"

《刑法》第 221 条规定了损害商业信誉、商品声誉罪："捏造并散布虚伪事实，损害他人的商业信誉、商品声誉，给他人造成重大损失或者有其他严重情节的，处二年以下有期徒刑或者拘役，并处或者单处罚金。"

参考文献

［1］张平.知识产权法［M］.北京：北京大学出版社,2015.

［2］吴汉东.知识产权法［M］.5版.北京：法律出版社,2014.

［3］李明德.知识产权法［M］.2版.北京：法律出版社,2014.

［4］张楚.知识产权法［M］.北京：高等教育出版社,2007.

［5］李明德,许超.著作权法［M］.北京：法律出版社,2003.

［6］张今.知识产权法［M］.北京：中国人民大学出版社,2011.

［7］雷炳德.著作权法［M］.张恩民,译.北京：法律出版社,2005.

［8］刘春田.知识产权法［M］.北京：法律出版社,2009.

［9］王迁.知识产权法教程［M］.3版.北京：中国人民大学出版社,2011.

［10］曲三强.知识产权法原理［M］.北京：中国检察出版社,2004.

［11］吴汉东.知识产权法［M］.4版.北京：法律出版社,2011.

［12］李明德.知识产权法［M］.北京：法律出版社,2008.

［13］吴汉东.知识产权法［M］.2版.北京：法律出版社,2007.

［14］刘春田.知识产权法［M］.3版.北京：高等教育出版社,2007.

［15］张楚.知识产权法［M］.3版.北京：高等教育出版社,2014.

［16］黄晖.商标法［M］.北京：法律出版社,2004.

［17］汤宗舜.专利法教程［M］.3版.北京：法律出版社,2003.

［18］胡康生.中华人民共和国著作权法释义［EB/OL］.［2021－09－22］. http：//www.npc.gov.cn/npc/flsyywd/minshang/2002－07/15/content_297587.htm.

［19］中华人民共和国商标法释义［EB/OL］.［2021－10－13］.http:// www.npc.gov.cn/npc/flsyywd/minshang/2013－12/24/content_1819929.htm.

［20］李伟民.论不可分割合作作品［J］.暨南学报(哲学社会科学版),2017 (7).

［21］孙新强,李伟民.Literary Works 译意探源［J］.知识产权,2014(1).

［22］李伟民.作品定义与分类的理论重构：兼评《著作权法修改草案》第 1、第5条［J］.知识产权,2015(10).

［23］周林.关于艺术品"追续权"的再思考［N］.中国文化报,2016－04－02.

[24] 张今,郭斯伦.著作财产权体系的反思与重构[J].法商研究,2012(4).

[25] 杨幸芳.新《著作权法》视域中的版权保护及维权[J].中国知识产权,2021(4).

[26] 朱宁宁.反不正当竞争法24年首次大修专家:修法要给法的"适用"留下空间[N].法制日报,2017-09-26.

[27] JOYCE C,PARTY W,LEAFFER M,et al.Copyright Law[M].Newark:Matthew bender & Co.,1993.

[28] 商标法修改相关问题解读[EB/OL].[2021-10-17].http://www.gov.cn/zhengce/2019-05/09/content_5390029.htm.

[29] 保护工业产权巴黎公约[EB/OL].[2021-11-03].http://www.sipo.gov.cn/zcfg/gjty/201509/t20150910_1173625.html.

[30] 保护表演者、音像制品制作者和广播组织罗马公约[EB/OL].[2011-11-07].http://www.wipo.int/wipolex/zh/treaties/text.jsp?file_id=289793.

[31] 与贸易有关的知识产权协议[EB/OL].[2021-11-15].http://sms.mofcom.gov.cn/article/ztjshfw/subjectee/201703/20170302538505.shtml.

[32] 李伟民.视听作品法律地位之确立:以文化安全为视角[J].法学论坛,2018(2).

[33] 李伟民.视听作品作者署名权新论:兼评《著作权法修改草案》"作者精神权利"的修改[J].知识产权,2018(5).

[34] 李伟民.职务作品制度重构与人工智能作品著作权归属路径选择[J].法律评论,2020(3).

[35] 李伟民.视听作品参与主体及法律地位研究[J].江西社会科学,2020(7).

附　　录

　　本书以电子版的形式分别列出了《著作权法》《商标法》《专利法》的新旧法条对照表,使各部法律的改动之处一目了然,方便读者学习和记忆。该部分内容通过扫描下方二维码即可阅读。